河北省高等教育自学考试指定教材

经济数学基础

梁建英　米立民　主编

科学出版社

北　京

内 容 简 介

本书是根据教育部高等学校数学与统计学教学指导委员会制订的"关于经济管理类本科数学基础课程教学基本要求"和河北省高等教育自学考试委员会、河北省农业厅联合下发的"关于开考高等教育自学考试投资管理专业（独立本科阶段）的通知"精神编写的. 内容包括一元函数微积分和概率论与数理统计基础，其中一元函数微积分部分有：函数、极限与连续、导数与微分、微分中值定理与导数的应用、不定积分、定积分；概率论与数理统计基础部分有：随机事件及其概率、随机变量及其概率分布、随机变量的数字特征、数理统计基本概念和参数估计. 各章后配有适量的习题，书末附有习题参考答案.

本书可作为高职高专、成人教育经济数学课程教材，也可作为实际工作者的自学参考书.

图书在版编目（CIP）数据

经济数学基础/梁建英, 米立民主编. —北京：科学出版社, 2015. 1
河北省高等教育自学考试指定教材
ISBN 978-7-03-042825-7

Ⅰ. ①经… Ⅱ. ①梁… ②米… Ⅲ. ①经济数学–高等学校–教材
Ⅳ. ①F224.0

中国版本图书馆 CIP 数据核字（2014）第 301039 号

责任编辑：王胡权／责任校对：邹慧卿
责任印制：霍 兵／封面设计：迷底书装

科学出版社 出版
北京东黄城根北街 16 号
邮政编码：100717
http://www.sciencep.com

北京市文林印务有限公司印刷
科学出版社发行 各地新华书店经销

*

2015 年 4 月第 一 版 开本：720 × 1000 1/16
2015 年 4 月第一次印刷 印张：18
字数：362 880

定价：35.00 元
（如有印装质量问题，我社负责调换）

前　　言

　　经济数学基础是经济管理类等各专业的基础课程之一, 这门课程的思想和方法, 是人类文明发展史上理性智慧的结晶. 它不仅提供了解决实际问题的有力数学工具, 同时还给学生提供一种思维的训练, 有助于提高学生的综合素质和创新能力, 并为经济管理类各专业学习专业课程提供必需的数学知识.

　　本书是根据教育部高等学校数学与统计学教学指导委员会制订的"关于经济管理类本科数学基础课程教学基本要求"和河北省高等教育自学考试委员会、河北省农业厅联合下发的"关于开考高等教育自学考试投资管理专业 (独立本科阶段) 的通知"精神编写的. 内容包括一元函数微积分和概率论与数理统计基础, 其中一元函数微积分部分有: 函数、极限与连续、导数与微分、微分中值定理与导数的应用、不定积分、定积分; 概率论与数理统计基础部分有: 随机事件及其概率、随机变量及其概率分布、随机变量的数字特征、数理统计基本概念和参数估计. 各章后配有适量的习题, 书末附有习题参考答案.

　　本书在内容处理上尽量使概念、理论与方法易于学生接受. 在不影响本学科的系统性、科学性的前提下, 简化和略去了某些结论冗繁的推导或仅给出直观解释. 并注重知识的来龙去脉、概念的产生背景. 在例题与习题的配置上注意到了学习难度的循序渐进, 通过这些练习, 使学生掌握《经济数学基础》的基本知识, 并能够利用相关知识解决实际工作中的一些基本问题. 本书适合读者自学, 并为读者进一步掌握相关领域的知识奠定基础.

　　由于编者水平有限, 本书难免会有疏漏和不足之处, 我们衷心希望得到专家、学者和读者的批评指正, 使本书在教学实践中不断完善和改进.

编　者

2014 年 9 月

目　　录

第一章 函 数

在自然科学、工程技术和某些社会科学中, 函数是被广泛应用的数学概念之一, 也是微积分这门课程的主要研究对象. 本课程讨论的是定义在实数集上的函数, 为此, 我们先简要叙述实数的有关概念.

§1.1 实 数 集

从历史上看, 人们先认识有理数, 不过在公元前古希腊时期就已经发现正方形对角线的长与其边长之比是不能用有理数来表示的, 提出了 "无理数" 的存在. 但有关实数的理论却直到 19 世纪末, 为奠定微积分基础的需要时才完整地建立起来.

一、实数及其性质

在中学数学中, 我们已经知道实数包括有理数和无理数, 有理数是可以表示为分数 $\dfrac{p}{q}$ (p, q 为整数, $q \neq 0$) 的数, 也可用有限十进位小数或无限十进位循环小数来表示; 而无限十进位不循环小数则为无理数. 全体实数构成的集合称为**实数集**, 记为 **R**; 全体有理数构成的集合称为**有理数集**, 记为 **Q**.

实数集与数轴上的所有点一一对应, 即每一实数都对应数轴上唯一的一个点, 反之, 数轴上的每一点也都唯一地代表一个实数. 在本书以后的叙述中, 常把 "实数 a" 与 "数轴上的点 a" 这两种说法看成具有相同的含义. 并把全体非负整数 (即自然数) 的集合记作 **N**, 全体整数的集合记作 **Z**. 有时我们还在表示数集的字母的右上方加上 "$+$" "$-$" 等上标来表示该数集的几个特定子集. 以实数集为例, **R**$^+$ 表示全体正实数之集; **R**$^-$ 表示全体负实数之集. 其他数集的情况类似, 不再赘述.

二、实数的绝对值及其基本性质

实数 x 的绝对值 $|x|$ 定义为

$$|x| = \begin{cases} x, & x \geqslant 0 \\ -x, & x < 0 \end{cases}$$

在数轴上表示点 x 与原点之间的距离. 其基本性质如下:

(1) $|x| \geqslant 0$;

(2) $\sqrt{x^2} = |x|$;

(3) $|-x| = |x|$;

(4) $-|x| \leqslant x \leqslant |x|$;

(5) 设 $a > 0$, 则

$$\{x \mid |x| < a\} = \{x \mid -a < x < a\}, \quad \{x \mid |x| > a\} = \{x \mid x < -a \text{ 或 } x > a\}$$

式中 "<" ">" 改为 "$\leqslant$" "$\geqslant$" 同样成立;

(6) $\big||x| - |y|\big| \leqslant |x \pm y| \leqslant |x| + |y| (y \in \mathbf{R}, \text{下同})$;

(7) $|xy| = |x||y|$;

(8) $\left|\dfrac{x}{y}\right| = \dfrac{|x|}{|y|} (y \neq 0)$.

三、区间与邻域

在微积分中最常用的实数集是区间和邻域.

1. 区 间

区间包括四种有限区间和五种无限区间. 设 $a, b \in \mathbf{R}$, 且 $a < b$, 则四种有限区间为

开区间 $(a, b) = \{x \mid a < x < b, x \in \mathbf{R}\}$, 如图 1-1(a) 所示;

闭区间 $[a, b] = \{x \mid a \leqslant x \leqslant b, x \in \mathbf{R}\}$, 如图 1-1(b) 所示;

图 1-1

左开右闭区间 $(a, b] = \{x \mid a < x \leqslant b, x \in \mathbf{R}\}$;

左闭右开区间 $[a, b) = \{x \mid a \leqslant x < b, x \in \mathbf{R}\}$.

五种无限区间为

$$(-\infty, b) = \{x \mid x < b, x \in \mathbf{R}\}$$

$$(-\infty, b] = \{x \mid x \leqslant b, x \in \mathbf{R}\}$$

$$(a, +\infty) = \{x \mid x > a, x \in \mathbf{R}\}$$

$$[a, +\infty) = \{x \mid x \geqslant a, x \in \mathbf{R}\}$$

$$(-\infty, +\infty) = \{x \mid x \in \mathbf{R}\} = \mathbf{R}$$

2. 邻域

当考虑某点附近的点所构成的集合时, 通常用邻域的概念来描述.

设 $x_0, \delta \in \mathbf{R}$, 且 $\delta > 0$, 开区间 $(x_0 - \delta, x_0 + \delta)$, 即集合 $\{x \,|\, |x - x_0| < \delta, x \in \mathbf{R}\}$ 称为点 x_0 的 **δ邻域**(图 1-2), 点 x_0 称为**邻域的中心**, δ 称为**邻域的半径**.

点 x_0 的 δ 邻域内 "挖去" 点 x_0 后变为集合

$$\{x \,|\, 0 < |x - x_0| < \delta, x \in \mathbf{R}\} = (x_0 - \delta, x_0) \bigcup (x_0, x_0 + \delta)$$

称为点 x_0 的 δ 去心邻域 (图 1-3).

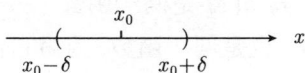

图 1-2

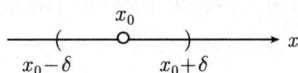

图 1-3

四、平均值不等式

设 $a_1, a_2, \cdots, a_n$ 是 n 个正数, 称 $\dfrac{a_1 + a_2 + \cdots + a_n}{n}$, $\sqrt[n]{a_1 a_2 \cdots a_n}$ 分别为 a_1, $a_2, \cdots, a_n$ 的**算术平均值和几何平均值**. 它们满足下述不等式:

$$\frac{a_1 + a_2 + \cdots + a_n}{n} \geqslant \sqrt[n]{a_1 a_2 \cdots a_n}$$

等号仅当 $a_1, a_2, \cdots, a_n$ 全部相等时成立.

证明略.

§1.2 函数的概念

一、函数概念

定义 1.1 设 D 是非空实数集, 若对任意的 $x \in D$, 按照对应规则 f, 都有唯一确定的实数 y 与之对应, 则称 f 为定义在 D 上的**一元实函数** (习惯上也称 y 为 x 的**函数**), 简称为**函数**. 记作

$$y = f(x), \quad x \in D$$

其中 x 称为**自变量**, y 称为**因变量**, D 称为 f 的**定义域**, 也可记为 $D(f)$ 或 D_f.

函数 $y = f(x)$ 在点 x_0 处的函数值记为 $f(x_0)$, 也可以记为 $y|_{x=x_0}$ 或简记为 $y(x_0)$. 全体函数值所构成的集合称为函数 f 的**值域**, 记为 $f(D)$ 或 R_f, 即

$$f(D) = R_f = \{f(x) \,|\, x \in D\}$$

注　(1) 表示函数的记号是可以任意选取的, 除了常用的 f, 还可用其他的英文字母或希腊字母, 如 "g"、"F"、"ϕ" 等. 有时还用因变量的记号来表示函数, 即把函数记作 $y = y(x)$.

(2) 函数的定义域和对应规则是确定函数的两个要素. 两个函数相等是指它们的定义域相同, 对应规则也相同, 但对应规则的表达形式或变量的记号可能不同. 例如,

$$f(x) = 1, \quad x \in \mathbf{R}, \quad g(x) = 1, \quad x \in \mathbf{R} \setminus \{0\}, \quad h(x) = \sin^2 x + \cos^2 x, \quad x \in \mathbf{R}$$

其中 $f(x)$ 与 $g(x)$ 是两个不同的函数, 而 $f(x)$ 与 $h(x)$ 是同一函数.

同样地, $y = f(x), x \in D$ 与 $y = f(t), t \in D$ 也是同一函数, 因为它们的定义域相同, 对应规则也相同, 只是变量采用的记号不同而已.

关于函数的定义域通常按以下两种情形来确定: 一种是对有实际背景的函数, 应根据问题的实际意义来确定; 另一种是对抽象地用解析式表达的函数, 约定其定义域是使表达式有意义的一切实数组成的集合. 在这种约定之下, 函数的定义域可省略不写, 而只用对应规则 f 来表示一个函数. 例如, 上述函数 $g(x) = 1, x \in \mathbf{R} \setminus \{0\}$, 一般表示成 $g(x) = x/x$. 不过要注意不是任意解析式都表示一个函数, 例如, $f(x) = \arcsin(x^2 + 2)$ 就不是函数.

函数的表示法主要有三种: (1) 表格法; (2) 图像法; (3) 解析法.

在解析法中, 根据函数的解析表达式的形式不同, 函数可分为显函数 (包括分段函数)、隐函数和参变量函数三种.

下面举几个函数的例子.

例 1.1　将边长为 a 的一块正方形铁皮, 四角各截去一个边长为 x 的小正方形, 然后将四边折起做成一个无盖的方盒. 所得方盒的容积 V 显然是 x 的函数

$$V = x(a - 2x)^2, \quad x \in \left(0, \frac{a}{2}\right)$$

函数 V 由 x 的解析表达式直接表示, 即等号一边是因变量的符号, 而另一边是只含有自变量的解析式子, 用这种方式表达的函数称为**显函数**.

例 1.2　某市的出租汽车公司执行的收费标准是: 2 公里以内起步价为 10 元, 超过 2 公里的部分每公里 2 元. 如果用 x 表示行驶的里程, y 表示出租费用, 则 y 是 x 的函数, 且

$$y = f(x) = \begin{cases} 10, & 0 < x \leqslant 2 \\ 10 + 2(x - 2), & x > 2 \end{cases}$$

以上函数的定义域 $D = (0, +\infty)$, 值域 $f(D) = [10, +\infty)$.

以上函数在其定义域的不同范围用不同的解析式来表达, 这种显函数通常称为分段函数. 分段函数是用几个式子来表示一个函数, 这在自然科学、工程技术和经济生活中经常会遇到.

例 1.3 绝对值函数

$$y = |x| = \begin{cases} x, & x \geqslant 0 \\ -x, & x < 0 \end{cases}$$

的定义域 $D = (-\infty, +\infty)$, 值域 $f(D) = [0, +\infty)$, 其图像如图 1-4 所示.

图 1-4

例 1.4 取整函数

$$y = [x] = n, \quad n \leqslant x < n+1, \quad n \in \mathbf{Z}$$

即 $[x]$ 表示不超过 x 的最大整数, 其图像如图 1-5 所示.

例 1.5 符号函数

$$y = \operatorname{sgn} x = \begin{cases} 1, & x > 0 \\ 0, & x = 0 \\ -1, & x < 0 \end{cases}$$

其图像如图 1-6 所示.

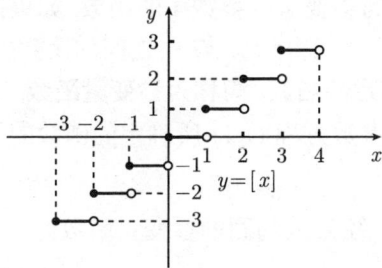

图 1-5

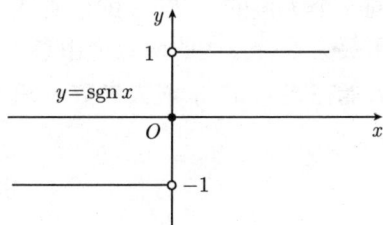

图 1-6

因为任取 $x \in \mathbf{R}$, 总有 $|x| = x \operatorname{sgn} x$, 所以 $\operatorname{sgn} x$ 起了 x 的符号的作用, 因此称为符号函数.

例 1.6 狄利克雷 (Dirichlet, 1805—1859, 德国数学家) 函数

$$y = D(x) = \begin{cases} 1, & x \text{是有理数} \\ 0, & x \text{是无理数} \end{cases}$$

前面所列举的函数都是直接用自变量的解析式 (可能不止一个) 来表示因变量. 如果自变量 x 与因变量 y 之间的函数关系 $y = f(x)$ 是由二元方程 $F(x, y) = 0$ 所

确定的, 其对应规则是不明显的, 它隐藏在方程 $F(x, y) = 0$ 中, 这样的函数称为**隐**
函数.

一般情况下从方程 $F(x, y) = 0$ 中不易或无法解出 $y = f(x)$, 即隐函数不易或
无法化为显函数. 有时虽能化为显函数, 但所确定的显函数可能不止一个, 因此用
隐函数形式 (即方程) 表示更简单.

例 1.7 二元方程 $x^2 + y^2 = r^2$ 在 $[-r, r]$ 上确定两个隐函数, 它们化成的显
函数形式是

$$y = y_1(x) = \sqrt{r^2 - x^2} \in [0, r]$$

与

$$y = y_2(x) = -\sqrt{r^2 - x^2} \in [-r, 0]$$

需要说明的是, 并非所有隐函数均可化为显函数.

例 1.8 二元方程 $e^x - e^y - xy = 0$ 所确定的隐函数, 不能化为显函数.

除了隐函数外, 一般在研究物体运动的轨迹时, 还常遇到参数方程

$$\begin{cases} x = x(t), \\ y = y(t), \end{cases} \quad t \in [\alpha, \beta] \tag{1.1}$$

在式 (1.1) 中, 变量 x 和 y 都是变量 t (通常称为**参变量或参数**) 的函数, 如果把对
应于同一个 t 值的 x 与 y 的值看成对应的, 这样就得到 x 与 y 之间的函数关系,
称此函数关系所表达的函数为由**参数方程所确定的函数**, 简称为**参变量函数**.

若能在式 (1.1) 中消去参数 t, 就可得到由参数方程 (1.1) 所确定的函数的显函
数形式.

例 1.9 半径为 r 的圆的参变量函数为

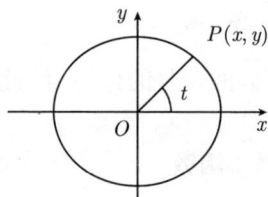

$$\begin{cases} x = r\cos t, \\ y = r\sin t, \end{cases} \quad t \in [0, 2\pi]$$

参数 t 表示 x 轴正向与射线 OP 的夹角, 如图 1-7
所示.

图 1-7

例 1.10 椭圆 $\dfrac{x^2}{a^2} + \dfrac{y^2}{b^2} = 1$ 的参数方程为

$$\begin{cases} x = a\cos t, \\ y = b\sin t, \end{cases} \quad t \in [0, 2\pi]$$

二、反函数

圆的周长 l 是半径 r 的函数:

$$l = 2\pi r, \quad r \in [0, +\infty)$$

对任意 $r \in [0, +\infty)$, 对应唯一一个周长 l. 如果互换自变量与因变量的位置, 则有

$$r = \frac{l}{2\pi}, \quad l \in [0, +\infty)$$

即对任意周长 $l \in [0, +\infty)$, 也对应唯一一个半径 r. 那么函数 $r = \dfrac{l}{2\pi}$ 就称为函数 $l = 2\pi r$ 的反函数.

定义 1.2　设函数 $y = f(x)$ 在 D 上有定义, 如果对每一个 $y \in f(D)$, 都有唯一一个确定的 $x \in D$, 使得 $y = f(x)$, 这是一个由 $f(D)$ 到 D 的新的对应关系, 按此对应关系得到一个定义在 $f(D)$ 上的函数, 称这个函数为 f 的**反函数**, 记作

$$x = f^{-1}(y), \quad y \in f(D)$$

由反函数的定义不难看到, 反函数 $x = f^{-1}(y)$ 的定义域和值域恰好是函数 $y = f(x)$ 的值域和定义域. 并且函数 $y = f(x)$ 与 $x = f^{-1}(y)$ 是互为反函数, 因此有

$$f^{-1}[f(x)] \equiv x, \quad x \in D(f) \quad \text{与} \quad f[f^{-1}(y)] \equiv y, \quad y \in f(D)$$

由于习惯上常用 x 表示自变量, y 表示因变量, 所以常把反函数改写成

$$y = f^{-1}(x)^{①}, \quad x \in f(D)$$

在同一直角坐标系中, $y = f(x)$ 与 $y = f^{-1}(x)$ 的图像关于直线 $y = x$ 对称, 如图 1-8 所示.

例 1.11　函数 $y = 2x - 3$ 的定义域是 $\mathbf{R}$, 值域也是 $\mathbf{R}$. 按照函数关系, 任取 $y \in \mathbf{R}$ (值域), 对应 $\mathbf{R}$ (定义域) 中唯一一个 $x = \dfrac{1}{2}(y + 3)$, 所以函数 $y = 2x - 3$ 的反函数是

$$y = \frac{1}{2}(x + 3), \quad x \in \mathbf{R}$$

例 1.12　求函数 $y = \log_4 2 + \log_4 \sqrt{x}$ 的反函数.

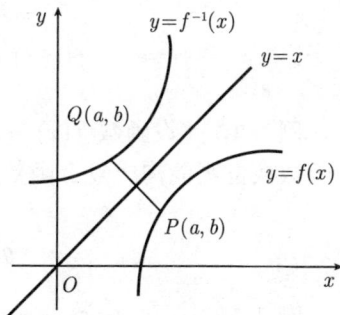

图 1-8

————————————————

① 如无特殊声明, 凡提到的反函数都是指按习惯记法写出的反函数.

解　将函数变形为 $y = \log_4 2\sqrt{x}$, 所以 $4^y = 2\sqrt{x}$, 因此 $x = 4^{2y-1}$. 故所求的反函数是 $y = 4^{2x-1}$.

定理 1.1 (反函数存在定理)　设函数 $f(x)$ 在 D 上有定义, 则 $y = f(x)$ 在 D 上存在反函数 $y = f^{-1}(x), x \in f(D)$ 的充要条件是对任意 $x_1, x_2 \in D$, 且 $x_1 \neq x_2$, 必有 $f(x_1) \neq f(x_2)$.

推论　单调函数必有反函数, 且单调递增 (或减) 函数必有单调递增 (或减) 的反函数.

一般说来, 函数在定义域上不一定存在反函数. 例如, 函数 $y = x^2$ 就没有反函数. 但是, 若将函数限定在定义域的某个子集上, 就可能存在反函数. 例如, 将函数 $y = x^2$ 的定义域限定在区间 $[0, +\infty) \subset \mathbf{R}$ (或 $(-\infty, 0] \subset \mathbf{R}$) 上, 则函数 $y = x^2$ 存在反函数 $y = \sqrt{x}$(或 $y = -\sqrt{x}$).

三、复合函数

设 $y = f(u) = u^2 + 1, u = \varphi(x) = \sin x$, 则 y 能够通过 u 成为 x 的函数, 即

$$y = f(\varphi(x)) = f(\sin x) = \sin^2 x + 1$$

定义 1.3　设函数 $y = f(u), u \in D_f$, 而 $u = \phi(x), x \in D_\phi$. 如果 $R_\phi \bigcap D_f \neq \varnothing$, 则 y 可通过变量 u 成为 x 的函数, 称这个函数为 $y = f(u)$ 与 $u = \phi(x)$ 构成的**复合函数**. 记作 $y = f[\phi(x)]$. u 称为**中间变量**, ϕ 称为**内函数**, f 称为**外函数**.

例 1.13　由函数 $y = \ln(1 - u^2), u = \sqrt{x}$ 构成一个复合函数 $y = \ln(1 - x)$, 其定义域是 $[0, 1)$.

例 1.14　由函数 $f(u) = \begin{cases} 1 - e^{-\lambda u}, & u > 0, \\ 0, & u \leqslant 0, \end{cases}$ $u = \lg x$ 构成的复合函数 $f(\lg x)$ 为

$$f(\lg x) = \begin{cases} 1 - e^{-\lambda \lg x}, & x > 1 \\ 0, & 0 < x \leqslant 1 \end{cases}$$

例 1.15　设函数 $f(x) = \arcsin x, g(x) = 2 + x^2$, 则 $f(g(x))$ 无意义. 但若将两个函数换位则能构成复合函数, 且有

$$g(f(x)) = 2 + (\arcsin x)^2$$

例 1.16　三个函数 $y = \sqrt{u}, u = \ln v, v = 5x - 4$ 生成的复合函数是

$$y = \sqrt{\ln(5x - 4)}, \quad x \in [1, +\infty)$$

例 1.17　函数 $y = \cos^3(x^2 + 1)$ 可视为由以下三个简单函数复合而成:

$$y = u^3, \quad u = \cos v, \quad v = x^2 + 1$$

例 1.18 设函数 $f(x+1) = x^2$, 求 $f(x)$.

解法一 令 $t = x + 1$, 则 $x = t - 1$, 所以 $f(t) = (t-1)^2$, 因此

$$f(x) = (x-1)^2$$

解法二 因为 $f(x+1) = x^2 = [(x+1) - 1]^2 = (x+1)^2 - 2(x+1) + 1$, 所以

$$f(x) = x^2 - 2x + 1 = (x-1)^2$$

§1.3 具有特殊性质的函数

一、单调函数

定义 1.4 设函数 $f(x)$ 在区间 I① 上有定义, 若对任意 $x_1, x_2 \in I$, 且 $x_1 < x_2$, 都有

(1) $f(x_1) < f(x_2)$, 则称 $f(x)$ 在 I 上**严格单调增加**, 简称**单调增加**;

(2) $f(x_1) > f(x_2)$, 则称 $f(x)$ 在 I 上**严格单调减少**, 简称**单调减少**.

若将上述不等式改为

$$f(x_1) \leqslant f(x_2) \quad (或 f(x_1) \geqslant f(x_2))$$

则称 $f(x)$ 在 I 上**单调不减** (或**单调不增**).

单调增加与单调减少函数统称为**单调函数**, 相应的区间 I 称为函数 $f(x)$ 的**单调区间**. 单调不减与单调不增函数统称为**广义单调函数**.

例如, 函数 $y = x^3$ 在定义域 $\mathbf{R}$ 内单调递增; $y = x^2$ 在定义域 $\mathbf{R}$ 内不是单调函数, 但在 $[0, +\infty)$ 上单调递增, 在 $(-\infty, 0]$ 上单调递减; 符号函数 $y = \mathrm{sgn}\, x$ 在 $\mathbf{R}$ 内单调不减.

二、有界函数

定义 1.5 设函数 $f(x)$ 在 D 上有定义, 若存在正常数 M, 使得对任意 $x \in D$, 都有

$$|f(x)| \leqslant M$$

则称 $f(x)$ 在 D 有界.

---

① 除非特别说明, 区间 I 可以是任意一种区间.

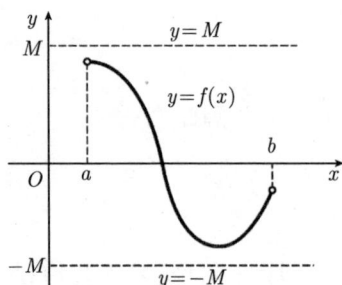

图 1-9

例如, $y = \sin x$ 与 $y = \cos x$ 在 $(-\infty, +\infty)$ 内有界; $y = \dfrac{1}{x}$ 在 $[1, +\infty)$ 上有界, 但它在 $(0,1)$ 内无界.

因此, 我们说一个函数是否有界是相对于考察的区域而言的.

函数 $f(x)$ 在区间 $[a,b]$ 有界的几何意义是, 函数 $f(x)$ 在区间 $[a,b]$ 上的图像位于两个直线 $y = M$ 与 $y = -M$ 为边界的带形区域之内, 如图 1-9 所示.

三、奇函数与偶函数

定义 1.6 设函数 $f(x)$ 的定义域为 D, 如果任取 $x \in D$, 有 $-x \in D$ (即 D 关于原点对称), 那么

(1) 若 $f(-x) = -f(x)$, 则称 $f(x)$ 为**奇函数**;

(2) 若 $f(-x) = f(x)$, 则称 $f(x)$ 为**偶函数**.

奇函数的图像关于原点对称. 因为若点 (x_0, y_0) 在奇函数 $y = f(x)$ 的图像上, 即 $y_0 = f(x_0)$, 所以 $f(-x_0) = -f(x_0) = -y_0$, 即 $(-x_0, -y_0)$ 也在奇函数 $y = f(x)$ 的图像上. 同理可知, 偶函数的图像关于 y 轴对称, 如图 1-10(a) 和 (b) 所示.

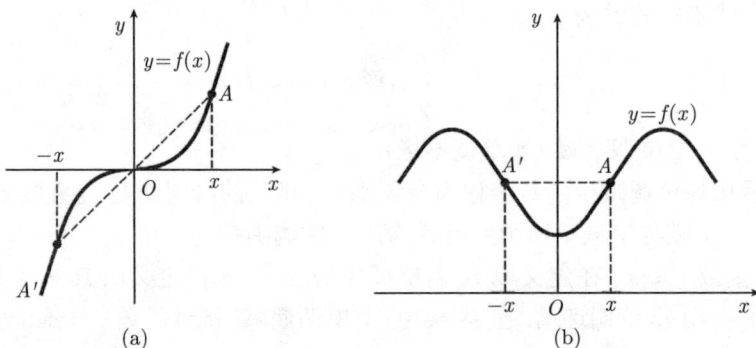

(a)   (b)

图 1-10

例如, 函数 $y = x^2$, $y = \cos x$ 和 $y = |x|$ 都是偶函数, 函数 $y = x^3$, $y = \sin x$ 和 $y = \dfrac{1}{x}$ 都是奇函数, 而函数 $y = x^2 + \dfrac{1}{x}$ 是非奇非偶函数.

例 1.19 判断函数 $f(x) = \dfrac{a^x + 1}{a^x - 1} (a > 0, a \neq 1)$ 的奇偶性.

解 因为 $f(-x) = \dfrac{a^{-x} + 1}{a^{-x} - 1} = \dfrac{1 + a^x}{1 - a^x} = -\dfrac{a^x + 1}{a^x - 1} = -f(x)$, 所以 $f(x)$ 为偶函数.

例 1.20　判断函数 $f(x) = \begin{cases} 1-x, & x < 0, \\ 1, & x = 0, \\ 1+x, & x > 0 \end{cases}$ 的奇偶性.

解　当 $x < 0$ 时, $f(-x) = 1 - x$; 当 $x = 0$ 时, $f(-x) = 1$; 当 $x > 0$ 时,

$f(-x) = 1 + x$, 故 $f(-x) = \begin{cases} 1-x, & x < 0, \\ 1, & x = 0, \\ 1+x, & x > 0, \end{cases}$ 所以 $f(x)$ 为偶函数.

例 1.21　判断函数 $f(x) = \sin x + \cos x$ 的奇偶性.

解　因为 $f(-x) = -\sin x + \cos x$, $f(-x) \neq f(x)$ 且 $f(-x) \neq -f(x)$, 所以 $f(x)$ 为非奇非偶函数.

四、周期函数

定义 1.7　设函数 $f(x)$ 的定义域为 D, 若存在正数 a, 使得对任意 $x \in D$, 都有 $f(x+a) = f(x)$, 则称 $f(x)$ 为**周期函数**, a 称为 $f(x)$ 的一个**周期**.

显然, 若 a 是函数 $f(x)$ 的周期, 则 $na\,(n \in \mathbf{N}^+)$ 也是它的周期. 若函数 $f(x)$ 存在最小的正周期 T, 则称 T 为 $f(x)$ 的**最小正周期** (或**基本周期**), 简称为**周期**.

没有特别声明, 以后提到的周期均指最小正周期.

例如, (1) $y = \sin x$ 与 $y = \cos x$ 都是以 2π 为周期的周期函数;

(2) $y = \tan x$ 与 $y = \cot x$ 都是以 π 为周期的周期函数;

(3) $y = x - [x]$ 是以 1 为周期的周期函数;

(4) $y = C$ (常数) 是周期函数, 任何正数都是它的周期, 但无最小正周期.

§1.4　初 等 函 数

一、基本初等函数

我们把常数函数、幂函数、指数函数、对数函数、三角函数与反三角函数这六类函数称为**基本初等函数**. 由于中学阶段已经学习过这些函数, 下面仅从这些函数的表达式、定义域、所具有的简单性质及图像扼要复习.

1. 常数函数

$y = C$ (C 为常数). 其定义域为 $(-\infty, +\infty)$, 值域为单点集 $\{c\}$, 它的图像是通过点 $(0, c)$, 且平行于 x 轴的直线 (图 1-11).

2. 幂函数

$y = x^\alpha$ (α 为实数). 其定义域、奇偶性、单调

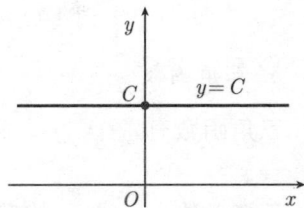

图 1-11

性随着 α 而变化, 但无论 α 取何值, 它在 $(0,+\infty)$ 内总有定义, 即 $D \subseteq (0,+\infty)$, 且当 $\alpha > 0$ 时, $y = x^{\alpha}$ 在 $(0,+\infty)$ 内单调增加; 当 $\alpha < 0$ 时, $y = x^{\alpha}$ 在 $(0,+\infty)$ 内单调减少. 函数图像必过点 $(1,1)$. 图 1-12 给出了常见的几个幂函数图像.

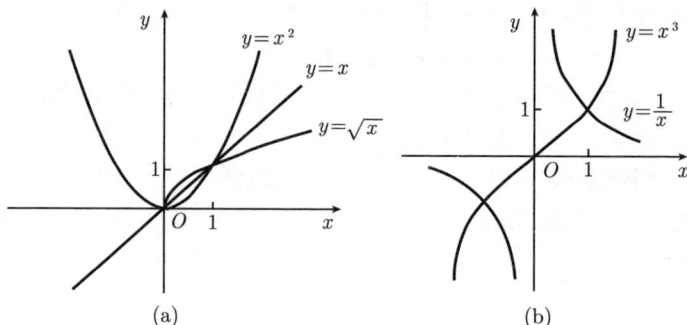

图 1-12

3. 指数函数

$y = a^x\ (a > 0, a \neq 1)$. 其定义域为 $x \in (-\infty, +\infty)$, 值域为 $(0, +\infty)$. 当 $a > 1$ 时, 单调增加; 当 $0 < a < 1$ 时, 单调减少. 如图 1-13 所示. 高等数学中常用以常数 $e = 2.7182818\cdots$ 为底的指数函数 $y = e^x$.

4. 对数函数

$y = \log_a x (a > 0, a \neq 1)$. 它是指数函数的反函数, 其定义域为 $(0, +\infty)$, 值域为 $(-\infty, +\infty)$. 当 $a > 1$ 时, 单调增加. 当 $0 < a < 1$ 时, 单调减少. 如图 1-14 所示.

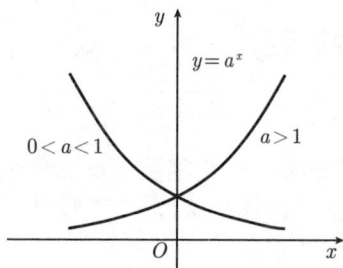

图 1-13   图 1-14

5. 三角函数

三角函数有六个: $y = \sin x$, $y = \cos x$, $y = \tan x$, $y = \cot x$, $y = \sec x$ 和 $y = \csc x$.

正弦函数 $y = \sin x$ 的定义域为 $(-\infty, +\infty)$, 值域为 $[-1, 1]$, 是奇函数, 并且是周期为 2π 的周期函数. 如图 1-15 所示.

余弦函数 $y = \cos x$ 的定义域为 $(-\infty, +\infty)$, 值域为 $[-1, 1]$, 是偶函数, 并且是周期为 2π 的周期函数. 如图 1-15 所示.

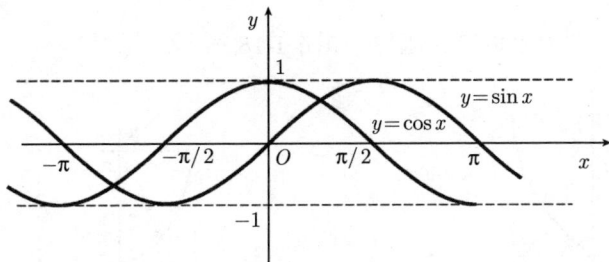

图 1-15

正切函数 $y = \tan x$ 的定义域为 $x \neq k\pi + \dfrac{\pi}{2}, k \in \mathbf{Z}$, 值域为 $x \in (-\infty, +\infty)$, 是奇函数, 并且是周期为 π 的周期函数. 如图 1-16(a) 所示.

余切函数 $y = \cot x$ 的定义域为 $x \neq k\pi, k \in \mathbf{Z}$, 值域为 $x \in (-\infty, +\infty)$, 是奇函数, 并且是周期为 π 的周期函数. 如图 1-16(b) 所示.

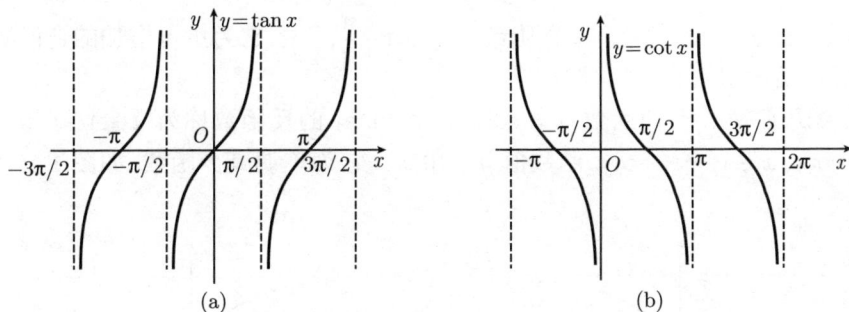

图 1-16

正割函数 $y = \sec x = \dfrac{1}{\cos x}$ 与余割函数 $y = \csc x = \dfrac{1}{\sin x}$ 都是以 2π 为周期的周期函数, 值域为 $(-\infty, -1] \bigcup [1, +\infty)$.

6. 反三角函数

反三角函数有四个: $y = \arcsin x$, $y = \arccos x$, $y = \arctan x$ 和 $y = \text{arccot}x$.

反正弦函数 正弦函数 $y = \sin x$, $x \in \left[-\dfrac{\pi}{2}, \dfrac{\pi}{2}\right]$ 的反函数称为反正弦函数, 记作

$$y = \arcsin x, \quad x \in [-1, 1]$$

函数值 $y \in \left[-\dfrac{\pi}{2}, \dfrac{\pi}{2}\right]$. 它是单调增加的奇函数. 如图 1-17 所示.

反余弦函数　　余弦函数 $y = \cos x$, $x \in [0, \pi]$ 的反函数称为反余弦函数, 记作

$$y = \arccos x, \quad x \in [-1, 1]$$

函数值 $y \in [0, \pi]$. 它为单调减少函数, 如图 1-18 所示.

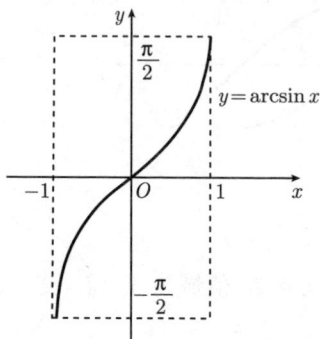

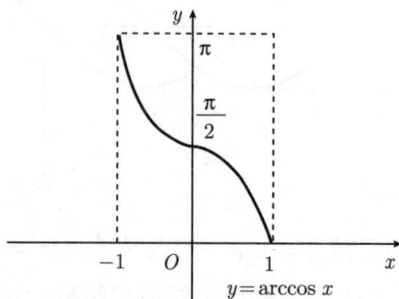

图 1-17　　　　　　　　　　　　　　　　　　图 1-18

反正切函数　　正切函数 $y = \tan x$, $x \in \left(-\dfrac{\pi}{2}, \dfrac{\pi}{2}\right)$ 的反函数称为反正切函数, 记作 $y = \arctan x$, $x \in (-\infty, +\infty)$, 函数值 $y \in \left(-\dfrac{\pi}{2}, \dfrac{\pi}{2}\right)$. 它为单调增加的奇函数, 如图 1-19(a) 所示.

反余切函数　　余切函数 $y = \cot x$, $x \in (0, \pi)$ 的反函数称为反余切函数, 记作 $y = \operatorname{arccot} x$, $x \in (-\infty, +\infty)$, 函数值 $y \in (0, \pi)$. 它为单调减少函数, 如图 1-19(b) 所示.

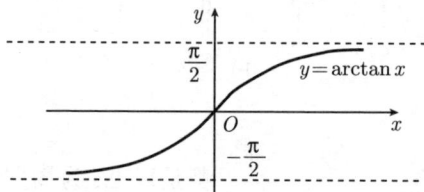

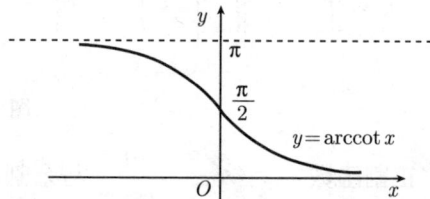

(a)　　　　　　　　　　　　　　　　　　　(b)

图 1-19

二、初等函数

由基本初等函数经过有限次四则运算及有限次复合运算所得到的函数统称为**初等函数**.

例如, $y = \dfrac{1 + x + x^2}{\sqrt{1 - x^2}}$, $y = \left[\dfrac{\sin(\mathrm{e}^x - 1)}{\lg(1 + x^2)}\right]^{\frac{1}{2}}$, $y = \mathrm{e}^{-x} + \dfrac{\sin x}{x}$ 等都是初等函数, 绝对值函数 $y = |x|$ 既是初等函数, 又是分段函数, 因为 $y = |x| = \sqrt{x^2}$; 但一般的分段函数不是初等函数, 如取整函数 $y = [x]$, 符号函数 $y = \operatorname{sgn} x$, 狄利克雷函数

$y = D(x)$ 等都不是初等函数, 又如函数 $y = x + \dfrac{1}{3 \cdot 1!} x^3 + \dfrac{1}{5 \cdot 2!} x^5 + \dfrac{1}{7 \cdot 3!} x^7 + \cdots$
也不是初等函数.

初等函数具有很好的性质, 如在定义区间内其图像是连续不断的, 这一点将在第二章详细讨论.

§1.5 经济学中的常用函数

在经济现象中, 存在着诸多变量, 如价格、成本、收益、利润、需求量等. 一个经济问题如此复杂, 它往往和多种因素有关, 而且其中一些因素具有不确定性或难以用数量来表示. 因此, 要掌握大量经济活动的内在联系, 寻求规律是一项非常繁杂的工作. 所以首先要在分析的基础上, 找出影响该问题的主要因素, 将那些次要因素略去不计或假定为常数 (实际上在一段时间内, 有些量确实是不变化的), 从而得出一个简化的结构. 采用这种蓄意简化的方法, 其目的是一开始就把研究问题的侧重点集中到问题的主要因素上, 以便于对所研究的问题进行理论上的分析.

一、需求函数与供给函数

1. 需求函数

在经济理论中, 需求量是指在一定价格条件下, 消费者对某种商品的购买量 (消费者愿意购买并且有支付能力购买的商品量, 不是需要量).

消费者对某种商品的需求量受着多种因素的影响, 如该商品的价格是影响需求量的主要因素, 还有许多其他因素, 如消费者收入的增减、其他代用品的价格、需要该商品的人数、消费者的爱好(爱好这样的因素是无法准确定量表示的)等都会影响需求量. 但是现在我们不考虑价格以外的其他因素(视其他因素固定不变), 只研究需求量与价格的关系.

设 Q_d 表示某商品的需求量, P 表示该商品的价格, 则 Q_d 与 P 之间的函数关系

$$Q_d = f(P) \quad \text{或} \quad P = g(Q_d)$$

称为**需求函数**.

一般说来, 商品价格下降, 则需求量上升; 商品价格上升, 则需求量下降. 因此, 需求函数 $Q_d = f(P)$ 是单调递减函数. 常见的需求函数类型有

$$Q_d = a - bP \quad (a > 0, b > 0)$$

$$Q_d = \frac{a}{P + c} - b \quad (a > 0)$$

$$Q_d = \frac{a - P^2}{b} \quad (b > 0)$$

$$Q_\mathrm{d} = a\mathrm{e}^{-bP} \quad (a > 0, b > 0)$$

2. 供给函数

供给量是指在一定价格条件下, 生产者愿意出售并且有可供出售的商品量.

生产者对某种商品的供给量是由多种因素决定的, 商品的价格是影响供给量的主要因素, 但还有许多其他因素, 如生产者投入的成本、劳务价格、技术状况等都会影响到供给量. 现在我们不考虑价格以外的因素 (视其他因素是固定不变), 只研究供给量与价格的关系.

设 Q_s 表示某商品的供给量, P 表示该商品的价格, 则 Q_s 与 P 之间的函数关系

$$Q_\mathrm{s} = \Phi(P) \quad 或 \quad P = G(Q_\mathrm{s})$$

称为**供给函数**.

一般说来, 商品价格上升, 则供给量增加; 商品价格下降, 则供给量减少. 因此, 供给函数 $Q_\mathrm{s} = \Phi(P)$ 是单调递增函数. 常见的供给函数有

$$Q_\mathrm{s} = -d + cP \quad (c > 0, d > 0)$$

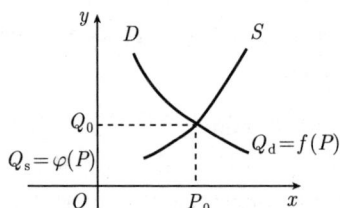

图 1-20

$$Q_\mathrm{s} = \frac{aP - d}{cP + d} \quad (a > 0, c > 0, d > 0)$$

$$Q_\mathrm{s} = c\mathrm{e}^{dP} \quad (c > 0, d > 0)$$

若市场上某种商品的供给量与需求量相等, 这时该商品在市场上处于供需平衡状态. 此时, 该商品的价格 P_0 称为**均衡价格**. 此时的商品量 Q_0 称为**均衡量**, 如图 1-20 所示.

当价格 $P < P_0$ 时, 例如在价格 P_1 处 (图 1-21), 该商品的需求量为 Q_d, 供给量为 Q_s, $Q_\mathrm{d} > Q_\mathrm{s}$, 市场上出现 "供不应求" 的现象, 商品短缺, 形成抢购、黑市等情况; 这种现象不会持久, 必然导致价格上涨, P 增大. 当价格 $P > P_0$ 时, 例如, 在价格 P_2 处 (图 1-22), 该商品的需求量为 Q_d, 供给量为 Q_s, $Q_\mathrm{d} < Q_\mathrm{s}$, 市场上出现 "供过于求" 的现象, 商品滞销; 这种现象也不会持久, 必然导致价格下跌, P 减小.

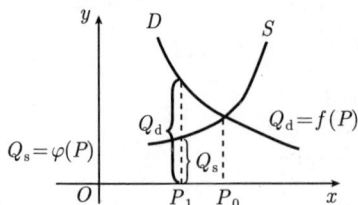

图 1-21

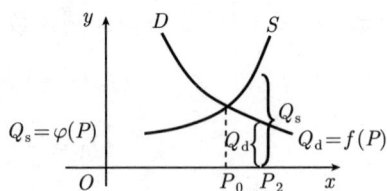

图 1-22

总之, 市场上的商品价格将围绕均衡价格摆动.

例 1.22 设市场上某商品的需求函数为 $Q_d = 80 - 3P$, 供给函数为 $Q_s = 2P - 15$. 求该商品在市场上的均衡价格 P_0 和均衡量 Q_0.

解 根据均衡模型, P_0 应满足 $80 - 3P_0 = 2P_0 - 15$, 解得 $P_0 = 19$, 所以 $Q_0 = 23$, 即均衡价格为 19, 均衡量为 23.

二、成本函数、收入函数与利润函数

人们在从事生产和经营活动时, 所关心的问题是产品的成本、销售收益 (又称收入) 和利润. 目标是使利润最大且使平均成本最小.

1. 成本函数

产品的总成本是指生产一定量的产品所需的费用总额, 它由固定成本 (又称不变成本) 和可变成本两部分组成. 其中固定成本包括设备资产的投入、固定的工资、保险费用等在一定时期内不随产量变化的那部分成本; 而可变成本是指随产量变化而变化的那部分成本, 如生产中消耗的原材料费、包装费、运输费等.

平均成本是指生产一定量的产品, 平均每单位产品的成本.

在生产技术水平和生产要素的价格固定不变的条件下, 产品的总成本、平均成本都是产量的函数.

设 C 为总成本, C_0 为固定成本, $C_1(Q)$ 为可变成本, $\overline{C}(Q)$ 为平均成本, Q 为产量, 则有总成本函数

$$C = C(Q) = C_1(Q) + C_0$$

平均成本函数 $\overline{C} = \overline{C}(Q) = \dfrac{C(Q)}{Q}$.

2. 收益函数

总收益是指生产者或销售者出售一定量的产品所得到的全部收益, 它等于产品的单位价格与销售量的乘积. 平均收益是指出售一定量产品, 平均每出售单位产品所得到的收益, 即单位产品的售价.

设总收益为 R, 平均收益为 $\overline{R}$, 商品的价格为 P, 销售量为 Q (也是需求量), 则总收益函数

$$R = R(Q) = PQ$$

有时已知的是产品的需求函数 $Q = f(P)$, 这时价格可写成需求函数的反函数 $P = f^{-1}(Q)$, 记为 $P = P(Q)$, 于是总收益函数

$$R = R(Q) = P(Q)Q$$

平均收益函数 $\bar{R} = \bar{R}(Q) = \dfrac{R(Q)}{Q} = P(Q)$.

3. 总利润函数

利润就是收益扣除成本后的余额. 因此总利润函数等于总收益函数减去总成本函数. 在生产和销售过程中, 如何确定产品的规模以获取最大的利润, 对决策者来说是一个不断追求的目标. 用 L 表示总利润, 则有

$$L = L(Q) = R(Q) - C(Q)$$

例 1.23 生产某产品, 固定成本为 12 万元, 而可变成本与产量的平方成正比. 当产量为 10 个单位时, 可变成本为 4 万元, 求产量为 50 个单位时的总成本和平均单位成本.

解 由题意可知, 总成本函数为 $C = 12 + kQ^2$, 因为当 $Q = 10$ 时, $kQ^2 = 4$, 所以 $k = \dfrac{1}{25}$, 即总成本函数为

$$C = 12 + \frac{1}{25}Q^2$$

平均成本函数为

$$\overline{C} = \frac{12}{Q} + \frac{Q}{25}$$

于是当 $Q = 50$ 时, 总成本为

$$C(50) = 12 + \frac{1}{25} \cdot 50^2 = 112(万元)$$

平均成本为

$$\overline{C}(50) = \frac{12}{50} + \frac{50}{25} = 2.42(万元) \quad 或 \quad \overline{C}(50) = \frac{C(50)}{50} = 2.42(万元)$$

例 1.24 设某商品的需求函数为 $Q = 10 - 5P$ (价格 P 的单位为: 百元), 求销售该商品 10 个单位时的总收益.

解 由需求函数 $Q = 10 - 5P$, 解得 $P = 10 - \dfrac{Q}{5}$, 所以总收益函数为

$$R(Q) = 10Q - \frac{Q^2}{5}$$

故销售该商品 10 个单位时的总收益为 $R(10) = 80(百元)$.

例 1.25 根据市场调查, 某产品的需求函数为 $Q = -900P + 45000$ (价格 P 的单位为: 元), 已知生产该产品的固定成本是 270000 元, 单位产品的可变成本为 10 元. 为获得最大利润, 问该产品的价格应如何确定?

解 由题设可知, 总成本函数为

$$C = 10Q + 270000 = 10(-900P + 45000) + 270000 = -9000P + 720000$$

总收益函数为

$$R = PQ = -900P^2 + 45000P$$

因此, 利润函数为

$$L(P) = R - C = -900P^2 + 45000P + 9000P - 720000$$

$$= -900(P^2 - 60P + 800) = -900(P - 30)^2 + 90000$$

这是价格 P 的二次函数, 易知当 $P = 30$ 元时, 利润最大, 即该产品的价格应定为 30 元.

例 1.26 已知某产品的总成本函数为 $C = aQ^2 + bQ + c$, 需求函数为 $Q = \frac{1}{k}(d - P)$, 其中 a, b, c, d, k 为正常数, 且 $d > b$. 求总收益函数、总利润函数及平均成本函数、平均收益函数.

解 总收益函数 $R = PQ = (d - kQ)Q$;

总利润函数 $L = R - C = (d - b)Q - (k + a)Q^2 - c$;

平均成本函数 $\bar{C} = \dfrac{aQ^2 + bQ + c}{Q} = aQ + b + \dfrac{c}{Q}$;

平均收益函数 $\bar{R} = \dfrac{(d - KQ)Q}{Q} = d - kQ$.

习 题 一

1. 解下列不等式:

(1) $x^2 < 9$;

(2) $|x - 4| < 7$;

(3) $0 < (x - 2)^2 < 4$;

(4) $|ax - x_0| < \delta$ $(a > 0, \delta > 0, x_0$ 为常数$)$.

2. 用区间表示下列不等式的解:

(1) $|x| \leqslant 3$;

(2) $|x - 2| \leqslant 1$;

(3) $|x - a| < \varepsilon$ $(a$ 为常数, $\varepsilon > 0)$;

(4) $|x| > 5$;

(5) $|x + 1| > 3$.

3. 证明下列不等式:

(1) 当 $|x - 1| \leqslant 1$ 时, $|x^2 - 1| \leqslant 3|x - 1|$;

(2) $|a - b| \leqslant |a - c| + |c - b|$.

4. 判断下列各对函数是否表示同一函数:

(1) $y = x$ 和 $y = 2^{\log_2 x}$;

(2) $y = \lg x^2$ 和 $y = 2\lg x$;

(3) $y = |x|$ 和 $y = \sqrt{x^2}$;

(4) $y = \lg(x^2 - 1)$ 和 $y = \lg(x - 1) + \lg(x + 1)$.

5. 求下列函数的定义域, 并用区间表示:

(1) $y = x\sqrt{\dfrac{1-x}{1+x}}$;　　　　　　　　　(2) $y = \arcsin(1-x) + \lg(\lg x)$;

(3) $y = \sqrt{2+x-x^2}$;　　　　　　　　　(4) $f(x) = \dfrac{x-1}{\ln x} + \sqrt{16-x^2}$.

6. 设 $f(x) = \dfrac{x}{1-x}$, 求 $f(1-x), f[f(x)], f\left(\dfrac{f(x)}{f(x)+1}\right)$.

7. 已知
$$f(x) = \begin{cases} 1+x, & x \leqslant 0 \\ 2^x, & x > 0 \end{cases}$$

求 $f(-1), f(0), f(1), f(-a), f(x-1)$.

8. 设 $f(x) = \begin{cases} x^2-1, & x \geqslant 0, \\ 1-x^2, & x < 0, \end{cases}$　求 $f(x)+f(-x), f(x)+f(x-1)$.

9. 确定下列函数的定义域, 并作出函数图像:

(1) $f(x) = \begin{cases} x-1, & x < 0, \\ x+1, & x \geqslant 0; \end{cases}$　　　　(2) $f(x) = \dfrac{|x|}{x^2}$;

(3) $y = \begin{cases} \dfrac{1}{x}, & x < 0, \\ 2x, & 0 \leqslant x < 1, \\ 1, & 1 < x \leqslant 2; \end{cases}$　　　　(4) $f(x) = \begin{cases} \sqrt{1-x^2}, & |x| \leqslant 1, \\ x^2-1 & 1 < |x| < 2. \end{cases}$

10. 将 y 表示成 x 的函数, 并求定义域:

(1) $y = \mathrm{e}^u, u = 1 + x^2$;

(2) $y = \arctan u, u = \sqrt{v}, v = 1 - x^2$.

11. 指出下列函数是由哪些简单初等函数复合而成的:

(1) $y = \dfrac{1}{3}\ln^3(x^2-1)$;　　　　　　　　(2) $y = \arcsin\dfrac{1}{\sqrt{x^2+1}}$;

(3) $y = \sqrt{\ln\sqrt{x}}$;　　　　　　　　　(4) $y = x^x$.

12. 已知 $f(x) = \mathrm{e}^{x^2}, f[g(x)] = 1 - x$, 且 $g(x) \geqslant 0$, 求 $g(x)$ 及其定义域.

13. 求下列函数 $f(x)$ 的表达式:

(1) 设 $f(\cos x) = \sin^2 x + \cos x - 1$;　　　(2) 设 $f\left(x + \dfrac{1}{x}\right) = x^2 + \dfrac{1}{x^2}$.

14. 求下列函数的反函数及反函数的定义域:

(1) $y = \lg(1-2x)$;　　(2) $y = \dfrac{2^x}{2^x+1}$;　　　(3) $y = \begin{cases} x-1, & x \leqslant 0, \\ x^2, & x > 0. \end{cases}$

15. 判别下列函数的奇偶性:

(1) $f(x) = 2x^2 + 3x$;　　　　　　　　(2) $f(x) = \dfrac{\mathrm{e}^x + \mathrm{e}^{-x}}{2}$;

(3) $f(x) = \sin x + x^5$;　　　　　　　　(4) $f(x) = \lg(x + \sqrt{1+x^2})$;

(5) $y = f(x) + f(-x)$;　　　　　　　　(6) $y = f(x) - f(-x)$.

16. 设 $f(x)$ 为奇函数, 且对任一实数 x 恒有 $f(x+2) = f(x)$, 求 $f(1)$.

17. 讨论下列函数的单调性 (指出单调递增或递减区间):

(1) $y = 2^{ax}$ $(a \neq 0)$;   (2) $f(x) = x + \lg x$.

18. 判断下列函数是否为周期函数, 如果是, 求出其周期.

(1) $f(x) = |\sin x|$;   (2) $f(x) = x\cos x$.

19. 用铁皮做一个容积为 V 的圆柱形罐头筒, 将它的表面积表示成底面半径 r 的函数, 并确定此函数的定义域.

20. 某种产品每台售价 90 元, 成本为 60 元, 厂家为鼓励销售商大量采购, 决定凡是订购超过 100 台以上的, 超过的部分实行降价, 其中降价幅度为 1%, 但最低价为 75 元/台. 求

(1) 每台售价 P 与订购量 Q 的函数关系;

(2) 利润 L 与订购量 Q 的函数关系.

21. 设某商品的价格 P 与需求量 Q 的函数关系为: $P = 24 - 2Q$, 求市场销售总额 R 与商品价格的函数关系.

22. 已知需求函数 $Q_d = \dfrac{100}{3} - \dfrac{2}{3}P$ 和供给函数 $Q_S = -10 + 5P$, 求相应的市场均衡价格 P_0.

第二章　极限与连续

极限是微积分学中最基本的概念之一, 微积分学中的一些很重要的概念, 如微分、积分等都是用极限来定义的. 本章将重点介绍极限的概念、性质、求法及函数的连续性.

§2.1　数列的极限

一、数列及数列极限的概念

定义 2.1　按一定次序排列的无穷多个数

$$a_1, a_2, \cdots, a_n, \cdots$$

称为一个**无穷数列**, 简称**数列**, 记作 $\{a_n\}$. 数列中的每一个数称为**数列的项**, 其中第 n 项 a_n 称为**数列的通项**或**一般项**.

数列也可看成定义在正整数集合上的函数 $a_n = f(n)$ (称为**整标函数**), 当函数值按自变量 n 依次增大的顺序排成一列时, 就得到数列

$$a_1, a_2, \cdots, a_n, \cdots$$

下面是一些简单的数列例子:

(1) $\left\{\dfrac{1}{n}\right\}$: $1, \dfrac{1}{2}, \dfrac{1}{3}, \cdots, \dfrac{1}{n}, \cdots$;

(2) $\left\{\dfrac{n+1}{n}\right\}$: $2, \dfrac{3}{2}, \dfrac{4}{3}, \cdots, \dfrac{n+1}{n}, \cdots$;

(3) $\left\{\dfrac{n-1}{n}\right\}$: $0, \dfrac{1}{2}, \dfrac{2}{3}, \cdots, \dfrac{n-1}{n}, \cdots$;

(4) $\left\{\dfrac{n+(-1)^n}{n}\right\}$: $0, \dfrac{3}{2}, \dfrac{2}{3}, \cdots, \dfrac{n+(-1)^n}{n}, \cdots$;

(5) $\left\{\dfrac{1+(-1)^n}{2}\right\}$: $0, 1, 0, 1, 0, \cdots, \dfrac{1+(-1)^n}{2}, \cdots$;

(6) $\{n^2\}$: $1, 4, 9, \cdots, n^2, \cdots$;

数列也可以由递推公式给出:

(7) $\{a_n\}$: $a_1 = \sqrt{2}, a_2 = \sqrt{2 + a_1}, \cdots, a_n = \sqrt{2 + a_{n-1}}, \cdots$.

对于一个数列 $\{a_n\}$, 我们不仅要观察它的变化规律, 更重要的是要研究它当 n 越来越大或者说无限增大时, 相应的 a_n 呈现的变化趋势.

例如, 对上面给出的简单数列, 不难看出: 数列 (1) 随着 n 的增大而减小, 但不管 n 如何增大, $\dfrac{1}{n}$ 总是大于 0, 且和 0 可以无限接近; 数列 (2)~(4) 随着 n 的无限增大可以任意地接近于 1; 数列 (5) 没有固定趋势; 数列 (6) 随着 n 的无限增大而无限增大; 对数列 (7) 则不易观察出变化趋势.

定义 2.2 如果当 n 无限增大 (记作 $n \to \infty$[①]) 时, 数列 $\{a_n\}$ 的通项 a_n 无限趋近于某一常数 A, 则称**数列 $\{a_n\}$ 的极限是 A** 或**数列 $\{a_n\}$ 收敛于 A**, 记作

$$\lim_{n \to \infty} a_n = A \quad \text{或} \quad a_n \to A \quad (n \to \infty)$$

此时也称数列 $\{a_n\}$ 的**极限存在**. 否则, 称 $\{a_n\}$ 的**极限不存在**, 或**不收敛**, 或**发散**.

根据前面的分析可知:

$$\lim_{n \to \infty} \frac{1}{n} = 0, \quad \lim_{n \to \infty} \frac{n+1}{n} = 1, \quad \lim_{n \to \infty} \frac{n-1}{n} = 1, \quad \lim_{n \to \infty} \frac{n+(-1)^n}{n} = 1$$

而 $\lim\limits_{n \to \infty} \dfrac{1+(-1)^n}{2}$ 和 $\lim\limits_{n \to \infty} n^2$ 不存在.

严格地说, "无限趋近于 A" 中的 "无限趋近" 很难把握, 所以定义 2.2 只是数列极限的一种形象描述, 并不能把数列接近于 A 的程度解释清楚. 而且, 对于复杂的数列, 也很难观察出是否收敛以及收敛时极限值是多少? 因此必须把形象的描述上升为精确定义, 并根据定义研究数列极限的性质.

例如, 我们考察数列 (4), 即 $\left\{\dfrac{n+(-1)^n}{n}\right\}$, 何谓 "当 n 无限增大时, 数列 $\left\{\dfrac{n+(-1)^n}{n}\right\}$ 无限趋近于 1" 呢? 我们知道, 两个数 a 与 b 之间的接近程度可以用这两个数差的绝对值 $|a-b|$ 来刻画 (在数轴上 $|a-b|$ 表示点 a 与点 b 之间的距离), $|a-b|$ 越小, a 与 b 就越接近. 就数列 (4) 来说, 当 n 无限增大时, $a_n = \dfrac{n+(-1)^n}{n}$ 与 1 无限接近, 其含义应该是 $\left|\dfrac{n+(-1)^n}{n} - 1\right|$ 能任意小, 并保持任意小. 也就是说, 无论你举出一个多么小的正数来和这个距离进行比较, 都能确定出 n 增至某一个足够大之后, 数列 $a_n = \dfrac{n+(-1)^n}{n}$ 与 1 的距离 $\left|\dfrac{n+(-1)^n}{n} - 1\right|$ 就一定会变得比你所举出的那个小正数还要小. 例如, 对小正数 0.01 来说, 要做

---

① $n \to \infty$ 表示 n 取正整数且无限增大.

到 $\left|\dfrac{n+(-1)^n}{n}-1\right|=\dfrac{1}{n}<0.01$, 只需 $n>100$ 即可. 这说明数列 (4) 的第 100 项以后的所有项, 即第 101 项, 第 102 项 ,$\cdots$ 都能满足这个不等式. 对更小的正数 0.001, 要使不等式成立, 只需 $n>1000$ 即可, 即第 1001 项, 第 1002 项 , $\cdots$ 都能满足这个不等式, 只不过是 n 的取值更大了一些. 一般说来, 0.001 是比较小的, 但它毕竟是常数. 对描述 $\left|\dfrac{n+(-1)^n}{n}-1\right|$ 能任意小, 并保持任意小是不够的. 因为比 0.001 小的正数仍有无穷多, 举不胜举. 所以要描述当 n 充分大时, $\left|\dfrac{n+(-1)^n}{n}-1\right|$ 能任意小, 并保持任意小, 必须对任意小的正数 ε, 只要 n 充分大, 总有不等式 $\left|\dfrac{n+(-1)^n}{n}-1\right|=\dfrac{1}{n}<\varepsilon$ 成立才行. 事实上, 这也是能够做到的, 只要 $n>\dfrac{1}{\varepsilon}$ 即可. 这精确地描述了数列 $\left\{\dfrac{n+(-1)^n}{n}\right\}$ 当 $n\to\infty$ 时, $a_n=\dfrac{n+(-1)^n}{n}$ 无限接近于 1 的本质. 根据同样的思想方法和数学语言, 不难给出一般的 "数列 $\{a_n\}$ 的极限是 A" 的精确定义.

定义 2.3　设 $\{a_n\}$ 是一给定数列, A 为一常数. 如果对任意给定的正数 ε (无论它多么小), 总存在正数 N_0(一般取正整数), 使当 $n>N_0$ 时, 有

$$|a_n-A|<\varepsilon$$

则称**数列$\{a_n\}$的极限值是**A, 或称**数列$\{a_n\}$收敛于**A. 记作

$$\lim_{n\to\infty}a_n=A \quad \text{或} \quad \boldsymbol{a_n}\to A \quad (n\to\infty)$$

此时也称数列 $\{a_n\}$ 的**极限存在**. 否则, 称 $\{a_n\}$ 的**极限不存在**, 或**不收敛**, 或**发散**.

注　定义中的正数 ε 可以任意给定 (主要指可以任意小) 是很重要的, 因为只有这样, 不等式 $|a_n-A|<\varepsilon$ 才能刻画数列 $\{a_n\}$ 与 A 无限接近的程度, 这是极限精确定义的精髓. 而定义中的正数 N_0 与 ε 的给定有关, 一般地, 随 ε 的减小而增大, 但不是唯一确定的. 事实上, 假定对某个给定的 $\varepsilon>0$, 正数 N_0 满足要求, 那么对所有大于 N_0 的数都满足要求. 关键是找到这样的正数 N_0, 并不要求其最小, 因此, 在证明极限问题时, 我们可以把不等式适当地放大, 以便于寻找 N_0.

下面我们给出 $\lim\limits_{n\to\infty}a_n=A$ 的几何解释.

将常数 A 及数列 $a_1, a_2, \cdots, a_n, \cdots$ 在数轴上表示出来, 再在数轴上作点 A 的 ε 邻域, 即开区间 $(A-\varepsilon, A+\varepsilon)$.

因为不等式 $|a_n-A|<\varepsilon$ 与不等式 $A-\varepsilon<a_n<A+\varepsilon$ 等价, 所以当 $n>N_0$ 时, 所有的点 a_n 都将落在开区间 $(A-\varepsilon, A+\varepsilon)$ 内, 而只有有限个 (最多 N_0 个) 点在这个区间以外, 如图 2-1 所示.

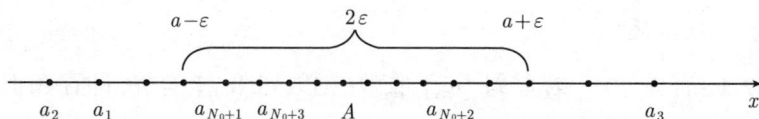

图 2-1

例 2.1 证明 $\lim\limits_{n\to\infty}\dfrac{3n^2}{n^2+3}=3$.

分析 由于

$$\left|\frac{3n^2}{n^2+3}-3\right|=\frac{9}{n^2+3}<\frac{9}{n}$$

所以, 对任意 $\varepsilon>0$, 要使 $\left|\dfrac{3n^2}{n^2+3}-3\right|<\varepsilon$, 只需 $\dfrac{9}{n}<\varepsilon$, 因此 $n>\dfrac{9}{\varepsilon}$ 即可.

证明 $\forall\varepsilon>0$, 取 $N_0=\dfrac{9}{\varepsilon}>0$ $\left($或取正整数$N_0=\left[\dfrac{9}{\varepsilon}\right]+1\right)$, 则当 $n>N_0$ 时, 有

$$\left|\frac{3n^2}{n^2+3}-3\right|<\frac{9}{n}<\frac{9}{N_0}=\varepsilon$$

所以

$$\lim_{n\to\infty}\frac{3n^2}{n^2+3}=3$$

例 2.2 证明 $\lim\limits_{n\to\infty}q^n=0\ (|q|<1)$.

分析 $\forall\varepsilon>0$ (限定 $0<\varepsilon<1$).

(1) 当 $q=0$ 时, 有 $|q^n-0|=0<\varepsilon$;

(2) 当 $q\neq 0$ 时, 要找正数 N_0, 使当 $n>N_0$ 时, 有

$$|q^n-0|=|q|^n<\varepsilon$$

两边取对数, 解得

$$n>\frac{\ln\varepsilon}{\ln|q|}=\log_{|q|}\varepsilon$$

可见, 只要取 $N_0\geqslant\log_{|q|}\varepsilon$ 的任一正数即可.

证明 对任意 $\varepsilon>0$, 取 $N_0=[\log_{|q|}\varepsilon]+1\in\mathbf{N}^+$, 则当 $n>N_0$ 时, 有

$$|q^n-0|\leqslant|q|^n<|q|^{\log_{|q|}\varepsilon}=\varepsilon$$

所以 $\lim\limits_{n\to\infty}q^n=0$.

例 2.3 证明常数列 $\{a_n\}$ (其中 $a_n=c$ 是常数) 收敛于 c, 即 $\lim\limits_{n\to\infty}c=c$.

证明 对任意 $\varepsilon>0$, 取 $N_0=1\in\mathbf{N}^+$, 则当 $n>N_0$ 时, 有

$$|a_n-c|=|c-c|=0<\varepsilon$$

即 $\lim\limits_{n\to\infty}c=c$.

二、收敛数列的性质

定理 2.1 (有界性)　若数列 $\{a_n\}$ 收敛, 则数列 $\{a_n\}$ 有界, 即存在正数 M, 使得任意对 $n \in \mathbf{N}^+$, 都有 $|a_n| \leqslant M$.

证明　设数列 $\{a_n\}$ 收敛于 A, 即 $\lim\limits_{n\to\infty} a_n = A$. 根据极限的定义, 对于给定的 $\varepsilon = 1$, 存在正整数 N_0, 当 $n > N_0$ 时, 有 $|a_n - A| < 1$. 从而, 当 $n > N_0$ 时, 有

$$|a_n| = |a_n - A + A| \leqslant |a_n - A| + |A| < 1 + |A|$$

取 $M = \max\{|a_1|, |a_2|, \cdots, |a_{N_0}|, 1 + |A|\}$, 则对任意 $n \in \mathbf{N}^+$, 都有

$$|a_n| \leqslant M$$

所以数列 $\{a_n\}$ 有界. □[1]

推论　若数列 $\{a_n\}$ 无界, 则数列 $\{a_n\}$ 一定发散.

但是有界数列也不一定收敛. 例如, 数列 $\left\{ \dfrac{1 + (-1)^n}{2} \right\}$ 有界, 但它发散.

利用数列极限的精确定义不难证明以下定理, 这里将证明略去.

定理 2.2 (唯一性)　若数列 $\{a_n\}$ 收敛, 则它的极限是唯一的.

定理 2.3　$\lim\limits_{n\to\infty} a_n = A$ 的充分必要条件是 $\lim\limits_{n\to\infty} a_{n+m} = A$ (这里 m 为任意正整数).

定理 2.4　$\lim\limits_{n\to\infty} a_n = A$ 的充分必要条件是 $\lim\limits_{n\to\infty} a_{2n} = A$ 且 $\lim\limits_{n\to\infty} a_{2n+1} = A$.

通常称 $\{a_{2k-1}\}$: $a_1, a_3, \cdots, a_{2k-1}, \cdots$ 为数列 $\{a_n\}$ 的**奇子列**;

$$\{a_{2k}\}: a_2, \quad a_4, \quad \cdots, a_{2k}, \cdots \text{为数列} \{a_n\} \text{的 偶子列}.$$

定理 2.5 (保序性)　若 $\lim\limits_{n\to\infty} a_n = A$, $\lim\limits_{n\to\infty} b_n = B$, 且 $A > B$, 则存在正整数 N_0, 当 $n > N_0$ 时, 有 $a_n > b_n$.

推论 1　若 $\lim\limits_{n\to\infty} a_n = A$, $\lim\limits_{n\to\infty} b_n = B$, 且存在正整数 N_0, 当 $n > N_0$ 时, 有 $a_n \leqslant b_n$, 则 $A \leqslant B$.

注　若将条件 "$a_n \leqslant b_n$" 改为 "$a_n < b_n$", 并不能得出 $A < B$ 的结论, 这只要看数列 $a_n = \dfrac{1}{n}, b_n = \dfrac{2}{n}$ 就可以了.

推论 2 (保号性)　若 $\lim\limits_{n\to\infty} a_n = A$, 且 $A > 0$ (或 $A < 0$), 则必存在正整数 N_0, 当 $n > N_0$ 时, 有 $a_n > 0$ (或 $a_n < 0$).

推论 3　若 $\lim\limits_{n\to\infty} a_n = A$, 且对某正整数 N_0 之后的一切 n, 有 $a_n \geqslant 0$ (或 $a_n \leqslant 0$), 则 $A \geqslant 0$ (或 $A \leqslant 0$).

---

[1] □ 表示命题或定理证明结束.

三、数列极限的四则运算法则

定理 2.6 (数列极限的四则运算法则) 若 $\lim\limits_{n\to\infty} a_n = A$, $\lim\limits_{n\to\infty} b_n = B$. 则

(1) 数列 $\{a_n \pm b_n\}$, $\{a_n b_n\}$ 的极限存在, 且有

$$\lim_{n\to\infty} (a_n \pm b_n) = \lim_{n\to\infty} a_n \pm \lim_{n\to\infty} b_n = A \pm B$$

$$\lim_{n\to\infty} (a_n b_n) = \lim_{n\to\infty} a_n \lim_{n\to\infty} b_n = AB$$

(2) 当 $b_n \neq 0$ 及 $B \neq 0$ 时, 数列 $\left\{\dfrac{a_n}{b_n}\right\}$ 的极限也存在, 且有

$$\lim_{n\to\infty} \frac{a_n}{b_n} = \frac{\lim\limits_{n\to\infty} a_n}{\lim\limits_{n\to\infty} b_n} = \frac{A}{B}$$

仅以和的情形证明如下.

证明 对任意 $\varepsilon > 0$, 因为 $\lim\limits_{n\to\infty} a_n = A$, $\lim\limits_{n\to\infty} b_n = B$, 所以分别存在正数 N_1, N_2, 使得当 $n > N_1$ 时, 有

$$|a_n - A| < \frac{\varepsilon}{2}$$

当 $n > N_2$ 时, 有

$$|b_n - B| < \frac{\varepsilon}{2}$$

取 $N_0 = \max\{N_1, N_2\}$, 则当 $n > N_0$ 时, 上述两个不等式同时成立, 从而有

$$|(a_n + b_n) - (A + B)| \leqslant |a_n - A| + |b_n - B| < \frac{\varepsilon}{2} + \frac{\varepsilon}{2} = \varepsilon$$

所以 $\lim\limits_{n\to\infty} (a_n + b_n)$ 存在, 且

$$\lim_{n\to\infty} (a_n + b_n) = \lim_{n\to\infty} a_n + \lim_{n\to\infty} b_n = A + B \qquad \square$$

注意使用数列极限四则运算法则的前提条件是两个极限必须均存在, 商的情况还要求分母的极限不为零. 和与差、积还可以推广到有限多个数列的情况. 除此之外, 常用的推论还有 (假设极限均存在, 且 c 为常数, m 为固定的正整数).

推论 1 $\lim\limits_{n\to\infty} (a_n \pm c) = \lim\limits_{n\to\infty} a_n \pm c = A \pm c$, $\lim\limits_{n\to\infty} (c a_n) = c \lim\limits_{n\to\infty} a_n = cA$.

推论 2 $\lim\limits_{n\to\infty} (a_n)^m = \left(\lim\limits_{n\to\infty} a_n\right)^m$.

推论 3 $\lim\limits_{n\to\infty} \sqrt[m]{a_n} = \sqrt[m]{\lim\limits_{n\to\infty} a_n}$.

例 2.4 求下列数列的极限:

(1) $\lim\limits_{n\to\infty} \dfrac{n^2-2n+3}{3n^2+2n-1}$;

(2) $\lim\limits_{n\to\infty} \sqrt{n}(\sqrt{n+1}-\sqrt{n})$;

(3) $\lim\limits_{n\to\infty}\left(\dfrac{1}{n^2+1}+\dfrac{2}{n^2+1}+\cdots+\dfrac{n}{n^2+1}\right)$;

(4) $a_n=\begin{cases}\dfrac{1}{2n+1}, & n\text{为奇数},\\[2mm]\dfrac{1}{2^{2n}-1}, & n\text{为偶数}.\end{cases}$

解　(1) $\lim\limits_{n\to\infty}\dfrac{n^2-2n+3}{3n^2+2n-1}=\lim\limits_{n\to\infty}\dfrac{1-\dfrac{2}{n}+\dfrac{3}{n^2}}{3+\dfrac{2}{n}-\dfrac{1}{n^2}}=\dfrac{1}{3}$;

(2) $\lim\limits_{n\to\infty}\sqrt{n}(\sqrt{n+1}-\sqrt{n})=\lim\limits_{n\to\infty}\dfrac{\sqrt{n}}{\sqrt{n+1}+\sqrt{n}}=\lim\limits_{n\to\infty}\dfrac{1}{\sqrt{1+\dfrac{1}{n}}+1}=\dfrac{1}{2}$;

(3) 由于括号内的项数随着 n 增加, 因此不能逐项求极限,

$$\lim\limits_{n\to\infty}\left(\dfrac{1}{n^2+1}+\dfrac{2}{n^2+1}+\cdots+\dfrac{n}{n^2+1}\right)=\lim\limits_{n\to\infty}\dfrac{n(n+1)}{2(n^2+1)}=\dfrac{1}{2}$$

(4) 因为 $\lim\limits_{n\to\infty}a_{2n}=\lim\limits_{n\to\infty}\dfrac{1}{2^{2n}-1}=\lim\limits_{n\to\infty}\dfrac{1}{4^n-1}=0,$

$$\lim\limits_{n\to\infty}a_{2n+1}=\lim\limits_{n\to\infty}\dfrac{1}{2n+1}=0$$

所以由定理 2.4 知: $\lim\limits_{n\to\infty}a_n=0.$

四、数列极限的存在准则

定理 2.7 (数列极限的夹逼定理)　若数列 $\{a_n\}$, $\{b_n\}$, $\{c_n\}$ 满足:

(1) $a_n\leqslant b_n\leqslant c_n$ (对某正整数 K_0 之后的一切 n 成立即可);

(2) $\lim\limits_{n\to\infty}a_n=\lim\limits_{n\to\infty}c_n=A$,

则数列 $\{b_n\}$ 收敛, 且 $\lim\limits_{n\to\infty}b_n=A.$

证明 *　对任意 $\varepsilon>0$, 由于 $\lim\limits_{n\to\infty}a_n=\lim\limits_{n\to\infty}c_n=A$, 所以分别存在正数 N_1,N_2, 使得当 $n>N_1$ 时, 有

$$|a_n-A|=<\varepsilon,\quad 即\quad A-\varepsilon<a_n<A+\varepsilon$$

当 $n>N_2$ 时, 有

$$|c_n-A|<\varepsilon,\quad 即\quad A-\varepsilon<c_n<A+\varepsilon$$

取 $N_0=\max\{K_0,N_1,N_2\}$, 则当 $n>N_0$ 时, 上述两个不等式及 $a_n\leqslant b_n\leqslant c_n$ 同时成立, 从而有

$$A-\varepsilon<a_n\leqslant b_n\leqslant c_n<A+\varepsilon$$

因此

$$|b_n - A| < \varepsilon$$

故数列 $\{b_n\}$ 收敛, 且 $\lim\limits_{n\to\infty} b_n = A$. □

定理 2.7 不仅给出了判定数列收敛的一种方法, 而且也提供了一个求极限的工具.

例 2.5 求 $\lim\limits_{n\to\infty}\left(\dfrac{1}{\sqrt{n^2+1}} + \dfrac{1}{\sqrt{n^2+2}} + \cdots + \dfrac{1}{\sqrt{n^2+n}}\right)$.

解 因为

$$\frac{n}{\sqrt{n^2+n}} \leqslant \frac{1}{\sqrt{n^2+1}} + \frac{1}{\sqrt{n^2+2}} + \cdots + \frac{1}{\sqrt{n^2+n}} \leqslant \frac{n}{\sqrt{n^2+1}}$$

且

$$\lim_{n\to\infty}\frac{n}{\sqrt{n^2+n}} = \lim_{n\to\infty}\frac{1}{\sqrt{1+\dfrac{1}{n}}} = 1, \quad \lim_{n\to\infty}\frac{n}{\sqrt{n^2+1}} = \lim_{n\to\infty}\frac{1}{\sqrt{1+\dfrac{1}{n^2}}} = 1$$

所以, 由夹逼定理可得

$$\lim_{n\to\infty}\left(\frac{1}{\sqrt{n^2+1}} + \frac{1}{\sqrt{n^2+2}} + \cdots + \frac{1}{\sqrt{n^2+n}}\right) = 1$$

前面已经证明了收敛的数列必有界, 而有界的数列不一定收敛. 但如果保证有界数列 $\{a_n\}$ 是单调的, 那么数列 $\{a_n\}$ 一定收敛.

定理 2.8 (单调有界定理) 单调有界数列必收敛[①].

定理 2.8 的证明要用到实数系的确界原理, 这里将证明略去.

例 2.6 设数列 $\{x_n\}$: $x_1 = \sqrt{2}, x_2 = \sqrt{2+\sqrt{2}}, \cdots, x_n = \sqrt{2+x_{n-1}}, \cdots$, 求 $\lim\limits_{n\to\infty} x_n$.

解 用数学归纳法不难证明: 任意正整数 n, 有

$$\sqrt{2} \leqslant x_n \leqslant 2$$

即数列 $\{x_n\}$ 有界; 又由于 $x_{n+1} = \sqrt{2+x_n}$, 于是有

$$\frac{x_{n+1}}{x_n} = \sqrt{\frac{2}{x_n^2} + \frac{1}{x_n}} > \sqrt{\frac{2}{2^2} + \frac{1}{2}} = 1, \quad 所以 x_n < x_{n+1}$$

即数列 $\{x_n\}$ 单调增加. 因此, 数列 $\{x_n\}$ 收敛. 设 $\lim\limits_{n\to\infty} x_n = l$ (由极限的保序性知

[①] 这里的单调数列是广义的. 所谓单调增加数列 $\{x_n\}$ 是指: 对任意正整数 n, 都有 $a_n \leqslant a_{n+1}$; 单调减少数列 $\{x_n\}$ 是指: 对任意正整数 n, 都有 $a_n \geqslant a_{n+1}$. 以后称单调数列都是指这种广义的单调数列.

$l \geqslant \sqrt{2}$). 对递推关系式 $x_n = \sqrt{2 + x_{n-1}}$ 两边求极限, 得 $l = \sqrt{2 + l}$, 解得 $l = 2$, 即 $\lim\limits_{n \to \infty} x_n = 2$.

例 2.7 证明数列 $\left\{ \left(1 + \dfrac{1}{n}\right)^n \right\}$ 收敛.

证明 令 $x_n = \left(1 + \dfrac{1}{n}\right)^n$.

(1) 先证 $\{x_n\}$ 是单调增加的.

根据二项式定理, 有

$$
x_n = \left(1 + \frac{1}{n}\right)^n = C_n^0 + C_n^1 \cdot \frac{1}{n} + C_n^2 \cdot \frac{1}{n^2} + \cdots + C_n^n \cdot \frac{1}{n^n}
$$

$$
= 1 + \frac{n}{1!} \cdot \frac{1}{n} + \frac{n(n-1)}{2!} \cdot \frac{1}{n^2} + \frac{n(n-1)(n-2)}{3!} \cdot \frac{1}{n^3}
$$

$$
+ \cdots + \frac{n(n-1)(n-2)\cdots(n-n+1)}{n!} \cdot \frac{1}{n^n}
$$

$$
= 1 + \frac{1}{1!} + \frac{1}{2!}\left(1 - \frac{1}{n}\right) + \frac{1}{3!}\left(1 - \frac{1}{n}\right)\left(1 - \frac{2}{n}\right)
$$

$$
+ \cdots + \frac{1}{n!}\left(1 - \frac{1}{n}\right)\left(1 - \frac{2}{n}\right)\cdots\left(1 - \frac{n-1}{n}\right)
$$

同理有

$$
x_{n+1} = \left(1 + \frac{1}{n+1}\right)^{n+1}
$$

$$
= 1 + \frac{1}{1!} + \frac{1}{2!}\left(1 - \frac{1}{n+1}\right) + \frac{1}{3!}\left(1 - \frac{1}{n+1}\right)\left(1 - \frac{2}{n+1}\right)
$$

$$
+ \cdots + \frac{1}{n!}\left(1 - \frac{1}{n+1}\right)\left(1 - \frac{2}{n+1}\right)\cdots\left(1 - \frac{n-1}{n+1}\right)
$$

$$
+ \frac{1}{(n+1)!}\left(1 - \frac{1}{n+1}\right)\left(1 - \frac{2}{n+1}\right)\cdots\left(1 - \frac{n}{n+1}\right)
$$

比较上面两个展开式的各项, 除前两项相等外, 从第三项开始, x_{n+1} 的每一项都大于 x_n 的对应项, 而且 x_{n+1} 还多出一个正的最后一项, 因而 $x_{n+1} > x_n (n = 1, 2, 3, \cdots)$, 即 $\{x_n\}$ 是单调增加的. □

(2) 再证明 $\{x_n\}$ 是有界的.

由上可知

$$
x_n = 1 + 1 + \frac{1}{2!}\left(1 - \frac{1}{n}\right) + \frac{1}{3!}\left(1 - \frac{1}{n}\right)\left(1 - \frac{2}{n}\right)
$$

$$+\cdots+\frac{1}{n!}\left(1-\frac{1}{n}\right)\left(1-\frac{2}{n}\right)\cdots\left(1-\frac{n-1}{n}\right)$$

如果 x_n 展开式中各项括号内的数用较大的数 1 代替, 则得

$$x_n < 1 + 1 + \frac{1}{2!} + \frac{1}{3!} + \cdots + \frac{1}{n!}$$

$$< 1 + 1 + \frac{1}{2} + \frac{1}{2^2} + \cdots + \frac{1}{2^{n-1}} = 1 + \frac{1-\frac{1}{2^n}}{1-\frac{1}{2}} = 3 - \frac{1}{2^{n-1}}$$

可见, $x_n < 3$, 即 $\{x_n\}$ 是有界的.

根据单调有界定理知: 数列 $\{x_n\}$ 收敛, 即 $\lim\limits_{n\to\infty}\left(1+\frac{1}{n}\right)^n$ 存在. □

1737 年, 瑞士数学家欧拉 (Leonhard Euler, 1707—1783) 证明了此极限值是无理数[①], 并用 e 表示这个极限值, 即

$$\lim_{n\to\infty}\left(1+\frac{1}{n}\right)^n = \mathrm{e}$$

数 e 又称为欧拉数, 其近似值为: $\mathrm{e} \approx 2.718\ 281\ 828\ 459$.

这是个重要的常数, 以它为底的对数称为自然对数, x 的自然对数记作 $\ln x$, 它是科学上又一常用的对数.

常用对数与自然对数的关系为: $\lg x = \lg \mathrm{e} \cdot \ln x$.

§2.2 函数的极限

数列是定义在正整数集上的函数, 数列的极限是一种特殊的函数极限. 本节讨论在区间 I 上有定义的函数 $f(x)$ 的极限, 即考察自变量 x 在 I 内按照某种方式变化时, 函数值 $f(x)$ 的变化趋势. 由于自变量的变化过程不同, 函数值 $f(x)$ 也呈现出不同的变化趋势. 下面分两大类六种方式来讨论函数的极限.

一、当 $x \to \infty$ (或 $+\infty, -\infty$) 时函数 $f(x)$ 的极限

例如, 给定函数

---

① 1873 年巴黎大学的埃尔米特 (Hermite, 1822—1901) 又进一步证明了它是超越数, 即不是任何整系数多项式的根.

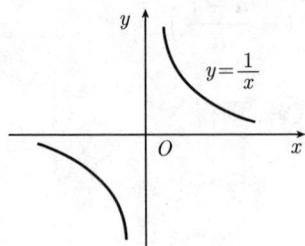

图 2-2

$$f(x) = \frac{1}{x}$$

显然, 当 $|x|$ 越来越大时, 函数值 $f(x)$ 无限趋近于常数 0, 如图 2-2 所示. 因此我们就说当 $x \to \infty$ 时, 函数 $f(x)$ 以 0 为极限.

定义 2.4　对于函数 $f(x)$, 如果当 $|x|$ 无限增大 (记作 $x \to \infty$) 时, 函数值 $f(x)$ 无限趋近于常数 A, 则称当 $x \to \infty$ 时, 函数 $f(x)$ 以 A 为极限或 $f(x)$ 收敛于 A, 记作

$$\lim_{x \to \infty} f(x) = A \quad \text{或} \quad f(x) \to A \quad (x \to \infty)$$

此时也称当 $x \to \infty$ 时, $f(x)$ 的极限存在. 否则, 称当 $x \to \infty$ 时, $f(x)$ 的极限不存在.

例如, 观察函数图像可知: $\lim\limits_{x \to \infty} \dfrac{1}{x} = 0$, $\lim\limits_{x \to \infty} |x|$ 不存在.

如果当 x 取正值且无限增大 (记作 $x \to +\infty$) 时, $f(x)$ 无限接近于常数 A, 则称当 $x \to +\infty$ 时, **函数** $f(x)$ **以** A **为极限或** $f(x)$ **收敛于** A, 记作 $\lim\limits_{x \to +\infty} f(x) = A$, 或 $f(x) \to A$ $(x \to +\infty)$. 类似地定义 $\lim\limits_{x \to -\infty} f(x) = A$ 或 $f(x) \to A$ $(x \to -\infty)$.

例如, 对于函数 $f(x) = \dfrac{1}{2^x}$, 由图 2-3 易见, 当 $x \to +\infty$ 时, $f(x) \to 0$, 故 $\lim\limits_{x \to +\infty} \dfrac{1}{2^x} = 0$. 而对于函数 $f(x) = 2^x$, 由图 2-3 易见, 当 $x \to -\infty$ 时, $f(x) \to 0$, 故 $\lim\limits_{x \to -\infty} 2^x = 0$. 但 $\lim\limits_{x \to +\infty} 2^x$ 不存在, $\lim\limits_{x \to \infty} 2^x$ 也不存在.

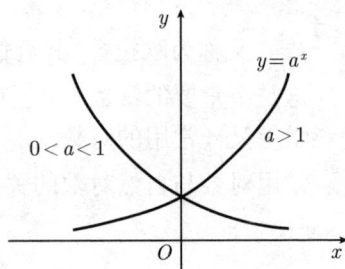

图 2-3

命题 2.1　$\lim\limits_{x \to \infty} f(x) = A \Leftrightarrow^{①} \lim\limits_{x \to +\infty} f(x) = \lim\limits_{x \to -\infty} f(x) = A$.

例 2.8　利用基本初等函数图像, 讨论下列函数分别在 $x \to +\infty$, $x \to -\infty$, $x \to \infty$ 时, 是否收敛? 若收敛, 指出其极限值.

(1) $f(x) = \mathrm{e}^x$;

(2) $h(x) = \sin x$;

(3) $g(x) = \arctan x$.

解　由图 2-3 和图 1-16, 图 1-20(a), 易观察出:

(1) $\lim\limits_{x \to -\infty} \mathrm{e}^x = 0$, 而 $\lim\limits_{x \to +\infty} \mathrm{e}^x$, $\lim\limits_{x \to \infty} \mathrm{e}^x$ 不存在.

(2) 无论是 $x \to +\infty$ 还是 $x \to -\infty$ 或 $x \to \infty$, 函数 $\sin x$ 的值总是在 -1 和

---

① $\Leftrightarrow$ 表示 "充分必要" 或 "等价于".

1 之间周期的变化, 不趋于任何常数, 因此 $\lim\limits_{x \to +\infty} \sin x$, $\lim\limits_{x \to -\infty} \sin x$, $\lim\limits_{x \to \infty} \sin x$ 均不存在.

(3) $\lim\limits_{x \to +\infty} \arctan x = \dfrac{\pi}{2}$, $\lim\limits_{x \to -\infty} \arctan x = -\dfrac{\pi}{2}$, 但 $\lim\limits_{x \to \infty} \arctan x$ 不存在.

二、当 $x \to x_0$ (或 x_0^+, x_0^-) 时函数 $f(x)$ 的极限

例如, 考察当 x 趋近于 1(但始终 $x \neq 1$) 时, 下列给定函数的变化趋势:

(1) $f(x) = x + 1$;   (2) $g(x) = \begin{cases} x + 1, & x \neq 1, \\ 1, & x = 1; \end{cases}$ (3) $h(x) = \dfrac{x^2 - 1}{x - 1}$.

观察图 2-4~ 图 2-6 可见: 当 $x \to 1$ (但始终 $x \neq 1$) 时, 函数 $f(x), g(x), h(x)$ 均趋近于 2.

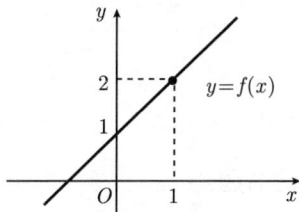 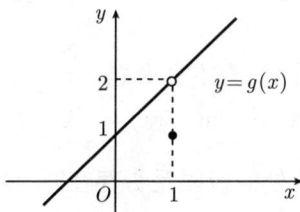 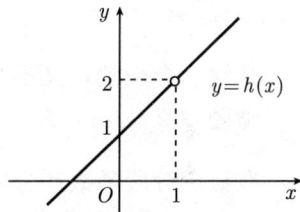

图 2-4   图 2-5   图 2-6

尽管 $g(x)$ 在 $x = 1$ 处的函数值不等于 2, $h(x)$ 在 $x = 1$ 处无定义, 但是当 $x \to 1$ (但始终 $x \neq 1$) 时, 其函数值的变化趋势与 $f(x)$ 是相同的, 均趋近于 2.

定义 2.5 设函数 $f(x)$ 在点 x_0 附近有定义 (但在点 x_0 可以没有), 如果当 $x \to x_0$(始终 $x \neq x_0$) 时, 函数 $f(x)$ 无限趋近于常数 A, 则称当 $x \to x_0$ 时, **函数 $f(x)$ 以 A 为极限**或 $f(x)$ **收敛于**A, 记作

$$\lim\limits_{x \to x_0} f(x) = A \quad \text{或} \quad f(x) \to A \quad (x \to x_0)$$

此时也称当 $x \to x_0$ 时 $f(x)$ 的**极限存在**, 否则称当 $x \to x_0$ 时 $f(x)$ 的**极限不存在**.

例如, 根据前面的观察可知, 当 $x \to 1$ 时, $f(x), g(x)$ 和 $h(x)$ 的极限都是 2, 即

$$\lim\limits_{x \to 1} f(x) = 2, \quad \lim\limits_{x \to 1} g(x) = 2, \quad \lim\limits_{x \to 1} h(x) = 2$$

另外, 根据基本初等函数图像和图 1-6, 不难看出:

$$\lim\limits_{x \to x_0} x = x_0, \quad \lim\limits_{x \to x_0} C = C \,(C \text{为常数}), \quad \lim\limits_{x \to 0} \sin x = 0$$

$$\lim\limits_{x \to 0} \cos x = 1, \quad \lim\limits_{x \to 0} a^x = 1 (a > 0), \quad \lim\limits_{x \to 0} \operatorname{sgn} x \text{不存在}$$

在 $\lim\limits_{x \to x_0} f(x) = A$ 的极限定义中, 自变量 x 既可以从 x_0 的右侧, 也可以从 x_0

的左侧趋于 x_0. 但有时需要考察 x 仅从 x_0 的右侧 (或左侧) 趋近于 x_0 时, 函数 $f(x)$ 的变化趋势. 为了叙述简便, 用 $x \to x_0^+$ (或 $x \to x_0^-$) 表示 $x > x_0$ (或 $x < x_0$) 且 $x \to x_0$.

定义 2.6　如果当 $x \to x_0^+$ 时, 函数 $f(x)$ 无限趋近于常数 A, 则称当 $x \to x_0^+$ 时, 函数 $f(x)$ 以 A **为右极限**, 记作

$$\lim_{x \to x_0^+} f(x) = A \quad 或 \quad f(x) \to A \quad (x \to x_0^+), 也可记作 f(x_0+0) = A$$

类似可定义左极限:

$$\lim_{x \to x_0^-} f(x) = A \quad 或 \quad f(x) \to A \quad (x \to x_0^-), 也可记作 f(x_0-0) = A$$

从这三个极限定义不难看出, 有下列命题.

命题 2.2　$\lim\limits_{x \to x_0} f(x) = A \Leftrightarrow \lim\limits_{x \to x_0^-} f(x) = \lim\limits_{x \to x_0^+} f(x) = A.$

在讨论分段函数在分段点处的极限是否存在时, 常用此命题.

例如, 根据函数图像可知:

$$\lim_{x \to 2} x^2 = 4, \quad \lim_{x \to 0^+} \operatorname{sgn} x = 1, \quad \lim_{x \to (-1)^-} x^2 = 1, \quad \lim_{x \to 0^-} \operatorname{sgn} x = -1$$

例 2.9　设函数

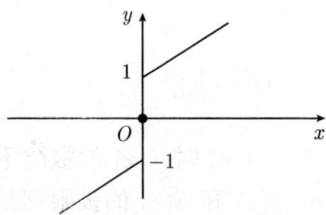

图 2-7

$$f(x) = \begin{cases} x-1, & x < 0 \\ 0, & x = 0 \\ x+1, & x > 0 \end{cases}$$

求 $f(x)$ 在 $x=0$ 处的左、右极限.

解　$\lim\limits_{x \to 0^-} f(x) = \lim\limits_{x \to 0^-} (x-1) = -1,$

$\lim\limits_{x \to 0^+} f(x) = \lim\limits_{x \to 0^+} (x+1) = 1$ 函数图像如图 2-7 所示.

例 2.10　讨论 $\lim\limits_{x \to 0} \dfrac{x}{|x|}$ 是否存在.

解　$f(x) = \dfrac{x}{|x|} = \begin{cases} 1, & x > 0, \\ -1, & x < 0, \end{cases}$　$x = 0$ 为其分段点. 由于

$$\lim_{x \to 0^-} f(x) = \lim_{x \to 0^-} \frac{x}{|x|} = \lim_{x \to 0^-} (-1) = -1, \quad \lim_{x \to 0^+} f(x) = \lim_{x \to 0^+} \frac{x}{|x|} = \lim_{x \to 0^+} 1 = 1$$

所以 $\lim\limits_{x \to 0^-} \dfrac{x}{|x|} \neq \lim\limits_{x \to 0^+} \dfrac{x}{|x|}$, 故 $\lim\limits_{x \to 0} \dfrac{x}{|x|}$ 不存在.

* 三、各类极限的精确定义

上面给出的函数各类极限的定义均是描述性定义, 为了进一步研究极限和微积分理论上的严密性, 类似于数列的极限可以给出其精确定义, 列表对照如下:

极限类型	精确定义
$\lim\limits_{x \to \infty} f(x) = A$	对任意 $\varepsilon > 0$, 总存在 $M > 0$, 使得当 $\|x\| > M$ 时, 有 $\|f(x) - A\| < \varepsilon$
$\lim\limits_{x \to +\infty} f(x) = A$	对任意 $\varepsilon > 0$, 总存在 $M > 0$, 使得当 $x > M$ 时, 有 $\|f(x) - A\| < \varepsilon$
$\lim\limits_{x \to -\infty} f(x) = A$	对任意 $\varepsilon > 0$, 总存在 $M > 0$, 使得当 $x < -M$ 时, 有 $\|f(x) - A\| < \varepsilon$
$\lim\limits_{x \to x_0} f(x) = A$	对任意 $\varepsilon > 0$, 总存在 $\delta > 0$, 使得当 $0 < \|x - x_0\| < \delta$ 时, 有 $\|f(x) - A\| < \varepsilon$
$\lim\limits_{x \to x_0^+} f(x) = A$	对任意 $\varepsilon > 0$, 总存在 $\delta > 0$, 使得当 $0 < x - x_0 < \delta$ 时, 有 $\|f(x) - A\| < \varepsilon$
$\lim\limits_{x \to x_0^-} f(x) = A$	对任意 $\varepsilon > 0$, 总存在 $\delta > 0$, 使得当 $0 < x_0 - x < \delta$ 时, 有 $\|f(x) - A\| < \varepsilon$

由极限的精确定义, 不难得出下面的结论.

命题 2.3 $\lim\limits_{x \to x_0} f(x) = 0 \Leftrightarrow \lim\limits_{x \to x_0} |f(x)| = 0.$

命题 2.4 若 $\lim\limits_{x \to x_0} f(x) = A (A \neq 0)$, 则 $\lim\limits_{x \to x_0} |f(x)| = |A|.$

请读者举例说明命题 2.4 的逆命题不真. 上述两命题对其他极限过程也同样成立.

例 2.11 证明 $\lim\limits_{x \to 1} (2x + 1) = 3.$

证明 对任意 $\varepsilon > 0$, 我们要找正数 δ, 使得当 $0 < |x - 1| < \delta$ 时, 有 $|(2x + 1) - 3| < \varepsilon$.

因为 $|(2x + 1) - 3| = 2|x - 1|$, 所以欲使 $|(2x + 1) - 3| < \varepsilon$, 只需 $2|x - 1| < \varepsilon$, 即 $|x - 1| < \dfrac{\varepsilon}{2}$.

于是取 $\delta = \dfrac{\varepsilon}{2} > 0$, 则当 $0 < |x - 1| < \delta$ 时, 有 $|(2x + 1) - 3| < \varepsilon$. 故

$$\lim\limits_{x \to 1} (2x + 1) = 3$$

例 2.12 证明当 $x \to 0$ 时, 函数 $\sin \dfrac{1}{x}$ 没有极限.

证明 用反证法. 假设 $\lim\limits_{x \to 0} \sin \dfrac{1}{x} = A$, 则对给定的正数 $\varepsilon = \dfrac{1}{2}$. 总存在正数 δ, 使得当

$$0 < |x - 0| < \delta \text{时,} \quad \text{有} \left| \sin \dfrac{1}{x} - A \right| < \dfrac{1}{2}$$

现在取 $x' = \dfrac{1}{n\pi}$, $x'' = \dfrac{1}{2n\pi + \dfrac{\pi}{2}}$, 只要正整数 $n > \dfrac{1}{\delta\pi}$, 则它们同时满足

$$0 < |x' - 0| < \delta, \quad 0 < |x'' - 0| < \delta$$

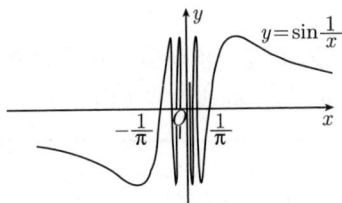

图 2-8

于是有 $\left| \sin \dfrac{1}{x'} - A \right| < \dfrac{1}{2}$ 及 $\left| \sin \dfrac{1}{x''} - A \right| < \dfrac{1}{2}$,

即 $|A| = |0 - A| < \dfrac{1}{2}$ 及 $|1 - A| < \dfrac{1}{2}$, 出现矛盾. 因

此, $\lim\limits_{x \to 0} \sin \dfrac{1}{x}$ 不存在.

从图 2-8 看, 当 $x \to 0$ 时, 函数 $\sin \dfrac{1}{x}$ 总在 -1

和 1 之间 "振荡", 越接近于 0 "振荡" 得越频繁.

四、函数极限的性质和运算法则

前面给出了六种过程的函数极限, 对每一种过程函数极限都与数列极限一样, 具有类似的性质和四则运算法则. 我们仅就过程 $x \to x_0$ 给出与收敛数列相类似的一些定理, 并将证明略去. 其他五种过程的函数极限同样有这些定理, 读者不难写出相应的定理.

定理 2.9 (唯一性)　若 $\lim\limits_{x \to x_0} f(x)$ 存在, 则其极限值必唯一.

定理 2.10 (局部有界性)　若 $\lim\limits_{x \to x_0} f(x) = A$, 则存在 $\delta > 0$, 使得函数 $f(x)$ 在 $(x_0 - \delta, x_0) \bigcup (x_0, x_0 + \delta)$ 有界.

定理 2.11 (局部保序性)　若 $\lim\limits_{x \to x_0} f(x) = A$, $\lim\limits_{x \to x_0} g(x) = B$, 且 $A > B$, 则存在 $\delta > 0$, 使得当 $0 < |x - x_0| < \delta$ 时, 有 $f(x) > g(x)$.

推论 1 (局部保号性)　若 $\lim\limits_{x \to x_0} f(x) = A$, 且 $A > 0$(或 $A < 0$), 则存在 $\delta > 0$, 使得当 $0 < |x - x_0| < \delta$ 时, 有 $f(x) > 0$(或 $f(x) < 0$).

推论 2　若 $\lim\limits_{x \to x_0} f(x) = A$, $\lim\limits_{x \to x_0} g(x) = B$, 且存在 $\delta > 0$, 使得当 $0 < |x - x_0| < \delta$ 时, $f(x) \leqslant g(x)$, 则 $A \leqslant B$.

推论 3　若 $\lim\limits_{x \to x_0} f(x) = A$, 且存在 $\delta > 0$, 使得当 $0 < |x - x_0| < \delta$ 时, $f(x) \geqslant 0$ (或 $f(x) \leqslant 0$), 则 $A \geqslant 0$ (或 $A \leqslant 0$).

定理 2.12 (函数极限的夹逼定理)　如果函数 $f(x), g(x), h(x)$ 满足:

(1) $f(x) \leqslant g(x) \leqslant h(x)$ (在点 x_0 的某空心邻域内成立即可);

(2) $\lim\limits_{x \to x_0} f(x) = \lim\limits_{x \to x_0} h(x) = A$, 则 $\lim\limits_{x \to x_0} g(x) = A$.

定理 2.13 (函数极限的四则运算法则)　若 $\lim\limits_{x \to x_0} f(x) = A$, $\lim\limits_{x \to x_0} g(x) = B$, 则当 $x \to x_0$ 时,

(1) 函数 $f(x) \pm g(x)$, $f(x)g(x)$ 的极限存在, 且

$$\lim_{x \to x_0} [f(x) \pm g(x)] = \lim_{x \to x_0} f(x) \pm \lim_{x \to x_0} g(x) = A \pm B$$

$$\lim_{x \to x_0} [f(x)g(x)] = \lim_{x \to x_0} f(x) \lim_{x \to x_0} g(x) = AB$$

(2) 当 $B \neq 0$ 时, $\dfrac{f(x)}{g(x)}$ 的极限也存在, 且

$$\lim_{x \to x_0} \frac{f(x)}{g(x)} = \frac{\lim\limits_{x \to x_0} f(x)}{\lim\limits_{x \to x_0} g(x)} = \frac{A}{B}$$

注意使用函数极限四则运算法则的前提条件是: 两个极限必须均存在, 商的情况还要求分母的极限不为零. 由此可以得到以下推论 (假设所涉及的极限均存在, 且 c 为常数, m 为固定正整数).

推论 1 $\lim\limits_{x \to x_0} cf(x) = cA.$

推论 2 $\lim\limits_{x \to x_0} [f_1(x) \pm f_2(x) \pm \cdots \pm f_m(x)] = \lim\limits_{x \to x_0} f_1(x) \pm \lim\limits_{x \to x_0} f_2(x) \pm \cdots \pm \lim\limits_{x \to x_0} f_m(x).$

推论 3 $\lim\limits_{x \to x_0} [f_1(x) f_2(x) \cdots f_m(x)] = \lim\limits_{x \to x_0} f_1(x) \lim\limits_{x \to x_0} f_2(x) \cdots \lim\limits_{x \to x_0} f_m(x).$

推论 4 $\lim\limits_{x \to x_0} [f(x)]^m = \big[\lim\limits_{x \to x_0} f(x)\big]^m.$

推论 5 $\lim\limits_{x \to x_0} [f(x)]^{\frac{1}{m}} = \big[\lim\limits_{x \to x_0} f(x)\big]^{\frac{1}{m}}.$

定理 2.14[*] 若函数 $f(x)$ 与 $\varphi(x)$ 满足:

(1) $\lim\limits_{x \to x_0} \varphi(x) = a$, 且在点 x_0 的某空心邻域内满足 $\varphi(x) \neq a$;

(2) $\lim\limits_{u \to a} f(u) = A$;

则 $\lim\limits_{x \to x_0} f(\varphi(x)) = \lim\limits_{u \to a} f(u) = A.$

这是对复合函数求极限时, 作变量替换的理论根据.

$$\lim_{x \to x_0} f(\varphi(x)) \xlongequal{\diamond \varphi(x) = u} \lim_{u \to a} f(u) = A$$

当不满足在点 x_0 的某空心邻域内 $\varphi(x) \neq a$ 时, 结论可能不成立. 例如, $\varphi(x) = x \sin \dfrac{1}{x}$, $f(u) = \begin{cases} 0, & u = 0, \\ 1, & u \neq 0, \end{cases}$ 易知 $\lim\limits_{x \to 0} \varphi(x) = 0$, $\lim\limits_{u \to 0} f(u) = 1$, 但 $\lim\limits_{x \to 0} f(\varphi(x))$ 不存在.

利用函数极限的四则运算法则和推论, 可以从一些简单的函数极限出发, 计算较复杂的函数极限.

例 2.13 求下列函数的极限:

(1) $\lim\limits_{x \to 1} (x^2 + 2\sqrt{x} - 1)$;

(2) $\lim\limits_{x \to -1} \dfrac{x^2 + 2x - 3}{x^2 + x - 2}$;

(3) $\lim\limits_{x \to 1} \dfrac{x^2 + 2x - 3}{x^2 + x - 2}$;

(4) $\lim\limits_{x \to 1} \left(\dfrac{1}{1 - x} - \dfrac{2}{1 - x^2} \right)$;

(5) $\lim\limits_{x \to \infty} \dfrac{3x^2 - 2x - 1}{2x^3 - x^2 + 5}$;

(6) $\lim\limits_{x \to \infty} \dfrac{3x^3 - 2x - 1}{2x^3 - x^2 + 5}$;

(7) $\lim\limits_{x\to+\infty}\dfrac{2x+1}{\sqrt{x^2-1}}$; \qquad\qquad (8) $\lim\limits_{x\to-\infty}\dfrac{2x+1}{\sqrt{x^2-1}}$;

(9) $\lim\limits_{x\to\infty} a^{\frac{1}{x}}$, 其中 $a>0$; \qquad\qquad (10) $\lim\limits_{x\to 0^-}\mathrm{e}^{\frac{1}{x}}$.

解 (1) $\lim\limits_{x\to 1}(x^2+2\sqrt{x}-1)=\lim\limits_{x\to 1}x^2+2\lim\limits_{x\to 1}\sqrt{x}-1=(\lim\limits_{x\to 1}x)^2+2\sqrt{\lim\limits_{x\to 1}x}-1$

$$=1^2+2\cdot 1-1=2.$$

(2) $\lim\limits_{x\to-1}\dfrac{x^2+2x-3}{x^2+x-2}=\dfrac{\lim\limits_{x\to-1}(x^2+2x-3)}{\lim\limits_{x\to-1}(x^2+x-2)}=\dfrac{-4}{-2}=2.$

(3) 因为当 $x\to 1$ 时, 分子和分母的极限都是 0, 我们称之为 "$\dfrac{0}{0}$" 型不定式. 这种类型的极限不能直接利用商的极限法则, 应想办法先约去使得分子、分母均为零的因子 $(x-1)$ (称为**零因子**), 然后再求极限.

$$\lim\limits_{x\to 1}\dfrac{x^2+2x-3}{x^2+x-2}=\lim\limits_{x\to 1}\dfrac{(x+3)(x-1)}{(x+2)(x-1)}=\lim\limits_{x\to 1}\dfrac{(x+3)}{(x+2)}=\dfrac{4}{3}$$

(4) 因为当 $x\to 1$ 时, $\dfrac{1}{1-x}$ 与 $\dfrac{2}{1-x^2}$ 都无限变大, 我们称之为 "$\infty-\infty$" 型不定式, 注意, "$\infty+\infty$" 型也是不定式. 这两种类型的极限不能直接利用和差的极限法则, 一般做法是, 先计算和差, 然后再求极限.

$$\lim\limits_{x\to 1}\left(\dfrac{1}{1-x}-\dfrac{2}{1-x^2}\right)=\lim\limits_{x\to 1}\dfrac{x-1}{(1-x)(1+x)}=\lim\limits_{x\to 1}-\dfrac{1}{(1+x)}=-\dfrac{1}{2}$$

(5) 当 $x\to\infty$ 时, 分子和分母都无限变大, 我们称之为 "$\dfrac{\infty}{\infty}$" 型不定式. 这种类型的极限也不能直接利用商的极限法则, 应先将分子分母同除以 x 的最高次幂. 对本例应同除以 x^3, 然后再求极限.

$$\lim\limits_{x\to\infty}\dfrac{3x^2-2x-1}{2x^3-x^2+5}=\lim\limits_{x\to\infty}\dfrac{\dfrac{3}{x}-\dfrac{2}{x^2}-\dfrac{1}{x^3}}{2-\dfrac{1}{x}+\dfrac{5}{x^3}}=\dfrac{0}{2}=0$$

(6) $\lim\limits_{x\to\infty}\dfrac{3x^3-2x-1}{2x^3-x^2+5}=\lim\limits_{x\to\infty}\dfrac{3-\dfrac{2}{x^2}-\dfrac{1}{x^3}}{2-\dfrac{1}{x}+\dfrac{5}{x^3}}=\dfrac{3}{2}.$

(7) $\lim\limits_{x\to+\infty}\dfrac{2x+1}{\sqrt{x^2-1}}=\lim\limits_{x\to+\infty}\dfrac{2+\dfrac{1}{x}}{\sqrt{1-\dfrac{1}{x^2}}}=2.$

(8) $\lim\limits_{x\to-\infty}\dfrac{2x+1}{\sqrt{x^2-1}}=\lim\limits_{x\to-\infty}\dfrac{2+\dfrac{1}{x}}{-\sqrt{1-\dfrac{1}{x^2}}}=-2.$

注意由 (7) 和 (8) 及命题 2.1 可知, $\lim\limits_{x\to\infty}\dfrac{2x+1}{\sqrt{x^2-1}}$ 不存在.

(9) 令 $u=\dfrac{1}{x}$, 则当 $x\to\infty$ 时, $u=\dfrac{1}{x}\to 0$, 从而有

$$\lim_{x\to\infty}a^{\frac{1}{x}}=\lim_{u\to 0}a^u=a^0=1$$

(10) 令 $u=\dfrac{1}{x}$, 则 $x\to 0^-\Leftrightarrow u\to -\infty$, 从而有

$$\lim_{x\to 0^-}\mathrm{e}^{\frac{1}{x}}=\lim_{u\to -\infty}\mathrm{e}^u=0$$

注 若 $\lim\limits_{x\to +\infty}f(x)=A$ (存在), 则 $\lim\limits_{n\to +\infty}f(n)=A$ (但反之结论不一定成立, 即若 $\lim\limits_{n\to\infty}f(n)=A$, 不一定能得出 $\lim\limits_{x\to +\infty}f(x)=A$ 的结论). 因此, 根据例 2.13(9), 可以得到 $\lim\limits_{n\to +\infty}\sqrt[n]{a}=\lim\limits_{n\to +\infty}a^{\frac{1}{n}}=1(a>0)$.

例 2.14 设 $f(x)=\dfrac{3^{1/x}-1}{3^{1/x}+1}$, 讨论 $f(x)$ 在 $x=0$ 处的左、右极限和极限.

解 $\lim\limits_{x\to 0^-}f(x)=\lim\limits_{x\to 0^-}\dfrac{3^{1/x}-1}{3^{1/x}+1}=\dfrac{-1}{1}=-1,$

$$\lim_{x\to 0^+}f(x)=\lim_{x\to 0^+}\dfrac{3^{1/x}-1}{3^{1/x}+1}=\lim_{x\to 0^+}\dfrac{1-3^{-1/x}}{1+3^{-1/x}}=\dfrac{1}{1}=1$$

因 $\lim\limits_{x\to 0^-}f(x)\neq \lim\limits_{x\to 0^+}f(x)$, 故 $\lim\limits_{x\to 0}f(x)$ 不存在.

例 2.15 已知 $\lim\limits_{x\to 3}\dfrac{x^2-2x+k}{x-3}=4$, 确定 k 的值.

解 因为 $\lim\limits_{x\to 3}(x^2-2x+k)=\lim\limits_{x\to 3}\dfrac{x^2-2x+k}{x-3}(x-3)=4\cdot 0=0$, 另外

$$\lim_{x\to 3}(x^2-2x+k)=3^2-2\cdot 3+k=3+k$$

所以

$$3+k=0 \quad 即 \quad k=-3$$

从解题过程可以看出, 只要极限 $\lim\limits_{x\to 3}\dfrac{x^2-2x+k}{x-3}$ 存在, 即可求得 $k=-3$. 也就是说 k 的值与极限值无关, 若设 $\lim\limits_{x\to 3}\dfrac{x^2-2x+k}{x-3}=l$, 则仍有 $k=-3$. 其实, 当极限值已知时, 可以确定两个未知常数 $k=-3, l=4$.

例 2.16 设 $f(x)=\sqrt{x}$, 求 $\lim\limits_{h\to 0}\dfrac{f(x+h)-f(x)}{h}(x>0)$.

解 $\lim\limits_{h\to 0}\dfrac{f(x+h)-f(x)}{h}=\lim\limits_{h\to 0}\dfrac{\sqrt{x+h}-\sqrt{x}}{h}=\lim\limits_{h\to 0}\dfrac{1}{\sqrt{x+h}+\sqrt{x}}=\dfrac{1}{2\sqrt{x}}$

例 2.17　设 $f(x) = \begin{cases} x - 1, & x < 0, \\ \dfrac{x^2 + 3x - 1}{x^3 + 1}, & x \geqslant 0, \end{cases}$　讨论极限 $\lim\limits_{x \to 0} f(x), \lim\limits_{x \to +\infty} f(x)$

和 $\lim\limits_{x \to -\infty} f(x)$ 是否存在? 若存在, 求出极限值.

解　(1) 因为 $\lim\limits_{x \to 0^-} f(x) = \lim\limits_{x \to 0^-} (x - 1) = -1$, $\lim\limits_{x \to 0^+} f(x) = \lim\limits_{x \to 0^+} \dfrac{x^2 + 3x - 1}{x^3 + 1} = -1$, 所以

$$\lim\limits_{x \to 0} f(x) = -1$$

(2) $\lim\limits_{x \to +\infty} f(x) = \lim\limits_{x \to +\infty} \dfrac{x^2 + 3x - 1}{x^3 + 1} = \lim\limits_{x \to +\infty} \dfrac{\dfrac{1}{x} + \dfrac{3}{x^2} - \dfrac{1}{x^3}}{1 + \dfrac{1}{x^3}} = 0.$

(3) $\lim\limits_{x \to -\infty} f(x) = \lim\limits_{x \to -\infty} (x - 1)$ 不存在.

五、两个重要极限

1. 第一个重要极限 $\lim\limits_{x \to 0} \dfrac{\sin x}{x} = 1$.

证明　首先, 证明 $\lim\limits_{x \to 0^+} \dfrac{\sin x}{x} = 1$.

在如图 2-9 所示的四分之一单位圆中, 设圆心角 $\angle AOB$ 的弧度数为 $x \left(0 < x < \dfrac{\pi}{2}\right)$. 由于 $\triangle OAB$ 的面积 < 扇形 OAB 的面积 < $\triangle OBC$ 的面积, 即

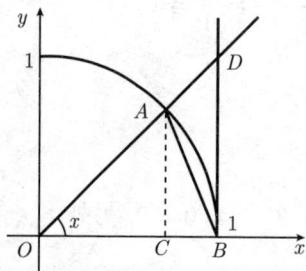

图 2-9

$$\frac{1}{2} \sin x < \frac{1}{2} x < \frac{1}{2} \tan x$$

从而有

$$1 < \frac{x}{\sin x} < \frac{1}{\cos x} \quad \text{或} \quad \cos x < \frac{\sin x}{x} < 1$$

因为 $\lim\limits_{x \to 0^+} \cos x = 1$, $\lim\limits_{x \to 0^+} 1 = 1$, 所以根据定理 2.12 有 $\lim\limits_{x \to 0^+} \dfrac{\sin x}{x} = 1$.

其次, 因为 $\dfrac{\sin x}{x}$ 是偶函数, 所以

$$\lim\limits_{x \to 0^-} \frac{\sin x}{x} = \lim\limits_{x \to 0^+} \frac{\sin x}{x} = 1$$

再根据命题 2.2, 有 $\lim\limits_{x \to 0} \dfrac{\sin x}{x} = 1$

注　(1) 当 $x \to 0$ 时, 有 $\sin x \to 0$, 所以在形式上 $\dfrac{\sin x}{x}$ 是 "$\dfrac{0}{0}$" 型不定式.

(2) 第一个重要极限应用的范围是: 只要具有形式 $\dfrac{\sin\varphi(x)}{\varphi(x)}$ 或 $\dfrac{\varphi(x)}{\sin\varphi(x)}$, 且当 $x \to x_0$ 时, 有 $\varphi(x) \to 0$, 则 $\lim\limits_{x\to x_0}\dfrac{\sin\varphi(x)}{\varphi(x)}=1$ 及 $\lim\limits_{x\to x_0}\dfrac{\varphi(x)}{\sin\varphi(x)}=1$. 对数列极限也有同样结果.

例 2.18 求下列极限:

(1) $\lim\limits_{x\to 0}\dfrac{\sin 2x}{x}$;

(2) $\lim\limits_{x\to a}\dfrac{\sin 5(x-a)}{x-a}$ (a 为常数);

(3) $\lim\limits_{x\to\pi}\dfrac{\sin x}{\pi-x}$;

(4) $\lim\limits_{x\to 0}\dfrac{1-\cos x}{x^2}$;

(5) $\lim\limits_{x\to +\infty}\dfrac{x^2\sin\dfrac{1}{x}}{\sqrt{2x^2-1}}$;

(6) $\lim\limits_{n\to\infty}2^n\sin\dfrac{3}{2^n}$.

解 (1) $\lim\limits_{x\to 0}\dfrac{\sin 2x}{x}=\lim\limits_{x\to 0}\dfrac{2\sin x\cos x}{x}=2\lim\limits_{x\to 0}\dfrac{\sin x}{x}\cdot\lim\limits_{x\to 0}\cos x=2$ 或

$$\lim\limits_{x\to 0}\dfrac{\sin 2x}{x}=\lim\limits_{x\to 0}\dfrac{2\sin 2x}{2x}=2 \quad (\text{此解法具有一般性})$$

(2) 因为 $\lim\limits_{a\to 0}(x-a)=0$, 所以

$$\lim\limits_{a\to 0}\dfrac{\sin 5(x-a)}{x-a}=5\lim\limits_{a\to 0}\dfrac{\sin 5(x-a)}{5(x-a)}=5$$

(3) $\lim\limits_{x\to\pi}\dfrac{\sin x}{\pi-x}=\lim\limits_{x\to\pi}\dfrac{\sin(\pi-x)}{\pi-x}=1$.

(4) $\lim\limits_{x\to 0}\dfrac{1-\cos x}{x^2}=\lim\limits_{x\to 0}\dfrac{2\sin^2\dfrac{x}{2}}{x^2}=\lim\limits_{x\to 0}\dfrac{1}{2}\left(\dfrac{\sin\dfrac{x}{2}}{\dfrac{x}{2}}\right)^2=\dfrac{1}{2}$.

(5) $\lim\limits_{x\to +\infty}\dfrac{x^2\sin\dfrac{1}{x}}{\sqrt{2x^2-1}}=\lim\limits_{x\to +\infty}\dfrac{\sin\dfrac{1}{x}}{\dfrac{1}{x}}\cdot\dfrac{x}{\sqrt{2x^2-1}}=\lim\limits_{x\to +\infty}\dfrac{\sin\dfrac{1}{x}}{\dfrac{1}{x}}\cdot\dfrac{1}{\sqrt{2-\dfrac{1}{x^2}}}$

$$=1\cdot\dfrac{1}{\sqrt 2}=\dfrac{\sqrt 2}{2}$$

(6) $\lim\limits_{n\to\infty}2^n\sin\dfrac{3}{2^n}=\lim\limits_{n\to\infty}\dfrac{3\sin\dfrac{3}{2^n}}{\dfrac{3}{2^n}}=3$.

2. 第二个重要极限 $\lim\limits_{x \to \infty} \left(1 + \dfrac{1}{x}\right)^x = \mathrm{e}$

在 §2.1 数列的极限中已经证明了数列极限

$$\lim_{n \to \infty} \left(1 + \frac{1}{n}\right)^n = \mathrm{e}$$

利用这一结果可以证明对连续自变量 x, 同样地, 有 $\lim\limits_{x \to \infty} \left(1 + \dfrac{1}{x}\right)^x = \mathrm{e}$.

以上极限式我们不予证明, 但要求读者熟悉这一极限关系式, 并由此推导一些其他极限.

注   因为 $\lim\limits_{x \to \infty} \left(1 + \dfrac{1}{x}\right) = 1$, 而指数 x 无限变大, 所以第二个重要极限在形式上是 "1^∞" 型不定式. 它的应用范围是: 只要具有形式 $\left(1 + \dfrac{1}{\varphi(x)}\right)^{\varphi(x)}$, 且当 $x \to x_0$ 时, 有 $\varphi(x) \to \infty$, 则 $\lim\limits_{x \to x_0} \left(1 + \dfrac{1}{\varphi(x)}\right)^{\varphi(x)} = \mathrm{e}$, 所以第二个重要极限又可写为 $\lim\limits_{t \to 0} (1 + t)^{\frac{1}{t}} = \mathrm{e}$. 对数列极限也是如此.

例 2.19   求下列极限:

(1) $\lim\limits_{x \to \infty} \left(1 + \dfrac{2}{x}\right)^x$;   (2) $\lim\limits_{x \to 0} (1 - 2x)^{\frac{1}{x}}$;   (3) $\lim\limits_{x \to 0} (1 + 3 \tan^2 x)^{\cot^2 x}$;

(4) $\lim\limits_{x \to \infty} \left(\dfrac{x+1}{x+2}\right)^x$;   (5) $\lim\limits_{x \to \infty} \left(\dfrac{x}{x-1}\right)^{2x+1}$;   (6) $\lim\limits_{x \to \infty} \left(\dfrac{x^2}{x^2-1}\right)^x$;

(7) $\lim\limits_{x \to 1} x^{\frac{1}{1-x}}$;   (8) $\lim\limits_{n \to \infty} \left(1 - \dfrac{1}{2n}\right)^{\frac{n}{2}}$.

解   (1) $\lim\limits_{x \to \infty} \left(1 + \dfrac{2}{x}\right)^x = \lim\limits_{x \to \infty} \left[\left(1 + \dfrac{2}{x}\right)^{\frac{x}{2}}\right]^2 = \mathrm{e}^2$;

(2) $\lim\limits_{x \to 0} (1 - 2x)^{\frac{1}{x}} = \lim\limits_{x \to 0} (1 - 2x)^{\frac{1}{-2x} \cdot (-2)} = \mathrm{e}^{-2}$;

(3) $\lim\limits_{x \to 0} (1 + 3 \tan^2 x)^{\cot^2 x} = \lim\limits_{x \to 0} \left[(1 + 3 \tan^2 x)^{\frac{1}{3 \tan^2 x}}\right]^3 = \mathrm{e}^3$;

(4) $\lim\limits_{x \to \infty} \left(\dfrac{x+1}{x+2}\right)^x = \lim\limits_{x \to \infty} \dfrac{\left(1 + \dfrac{1}{x}\right)^x}{\left(1 + \dfrac{2}{x}\right)^x} = \dfrac{\mathrm{e}}{\mathrm{e}^2} = \mathrm{e}^{-1}$;

(5) $\lim\limits_{x \to \infty} \left(\dfrac{x}{x-1}\right)^{2x+1} = \lim\limits_{x \to \infty} \dfrac{1}{\left(1 - \dfrac{1}{x}\right)^{2x}} \left(\dfrac{x}{x-1}\right) = \lim\limits_{x \to \infty} \left[\left(1 - \dfrac{1}{x}\right)^{-x}\right]^2 = \mathrm{e}^2$;

(6) $\lim\limits_{x\to\infty}\left(\dfrac{x^2}{x^2-1}\right)^x = \lim\limits_{x\to\infty}\left(\dfrac{x}{x+1}\right)^x\left(\dfrac{x}{x-1}\right)^x = \lim\limits_{x\to\infty}\dfrac{1}{\left(1+\dfrac{1}{x}\right)^x}\left(1-\dfrac{1}{x}\right)^{-x}$

$$= \frac{1}{e}\cdot e = 1;$$

(7) $\lim\limits_{x\to1} x^{\frac{1}{1-x}} = \lim\limits_{x\to1} x^{\frac{1}{1-x}} = \lim\limits_{x\to1}[1+(x-1)]^{\frac{1}{x-1}\cdot(-1)} = e^{-1};$

(8) $\lim\limits_{n\to\infty}\left(1-\dfrac{1}{2n}\right)^{\frac{n}{2}} = \lim\limits_{n\to\infty}\left(1-\dfrac{1}{2n}\right)^{-2n\cdot\left(-\frac{1}{4}\right)} = e^{-\frac{1}{4}}.$

六、连续复利

数 e 与经济学中的连续复利有关: 设一笔贷款额为 A_0 (称为本金), 年利率为 r (即票面利率), 则一年后本利和为 $A_0(1+r)$.

现假设一年分 n 期计息, 则每期利率为 $\dfrac{r}{n}$, 因此一年后本利和为

$$A_0\left(1+\frac{r}{n}\right)^n$$

利用二项展开式不难证明一年分 n 期计息比一年按一次计息的本利和要大, 且计息期数 n 越大, 计算所得的本利和数额就越大, 但是不会无限增大, 因为

$$\lim\limits_{n\to\infty} A_0\left(1+\frac{r}{n}\right)^n = A_0 e^r$$

这就是连续复利下一年后的本利和.

若采用连续复利计息, 本金为 A_0, 按名义年利率为 r 不断计算复利, 则 t 年后的本利和为

$$\lim\limits_{n\to\infty} A_0\left(1+\frac{r}{n}\right)^{tn} = A_0 e^{tr}$$

这就是**连续复利公式**或称为**瞬间复利公式**.

实际上, 在现实世界中, 还有许多事物的变化都类似于连续复利问题, 都是用以 e 为底的指数函数来描述事物增长或衰减的过程. 例如, 放射物质的衰变、细胞的繁殖与分裂、物质被周围介质冷却或加热等.

例 2.20 投资一万元, 设年利率为 6%, 结算时分别按单利、复利、每年按四次复利和连续复利方式计算, 到第五年末共得本利和是多少?

解 按单利计算本利和为

$$S_1 = 10000 + 10000 \times 0.06 \times 5 = 13000 \ (\text{元})$$

按复利计算本利和为

$$S_2 = 10000 \times (1+0.06)^5 = 10000 \times 1.33823 = 13382.3 \ (\text{元})$$

按每年计算四次复利的本利和为

$$S_3 = 10000 \times \left(1 + \frac{0.06}{4}\right)^{4 \times 5} = 10000 \times 1.34686 = 13468.6 \text{ (元)}$$

按连续复利计算本利和为

$$S_4 = 10000 \cdot \mathrm{e}^{0.06 \times 5} = 13498.6 \text{ (元)}$$

§2.3　无穷小量与无穷大量

一、无穷小量与无穷大量

1. 无穷小量

定义 2.7　若 $\lim\limits_{n \to \infty} a_n = 0$, 则称当 $n \to \infty$ 时, 数列 $\{a_n\}$ 是**无穷小量**.

在定义 2.7 中, 若将数列换成函数, 极限过程 $n \to \infty$ 分别换成函数极限的六种过程, 则可定义不同形式的无穷小量. 例如, 若 $\lim\limits_{x \to x_0} f(x) = 0$, 则称当 $x \to x_0$ 时, $f(x)$ 是无穷小量.

(1) 显然, 在任何极限过程中, 0 是无穷小量, 这是可以作为无穷小量的唯一常数.

(2) 当 $n \to \infty$ 时, 数列 $\{2^{-n}\}$, $\left\{\dfrac{n}{n^2 + 1}\right\}$ 都是无穷小量.

(3) 当 $x \to 0$ 时, 函数 $2x$, x^2, $\sin x$ 都是无穷小量; 但对其他任何极限过程 (除 $x \to 0^+$ 及 $x \to 0^-$ 外), 函数 $2x$, x^2 都不是无穷小量, 所以在谈无穷小量时必须明确极限过程.

(4) 当 $x \to +\infty$ 时, 函数 $\dfrac{1}{x - 1}$, $\dfrac{\pi}{2} - \arctan x$ 都是无穷小量.

(5) 当 $x \to 1$ 时, 函数 $\ln x$ 是无穷小量.

(6) 当 $x \to 0^+$ 时, 函数 $\ln x$ 不是无穷小量.

无穷小量在极限的计算和理论分析中有着重要的意义.

定理 2.15　$\lim\limits_{x \to x_0} f(x) = A \Leftrightarrow f(x) = A + \alpha(x)$, 其中当 $x \to x_0$ 时, $\alpha(x)$ 为无穷小量.

证明　令 $\alpha(x) = f(x) - A$, 其中 A 为常数, 则有 $f(x) = A + \alpha(x)$, 且

$$\lim_{x \to x_0} f(x) = A \Leftrightarrow \lim_{x \to x_0} \alpha(x) = \lim_{x \to x_0} [f(x) - A] = 0$$

亦即

$$\lim_{x \to x_0} f(x) = A \Leftrightarrow f(x) = A + \alpha(x), \quad \text{其中当} x \to x_0 \text{时}, \quad \alpha(x) \text{为无穷小量}.$$

2. 无穷大量

我们知道, 数列 $\{n^2\}$, $\{(-3)^n\}$ 都是发散的, 但它们与数列 $\{(-1)^n\}$ 的发散有一个根本区别, 即当 n 无限增大时, 其各项的绝对值也无限增大.

定义 2.8 如果当 $n \to \infty$ 时, a_n 的绝对值无限增大, 则称当 $n \to \infty$ 时, $\{a_n\}$ 是**无穷大量**.

一般也称当 $n \to \infty$ 时, 数列 $\{a_n\}$ 的 "**极限**" 是无穷大 (只是为了叙述方便, 实际上 $\lim\limits_{n \to \infty} a_n$ 是不存在的), 仍表示为 $\lim\limits_{n \to \infty} a_n = \infty$ 或 $a_n \to \infty (n \to \infty)$.

类似可定义其他各类形式的无穷大量, 例如, 若当 $x \to x_0$ 时, $f(x)$ 的绝对值无限增大, 则称当 $x \to x_0$ 时, $f(x)$ 是**无穷大量**.

一般也称当 $x \to x_0$ 时, 函数 $f(x)$ 的 "**极限**" 是无穷大, 仍表示为 $\lim\limits_{x \to x_0} f(x) = \infty$ 或 $f(x) \to \infty (x \to x_0)$.

上面给出的无穷大量定义只是描述性定义, 它的精确定义以 $\lim\limits_{x \to x_0} f(x) = \infty$ 为例可叙述如下.

定义 2.9* 若对任意正数 E (无论多大), 总存在 $\delta > 0$, 当 $0 < |x - x_0| < \delta$ 时, 有 $|f(x)| > E$, 则称当 $x \to x_0$ 时, $f(x)$ 是**无穷大量**. 记作 $\lim\limits_{x \to x_0} f(x) = \infty$ 或 $f(x) \to \infty (x \to x_0)$.

对于无穷大量 $\{a_n\}$, 如果从某一项开始都是正的 (或负的), 则称其为**正无穷大量** (或**负无穷大量**).

正无穷大量记为 $\lim\limits_{n \to \infty} a_n = +\infty$ 或 $a_n \to +\infty (n \to \infty)$;

负无穷大量记为 $\lim\limits_{n \to \infty} a_n = -\infty$ 或 $a_n \to -\infty (n \to \infty)$.

同样地, 若将 $f(x)$ 的绝对值无限增大 (即 $|f(x)| > E$), 分别改为 $f(x)$ 取正值无限增大 (即 $f(x) > E$) 与 $f(x)$ 取负值且绝对值无限增大 (即 $f(x) < -E$), 则分别称当 $x \to x_0$ 时, $f(x)$ 是**正无穷大量**与**负无穷大量**, 并分别记为

$$\lim_{x \to x_0} f(x) = +\infty \quad \text{或} \quad f(x) \to +\infty \quad (x \to x_0)$$

与

$$\lim_{x \to x_0} f(x) = -\infty \quad \text{或} \quad f(x) \to -\infty \quad (x \to x_0)$$

如果不特别声明, 一般情况下我们不区分正、负无穷大量.

显然, (1) 当 $n \to \infty$ 时, 数列 $\{2n\}$, $\{-2^n\}$, $\{\ln n\}$ 都是无穷大量;

(2) 当 $x \to 1$ 时, 函数 $\dfrac{1}{x - 1}$ 是无穷大量;

(3) 当 $x \to 0^+$ 及 $x \to +\infty$ 时, $\ln x$ 是无穷大量 (且 $\lim\limits_{x \to 0^+} \ln x = -\infty$, $\lim\limits_{x \to +\infty} \ln x = +\infty$);

(4) 当 $x \to +\infty$ 时, 函数 e^x 是无穷大量;

(5) 当 $x \to \infty$ 时, 函数 e^{-x} 即不是无穷小量, 也不是无穷大量.

3. 无穷小量与无穷大量的关系

由无穷小量和无穷大量的定义可看出如下结论.

命题 2.5   在同一极限过程中, 无穷大量的倒数为无穷小量; 恒不为零的无穷小量的倒数为无穷大量.

根据命题 2.5, 可将无穷大量的讨论归结为无穷小量的讨论.

例 2.21   求 $\lim\limits_{x \to \infty} \dfrac{3x^4 - 2x}{2x^3 + 5}$.

分析   由于 $\lim\limits_{x \to \infty} \dfrac{1}{3x^4 - 2x} = \lim\limits_{x \to \infty} \dfrac{\frac{1}{x^4}}{3 - 2 \cdot \frac{1}{x^3}} = \dfrac{0}{3} = 0$, 所以 $\lim\limits_{x \to \infty}(3x^4 - 2x) = \infty$.

事实上, $\lim\limits_{x \to \infty}(a_0 x^n + a_1 x^{n-1} + \cdots + a_{n-1} x + a_n) = \infty$, 其中 $a_0 \neq 0$.

这样, $\lim\limits_{x \to \infty} \dfrac{3x^4 - 2x}{2x^3 + 5}$ 为 "$\dfrac{\infty}{\infty}$" 型.

解   因为 $\lim\limits_{x \to \infty} \dfrac{2x^3 + 5}{3x^4 - 2x} = \lim\limits_{x \to \infty} \dfrac{\frac{2}{x} + \frac{5}{x^4}}{3 - \frac{2}{x^3}} = 0$, 所以根据无穷小量与无穷大量的关系, 有

$$\lim\limits_{x \to \infty} \dfrac{3x^4 - 2x}{2x^3 + 5} = \infty$$

一般地, 当 $a_0 \neq 0, b_0 \neq 0, m$ 和 n 为非负整数时, 有

$$\lim\limits_{x \to \infty} \dfrac{a_0 x^m + a_1 x^{m-1} + \cdots + a_m}{b_0 x^n + b_1 x^{n-1} + \cdots + b_n} = \begin{cases} \dfrac{a_0}{b_0}, & n = m \\ 0, & n > m \\ \infty, & n < m \end{cases}$$

二、无穷小量的性质

根据无穷小量的定义和极限的四则运算法则以及极限的夹逼定理, 不难证明无穷小量有以下几个性质 (性质中所涉及的无穷小量均指同一极限过程中的无穷小量).

性质 2.1   有限个无穷小量的和、差和积仍为无穷小量.

性质 2.2   无穷小量与有界变量的积仍为无穷小量.

仅以极限过程 "$x \to x_0$" 为例给出证明.

若当 $x \to x_0$ 时, $f(x)$ 是无穷小量 (即 $\lim\limits_{x \to x_0} f(x) = 0$), 且 $g(x)$ 有界 (只需

在点 x_0 的某空心邻域内有界即可), 则当 $x \to x_0$ 时 $f(x)g(x)$ 仍是无穷小量 (即 $\lim_{x\to x_0} f(x)g(x) = 0$).

证明　因为 $g(x)$ 有界, 所以存在正数 M, 使得 $|g(x)| \leqslant M$. 从而

$$0 \leqslant |f(x)g(x)| = |g(x)|\,|f(x)| \leqslant M \cdot |f(x)| \to 0 \quad (x \to x_0)$$

所以由夹逼定理, 有 $\lim_{x\to x_0} |f(x)g(x)| = 0$, 故由命题 2.3 有

$$\lim_{x\to x_0} f(x)g(x) = 0 \qquad \square$$

推论　常量与无穷小量的乘积仍是无穷小量.

例 2.22　求下列极限:

(1) $\lim_{x\to 0} x\sin\frac{1}{x}$;　　　　(2) $\lim_{x\to +\infty} \mathrm{e}^{-x}\sin x$.

解　(1) 因为 $\lim_{x\to 0} x = 0$, 而 $\left|\sin\frac{1}{x}\right| \leqslant 1$, 所以 $\lim_{x\to 0} x\sin\frac{1}{x} = 0$.

(2) 因为 $\lim_{x\to +\infty} \mathrm{e}^{-x} = 0$, 而 $|\sin x| \leqslant 1$, 所以 $\lim_{x\to +\infty} \mathrm{e}^{-x}\sin x = 0$.

三、无穷小量阶的比较

根据无穷小量的性质, 两个无穷小量的和、差、积仍是无穷小量. 但两个无穷小量的商却会出现不同的情况, 例如, 当 $x \to 0$ 时, $x, 2x, x^2, \sin x$ 都是无穷小量, 可是

$$\lim_{x\to 0}\frac{x}{2x} = \frac{1}{2}, \quad \lim_{x\to 0}\frac{x}{x^2} = \infty \left(\text{或}\lim_{x\to 0}\frac{x^2}{x} = 0\right), \quad \lim_{x\to 0}\frac{x}{\sin x} = 1$$

商的极限可以反映出分子与分母这两个无穷小量趋于零的快慢程度. 直观上看, 当 $x \to 0$ 时, x^2 要比 x 趋于零的速度快得多. 现列表观察 $x, 2x, x^2, \sin x$ 趋于零的快慢程度:

x	1	0.1	0.01	0.001	0.0001	$\cdots$	$\to 0$
$2x$	2	0.2	0.02	0.002	0.0002	$\cdots$	$\to 0$
x^2	1	0.01	0.001	0.000001	0.00000001	$\cdots$	$\to 0$
$\sin x$	0.8415	0.0998	0.0099998	0.0009999998	0.0001	$\cdots$	$\to 0$

从上表看出, x 与 $2x$ 趋于零的速度差异不大 (其商的极限是非零常数), x^2 的确比 x 趋于零的速度快得多 (其商的极限为零或 ∞), 而 x 与 $\sin x$ 趋于零的速度几乎是一样的 (其商的极限为 1). 这启发我们用商的极限来刻画无穷小量趋于零的快慢程度.

定义 2.10　设当 $x \to x_0$ 时, $f(x)$ 与 $g(x)$ 都是无穷小量, 且 $f(x) \neq 0$.

(1) 若 $\lim\limits_{x \to x_0} \dfrac{g(x)}{f(x)} = 0$, 则称 $g(x)$ 是 $f(x)$ 的**高阶无穷小量**或 $f(x)$ 是 $g(x)$ 的**低阶无穷小量**. 记作 $g(x) = o(f(x))(x \to x_0)$.

(2) 若 $\lim\limits_{x \to x_0} \dfrac{g(x)}{f(x)} = C \neq 0$, 则称 $g(x)$ 与 $f(x)$ 是**同阶无穷小量**.

特别地, 若 $\lim\limits_{x \to x_0} \dfrac{g(x)}{f(x)} = 1$, 则称 $g(x)$ 与 $f(x)$ 是**等价无穷小量**. 记作

$$g(x) \sim f(x) \quad (x \to x_0)$$

(3) 若 $\lim\limits_{x \to x_0} \dfrac{g(x)}{[f(x)]^k} = C \neq 0$, k 为正整数, 则称 $g(x)$ 是 $f(x)$ 的 k **阶无穷小量**.

注　对其他极限过程可同样定义阶的比较.

根据定义可知, 当 $x \to 0$ 时, x 与 $2x$ 是同阶无穷小量; x^2 是 x 的高阶无穷小量, 即 $x^2 = o(x)$; 而 x 与 $\sin x$ 是等价无穷小量, 即 $\sin x \sim x(x \to 0)$.

例 2.23　证明

(1) $e^x - 1 \sim x(x \to 0)$;

(2) $1 - \cos x = o(x)(x \to 0)$;

(3) $(1+x)^{\frac{1}{n}} - 1 \sim \dfrac{1}{n}x(x \to 0)$, 其中 n 为正整数.

证明　(1) 令 $y = e^x - 1$, 则 $x = \ln(1+y)$, 且 $x \to 0$ 时, $y \to 0$, 所以

$$\lim_{x \to 0} \frac{e^x - 1}{x} = \lim_{y \to 0} \frac{y}{\ln(1+y)} = \lim_{y \to 0} \frac{1}{\ln(1+y)^{1/y}} = \frac{1}{\ln e} = 1$$

故 $e^x - 1 \sim x$.

(2) 因 $\lim\limits_{x \to 0} \dfrac{1 - \cos x}{x} = \lim\limits_{x \to 0} \dfrac{2\sin^2 \dfrac{x}{2}}{\left(\dfrac{x}{2}\right)^2} \cdot \dfrac{x}{4} = 0$, 故 $1 - \cos x = o(x)(x \to 0)$.

从证明中容易看出, $1 - \cos x$ 是关于 x 的二阶无穷小量.

(3) $\lim\limits_{x \to 0} \dfrac{(1+x)^{\frac{1}{n}} - 1}{\dfrac{1}{n}x} \xlongequal{\text{令}(1+x)^{\frac{1}{n}} = t} n\lim\limits_{t \to 1} \dfrac{t-1}{t^n - 1}$

$$= n\lim_{t \to 1} \frac{t-1}{(t-1)(t^{n-1} + t^{n-2} + \cdots + 1)} \quad ①$$

$$= n\lim_{t \to 1} \frac{1}{t^{n-1} + t^{n-2} + \cdots + 1} = n \cdot \frac{1}{n} = 1$$

故 $(1+x)^{\frac{1}{n}} - 1 \sim \dfrac{1}{n}x \quad (x \to 0)$.

注　不是任意两个无穷小量都能进行阶的比较, 例如, 当 $x \to 0$ 时, x 与 $x\sin\dfrac{1}{x}$ 都是无穷小量, 但却不能比较阶的高低.

---

① 应用公式 $a^n - b^n = (a-b)(a^{n-1} + a^{n-2}b + a^{n-3}b^2 + \cdots + ab^{n-2} + b^{n-1})$.

定理 2.16 (等价无穷小替换定理)   如果在自变量的某一变化过程中, $\alpha_1, \alpha_2,$ β_1, β_2 为无穷小量, 且 $\alpha_1 \sim \alpha_2, \beta_1 \sim \beta_2, \lim \dfrac{\beta_1}{\beta_2}$ 存在, 则有 $\lim \dfrac{\alpha_1}{\alpha_2} = \lim \dfrac{\beta_1}{\beta_2}$.

证明 $\lim \dfrac{\alpha_1}{\alpha_2} = \lim \left(\dfrac{\alpha_1}{\beta_1} \cdot \dfrac{\beta_1}{\beta_2} \cdot \dfrac{\beta_2}{\alpha_2} \right) = \lim \dfrac{\alpha_1}{\beta_1} \lim \dfrac{\beta_1}{\beta_2} \lim \dfrac{\beta_2}{\alpha_2} = \lim \dfrac{\beta_1}{\beta_2}.$

注   以后将会看到, 定理 2.16 对简化某些极限的求解过程将会起到重要的作用.

§2.4   函数的连续性

现实世界中许多变量是连续变化的, 如气温的不断上升、流体的连续流动、植物的连续增长等, 这些现象, 在数学上就用连续函数来描述. 而且微积分中的主要定理、公式法则等, 往往都要求函数具有连续性. 本节将以极限为基础介绍连续函数的概念及性质.

一、函数连续与间断的概念

函数的连续与间断源于人们对函数图像的直观认识, 例如, 函数 $y = x^2$ 的图像是一条处处 "连接" 没有 "缝隙" 的抛物线, 它的图像可以一笔画成. 而函数

$$f(x) = \frac{1}{x}, \quad g(x) = \operatorname{sgn} x, \quad h(x) = \begin{cases} x+1, & x \neq 0 \\ 0, & x = 0 \end{cases}$$

的图像都在 $x = 0$ 处断开了, 如图 2-10(a), (b), (c) 所示.

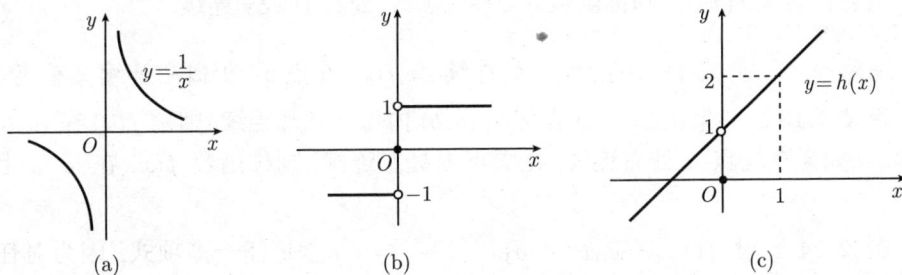

图 2-10

我们考察函数在一点处是否连续, 不能只停留在直观判断上, 需要给出精确定义, 这不仅是为了深入地研究这类函数, 而且也因为有的函数的图像是无法完整画出来的. 那么, 我们应如何定义函数在一点处的连续与间断呢? 为此我们先从函数图像入手, 来分析连续与间断的本质特征是什么?

如图 2-10 所示, 函数 $f(x)$ 在 $x = 0$ 处断开, 是因为 $f(x)$ 在点 $x = 0$ 处无定义; $g(x)$ 在 $x = 0$ 处断开, 是因为 $g(x)$ 在点 $x = 0$ 处的极限不存在 (当然 $f(x)$ 在

点 $x = 0$ 处的极限也不存在); 但 $h(x)$ 在 $x = 0$ 处既有定义 $h(0) = 0$, 极限也存在 $\lim\limits_{x \to 0} h(x) = 1$, 可是 $h(x)$ 的图像在 $x = 0$ 处还是出现了 "缝隙" 即断开了, 这是因为 $h(x)$ 在点 $x = 0$ 处的极限值和函数值不相等. 如果定义 $h(0) = 1 = \lim\limits_{x \to 0} h(x)$, 则 "缝隙" 就被补上了, 也即 $h(x)$ 的图像在 $x = 0$ 处就不发生断开而成为连续的了. 通过上述分析可知, 函数在一点处连续与间断的本质就是看该点处的函数值与极限值是否相等.

定义 2.11　设函数 $f(x)$ 在点 x_0 的某邻域内有定义, 如果

$$\lim_{x \to x_0} f(x) = f(x_0)$$

则称 $f(x)$**在点x_0处连续**, 点 x_0 称为 $f(x)$ 的**连续点**. 否则, 称 $f(x)$ 在点 x_0 处**间断**或**不连续**, 点 x_0 称为 $f(x)$ 的**间断点**或**不连续点**.

注　函数 $f(x)$ 在点 x_0 处连续的条件细分有三条:

(1) $f(x)$ 在点 x_0 处有定义;

(2) $\lim\limits_{x \to x_0} f(x)$ 存在;

(3) $\lim\limits_{x \to x_0} f(x)$ 与 $f(x_0)$ 相等.

任何一条不满足时, $f(x)$ 在点 x_0 处就是间断的.

定义 2.12　设函数 $f(x)$ 在 $[x_0, b)$ (或 $(a, x_0]$) 有定义, 如果 $\lim\limits_{x \to x_0^+} f(x) = f(x_0)$ (或 $\lim\limits_{x \to x_0^-} f(x) = f(x_0)$), 则称函数 $f(x)$ 在点 x_0 处**右** (或**左**)**连续**.

命题 2.6　函数 $f(x)$ 在点 x_0 处连续 $\Leftrightarrow$ $f(x)$ 在点 x_0 处既右连续又左连续.

定义 2.13　如果函数 $f(x)$ 在区间 (a, b) 内每一点都连续, 则称 $f(x)$ 在 (a, b)**内连续**. 又如果在端点 a 处右连续, 在端点 b 处左连续, 则称函数 $f(x)$ 在 $[a, b]$ 上**连续**.

例 2.24　设 $f(x) = a_0 x^n + a_1 x^{n-1} + \cdots + a_n$ 是任一多项式, 因为对任意 $x_0 \in (-\infty, +\infty)$, 由极限的四则运算法则有

$$\lim_{x \to x_0} f(x) = a_0 x_0^n + a_1 x_0^{n-1} + \cdots + a_n = f(x_0)$$

因此, $f(x)$ 在点 x_0 处连续. 由点 x_0 的任意性可知 $f(x)$ 在定义域 $(-\infty, +\infty)$ 内连续. 故任一多项式函数在定义域 $(-\infty, +\infty)$ 内连续.

例 2.25　讨论 $f(x) = |x|$ 在点 $x = 0$ 处的连续性.

解　(1) $f(0) = 0$.

(2) 因为 $\lim\limits_{x \to 0^+} f(x) = \lim\limits_{x \to 0^+} x = 0$, $\lim\limits_{x \to 0^-} f(x) = \lim\limits_{x \to 0^-} -x = 0$, 所以 $\lim\limits_{x \to 0} f(x) = 0$.

(3) $\lim\limits_{x \to 0} f(x) = f(0)$, 因此 $f(x) = |x|$ 在点 $x = 0$ 处的连续 (图 2-11).

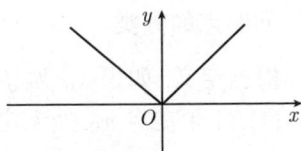

图 2-11

例 2.26 问 k 为何值时 $f(x) = \begin{cases} x \sin \dfrac{1}{x}, & x \neq 0, \\ k, & x = 0 \end{cases}$ 在点 $x = 0$ 处连续?

解 (1) $f(0) = k$.

(2) $\lim\limits_{x \to 0} f(x) = \lim\limits_{x \to 0} x \sin \dfrac{1}{x} = 0$ (无穷小量与有界变量的乘积仍是无穷小量), 所以当 $k = 0$ 时, $f(x)$ 在点 $x = 0$ 处连续.

由基本初等函数的图像可知: **六类基本初等函数在其定义域内均连续**.

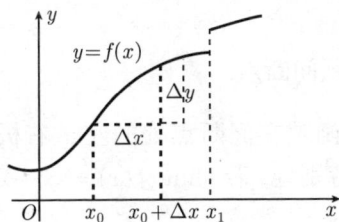

图 2-12

另外, 我们还可以从不同的角度来描述函数 $f(x)$ 在点 x_0 处的连续性. 如图 2-12 所示, 函数 $y = f(x)$ 在点 x_0 处连续, 这时当自变量 x 在点 x_0 处取得微小改变量 (或称为**自变量的增量**) Δx (可正可负) 时, 其相应**函数值的改变量** (也称为**函数的增量**) $\Delta y = f(x_0 + \Delta x) - f(x_0)$ 也极其微小, 而且当 $\Delta x \to 0$ 时, $\Delta y \to 0$. 而在间断点 x_1 处就不是这样. 因此, 从图像上看 $f(x)$ 在点 x_0 处连续的本质特征是

$$\lim_{\Delta x \to 0} \Delta y = \lim_{\Delta x \to 0} [f(x_0 + \Delta x) - f(x_0)] = 0$$

这样我们又得到函数在一点连续的等价定义.

定义 2.14 设函数 $f(x)$ 在点 x_0 的某邻域内有定义, 如果当自变量 x 在点 x_0 处的改变量 Δx 趋于零时, 其相应的函数改变量 $\Delta y = f(x_0 + \Delta x) - f(x_0)$ 也随之趋于零, 即

$$\lim_{\Delta x \to 0} \Delta y = \lim_{\Delta x \to 0} [f(x_0 + \Delta x) - f(x_0)] = 0$$

则称 $f(x)$ 在点 x_0 处**连续**, 点 x_0 称为 $f(x)$ 的**连续点**. 否则, 称 $f(x)$ 在点 x_0 处**不连续**, 点 x_0 称为 $f(x)$ 的**不连续点**.

显然, 在定义 2.14 中, 若令 $x = x_0 + \Delta x$, 则 $\lim\limits_{\Delta x \to 0} \Delta y = \lim\limits_{\Delta x \to 0} [f(x_0 + \Delta x) - f(x_0)] = 0$ 等价于 $\lim\limits_{x \to x_0} [f(x) - f(x_0)] = 0$, 即 $\lim\limits_{x \to x_0} f(x) = f(x_0)$, 这说明两个定义是等价的.

二、间断点的分类

根据定义, 如果 x_0 为 $f(x)$ 的间断点, 则至少出现下列三种情形之一:

(1) $f(x)$ 在点 x_0 处无定义;

(2) $\lim\limits_{x \to x_0} f(x)$ 不存在;

(3) 虽然 $f(x)$ 在点 x_0 处有定义, 且 $\lim\limits_{x \to x_0} f(x)$ 存在, 但是 $\lim\limits_{x \to x_0} f(x) \neq f(x_0)$.

因此, 我们对函数的间断点作如下分类.

第一类间断点   若 x_0 为函数 $f(x)$ 的一个间断点, 且 $\lim\limits_{x \to x_0^+} f(x)$ 与 $\lim\limits_{x \to x_0^-} f(x)$ 均存在, 则称 x_0 为 $f(x)$ 的**第一类间断点**. 第一类间断点一般还分为如下两种.

1. 可去间断点

若 $\lim\limits_{x \to x_0^+} f(x) = \lim\limits_{x \to x_0^-} f(x)$, 即 $\lim\limits_{x \to x_0} f(x)$ 存在, 但 $\lim\limits_{x \to x_0} f(x) \neq f(x_0)$ 或 $f(x_0)$ 没意义, 则称 x_0 是 $f(x)$ 的**可去间断点**.

2. 跳跃间断点

若 $\lim\limits_{x \to x_0^+} f(x) \neq \lim\limits_{x \to x_0^-} f(x)$, 则称 x_0 是 $f(x)$ 的**跳跃间断点**.

第二类间断点   凡不属于第一类的间断点 (即函数在间断点处的左、右极限至少有一个不存在), 称为函数的**第二类间断点**. 特别地, 若 $\lim\limits_{x \to x_0^+} f(x) = \infty$ 或 $\lim\limits_{x \to x_0^-} f(x) = \infty$, 也称 x_0 为 $f(x)$ 的无穷型间断点.

例 2.27   函数 $f(x) = \dfrac{x^2 - 1}{x - 1}$ 在点 $x = 1$ 没定义, 所以 $x = 1$ 为间断点. 因

$$\lim_{x \to 1} \frac{x^2 - 1}{x - 1} = \lim_{x \to 1} (x + 1) = 2$$

故 $x = 1$ 为可去间断点. 对这类间断点如果补充定义 $x = 1$ 处的函数值 $f(1) = 2$, 则扩充定义后的函数在 $x = 1$ 处连续, 称新函数为原来函数的连续开拓, 这也是称为可去间断点的缘由.

例 2.28   设函数 $f(x) = \begin{cases} x, & x \neq 1, \\ \dfrac{1}{2}, & x = 1, \end{cases}$ 因为 $f(1) = \dfrac{1}{2}, \lim\limits_{x \to 1} f(x) = \lim\limits_{x \to 1} x = 1$,

所以 $\lim\limits_{x \to 1} f(x) \neq f(1)$, 故 $x = 1$ 是 $f(x)$ 的间断点, 而且根据定义是可去间断点. 其实只要改变 $f(x)$ 在 $x = 1$ 处的函数值: 令 $f(1) = 1$, 则 $f(x)$ 就在 $x = 1$ 处连续了.

例 2.29   设函数 $f(x) = \begin{cases} \dfrac{\sin 2x}{x} & x < 0, \\ x + 1, & x \geqslant 0, \end{cases}$ 讨论 $f(x)$ 在 $x = 0$ 处的连续性.

因为 $f(0) = 1$,

$$\lim_{x \to 0^-} f(x) = \lim_{x \to 0^-} \frac{\sin 2x}{x} = \lim_{x \to 0^-} \frac{2\sin 2x}{2x} = 2, \quad \lim_{x \to 0^+} f(x) = \lim_{x \to 0^+} (x+1) = 1$$

所以 $\lim\limits_{x \to 0^-} f(x) \neq \lim\limits_{x \to 0^+} f(x)$, 故 $x = 0$ 是跳跃间断点, 也是第一类间断点. 但 $\lim\limits_{x \to 0^+} f(x) = 1 = f(0)$, 因此 $f(x)$ 在点 $x = 0$ 处右连续.

例 2.30 设函数 $f(x) = \begin{cases} \dfrac{1}{x-1}, & x < 1, \\ 1, & x \geqslant 1, \end{cases}$ 讨论 $f(x)$ 在 $x = 1$ 处的连续性.

因为 $\lim\limits_{x \to 1^+} f(x) = 1$, $\lim\limits_{x \to 1^-} f(x) = \lim\limits_{x \to 1^-} \dfrac{1}{x-1} = \infty$, 故 $x = 1$ 是 $f(x)$ 的第二类间断点, 也是无穷间断点.

三、连续函数的运算法则

根据函数极限的有关定理和连续函数的定义, 直接可得下列命题.

命题 2.7 若函数 $f(x)$ 和 $g(x)$ 都在点 x_0 处连续, 则 $f(x) \pm g(x)$, $f(x)g(x)$, $\dfrac{f(x)}{g(x)}$ (这里 $g(x_0) \neq 0$) 也都在点 x_0 处连续.

简言之: **两个连续函数的和、差、积、商(分母不为零)仍连续**.

命题 2.8 若函数 $g(x)$ 在点 x_0 处连续, 且 $g(x_0) = u_0$, 又 $f(u)$ 在点 u_0 处连续, 则复合函数 $f[g(x)]$ 在点 x_0 处连续.

简言之: **两个连续函数的复合函数仍连续**.

我们已经知道: 六类基本初等函数在其定义域内均连续, 而初等函数是由这六类基本初等函数经过有限次四则运算及有限次复合运算所得到的, 因此根据命题 2.7 和命题 2.8 可得下面定理.

定理 2.17 一切初等函数在其定义区间①内均连续.

初等函数仅在其定义区间内连续, 在其定义域内不一定连续. 例如, 函数 $y = \sqrt{x^2(x-2)(x+1)}$ 的定义域为 $(-\infty, -1] \bigcup \{0\} \bigcup [2, +\infty)$, 但函数 $y = \sqrt{x^2(x-2)(x+1)}$ 在区域 $(-\infty, -1] \bigcup [2, +\infty)$ (不是区间, 也不是定义域) 上连续, 在点 $x = 0$ 处不连续.

我们不加证明的再给出反函数的连续性命题.

命题 2.9*(反函数的连续性) 若函数 $y = f(x)$ 在区间 I 上连续, 其值域为 R_f, 且它的反函数 $x = f^{-1}(y)$ 存在, 则 $f^{-1}(y)$ 必为 R_f 上的连续函数.

简言之: **有反函数的连续函数的反函数仍连续**.

例 2.31 求函数 $f(x) = \dfrac{e^{\sqrt{x}} \ln(1+x)}{x^2 - x - 2}$ 的连续区间.

---

① 定义区间是指包含在定义域内的区间的并 (即去除定义域中的孤立点集).

解　因为 $f(x)$ 为初等函数, 由于初等函数在其定义区域内均连续. 所以求它的连续区间, 也即求定义区域.

由于 $f(x) = \dfrac{e^{\sqrt{x}} \ln(1+x)}{x^2 - x - 2}$ 的定义域为 $[0,2) \bigcup (2, +\infty)$, 故函数 $f(x)$ 在区域 $[0,2) \bigcup (2, +\infty)$ 连续.

四、闭区间上连续函数的性质

下面介绍闭区间上连续函数的三个基本性质, 由于其证明要用到实数理论, 故将证明略去, 仅从几何上加以解释.

定理 2.18 (有界性)　若函数 $f(x)$ 在闭区间 $[a,b]$ 上连续, 则 $f(x)$ 在闭区间 $[a,b]$ 上有界.

定理 2.19 (最值性)　若函数 $f(x)$ 在闭区间 $[a,b]$ 上连续, 则 $f(x)$ 在闭区间 $[a,b]$ 上必有最小值和最大值.

定理 2.20 (介值性)　若函数 $f(x)$ 在闭区间 $[a,b]$ 上连续, m 和 M 分别为 $f(x)$ 在 $[a,b]$ 上的最小值和最大值, 则对于介于 m 与 M 之间的任何实数 c(即 $m < c < M$), 至少有一点 $\xi \in (a,b)$, 使得 $f(\xi) = c$.

从图 2-13 看: 曲线由点 A 连续不断地变化到点 B, 在点 x_1 处取得最小值 m, 在点 x_2 处取得最大值 M. 过 c 作 x 轴的平行线至少与函数曲线有一个交点, 过该交点作 x 轴的垂线与 x 轴相交于点 ξ, 则 ξ 满足 $f(\xi) = c$.

推论(零点定理)　若函数 $f(x)$ 在闭区间 $[a,b]$ 上连续, 且 $f(a)$ 与 $f(b)$ 异号, 则至少有一点 $\xi \in (a,b)$, 使得 $f(\xi) = 0$.

从图 2-14 看: 曲线由点 $(a, f(a))(f(a) < 0)$ 连续不断地变化到点 $(b, f(b))$ $(f(b) > 0)$, 曲线至少要穿过 x 轴一次. 这里 $f(\xi_1) = f(\xi_2) = f(\xi_3) = 0$.

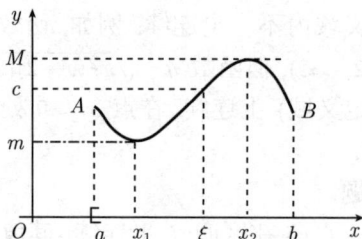

图 2-13

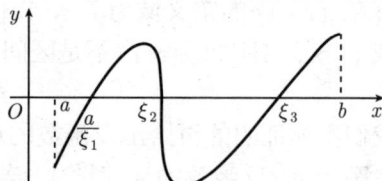

图 2-14

例 2.32　证明方程 $2^x = x^2$ 在 $(-1, 1)$ 内必有实根.

证明　令 $f(x) = 2^x - x^2$, 则由初等函数的连续性知: $f(x)$ 在 $[-1, 1]$ 上连续. 又

$$f(-1) = -\frac{1}{2} < 0, \quad f(1) = 1 > 0$$

根据零点定理, 在 $(-1,1)$ 内存在 ξ, 使得 $f(\xi) = 0$, 即 $2^\xi = \xi^2$, 亦即方程 $2^x = x^2$ 在 $(-1,1)$ 内必有实根.

例 2.33 设函数 $f(x)$ 在闭区间 $[a,b]$ 上连续, 且 $f(a) < a$, $f(b) > b$, 证明存在 $\xi \in (a,b)$, 使得 $f(\xi) = \xi$.

证明 构造辅助函数 $F(x) = f(x) - x$, 显然 $F(x)$ 在 $[a,b]$ 上连续, 且

$$F(a) = f(a) - a < 0, \quad F(b) = f(b) - b > 0$$

故由零点定理知, 存在 $\xi \in (a,b)$, 使得 $F(\xi) = f(\xi) - \xi = 0$, 即 $f(\xi) = \xi$.

五、利用函数的连续性求极限

如果 $f(x)$ 是初等函数, x_0 是其定义区间内的一点, 由于初等函数在其定义的区间内均连续, 所以 $f(x)$ 在点 x_0 处连续. 故由连续函数的定义可知: $\lim\limits_{x \to x_0} f(x) = f(x_0)$, 亦即 $\lim\limits_{x \to x_0} f(x) = f(x_0) = f(\lim\limits_{x \to x_0} x)$. 更一般地, 有如下结论.

命题 2.10 若 $\lim\limits_{x \to x_0} \phi(x) = u_0$, 且 $f(u)$ 在 u_0 连续, 则

$$\lim_{x \to x_0} f[\phi(x)] = f(u_0) \quad 或写成 \quad \lim_{x \to x_0} f[\phi(x)] = f(\lim_{x \to x_0} \phi(x))$$

这是定理 2.14 的直接推论. 上式说明, 只要 f 连续, 则 "f" 与 "$\lim$" 可以交换次序.

还需注意, 函数 $f(x) = u(x)^{v(x)} (u(x) > 0)$ 既不是幂函数, 也不是指数函数, 称其为**幂指函数**. 因为

$$u(x)^{v(x)} = e^{\ln u(x)^{v(x)}} = e^{v(x) \ln u(x)}$$

上式说明幂指函数可看成由 $y = e^u$ 和 $u = v(x) \ln u(x)$ 复合而成. 由于 e^u 连续, 故当 $u(x)$ 和 $v(x)$ 都连续时, $u = v(x) \ln u(x)$ 连续, 进而 $u(x)^{v(x)} = e^{\ln u(x)^{v(x)}} = e^{v(x) \ln u(x)}$ 连续. 因此在计算幂指函数的极限时, 若

$$\lim_{x \to x_0} u(x) = a > 0, \quad \lim_{x \to x_0} v(x) = b$$

则有 $\lim\limits_{x \to x_0} u(x)^{v(x)} = \lim\limits_{x \to x_0} e^{v(x) \ln u(x)} = e^{b \ln a} = a^b$, 即

$$\lim_{x \to x_0} u(x)^{v(x)} = \big[\lim_{x \to x_0} u(x) \big]^{\lim\limits_{x \to x_0} v(x)}$$

例 2.34 求极限 $\lim\limits_{x \to -1} \dfrac{2^x \sin\left(\dfrac{\pi}{2}x\right)}{\ln(1 + x^2)}$.

解　因为 $\dfrac{2^x \sin\left(\dfrac{\pi}{2}x\right)}{\ln(1+x^2)}$ 为初等函数, 又在点 -1 及其附近有定义, 所以在点 -1 处连续. 因此,

$$\lim_{x\to-1}\frac{2^x\sin\left(\dfrac{\pi}{2}x\right)}{\ln(1+x^2)}=\frac{2^{-1}\sin\left(-\dfrac{\pi}{2}\right)}{\ln 2}=-\frac{1}{2\ln 2}$$

例 2.35　求极限 $\displaystyle\lim_{x\to0}\frac{\ln(1-x)}{x}$.

解　$\displaystyle\lim_{x\to0}\frac{\ln(1-x)}{x}=\lim_{x\to0}\ln(1-x)^{\frac{1}{x}}=\ln\left[\lim_{x\to0}(1-x)^{\frac{1}{x}}\right]=\ln\frac{1}{\mathrm{e}}=-1.$

例 2.36　求极限 $\displaystyle\lim_{x\to a}\frac{\sin x-\sin a}{x-a}$.

解　$\displaystyle\lim_{x\to a}\frac{\sin x-\sin a}{x-a}=\lim_{x\to a}\frac{2\cos\dfrac{x+a}{2}\sin\dfrac{x-a}{2}}{x-a}=\lim_{x\to a}\cos\frac{x+a}{2}\cdot\frac{\sin\dfrac{x-a}{2}}{\dfrac{x-a}{2}}=\cos a.$

例 2.37　求极限 $\displaystyle\lim_{x\to0}(1+\sin x)^{\frac{1}{2x}}$.

解　$\displaystyle\lim_{x\to0}(1+\sin x)^{\frac{1}{2x}}=\lim_{x\to0}(1+\sin x)^{\frac{1}{\sin x}\cdot\frac{\sin x}{2x}}=\lim_{x\to0}\left[(1+\sin x)^{\frac{1}{\sin x}}\right]^{\lim\limits_{x\to0}\frac{\sin x}{2x}}=\mathrm{e}^{\frac{1}{2}}.$

习　题　二

1. 用观察的方法判断下列数列是否收敛? 若收敛, 求出极限值.

(1) $\{a_n\}$: $1,-\dfrac{1}{2},\dfrac{1}{3},-\dfrac{1}{4},\cdots,(-1)^{n-1}\dfrac{1}{n},\cdots$;

(2) $\{a_n\}$: $0,\dfrac{1}{2},0,\dfrac{1}{4},0,\dfrac{1}{6},\cdots,\dfrac{1+(-1)^n}{2n},\cdots$;

(3) $\{a_n\}$: $\ln 2,\ln\dfrac{3}{2},\ln\dfrac{4}{3},\cdots,\ln\dfrac{n+1}{n},\cdots$;

(4) $\{a_n\}$: $\sin\dfrac{\pi}{2},\sin\dfrac{2\pi}{2},\sin\dfrac{3\pi}{2},\cdots,\sin\dfrac{n\pi}{2},\cdots$;

(5) $\{a_n\}$: $\ln 1,\ln\dfrac{1}{2},\ln\dfrac{1}{3},\cdots,\ln\dfrac{1}{n},\cdots$.

2. 用数列极限的精确定义证明极限 $\displaystyle\lim_{n\to\infty}\frac{\cos x}{n}=0$.

3. 求下列数列的极限:

(1) $\displaystyle\lim_{n\to\infty}\frac{5n^3-n+1}{2n^3+n^2-1}$; 　　　　(2) $\displaystyle\lim_{n\to\infty}\frac{2^n+3^n}{2^{n+1}+3^{n+1}}$;

(3) $\lim\limits_{n\to\infty}(\sqrt{n}-\sqrt{n-1})$;　(4) $\lim\limits_{n\to\infty}(\sqrt{1+2+\cdots+n}-\sqrt{1+2+\cdots+(n-1)})$.

4. 用数列极限的存在准则求下列极限:

(1) $\lim\limits_{n\to\infty}\left(\dfrac{1}{n+\sqrt{1}}+\dfrac{1}{n+\sqrt{2}}+\cdots+\dfrac{1}{n+\sqrt{n}}\right)$;

(2) 设数列 $\{x_n\}$: $x_1=\sqrt{3}$, $x_2=\sqrt{3x_1}$, $\cdots$, $x_{n+1}=\sqrt{3x_n}$, $\cdots$, 求 $\lim\limits_{n\to\infty}x_n$.

5. 设函数

$$f(x)=\begin{cases} \mathrm{e}^x, & x\leqslant 0 \\ -x^2+1, & 0<x\leqslant 1 \\ 1/x, & 1<x \end{cases}$$

讨论下述极限是否存在, 若存在, 指出其极限值.

(1) $\lim\limits_{x\to-\infty}f(x)$;　(2) $\lim\limits_{x\to+\infty}f(x)$;　(3) $\lim\limits_{x\to\infty}f(x)$;　(4) $\lim\limits_{x\to 0}f(x)$;　(5) $\lim\limits_{x\to 1}f(x)$.

6. 设函数

$$f(x)=\begin{cases} \sqrt{2x+1}, & 0<x\leqslant 1 \\ a+\ln x, & x>1 \end{cases}$$

已知 $\lim\limits_{x\to 1}f(x)$ 存在, 求 a 的值.

7. 设函数

$$f(x)=\begin{cases} 1, & x\neq 1 \\ 0, & x=1 \end{cases} \qquad g(x)=\begin{cases} 1, & x\neq 0 \\ 0, & x=0 \end{cases}$$

求 $\lim\limits_{x\to 0}g(x)$, $\lim\limits_{x\to 1}f(x)$ 及 $\lim\limits_{x\to 0}f[g(x)]$.

8. 求下列函数的极限:

(1) $\lim\limits_{x\to 1}\dfrac{2x^2+x+1}{x^3+2x-1}$;

(2) $\lim\limits_{x\to 0}\dfrac{x^2}{1-\sqrt{1+x^2}}$;

(3) $\lim\limits_{x\to 4}\dfrac{\sqrt{2x+1}-3}{\sqrt{x-2}-\sqrt{2}}$;

(4) $\lim\limits_{x\to\infty}\dfrac{x^2+5}{2x^2-9}$;

(5) $\lim\limits_{x\to\infty}\dfrac{x^3-2x-1}{2x^4-x^2+5}$;

(6) $\lim\limits_{x\to-\infty}\dfrac{3x^2+x-1}{\sqrt{x^4-1}}$;

(7) $\lim\limits_{x\to\infty}\dfrac{(x-1)^{10}(2x+1)^{20}}{(3x+2)^{30}}$;

(8) $\lim\limits_{x\to 1}\left(\dfrac{1}{x-1}-\dfrac{3}{x^3-1}\right)$;

(9) $\lim\limits_{x\to-\infty}(\sqrt{x^2+x+1}-\sqrt{x^2-x+1})$;

(10) $\lim\limits_{x\to+\infty}(\sqrt{(x+a)(x-b)}-x)$.

9. 设 $\lim\limits_{x\to 2}\dfrac{x^2+3x+k}{x-2}=7$, 求 k 的值.

10. 若 $\lim\limits_{x\to\infty}\dfrac{ax^3+(b-1)x^2+2}{x^2+1}=1$, 求 a,b 的值.

11. 求下列极限:

(1) $\lim\limits_{x\to 0}\dfrac{\tan 5x}{\sin 3x}$;

(2) $\lim\limits_{x\to 0}\dfrac{\arcsin 2x}{x}$;

(3) $\lim\limits_{x\to\infty} \dfrac{x^3+1}{x^2}\sin\dfrac{1}{x}$;

(4) $\lim\limits_{x\to0} \dfrac{\sqrt{x+1}-1}{\sin x}$;

(5) $\lim\limits_{x\to0} \dfrac{x-\sin x}{x+\sin x}$;

(6) $\lim\limits_{x\to0} \dfrac{\sin ax}{\arcsin bx}$ $(a,b\neq0)$;

(7) $\lim\limits_{x\to\infty}\left(1-\dfrac{3}{x}\right)^{2x}$;

(8) $\lim\limits_{x\to\infty}\left(\dfrac{x-1}{x+1}\right)^{\frac{x}{2}+4}$;

(9) $\lim\limits_{x\to+\infty}\left(1-\dfrac{1}{x}\right)^{\sqrt{x}}$;

(10) $\lim\limits_{x\to\frac{\pi}{2}}(1+\cos x)^{2\sec x}$;

(11) $\lim\limits_{x\to\infty}\left(\dfrac{3-2x}{2-2x}\right)^{x}$;

(12) $\lim\limits_{x\to0}(1+3\sin x)^{\cot x}$.

12. 指出下列函数哪些是给定变化过程中的无穷小量? 哪些是给定变化过程中的无穷大量?

(1) $1-\cos x(x\to0)$;

(2) $\dfrac{1}{2^x-1}(x\to0)$;

(3) $\ln x(x\to0^+)$;

(4) $\ln x(x\to1)$;

(5) $\mathrm{e}^{-x}(x\to\infty)$;

(6) $\mathrm{e}^{\frac{1}{x}}(x\to0)$;

(7) $\sin\dfrac{1}{x}(x\to\infty)$;

(8) $\dfrac{1}{\ln x}(x\to0^+)$.

13. 设 $a_n=n\sin\dfrac{n\pi}{2}$, 讨论数列 $\{a_n\}$ 是否有界? 是否收敛? 是否为无穷大量?

14. 当 $x\to0$ 时, 无穷小量 $1-\cos x$ 与 ax^2 是等价的, 求 a 的值.

15. 当 $x\to\infty$ 时, 若 $\dfrac{1}{ax^2+bx+c}\sim\dfrac{1}{x+1}$, 求 a,b,c 的值.

16. 当 $x\to0$ 时, 下列无穷小量与 x 相比是什么阶的无穷小量.

(1) $x+\sin x^2$;

(2) $\sqrt{|x|}+\sin x$;

(3) $\dfrac{(x+1)x}{1+\sqrt[3]{x}}$;

(4) $\ln(1+2x)$.

17. 证明:

(1) $\sqrt{1+x}-1\sim\dfrac{x}{2}(x\to0)$;

(2) $\sin x-\tan x=o(x)\ (x\to0)$.

18. 若 $\lim\limits_{x\to a}f(x)=\infty$, $\lim\limits_{x\to a}g(x)=\infty$, 判断下列极限是否成立? ①

(1) $\lim\limits_{x\to a}[f(x)+g(x)]=\infty$;

(2) $\lim\limits_{x\to a}[f(x)-g(x)]=0$;

(3) $\lim\limits_{x\to a}\dfrac{1}{f(x)+g(x)}=0$;

(4) $\lim\limits_{x\to a}kf(x)=\infty,k\neq0$;

19. 求下列极限:

(1) $\lim\limits_{x\to\infty}\dfrac{x-\sin x}{x+\cos x}$;

(2) $\lim\limits_{x\to\infty}\dfrac{x^2+1}{x^3}(1+2\sin x)$;

---

① 在讨论问题中, 如果回答是肯定的, 就要给以证明; 回答是否定的, 要举出反例; 回答是不一定的, 也要举例说明.

(3) $\lim\limits_{x\to 0^-} e^{\frac{1}{x}}(2+\cos x)$;

(4) $\lim\limits_{x\to 0} \dfrac{\ln(1+x)}{\sqrt{1+x}-1}$;

(5) $\lim\limits_{x\to 0} \dfrac{2x-1}{\ln(1+x)}$;

(6) $\lim\limits_{x\to 0} \dfrac{\ln(1+x)}{x^2}$.

20. 判断下列函数在 $x=0$ 处是否连续:

(1) $f(x) = \begin{cases} x^2\sin\dfrac{1}{x}, & x\neq 0, \\ 0, & x=0; \end{cases}$

(2) $f(x) = \begin{cases} e^{-x}, & x\leqslant 0, \\ \dfrac{\sin x}{x}, & x>0; \end{cases}$

(3) $f(x) = \begin{cases} \dfrac{\sin x}{|x|}, & x\neq 0, \\ 1, & x=0; \end{cases}$

(4) $f(x) = \begin{cases} \sqrt{|x|}\sin\dfrac{1}{x}, & x\neq 0, \\ 0, & x=0. \end{cases}$

21. 求下列函数的间断点:

(1) $f(x) = \dfrac{1}{(x+1)^2}$;

(2) $f(x) = \dfrac{x^2-1}{x^2-3x+2}$;

(3) $f(x) = \dfrac{x}{\sin x}$;

(4) $f(x) = \begin{cases} 1, & x>0, \\ 0, & x=0, \\ -1, & x<0; \end{cases}$

(5) $f(x) = \begin{cases} x^2+2x+3, & x\leqslant 1, \\ x, & 1<x\leqslant 2, \\ 2x-2, & 2<x. \end{cases}$

22. 设函数 $f(x) = \begin{cases} e^x, & x<0, \\ a+x, & x\geqslant 0. \end{cases}$ 问 a 为何值时, $f(x)$ 在 $x=0$ 处连续?

23. 设函数
$$f(x) = \begin{cases} \dfrac{\sin a^2 x}{x}, & x<0 \\ 3x^2+2x+a, & x\geqslant 0 \end{cases}$$

问 a 为何值时, $f(x)$ 在 $(-\infty,+\infty)$ 内连续?

24. 设函数
$$f(x) = \begin{cases} (1-x)^{\frac{1}{x}}, & x<0 \\ a, & x=0 \\ x\sin\dfrac{1}{x}+b, & x>0 \end{cases}$$

问当 a,b 为何值时 $f(x)$ 在 $x=0$ 处连续?

25. 对下列函数给 $f(0)$ 补充定义何值时, 能使 $f(x)$ 在点 $x=0$ 处连续?

(1) $f(x) = \dfrac{\sqrt{1+x}-\sqrt{1-x}}{x}$;

(2) $f(x) = \sin x\cos\dfrac{1}{x}$.

26. 求下列函数的极限:

(1) $\lim\limits_{x \to 0} \left[\cos x + \dfrac{\ln(1 + x^2)}{\mathrm{e}^{\sin x}} \right]$;

(2) $\lim\limits_{x \to \frac{1}{2}} \arcsin \sqrt{1 - x^2}$;

(3) $\lim\limits_{n \to \infty} \{ n[\ln(n + 2) - \ln n] \}$;

(4) $\lim\limits_{x \to 0} \dfrac{\ln(1 + 2x)}{\sin 3x}$.

27. 若 $f(x)$ 在 $[a,b]$ 上连续, 对任意一组值 $x_1, x_2, \cdots, x_n \in [a, b]$, 证明至少有一点 $\xi \in (a, b)$, 使得 $f(\xi) = \dfrac{f(x_1) + f(x_2) + \cdots + f(x_n)}{n}$.

28. 证明方程 $x^5 - 3x = 1$ 在 $(1, 2)$ 内必有一个实根.

第三章　导数与微分

§3.1　导数的概念

人们在解决科学技术和生产实践中的实际问题时, 经常需要研究一种变量相对于另一种变量变化的快慢程度, 即变化率问题. 例如, 物体运动的速度、人口增长的速度、国民经济增长的速度、劳动生产率等, 这些问题都是研究变量的变化相对于时间变化的变化率. 我们虽然对其有较直观的认识, 但对它们的确切意义和定义, 以及它们的计算方法是不清楚的. 解决这些问题正是微分学的任务之一.

一、引例

1. 物体做变速直线运动的速度问题

设某物体做变速直线运动, s 表示物体从某个时刻 (不妨设为 0) 到时刻 t 所经过的路程, 路程 s 对时刻 t 的函数 (称为位置函数) 为 $s = f(t)$, 求物体在时刻 t_0 时的瞬时速度 $v(t_0)$.

当时间由 t_0 改变到 $t_0 + \Delta t$ 时, 物体在 Δt 这一段时间内所经过的路程为

$$\Delta s = f(t_0 + \Delta t) - f(t_0)$$

若物体所做的是匀速直线运动, 则它的速度不随时间而改变, 这时

$$\frac{\Delta s}{\Delta t} = \frac{f(t_0 + \Delta t) - f(t_0)}{\Delta t}$$

是物体在任何时刻的速度.

但是, 当物体做变速直线运动时, 它的速度随时间而变化, 此时 $\dfrac{\Delta s}{\Delta t}$ 只是表示物体从时刻 t_0 到时刻 $t_0 + \Delta t$ 这一段时间内的平均速度 $\bar{v}$. 当 Δt 很小时, 可以用 $\bar{v}$ 近似表示物体在时刻 t_0 的瞬时速度 $v(t_0)$, 并且 Δt 越小, 近似值的精确程度就越好. 循此思路, 若当 $\Delta t \to 0$ 时, 平均速度 $\bar{v}$ 的极限存在, 则此极限值就是物体在时刻 t_0 的瞬时速度 $v(t_0)$, 即

$$v(t_0) = \lim_{\Delta t \to 0} \bar{v} = \lim_{\Delta t \to 0} \frac{\Delta s}{\Delta t} = \lim_{\Delta t \to 0} \frac{f(t_0 + \Delta t) - f(t_0)}{\Delta t}$$

2. 平面曲线的切线斜率

什么是曲线的切线?

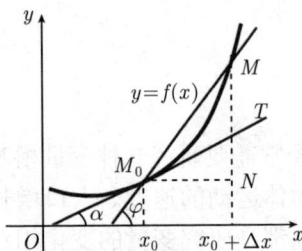

图 3-1

设平面曲线 $y = f(x)$ 的图形如图 3-1 所示, 点 $M_0(x_0, y_0)$ 为曲线上一定点, 在曲线上另取一动点 $M(x_0 + \Delta x, y_0 + \Delta y)$, 连接点 M_0 和 M 的直线 M_0M 称为曲线 $y = f(x)$ 的割线. 当动点 M 沿曲线趋近于点 M_0 时, 割线 M_0M 的极限位置 M_0T 就是曲线在点 M_0 的切线.

割线 M_0M 的倾斜角为 φ, 其斜率为 $\tan\varphi = \dfrac{MN}{M_0N}$. 由 $MN = \Delta y, M_0N = \Delta x$, 可得

$$\tan\varphi = \frac{\Delta y}{\Delta x} = \frac{f(x_0 + \Delta x) - f(x_0)}{\Delta x}$$

显然, 点 M 趋近于 M_0 点等价于 $\Delta x \to 0$. 若当 $\Delta x \to 0$ 时, 上式的极限存在, 此极限值就是切线 M_0T 的斜率 k, 即

$$k = \lim_{\Delta x \to 0} \frac{\Delta y}{\Delta x} = \lim_{\Delta x \to 0} \frac{f(x_0 + \Delta x) - f(x_0)}{\Delta x}$$

前面讨论的两个问题, 一个是求变速直线运动的瞬时速度, 另一个是求曲线切线的斜率, 虽然各自的含义不同, 但解决问题的思路和方法是相同的, 它们都是求函数的改变量与自变量改变量之比的极限. 并且, 现实中许多问题的解决都可归结为这种比值的极限. 撇开问题的实际意义, 抓住它们在数量关系上的共性, 专门研究这种比值的极限, 就得出函数的导数概念.

二、导数的定义

1. 函数在点 x_0 处的导数

定义 3.1 设函数 $y = f(x)$ 在点 x_0 的某个邻域内有定义, 当自变量 x 在点 x_0 取得改变量 $\Delta x(\Delta x \neq 0, x_0 + \Delta x$ 仍在邻域内) 时, 相应地, 函数取得改变量 $\Delta y = f(x_0 + \Delta x) - f(x_0)$. 若当 $\Delta x \to 0$ 时, 函数的改变量与自变量改变量之比 $\dfrac{\Delta y}{\Delta x}$ 的极限存在, 则称函数 $y = f(x)$ 在点 x_0 处可导, 并把此极限值称为函数 $y = f(x)$ 在点 x_0 的导数, 记为 $f'(x_0)$, 或 $y'(x_0), y'|_{x=x_0}, \dfrac{\mathrm{d}y}{\mathrm{d}x}\Big|_{x=x_0}$ 或 $\dfrac{\mathrm{d}f(x)}{\mathrm{d}x}\Big|_{x=x_0}$, 即

$$f'(x_0) = \lim_{\Delta x \to 0} \frac{\Delta y}{\Delta x} = \lim_{\Delta x \to 0} \frac{f(x_0 + \Delta x) - f(x_0)}{\Delta x} \tag{3.1}$$

若令 $x_0 + \Delta x = x$, 则 $\Delta x \to 0$ 等价于 $x \to x_0$. 这时导数的定义式 (3.1) 等价于

$$f'(x_0) = \lim_{x \to x_0} \frac{f(x) - f(x_0)}{x - x_0} \tag{3.1'}$$

函数 $f(x)$ 在点 x_0 可导, 也称 $f(x)$ 在点 x_0 具有导数或导数存在, 点 x_0 称为 $f(x)$ 的可导点.

若式 (3.1) 的极限不存在, 则称 $f(x)$ 在点 x_0 处不可导或导数不存在, 此时, 称点 x_0 是 $f(x)$ 的不可导点. 如果不可导的原因是当 $\Delta x \to 0$ 时, 比值 $\frac{\Delta y}{\Delta x} \to \infty$, 为了方便起见, 也称 $f(x)$ 在点 x_0 处的导数为无穷大, 记为 $f'(x_0) = \infty$.

导数定义中的改变量之比 $\frac{\Delta y}{\Delta x}$ 反映的是自变量 x 从 x_0 变到 $x_0 + \Delta x$ 时, 函数 $y = f(x)$ 在该区间上的平均变化速度, 称为平均变化率; 而导数 $f'(x_0) = \lim\limits_{\Delta x \to 0} \frac{\Delta y}{\Delta x}$ 反映的是函数在点 x_0 处的变化速度, 称为函数在点 x_0 处的变化率. 所以, 前面两个实例中的瞬时速度和切线的斜率都是求相应的函数在某点处的导数, 它完全撇开了问题的实际意义, 单纯从数量关系上用导数来刻画因变量相对于自变量变化 "快慢" 的本质.

2. 导函数

若函数 $y = f(x)$ 在开区间 (a, b) 内的每一点都可导, 则称函数 $y = f(x)$ 在开区间 (a, b) 内可导. 此时, 对于任一 $x \in (a, b)$, 都有唯一确定的 $f(x)$ 的导数值与 x 对应, 这样就确定了一个新的 x 的函数, 称为函数 $f(x)$ 的导函数, 简称导数, 记作 $y', f'(x), \dfrac{\mathrm{d}y}{\mathrm{d}x}$ 或 $\dfrac{\mathrm{d}f(x)}{\mathrm{d}x}$.

显然, 函数 $y = f(x)$ 在点 x_0 处的导数 $f'(x_0)$ 就是导函数 $f'(x)$ 在 $x = x_0$ 处的函数值.

把定义 3.1 中式 (3.1) 的 x_0 改为 x, 即得到导函数的定义式

$$f'(x) = \lim_{\Delta x \to 0} \frac{f(x + \Delta x) - f(x)}{\Delta x} \tag{3.2}$$

例 3.1 求函数 $f(x) = C(C$ 为常数$)$ 的导数.

解 $f'(x) = \lim\limits_{\Delta x \to 0} \dfrac{f(x + \Delta x) - f(x)}{\Delta x} = \lim\limits_{\Delta x \to 0} \dfrac{C - C}{\Delta x} = 0$, 即

$$C' = 0 \tag{3.3}$$

例 3.2 求函数 $f(x) = x^n$ 的导数 $(n \in \mathbf{N}^+)$.

解 $f'(x) = \lim\limits_{\Delta x \to 0} \dfrac{f(x + \Delta x) - f(x)}{\Delta x} = \lim\limits_{\Delta x \to 0} \dfrac{(x + \Delta x)^n - x^n}{\Delta x}$

$$= \lim_{\Delta x \to 0}[\mathrm{C}_n^1 x^{n-1} + \mathrm{C}_n^2 x^{n-2}\Delta x + \cdots + \mathrm{C}_n^n(\Delta x)^{n-1}]$$

$$= nx^{n-1}$$

后面还可证明: 对任意实数 μ, 有

$$(x^\mu)' = \mu x^{\mu-1} \tag{3.4}$$

例如, $x' = 1, (x^2)' = 2x, \left(\dfrac{1}{x}\right)' = -\dfrac{1}{x^2}, (\sqrt{x})' = \dfrac{1}{2\sqrt{x}}.$

例 3.3   求函数 $f(x) = \sin x$ 的导数.

解 $f'(x) = \lim\limits_{\Delta x \to 0} \dfrac{\sin(x + \Delta x) - \sin x}{\Delta x} = \lim\limits_{\Delta x \to 0} \dfrac{2\cos\left(x + \dfrac{\Delta x}{2}\right)\sin\dfrac{\Delta x}{2}}{\Delta x} = \cos x$

即

$$(\sin x)' = \cos x \tag{3.5}$$

类似地, 还可求得余弦函数的导数公式:

$$(\cos x)' = -\sin x \tag{3.6}$$

例 3.4   求函数 $f(x) = \log_a x(a > 0, a \neq 1)$ 的导数.

解 $f'(x) = \lim\limits_{\Delta x \to 0} \dfrac{f(x + \Delta x) - f(x)}{\Delta x} = \lim\limits_{\Delta x \to 0} \dfrac{\log_a(x + \Delta x) - \log_a x}{\Delta x}$

$$= \lim_{\Delta x \to 0} \frac{1}{\Delta x} \log_a \frac{x + \Delta x}{x} = \lim_{\Delta x \to 0} \log_a \left[\left(1 + \frac{\Delta x}{x}\right)^{\frac{x}{\Delta x}}\right]^{\frac{1}{x}}$$

$$= \frac{1}{x} \log_a \left[\lim_{\Delta x \to 0}\left(1 + \frac{\Delta x}{x}\right)^{\frac{x}{\Delta x}}\right] = \frac{1}{x} \log_a \mathrm{e} = \frac{1}{x \ln a}$$

即

$$(\log_a x)' = \frac{1}{x \ln a} \tag{3.7}$$

特别地, 当 $a = \mathrm{e}$ 时, 有

$$(\ln x)' = \frac{1}{x} \tag{3.8}$$

3. 左、右导数

设函数 $f(x)$ 在 x_0 的某邻域内有定义, 如果 $\lim\limits_{\Delta x \to 0^-} \dfrac{f(x_0 + \Delta x) - f(x_0)}{\Delta x}$ 存在,
则称为 $f(x)$ 在点 x_0 处的左导数, 记为 $f'_-(x_0)$, 即

$$f'_-(x_0) = \lim_{\Delta x \to 0^-} \frac{f(x_0 + \Delta x) - f(x_0)}{\Delta x} \tag{3.9}$$

如果 $\lim\limits_{\Delta x \to 0^+} \dfrac{f(x_0 + \Delta x) - f(x_0)}{\Delta x}$ 存在, 则称为 $f(x)$ 在点 x_0 处的右导数, 记为 $f'_+(x_0)$, 即

$$f'_+(x_0) = \lim_{\Delta x \to 0^+} \frac{f(x_0 + \Delta x) - f(x_0)}{\Delta x} \tag{3.10}$$

式 (3.10) 还可以写为

$$f'_-(x_0) = \lim_{x \to x_0^-} \frac{f(x) - f(x_0)}{x - x_0}, \quad f'_+(x_0) = \lim_{x \to x_0^+} \frac{f(x) - f(x_0)}{x - x_0}$$

显然, 有下面命题.

命题 3.1 函数在一点可导的充分必要条件是函数在该点的左、右导数存在且相等.

函数 $f(x)$ 在 $[a,b]$ 上可导, 指 $f(x)$ 在 (a,b) 内处处可导, 并且 $f'_+(a)$ 及 $f'_-(b)$ 存在.

例 3.5 讨论函数 $f(x) = |x|$ 在 $x = 0$ 处是否可导?

解 因为

$$f'_-(0) = \lim_{\Delta x \to 0^-} \frac{|0 + \Delta x|}{\Delta x} = \lim_{\Delta x \to 0} \frac{-\Delta x}{\Delta x} = -1$$

$$f'_+(0) = \lim_{\Delta x \to 0^+} \frac{|0 + \Delta x|}{\Delta x} = \lim_{\Delta x \to 0} \frac{\Delta x}{\Delta x} = 1$$

所以 $f'_-(0) \neq f'_+(0)$, 从而 $f(x) = |x|$ 在 $x = 0$ 处不可导.

三、导数的几何意义

函数 $y = f(x)$ 在点 x_0 处的导数 $f'(x_0)$ 在几何上表示曲线 $y = f(x)$ 在点 $M_0(x_0, f(x_0))$ 处的切线 M_0T 的斜率, 即

$$f'(x_0) = k = \tan \alpha$$

其中 α 是曲线 $y = f(x)$ 在点 $M_0(x_0, f(x_0))$ 处切线的倾斜角, 如图 3-2 所示.

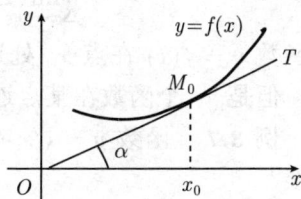

图 3-2

若 $y = f(x)$ 在点 x_0 处的导数为无穷大, 则曲线 $y = f(x)$ 在点 $M_0(x_0, f(x_0))$ 处具有垂直于 x 轴的切线 $x = x_0$.

根据导数的几何意义和直线的点斜式方程, 曲线 $y = f(x)$ 在点 $M_0(x_0, f(x_0))$ 处的切线方程为

$$y - f(x_0) = f'(x_0)(x - x_0) \tag{3.11}$$

法线方程为

$$y - f(x_0) = -\frac{1}{f'(x_0)}(x - x_0) \tag{3.12}$$

例 3.6　求抛物线 $y = x^2$ 在点 $(2,4)$ 处的切线方程和法线方程.

解　由 $y'|_{x=2} = (x^2)'|_{x=2} = (2x)|_{x=2} = 4$, 即抛物线 $y = x^2$ 在点 $(2,4)$ 处的切线的斜率为 4, 所以, 由式 (3.11) 得切线方程

$$y - 4 = 4(x - 2), \quad \text{即} \quad 4x - y - 4 = 0$$

由式 (3.11) 得法线方程

$$y - 4 = -\frac{1}{4}(x - 2), \quad \text{即} \quad x - 4y - 18 = 0$$

四、可导与连续的关系

定理 3.1　若函数 $y = f(x)$ 在点 x_0 处可导, 则 $f(x)$ 在点 x_0 处必连续.

证明　设 $f(x)$ 在点 x_0 处可导, 则有

$$f'(x_0) = \lim_{\Delta x \to 0} \frac{\Delta y}{\Delta x}$$

由定理 2.3, 得

$$\frac{\Delta y}{\Delta x} = f'(x_0) + \alpha \quad (\lim_{\Delta x \to 0} \alpha = 0)$$

上式两端同乘以 Δx, 得

$$\Delta y = f'(x_0)\Delta x + \alpha \Delta x$$

于是

$$\lim_{\Delta x \to 0} \Delta y = \lim_{\Delta x \to 0} (f'(x_0)\Delta x + \alpha \Delta x) = 0$$

即函数 $y = f(x)$ 在点 x_0 处连续.

但是, 一个函数在某点连续, 在该点却不一定可导. 例如, 下面的例子.

例 3.7　函数 $y = \sqrt[3]{x}$ 在 $x = 0$ 处是否可导? 曲线 $y = \sqrt[3]{x}$ 在 $(0,0)$ 处是否有切线?

解　在 $x = 0$ 处有

$$f'(0) = \lim_{\Delta x \to 0} \frac{\Delta y}{\Delta x} = \lim_{\Delta x \to 0} \frac{\sqrt[3]{0 + \Delta x}}{\Delta x} = \lim_{\Delta x \to 0} \frac{1}{(\sqrt[3]{\Delta x})^2} = +\infty$$

即 $y = \sqrt[3]{x}$ 在点 $x = 0$ 处不可导.

由于函数 $y = f(x) = \sqrt[3]{x}$ 在点 $x = 0$ 处的导数为无穷大, 所以曲线 $y = \sqrt[3]{x}$ 在原点 O 处具有垂直于 x 轴的切线 $x = 0$, 如图 3-3 所示.

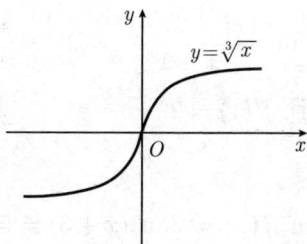

图 3-3

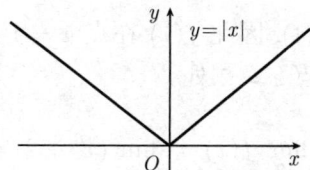

图 3-4

例 3.8 函数 $f(x) = |x|$ 在 $x = 0$ 处连续, 但在 $x = 0$ 处不可导(图 3-4).

可见, 函数在某点连续是函数在该点可导的必要条件, 但不是充分条件, 即**可导一定连续, 但连续未必可导**. 如果函数在某点不连续, 则它在该点一定不可导. 因此, 如果我们已经判断出函数在某一点不连续, 则立即可以得出不可导的结论; 如果函数在某点连续, 则不能得出可导的结论.

例 3.9 讨论 $f(x) = \begin{cases} 1, & x \leqslant 0, \\ 2x+1, & 0 < x \leqslant 1, \\ x^2+2, & 1 < x \leqslant 2, \\ x+3, & 2 < x \end{cases}$ 在 $x = 0, x = 1, x = 2$ 处的连续性和可导性.

解 (1) 在点 $x = 0$ 处

$$\lim_{x \to 0^-} f(x) = 1, \quad \lim_{x \to 0^+} f(x) = \lim_{x \to 0^+} (2x+1) = 1$$

从而, $\lim\limits_{x \to 0} f(x) = 1 = f(0)$, 因此 $f(x)$ 在点 $x = 0$ 处连续.

$$f'_-(0) = \lim_{x \to 0^-} \frac{f(x) - f(0)}{x - 0} = \lim_{x \to 0^-} \frac{1 - 1}{x} = 0$$

$$f'_+(0) = \lim_{x \to 0^+} \frac{f(x) - f(0)}{x - 0} = \lim_{x \to 0^+} \frac{(2x+1) - 1}{x - 0} = 2$$

$f'_-(0) \neq f'_+(0), f'(0)$ 不存在, 因此 $f(x)$ 在点 $x = 0$ 处不可导.

(2) 在点 $x = 1$ 处

$$\lim_{x \to 1^-} f(x) = \lim_{x \to 1^-} (2x+1) = 3, \quad \lim_{x \to 1^+} f(x) = \lim_{x \to 1^+} (x^2+2) = 3$$

从而, $\lim\limits_{x \to 1} f(x) = 3 = f(1)$, 因此 $f(x)$ 在点 $x = 1$ 处连续.

$$f'_-(1) = \lim_{x \to 1^-} \frac{f(x) - f(1)}{x - 1} = \lim_{x \to 1^-} \frac{(2x+1) - 3}{x - 1} = 2$$

$$f'_+(1) = \lim_{x \to 1^+} \frac{f(x) - f(1)}{x - 1} = \lim_{x \to 1^+} \frac{(x^2 + 2) - 3}{x - 1} = 2$$

$f'_-(1) = f'_+(1)$, 因此 $f(x)$ 在点 $x = 1$ 处可导, 且 $f'(1) = 2$.

(3) 在点 $x = 2$ 处

$$\lim_{x \to 2^-} f(x) = \lim_{x \to 2^-} (x^2 + 2) = 6, \quad \lim_{x \to 2^+} f(x) = \lim_{x \to 2^+} (x + 3) = 5$$

$\lim\limits_{x \to 2^-} f(x) \neq \lim\limits_{x \to 2^+} f(x)$, 即 $\lim\limits_{x \to 2} f(x)$ 不存在, 因此 $f(x)$ 在点 $x = 2$ 处不连续, 从而在该点处不可导.

§3.2　导数的基本公式和求导法则

上面我们根据导数的定义, 求出了一些简单函数的导数, 但是对每一个函数都按定义去求它的导数, 那将是极为复杂和困难的. 下面我们将介绍求导的几个基本法则和基本初等函数的导数公式. 利用这些法则和公式, 就可以简捷地求出初等函数的导数.

一、函数四则运算的求导法则

定理 3.2　若函数 $u = u(x)$ 和 $v = v(x)$ 都在点 x 处可导, 则它们的和、差、积、商 (除分母为零的点外) 也都在点 x 处可导, 且

(1) $[u(x) + v(x)]' = u'(x) + v'(x);$ 　　　　　　　　　　　　　　(3.13)

(2) $[u(x) - v(x)]' = u'(x) - v'(x);$ 　　　　　　　　　　　　　　(3.14)

(3) $[u(x)v(x)]' = u'(x)v(x) + u(x)v'(x);$ 　　　　　　　　　　(3.15)

(4) $\left[\dfrac{u(x)}{v(x)}\right]' = \dfrac{u'(x)v(x) - u(x)v'(x)}{[v(x)]^2} \quad (v(x) \neq 0).$ 　　　(3.16)

证明　仅以两个函数和与积的导数情形为例, 其他留给读者自证.

(1) 令 $h(x) = u(x) + v(x)$, 因为

$$\frac{h(x + \Delta x) - h(x)}{\Delta x} = \frac{[u(x + \Delta x) + v(x + \Delta x)] - [u(x) + v(x)]}{\Delta x}$$

$$= \frac{u(x + \Delta x) - u(x)}{\Delta x} + \frac{v(x + \Delta x) - v(x)}{\Delta x}$$

所以

$$\lim_{\Delta x \to 0} \frac{h(x + \Delta x) - h(x)}{\Delta x} = \lim_{\Delta x \to 0} \frac{u(x + \Delta x) - u(x)}{\Delta x} + \lim_{\Delta x \to 0} \frac{v(x + \Delta x) - v(x)}{\Delta x}$$

即
$$h'(x) = u'(x) + v'(x)$$

故
$$[u(x) + v(x)]' = u'(x) + v'(x)$$

(2) 令 $h(x) = u(x)v(x)$; 因为

$$\frac{h(x+\Delta x) - h(x)}{\Delta x} = \frac{u(x+\Delta x)v(x+\Delta x) - u(x)v(x)}{\Delta x}$$

$$= \frac{u(x+\Delta x)v(x+\Delta x) - u(x)v(x+\Delta x) + u(x)v(x+\Delta x) - u(x)v(x)}{\Delta x}$$

$$= \frac{u(x+\Delta x) - u(x)}{\Delta x}v(x+\Delta x) + u(x)\frac{v(x+\Delta x) - v(x)}{\Delta x}$$

又 $v'(x)$ 存在, 故 $v(x)$ 在点 x 连续, 因此, $\lim_{\Delta x \to 0} v(x+\Delta x) = \lim_{\Delta x \to 0} v(x)$.

$$\lim_{\Delta x \to 0}\frac{h(x+\Delta x) - h(x)}{\Delta x} = \lim_{\Delta x \to 0}\frac{u(x+\Delta x) - u(x)}{\Delta x}v(x) + u(x)\lim_{\Delta x \to 0}\frac{v(x+\Delta x) - v(x)}{\Delta x}$$

即 $[u(x)v(x)]' = u'(x)v(x) + u(x)v'(x)$.

求导的四则运算法则也可简记为

$$(u \pm v)' = u' \pm v'$$

$$(uv)' = u'v + uv'$$

$$\left(\frac{u}{v}\right)' = \frac{u'v - uv'}{v^2}$$

注 式 (3.14) 和式 (3.15) 可以推广到有限多个可导函数的情形.
设 $u_i, i = 1, 2, \cdots, n$ 都为 x 的可导函数, 则

$$(u_1 \pm u_2 \pm \cdots \pm u_n)' = u_1' \pm u_2' \pm \cdots \pm u_n'$$

$$(u_1 u_2 \cdots u_n)' = u_1' u_2 \cdots u_n + u_1 u_2' \cdots u_n + \cdots + u_1 u_2 \cdots u_n'$$

在式 (3.15) 中, 当 $v(x) = C(C$ 为常数) 时, 有

$$(Cu)' = Cu'$$

例 3.10 $f(x) = 2x^3 + x^2\cos x - \log_2 x + \sin\frac{\pi}{3}$, 求 $f'(x)$ 及 $f'\left(\frac{\pi}{2}\right)$.

解 $f'(x) = (x^3)' + (x^2)'\cos x + x^2(\cos x)' - (\log_2 x)' + \left(\sin\frac{\pi}{3}\right)'$

$$= 3x^2 + 2x\cos x - x^2\sin x - \frac{1}{x\ln 2}$$

$$f'\left(\frac{\pi}{2}\right) = \frac{3}{4}\pi^2 - \frac{\pi^2}{4} - \frac{2}{\pi\ln 2} = \frac{\pi^2}{2} - \frac{2}{\pi\ln 2}$$

例 3.11 $y = \tan x$, 求 y'.

解 $y' = (\tan x)' = \left(\dfrac{\sin x}{\cos x}\right)' = \dfrac{(\sin x)'\cos x - \sin x(\cos x)'}{\cos^2 x}$

$$= \frac{\cos^2 x + \sin^2 x}{\cos^2 x} = \frac{1}{\cos^2 x} = \sec^2 x$$

即

$$(\tan x)' = \sec^2 x \tag{3.17}$$

类似地, 可以得余切函数、正割函数和余割函数的导数公式:

$$(\cot x)' = -\csc^2 x \tag{3.18}$$

$$(\sec x)' = \sec x \tan x \tag{3.19}$$

$$(\csc x)' = -\csc x \cot x \tag{3.20}$$

(请读者自己证明)

二、反函数的求导法则

定理 3.3   若函数 $y = f(x)$ 在点 x 处有不等于零的导数, 且有反函数 $x = f^{-1}(y)$ 在相应点 y 处连续, 则反函数 $x = f^{-1}(y)$ 在相应点 y 处也可导, 且

$$\left[f^{-1}(y)\right]'_y = \frac{1}{f'_x(x)} \tag{3.21}$$

证明*   设 $x = f^{-1}(y)$ 在点 y 处有改变量 $\Delta y(\Delta y \neq 0)$ 时, 函数的改变量为 Δx (显然, $\Delta x \neq 0$). 因为 $x = f^{-1}(y)$ 在点 y 处连续, 所以, 当 $\Delta y \to 0$ 时, $\Delta x \to 0$. 因此

$$\lim_{\Delta y \to 0} \frac{\Delta x}{\Delta y} = \lim_{\Delta y \to 0} \frac{1}{\dfrac{\Delta y}{\Delta x}} = \frac{1}{\lim\limits_{\Delta x \to 0} \dfrac{\Delta y}{\Delta x}}$$

$$\left[f^{-1}(y)\right]'_y = \frac{1}{f'_x(x)}$$

简言之, 函数 $f(x)$ 导数与反函数 $f^{-1}(y)$ 的导数成倒数关系.

例 3.12   求 $y = \arcsin x$ 的导数.

解 $y = \arcsin x$ 的反函数 $x = \sin y$ 在开区间 $\left(-\dfrac{\pi}{2}, \dfrac{\pi}{2}\right)$ 内可导, 且 $(\sin y)' = \cos y > 0$, 所以由定理 3.3 得 $y = \arcsin x$ 在区间 $(-1, 1)$ 内可导, 且 $(\arcsin x)' =$

$$\frac{1}{(\sin y)'} = \frac{1}{\cos y}.$$

又因为当 $y \in \left(-\dfrac{\pi}{2}, \dfrac{\pi}{2}\right)$ 时, $\cos y > 0$, 所以 $\cos y = \sqrt{1 - \sin^2 y} = \sqrt{1 - x^2}$.

把它代入上式, 就得到了反正弦函数的导数公式:

$$(\arcsin x)' = \frac{1}{\sqrt{1 - x^2}} \tag{3.22}$$

类似地, 可求出反余弦函数、反正切函数和反余切函数的导数公式:

$$(\arccos x)' = -\frac{1}{\sqrt{1 - x^2}} \tag{3.23}$$

$$(\arctan x)' = \frac{1}{1 + x^2} \tag{3.24}$$

$$(\operatorname{arccot} x)' = -\frac{1}{1 + x^2} \tag{3.25}$$

(请读者自己证明)

例 3.13 求函数 $y = a^x (a > 0, a \neq 1)$ 的导数.

解 $y = a^x$ 的反函数 $x = \log_a y$ 在区间 $(0, +\infty)$ 内可导, 且 $(\log_a y)' = \dfrac{1}{y \ln a} \neq 0$.

由定理 3.3 得 $(a^x)' = \dfrac{1}{(\log_a y)'} = y \ln a = a^x \ln a$, 即得到指数函数的导数公式:

$$(a^x)' = a^x \ln a \tag{3.26}$$

特别地, 当 $a = \mathrm{e}$ 时, 有

$$(\mathrm{e}^x)' = \mathrm{e}^x \tag{3.27}$$

三、基本求导公式

(1) $(C)' = 0$;　　　　　　　　　(2) $(x^\mu)' = \mu x^{\mu - 1}$;

(3) $(a^x)' = a^x \ln a (a > 0, a \neq 1)$;　　(4) $(\mathrm{e}^x)' = \mathrm{e}^x$;

(5) $(\log_a x)' = \dfrac{1}{x \ln a} (a > 0, a \neq 1)$;　(6) $(\ln x)' = \dfrac{1}{x}$;

(7) $(\sin x)' = \cos x$;　　　　　　(8) $(\cos x)' = -\sin x$;

(9) $(\tan x)' = \sec^2 x$;　　　　　(10) $(\cot x)' = -\csc^2 x$;

(11) $(\sec x)' = \sec x \tan x$;　　　(12) $(\csc x)' = -\csc x \cot x$;

(13) $(\arcsin x)' = \dfrac{1}{\sqrt{1 - x^2}}$;　　(14) $(\arccos x)' = -\dfrac{1}{\sqrt{1 - x^2}}$;

(15) $(\arctan x)' = \dfrac{1}{1 + x^2}$;　　(16) $(\operatorname{arccot} x)' = -\dfrac{1}{1 + x^2}$.

四、复合函数的求导法则

定理 3.4   若 $u = \varphi(x)$ 在点 x 处有导数 $\dfrac{\mathrm{d}u}{\mathrm{d}x} = \varphi'(x)$, $y = f(u)$ 在对应点 $u = \varphi(x)$ 处有导数 $\dfrac{\mathrm{d}y}{\mathrm{d}u} = f'(u)$, 则复合函数 $y = f[\phi(x)]$ 在点 x 处可导, 且

$$\frac{\mathrm{d}y}{\mathrm{d}x} = f'(u)\phi'(x) \tag{3.28}$$

即复合函数的导数等于复合函数对中间变量的导数乘以中间变量对自变量的导数.

证明*   给自变量 x 改变量 Δx, 则中间变量 u 的改变量为

$$\Delta u = \varphi(x + \Delta x) - \varphi(x)$$

变量 y 的相应改变量为

$$\Delta y = f[\varphi(x + \Delta x)] - f[\varphi(x)] = f(u + \Delta u) - f(u)$$

当 $\Delta u \neq 0$ 时, 因为 $f(u)$ 在 u 可导, 所以 $\lim\limits_{\Delta u \to 0} \dfrac{\Delta y}{\Delta u} = f'(u)$, 根据定理 2.3, 有

$$\frac{\Delta y}{\Delta u} = f'(u) + \alpha \quad (\lim\limits_{\Delta u \to 0} \alpha = 0)$$

用 Δu 乘以上式两端, 得

$$\Delta y = [f'(u) + \alpha]\Delta u$$

当 $\Delta u = 0$ 时, 必有 $\Delta y = 0$, 所以当 $\Delta u = 0$ 时, 上式也成立. 所以

$$\frac{\Delta y}{\Delta x} = [f'(u) + \alpha]\frac{\Delta u}{\Delta x}$$

因为 $u = \phi(x)$ 可导, 所以 $u = \phi(x)$ 必连续, 即当 $\Delta x \to 0$ 时, $\Delta u \to 0$, 从而 $\alpha \to 0$.

$$\lim\limits_{\Delta x \to 0} \frac{\Delta y}{\Delta x} = [f'(u) + \lim\limits_{\Delta u \to 0} \alpha] \lim\limits_{\Delta x \to 0} \frac{\Delta u}{\Delta x} = f'(u)\varphi'(x)$$

即 $\dfrac{\mathrm{d}y}{\mathrm{d}x} = f'(u)\phi'(x)$.

例 3.14   求函数 $y = (3 + x^2)^{10}$ 的导数.

解 $y = (3 + x^2)^{10}$ 由 $y = u^{10}, u = 3 + x^2$ 复合而成, 因此

$$y' = \frac{\mathrm{d}y}{\mathrm{d}u} \cdot \frac{\mathrm{d}u}{\mathrm{d}x} = 10u^9 \cdot 2x = 20x(3 + x^2)^9$$

例 3.15 $y = \sin \dfrac{2x}{1 + x^2}$, 求 $\dfrac{\mathrm{d}y}{\mathrm{d}x}$.

解 $y = \sin \dfrac{2x}{1+x^2}$ 由 $y = \sin u, u = \dfrac{2x}{1+x^2}$ 复合而成. 因为

$$\frac{\mathrm{d}y}{\mathrm{d}u} = \cos x, \quad \frac{\mathrm{d}u}{\mathrm{d}x} = \frac{2(1+x^2) - (2x)2}{(1+x^2)^2} = \frac{2(1-x^2)}{(1+x^2)^2}$$

所以

$$\frac{\mathrm{d}y}{\mathrm{d}x} = \cos u \cdot \frac{2(1-x^2)}{(1+x^2)^2} = \frac{2(1-x^2)}{(1+x^2)^2} \cdot \cos \frac{2x}{1+x^2}$$

复合函数的求导法则应用熟练后, 在求导时可不必再写出中间变量, 但对中间变量的求导又绝不能遗漏.

例 3.16 $y = \ln \tan x$, 求 $\dfrac{\mathrm{d}y}{\mathrm{d}x}$.

解 $\dfrac{\mathrm{d}y}{\mathrm{d}x} = (\ln \tan x)' = \dfrac{1}{\tan x}(\tan x)' = \dfrac{1}{\tan x} \sec^2 x = \dfrac{2}{\sin 2x}.$

复合函数的求导法则可以推广到有限次的复合函数的求导法则. 以两个中间变量为例, 设 $y = f(u), u = \varphi(v), v = \psi(x)$, 则复合函数 $y = f\{\varphi[\psi(x)]\}$ 对 x 的导数为

$$\frac{\mathrm{d}y}{\mathrm{d}x} = \frac{\mathrm{d}y}{\mathrm{d}u} \cdot \frac{\mathrm{d}u}{\mathrm{d}v} \cdot \frac{\mathrm{d}v}{\mathrm{d}x}$$

这里假定上式右端所出现的导数都存在. 以上法则称为复合函数求导的**链式法则**.

例 3.17 $y = \mathrm{e}^{\sin \frac{1}{x}}$, 求 y'.

解 $y' = \left(\mathrm{e}^{\sin \frac{1}{x}}\right)' = \mathrm{e}^{\sin \frac{1}{x}}\left(\sin \dfrac{1}{x}\right)' = \mathrm{e}^{\sin \frac{1}{x}} \cos \dfrac{1}{x}\left(\dfrac{1}{x}\right)' = -\dfrac{1}{x^2}\mathrm{e}^{\sin \frac{1}{x}} \cos \dfrac{1}{x}.$

例 3.18 证明幂函数的导数公式: $(x^\mu)' = \mu x^{\mu-1}(\mu \in \mathbf{R})$.

证明 因为 $x^\mu = \mathrm{e}^{\ln x^\mu} = \mathrm{e}^{\mu \ln x}$, 所以

$$(x^\mu)' = (\mathrm{e}^{\mu \ln x})' = \mathrm{e}^{\mu \ln x}(\mu \ln x)' = \mu \mathrm{e}^{\mu \ln x}\frac{1}{x} = \mu x^\mu \frac{1}{x} = \mu x^{\mu-1}$$

例 3.19 证明: $(\ln |x|)' = \dfrac{1}{x}$.

证明 当 $x > 0$ 时, $(\ln |x|)' = (\ln x)' = \dfrac{1}{x}$;

当 $x < 0$ 时, $(\ln |x|)' = [\ln(-x)]' = \dfrac{1}{-x}(-1) = \dfrac{1}{x}.$

五、取对数求导法

例 3.20 求 $y = x^{\sin x}(x > 0)$ 的导数.

解 这个函数既不是幂函数, 也不是指数函数, 称为幂指函数. 它不能直接利用幂函数或指数函数的求导公式. 对所给函数两边取自然对数, 得

$$\ln y = \sin x \cdot \ln x$$

两边对 x 求导 (注意 y 是 x 的函数), 得

$$\frac{1}{y}y' = \cos x \cdot \ln x + \sin x \cdot \frac{1}{x}$$

于是

$$y' = y\left(\cos x \cdot \ln x + \frac{\sin x}{x}\right) = x^{\sin x}\left(\cos x \cdot \ln x + \frac{\sin x}{x}\right)$$

这种解题方法, 称为**取对数求导法**. 一般地, 幂指函数 $y = u(x)^{v(x)}$ 都可应用此方法求导数. 对于像下面含乘、除项较多或含乘方、开方的函数通常也使用取对数求导法.

例 3.21　$y = \sqrt{\dfrac{(x-1)(x-2)}{(x-3)(x-4)}}(x > 4)$, 求 y'.

解　对所给函数两边取自然对数, 得

$$\ln y = \frac{1}{2}[\ln(x-1) + \ln(x-2) - \ln(x-3) - \ln(x-4)]$$

上式两边对 x 求导, 得

$$\frac{1}{y}y' = \frac{1}{2}\left(\frac{1}{x-1} + \frac{1}{x-2} - \frac{1}{x-3} - \frac{1}{x-4}\right)$$

所以

$$y' = \frac{1}{2}\sqrt{\frac{(x-1)(x-2)}{(x-3)(x-4)}}\left(\frac{1}{x-1} + \frac{1}{x-2} - \frac{1}{x-3} - \frac{1}{x-4}\right)$$

六、隐函数的求导法

设方程 $F(x,y) = 0$ 确定 y 是 x 的函数, 无论该函数能否化为显函数 $y = f(x)$, 当 y 对 x 可导时, 利用复合函数求导公式可求出隐函数 y 对 x 的导数.

例 3.22　求由方程 $y^2 = 2px$ 所确定的隐函数 $y = y(x)$ 的导数 y'.

解　y^2 是 y 的函数, 而 y 是 x 的隐函数, 这样 y^2 可看成 x 的复合函数, 将所给方程两端同时对 x 求导, 得 $2yy' = 2p$, 解得 $y' = \dfrac{p}{y}$.

例 3.23　求曲线在 $\mathrm{e}^{xy} = x + y + \mathrm{e} - 2$ 在点 $(1,1)$ 处的切线方程.

解　方程两端对 x 求导, 得

$$\mathrm{e}^{xy}(y + xy') = 1 + y'$$

整理得 $y' = \dfrac{y\mathrm{e}^{xy} - 1}{1 - x\mathrm{e}^{xy}}$, 从而 $y'|_{(1,1)} = -1$.

于是 $y = y(x)$ 在点 $(1,1)$ 处的切线方程为 $x + y = 2$.

§3.3 高 阶 导 数

变速直线运动的速度 v 是路程 $s = s(t)$ 对时间 t 的导数, 即 $v(t) = s'(t)$. 而加速度 a 又是速度 v 对时间 t 的变化率, 所以 $a(t) = v'(t) = [s'(t)]'$. 这种导数 $(s')'$ 称为 s 对 t 的二阶导数, 记作

$$s''(t)$$

所以, 变速直线运动的加速度就是路程 s 对时间 t 的二阶导数.

一般地, 若 $y = f(x)$ 的导函数 $f'(x)$(也称作 $y = f(x)$ 的一阶导数) 可导, 则把 $f'(x)$ 的导数称作 $y = f(x)$ 的二阶导数, 记作 y'', $f''(x)$, 或 $\dfrac{\mathrm{d}^2 y}{\mathrm{d}x^2}$.

类似地, 二阶导数 $f''(x)$ 的导数称为 $y = f(x)$ 的三阶导数, 记作 $y'''(x), f'''(x)$, 或 $\dfrac{\mathrm{d}^3 y}{\mathrm{d}x^3}$.

一般地, $y = f(x)$ 的 $(n-1)$ 阶导数的导数称为 $y = f(x)$ 的 n 阶导数, 记作 $y^{(n)}$ 或 $\dfrac{\mathrm{d}^n y}{\mathrm{d}x^n}$.

二阶和二阶以上的导数统称为**高阶导数**. 若函数 $y = f(x)$ 的 n 阶导数存在, 则称 $f(x)$ 为 n 阶可导.

例 3.24　设 $y = ax^2 + bx + c, a, b, c$ 为常数, 求 y'''.

解　$y' = 2ax + b, y'' = 2a, y''' = 0$.

例 3.25　求 $y = \mathrm{e}^{ax}(a \neq 0)$ 的 n 阶导数.

解　$y' = a\mathrm{e}^{ax}, y'' = a^2\mathrm{e}^{ax}, y''' = a^3\mathrm{e}^{ax}, \cdots$, 一般地, 可得 $y^{(n)} = (\mathrm{e}^{ax})^{(n)} = a^n\mathrm{e}^{ax}$.

特别地, 当 $a = 1$ 时, 有 $(\mathrm{e}^x)^{(n)} = \mathrm{e}^x$.

例 3.26　求正弦函数的 n 阶导数.

解　$y = \sin x$

$$y' = \cos x = \sin\left(x + \frac{\pi}{2}\right)$$

$$y'' = \cos\left(x + \frac{\pi}{2}\right) = \sin\left(x + \frac{\pi}{2} + \frac{\pi}{2}\right) = \sin\left(x + 2 \cdot \frac{\pi}{2}\right)$$

$$y''' = \cos\left(x + 2 \cdot \frac{\pi}{2}\right) = \sin\left(x + 2 \cdot \frac{\pi}{2} + \frac{\pi}{2}\right) = \sin\left(x + 3 \cdot \frac{\pi}{2}\right)$$

$$\cdots$$

一般地, 可得

$$y^{(n)} = \sin\left(x + n \cdot \frac{\pi}{2}\right)$$

即

$$(\sin x)^{(n)} = \sin\left(x + n \cdot \frac{\pi}{2}\right)$$

类似地可求得

$$(\cos x)^{(n)} = \cos\left(x + n \cdot \frac{\pi}{2}\right)$$

例 3.27　求函数 $y = \ln(1+x)$ 的 n 阶导数.

解　$y' = \dfrac{1}{1+x}, y'' = -\dfrac{1}{(1+x)^2}, y''' = \dfrac{1\cdot 2}{(1+x)^3}, \cdots$.

一般地, 可得 $y^{(n)} = (-1)^{n-1}\dfrac{(n-1)!}{(1+x)^n}$, 即

$$[\ln(1+x)]^{(n)} = (-1)^{n-1}\frac{(n-1)!}{(1+x)^n} \quad (规定\ 0! = 1)$$

§3.4　微　分

一、微分的定义

引例　一块正方形金属薄片受温度变化的影响, 其边长由 x_0 变到 $x_0 + \Delta x$, 如图 3-5 所示, 问此薄片的面积改变了多少?

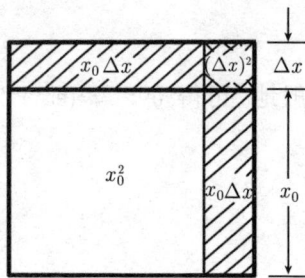

图 3-5

设正方形的面积为 S, 边长为 x, 则有 $S = x^2$, 所以, 面积改变量 ΔS 为

$$\Delta S = (x_0 + \Delta x)^2 - x_0^2 = 2x_0\Delta x + (\Delta x)^2$$

从上式可以看出, ΔS 分成两部分, 第一部分 $2x_0\Delta x$ 是 Δx 的线性函数, 称为 ΔS 的线性主部, 即图 3-5 中带斜线的两部分面积之和, 而第二部分 $(\Delta x)^2$, 当 $\Delta x \to 0$ 时, $(\Delta x)^2$ 是比 Δx 高阶的无穷小, 即 $(\Delta x)^2 = o(\Delta x)$. 因此, 若边长改变很微小, 面积的改变量 ΔS 可以用它的线性主部 $2x_0\Delta x$ 来近似地代替, 即

$$\Delta S \approx 2x_0\Delta x$$

对于一般函数, 若存在上述近似公式, 则无论在理论分析上还是在实际应用中, 都有十分重要的意义.

1. 函数在点 x_0 处的微分

定义 3.2　设函数 $y = f(x)$ 在点 x_0 的某邻域有定义, 当自变量 x 在点 x_0 处取得一个改变量 Δx 时, 若函数的改变量 $\Delta y = f(x_0 + \Delta x) - f(x_0)$ 可表示为

$$\Delta y = A\Delta x + o(\Delta x) \tag{3.29}$$

其中 A 是不依赖于 Δx 的常数, 则称函数 $y = f(x)$ 在点 x_0 可微, 并称 $A\Delta x$ (Δy 的线性主部) 为函数 $y = f(x)$ 在点 x_0 相应于自变量改变量 Δx 的微分, 记作 $\mathrm{d}y|_{x=x_0}$, 即

$$\mathrm{d}y|_{x=x_0} = A\Delta x$$

例如, 在上面的引例中, 由于正方形面积的改变量 $\Delta S = 2x_0\Delta x + (\Delta x)^2$, 所以

$$\mathrm{d}S\,|_{x=x_0} = 2x_0\Delta x$$

假设正方形金属薄片的边长为 1, 受热后变为 1.001, 则面积的改变量 $\Delta S = 0.002001$, 而面积的微分

$$\left.\mathrm{d}S\right|_{\substack{x_0=1 \\ \Delta x=0.001}} = \left.(2x_0\Delta x)\right|_{\substack{x_0=1 \\ \Delta x=0.001}} = 0.002.$$

2. 函数可微的条件

定理 3.5　函数 $f(x)$ 在点 x_0 可微 $\Leftrightarrow$ 函数 $f(x)$ 在点 x_0 可导, 且当 $f(x)$ 在点 x_0 可微时

$$\mathrm{d}y|_{x=x_0} = f'(x_0)\Delta x \tag{3.30}$$

证明　"$\Rightarrow$": 设函数 $y = f(x)$ 在点 x_0 可微, 由微分定义, 有

$$\Delta y = A\Delta x + o(\Delta x)$$

上式两边同除以 $\Delta x(\neq 0)$, 得

$$\frac{\Delta y}{\Delta x} = A + \frac{o(\Delta x)}{\Delta x}$$

当 $\Delta x \to 0$ 时, 上式两边取极限, 就有

$$f'(x_0) = \lim_{\Delta x \to 0} \frac{\Delta y}{\Delta x} = A$$

即 $f(x)$ 在点 x_0 可导, 且 $A = f'(x_0)$.

"⇐"：设 $y = f(x)$ 在点 x_0 可导，即

$$\lim_{\Delta x \to 0} \frac{\Delta y}{\Delta x} = f'(x_0)$$

由定理 2.3，有

$$\frac{\Delta y}{\Delta x} = f'(x_0) + \alpha \quad (\lim_{\Delta x \to 0} \alpha = 0)$$

上式两端同乘以 Δx，得

$$\Delta y = f'(x_0)\Delta x + \alpha \Delta x$$

因为 $\lim_{\Delta x \to 0} \frac{\alpha \Delta x}{\Delta x} = \lim_{\Delta x \to 0} \alpha = 0$，所以 $\alpha \Delta x = o(\Delta x)$，且 $f'(x_0)$ 不依赖于 Δx. 因此，$f(x)$ 在点 x_0 可微，且

$$\mathrm{d}y|_{x=x_0} = f'(x_0)\Delta x$$

例 3.28　求函数 $y = x^3$ 当 $x = 1$ 和 $\Delta x = 0.01$ 时的改变量和微分.

解　$\Delta y = 1.01^3 - 1^3 = 1.030301 - 1 = 0.030301$，$\mathrm{d}y = (x^3)'\big|_{x=1}\Delta x = 3 \cdot 0.01 = 0.03$.

3. 函数的微分

函数 $y = f(x)$ 在任意点 x 处的微分，称为函数的微分，记作 $\mathrm{d}y$ 或 $\mathrm{d}f(x)$，即

$$\mathrm{d}y = f'(x)\Delta x$$

由于自变量 x 的微分 $\mathrm{d}x$ 是改变量 Δx，即 $\mathrm{d}x = \Delta x$. 因此，函数 $y = f(x)$ 的微分常记作

$$\mathrm{d}y = f'(x)\mathrm{d}x \tag{3.31}$$

从而有

$$\frac{\mathrm{d}y}{\mathrm{d}x} = f'(x)$$

可见，函数的微分 $\mathrm{d}y$ 与自变量的微分 $\mathrm{d}x$ 之商 $\dfrac{\mathrm{d}y}{\mathrm{d}x}$ 等于该函数的导数. 因此，导数也称为 "微商".

注　微分 $\mathrm{d}y$ 既与 x 有关，也与 $\mathrm{d}x$ 有关，而 x 与 $\mathrm{d}x$ 是相互独立的两个变量.

例 3.29　求函数 $y = x^3$ 当 $x = 1$ 和 $\Delta x = 0.02$ 时的微分.

解　函数的微分为 $\mathrm{d}y = (x^3)'\Delta x = 3x^2\Delta x$，所以，当 $x = 1$ 和 $\Delta x = 0.02$ 时函数的微分为

$$\mathrm{d}y\bigg|_{\substack{x=1 \\ \Delta x=0.02}} = 3 \times 0.02 = 0.06$$

二、微分的几何意义

设函数 $y = f(x)$ 的图形为图 3-6 中的曲线. 对于某一固定的 x_0 值, 曲线上有一个确定的点 $M_0(x_0, y_0)$, 当自变量 x 有微小改变量 Δx 时, 就得到曲线上另一点 $M(x_0 + \Delta x, y_0 + \Delta y)$. 从图 3-6 可知

$$M_0 N = \Delta x, \quad MN = \Delta y$$

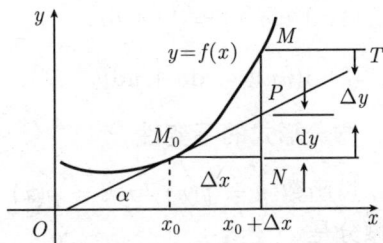

图 3-6

过点 M_0 作曲线的切线 $M_0 T$, 它的倾斜角为 α, 则

$$PN = M_0 N \cdot f'(x_0) = f'(x_0)\Delta x$$

即

$$\mathrm{d}y = PN$$

可见, Δy 是曲线 $y = f(x)$ 上自变量从 x_0 改变到 $x_0 + \Delta x$ 时纵坐标的改变量, 而微分 $\mathrm{d}y$ 就是曲线在 x_0 处的切线当自变量从 x_0 改变到 $x_0 + \Delta x$ 时纵坐标的改变量.

三、微分的基本公式与运算法则

根据微分表达式 $\mathrm{d}y = f'(x)\mathrm{d}x$, 求微分 $\mathrm{d}y$, 只要求出导数 $f'(x)$, 再乘以 $\mathrm{d}x$ 即可. 因此, 利用导数的基本公式与运算法则, 可直接导出微分的基本公式与运算法则.

1. 微分基本公式

(1) $\mathrm{d}C = 0$;

(2) $\mathrm{d}x^\mu = \mu x^{\mu-1}\mathrm{d}x$;

(3) $\mathrm{d}a^x = a^x \ln a \mathrm{d}x$;

(4) $\mathrm{d}\mathrm{e}^x = \mathrm{e}^x \mathrm{d}x$;

(5) $\mathrm{d}\log_a x = \dfrac{1}{x \ln a}\mathrm{d}x$;

(6) $\mathrm{d}\ln x = \dfrac{1}{x}\mathrm{d}x$;

(7) $\mathrm{d}\sin x = \cos x \mathrm{d}x$;

(8) $\mathrm{d}\cos x = -\sin x \mathrm{d}x$;

(9) $\mathrm{d}\tan x = \sec^2 x \mathrm{d}x$;

(10) $\mathrm{d}\cot x = -\csc^2 x \mathrm{d}x$;

(11) $\mathrm{d}\sec x = \sec x \tan x \mathrm{d}x$;

(12) $\mathrm{d}\csc x = -\csc x \cot x \mathrm{d}x$;

(13) $\mathrm{d}\arcsin x = \dfrac{1}{\sqrt{1 - x^2}}\mathrm{d}x$;

(14) $\mathrm{d}\arccos x = -\dfrac{1}{\sqrt{1 - x^2}}\mathrm{d}x$;

(15) $\mathrm{d}\arctan x = \dfrac{1}{1 + x^2}\mathrm{d}x$;

(16) $\mathrm{d}\mathrm{arc}\cot x = -\dfrac{1}{1 + x^2}\mathrm{d}x$.

2. 微分运算法则

设函数 $u = u(x), v = v(x)$ 皆可微, 则有

(1) $d(u + v) = du + dv;$　　　　　(2) $d(u - v) = du - dv;$

(3) $d(uv) = vdu + udv;$　　　　　(4) $d\left(\dfrac{u}{v}\right) = \dfrac{vdu - udv}{v^2}(v \neq 0).$

四、微分形式的不变性

设函数 $y = f(u)$ 与 $u = \varphi(x)$ 分别关于 u 和 x 可导, 则复合函数 $y = f[\varphi(x)]$ 的微分是

$$dy = \{f[\varphi(x)]\}'dx = f'[\varphi(x)]\varphi'(x)dx = f'(u)du$$

由此可见, 无论 u 是自变量还是中间变量, 微分形式总保持不变. 这一性质称为微分形式的不变性. 利用该性质会给求微分带来许多方便.

例 3.30　设 $y = e^{1-3x}$, 求 dy.

解　令 $u = 1 - 3x$, 则 $y = e^u$, 由根据微分形式不变性有

$$dy = de^u = e^u du$$
$$= e^{1-3x}d(1 - 3x) = -3e^{1-3x}dx$$

例 3.31　设 $y = e^{1-3x}\sin 2x$, 求 dy.

解法一　由 $y' = (2\cos 2x - 3\sin 2x)e^{1-3x}$, 可得

$$dy = y'dx = (2\cos 2x - 3\sin 2x)e^{1-3x}dx$$

解法二　由函数积的微分法则可得

$$dy = d(e^{1-3x}\sin 2x)$$
$$= \sin 2xd(e^{1-3x}) + e^{1-3x}d(\sin 2x)$$
$$= \sin 2x(-3e^{1-3x}dx) + e^{1-3x}(2\cos 2xdx)$$
$$= (2\cos 2x - 3\sin 2x)e^{1-3x}dx$$

例 3.32 (参数方程求导法则)　设参数方程为

$$\begin{cases} x = x(t), \\ y = y(t), \end{cases} \quad t \in (\alpha, \beta)$$

其中 $x(t), y(t)$ 关于 t 可导, 且 $x'(t) \neq 0$, 求 $\dfrac{dy}{dx}$.

解　由于 $\mathrm{d}y = y'(t)\mathrm{d}t, \mathrm{d}x = x'(t)\mathrm{d}t, x'(t) \neq 0$，所以

$$\frac{\mathrm{d}y}{\mathrm{d}x} = \frac{y'(t)}{x'(t)}, \quad t \in (\alpha, \beta) \tag{3.32}$$

例 3.33　已知椭圆的参数方程为 $\begin{cases} x = a\cos t, \\ y = b\sin t, \end{cases}$　求椭圆在 $t = \dfrac{\pi}{4}$ 相应的点处的切线方程.

解　当 $t = \dfrac{\pi}{4}$ 时，椭圆上的相应点 M_0 的坐标是

$$x_0 = a\cos\frac{\pi}{4} = \frac{a\sqrt{2}}{2}, \quad y_0 = b\sin\frac{\pi}{4} = \frac{b\sqrt{2}}{2}$$

椭圆在点 M_0 的切线斜率为

$$\left.\frac{\mathrm{d}y}{\mathrm{d}x}\right|_{t=\frac{\pi}{4}} = \left.\frac{(b\sin t)'}{(a\cos t)'}\right|_{t=\frac{\pi}{4}} = \left.\frac{b\cos t}{-a\sin t}\right|_{t=\frac{\pi}{4}} = -\frac{b}{a}$$

所以椭圆在点 M_0 的切线方程为

$$y - \frac{b\sqrt{2}}{2} = -\frac{b}{a}\left(x - \frac{a\sqrt{2}}{2}\right)$$

化简得

$$bx + ay - \sqrt{2}ab = 0$$

五、微分在近似计算中的应用

设函数 $y = f(x)$ 可导，且 $f'(x) \neq 0$，则当 $\Delta x \to 0$ 时，函数的微分 $\mathrm{d}y$ 是函数改变量 Δy 的线性主部. 因此，当 $|\Delta x|$ 很小时，忽略高阶无穷小量，可用 $\mathrm{d}y$ 作为 Δy 的近似值. 所以有近似公式：

(1) $\Delta y = f(x + \Delta x) - f(x) \approx f'(x)\Delta x$; $\tag{3.33}$

(2) $f(x + \Delta x) \approx f(x) + f'(x)\Delta x$. $\tag{3.34}$

例 3.34　一个外直径为 $10\mathrm{cm}$ 的球，球壳厚度为 $\dfrac{1}{16}\mathrm{cm}$，试求球壳体积的近似值.

解　半径为 r 的球体积为

$$V = f(r) = \frac{4}{3}\pi r^3$$

球壳体积为 ΔV，用 $\mathrm{d}V$ 作为其近似值，此时 $r = 5, \mathrm{d}r = \Delta r = -\dfrac{1}{16}$. 于是有

$$\mathrm{d}V = f'(r)\mathrm{d}r = 4\pi r^2 \mathrm{d}r = 4\pi \cdot 5^2 \cdot \left(-\frac{1}{16}\right) \approx -19.63$$

所以, 球壳的体积约为 19.63cm^3.

例 3.35 求 $\sqrt[3]{1.02}$ 的近似值.

解 此问题可看成求函数 $f(x) = \sqrt[3]{x}$ 在点 $x = 1.02$ 处的函数值的近似值问题. 由式 (3.34) 得

$$f(x + \Delta x) \approx \sqrt[3]{x} + \frac{1}{3\sqrt[3]{x^2}}\Delta x$$

令 $x = 1$, $\Delta x = 0.02$, 便有 $\sqrt[3]{1.02} \approx \sqrt[3]{1} + \dfrac{1}{3\sqrt[3]{1^2}} \cdot 0.02 \approx 1.0067$.

§3.5 导数在经济分析中的应用

一、边际分析

在经济问题中, 经常使用变化率的概念, 而变化率又分为平均变化率和瞬时变化率. 平均变化率就是函数改变量与自变量改变量的比. 例如, 我们常用到成本的平均变化率、利润的平均变化率等. 而瞬时变化率就是函数对自变量的导数, 即当自变量该变量趋于零时平均变化率的极限. 边际是与导数密切相关的一个经济学概念, 它的数学描述是: 设 $y = f(x)$ 为一经济函数, 当经济自变量 x 有一个很小的改变量 Δx 时, 因变量的相应改变量为 Δy, 那么当 x 的改变量为一个单位时, 因变量 y 的相应改变量 Δy 称为经济函数 $y = f(x)$ 在区间点 x 的边际.

设 $y = f(x)$ 在 x 可导, 则

$$\Delta y = f(x + \Delta x) - f(x) \approx f'(x)\Delta x$$

当 $\Delta x = 1$ 时, 有

$$\Delta y \approx f'(x)$$

这样, 若函数 $y = f(x)$ 在点 x 可导, 则称 $f'(x)$ 为 $f(x)$ **在点 x 处的边际**, 其经济含义是: **当自变量在 x 处增加一个单位时, 函数 $f(x)$ 改变量的近似值** (在应用问题中我们经常略去 "近似" 二字). 若 $f'(x)$ 为正, 则表明经济函数 $f(x)$ 与其自变量变化的方向相同; 若 $f'(x)$ 为负, 则表明 $f(x)$ 与其自变量变化的方向相反. 其增量的大小 $|f'(x)|$ 则表明 $f(x)$ 随自变量变化的速度, 故边际概念实际上表明了经济函数随自变量变化的方向与速度.

1. 边际成本

设某产品的总成本函数为 $C(Q)$, Q 为产量, 则生产 Q 个单位产品时的边际成本函数 $C'(Q)$ 表示: 当生产 Q 个单位产品后, 再生产一个单位的产品所增加的总成本.

例 3.36 某产品生产 Q 个单位的总成本 C 是 Q 的函数

$$C(Q) = 1100 + \frac{1}{1200}Q^2$$

求: (1) 生产 900 个单位时的总成本和平均单位成本;

(2) 生产 900 到 1000 个单位时总成本的平均变化率;

(3) 生产 900 个单位和 1000 个单位时的边际成本.

解 (1) 生产 900 个单位时的总成本为

$$C(900) = 1100 + \frac{1}{1200}900^2 = 1775$$

平均成本为

$$\overline{C}(900) = \frac{C(900)}{900} = \frac{1775}{900} \approx 1.97$$

(2) 生产 900 到 1000 个单位时总成本的平均变化率为

$$\frac{\Delta C}{\Delta Q} = \frac{C(1000) - C(900)}{1000 - 900} = \frac{1933 - 1775}{100} = 1.58$$

(3) 由于边际成本函数为 $C'(Q) = \frac{Q}{600}$, 所以生产 900 个单位和 1000 个单位时的边际成本分别为

$$C'(900) = 1.5, \quad C'(1000) \approx 1.67$$

2. 边际收益

设某产品的总收入函数为 $R(Q) = PQ$, P 为价格, Q 为销售量. 再设需求函数为 $P = P(Q)$, 则总收益函数为

$$R(Q) = QP(Q)$$

平均收益函数为

$$\overline{R}(Q) = \frac{R(Q)}{Q} = P(Q)$$

边际收益函数为

$$R'(Q) = P(Q) + QP'(Q)$$

上式表示当销售 Q 个单位产品后, 再销售一个单位产品所获得的收益.

3. 边际利润

设某产品的利润函数为 $L(Q)$, 当 $L(Q)$ 可导时, 称 $L'(Q)$ 为销售量为 Q 时的边际利润, 它表示当销售量为 Q 时, 再销售一个单位产品所增加 (或减少) 的利润.

由于总利润为总收益与总成本之差, 即

$$L(Q) = R(Q) - C(Q)$$

所以
$$L'(Q) = R'(Q) - C'(Q)$$

即边际利润为边际收入与边际成本之差.

例 3.37　设某厂每月生产产品的固定成本为 2000(元), 生产 x 单位产品的可变成本为 $0.02x^2 + 20x$(元). 若每单位产品的售价为 60 元, 求: 边际成本和边际利润, 并计算边际利润为零时的产量.

解　总成本函数为
$$C(x) = 0.02x^2 + 20x + 2000$$

所以边际成本函数为
$$C'(x) = 0.04x + 20$$

总收入函数为 $R(x) = 60x$, 故总利润函数为
$$L(x) = R(x) - C(x) = -0.02x^2 + 40x - 2000$$

于是, 边际利润函数为
$$L'(x) = -0.04x + 40 = -0.04(x - 1000)$$

令 $L'(x) = 0$, 得
$$x = 1000$$

可见, 当月产量为 1000 个单位时, 边际利润为零. 这说明当月产量达到 1000 个单位时, 再多生产一个单位也不会增加利润.

二、弹性分析

边际分析中讨论的函数改变量与函数变化率都属于绝对改变量和绝对变化率. 但在实践中还需要研究函数的相对改变量和相对变化率. 例如, 甲商品每单位价格 5 元, 涨价 1 元; 乙商品每单位价格 100 元, 也涨价 1 元, 两种商品价格的绝对改变量都是 1 元, 但与其原价相比, 两者涨价的幅度却有很大的不同, 甲商品涨价幅度为 20%, 而乙商品仅涨了 1%, 它们的涨价对市场销售必然会产生不同的影响.

例 3.38　设函数为 $y = x^2$, 当 x 从 8 增加到 10 时, y 从 64 增加到 100, 即自变量 x 的绝对改变量 $\Delta x = 2$, 函数 y 的绝对改变量 $\Delta y = 36$. 它们各自的增加幅度分别为
$$\frac{\Delta x}{x} = \frac{2}{8} = 25\% \quad \text{和} \quad \frac{\Delta y}{y} = \frac{36}{64} = 56.25\%$$

$\dfrac{\Delta x}{x}$ 与 $\dfrac{\Delta y}{y}$ 分别称为自变量和函数的相对改变量.

引入下式

$$\frac{\Delta y}{y} \Big/ \frac{\Delta x}{x} = \frac{56.25\%}{25\%} = 2.25$$

则上式表示在 $(8, 10)$ 内, 从 $x = 8$ 起, x 每增加 1%, 相应地 y 便增加 2.25%, 上式便为从 $x = 8$ 到 $x = 10$ 时, 函数 $y = x^2$ 的平均相对变化率.

定义 3.3 设函数 $y = f(x)$ 在 x 处可导, 函数的相对改变量 $\dfrac{\Delta y}{y} = \dfrac{f(x + \Delta x) - f(x)}{f(x)}$, 与自变量的相对改变量 $\dfrac{\Delta x}{x}$ 之比 $\dfrac{\Delta y}{y} \Big/ \dfrac{\Delta x}{x}$, 称为函数 $f(x)$ 从 x 到 $x + \Delta x$ 两点间的相对变化率, 或**两点间的弹性**. 当 $\Delta x \to 0$ 时, $\dfrac{\Delta y}{y} \Big/ \dfrac{\Delta x}{x}$ 的极限称为 $f(x)$ 在 x 处的相对变化率, 或**弹性**, 记作 $\dfrac{Ey}{Ex}$, 即

$$\frac{Ey}{Ex} = \lim_{\Delta x \to 0} \frac{\Delta y}{y} \Big/ \frac{\Delta x}{x} = \lim_{\Delta x \to 0} \frac{\Delta y}{\Delta x} \cdot \frac{x}{y} = y' \cdot \frac{x}{y}$$

由于 $\dfrac{Ey}{Ex}$ 也为 x 的函数, 所以也称它为 $f(x)$ 的**弹性函数**.

由定义 3.3 可知, 函数的弹性与变量的计量单位无关, 这就使得弹性概念在经济学中得到广泛的应用, 这是因为经济活动中各种商品的计量单位是不尽相同的, 比较不同商品的弹性时, 可不受计量单位限制.

下面作为弹性分析的应用, 介绍需求对价格的弹性.

假设某商品的市场需求量为 Q, 价格为 P, 需求函数 $Q = Q(P)$ 可导, 则需求对价格的弹性为

$$\frac{EQ}{EP} = Q'(P)\frac{P}{Q}$$

简称**需求弹性**, 又常简记为 ε_P.

需求弹性 ε_P 反映的是当商品价格变动时需求变动的强弱. 由于需求函数 $Q = Q(P)$ 为单调减少函数, 即 ΔP 与 ΔQ 异号, 所以需求弹性 ε_P 一般为负数. 这表明, 当某商品的价格上涨 (或下跌) 1% 时, 其需求量将减少 (或增加) $|\varepsilon_P|\%$. 因此, 比较商品的需求弹性的大小时, 是指弹性的绝对值 $|\varepsilon_P|$. 当我们说某商品的需求价格弹性大时, 是指其绝对值大.

当 $\varepsilon_P = -1$ (即 $|\varepsilon_P| = 1$) 时, 称为单位弹性, 此时商品需求量变动的百分比与价格变动的百分比相等;

当 $\varepsilon_P < -1$(即 $|\varepsilon_P| > 1$) 时, 称为高弹性, 此时商品需求量变动的百分比高于价格变动的百分比, 说明价格的变动对需求量的影响较大;

当 $-1 < \varepsilon_P < 0$ (即 $|\varepsilon_P| < 1$) 时, 称为低弹性, 此时商品需求量变动的百分比低于价格变动的百分比, 说明价格的变动对需求量的影响不大.

在商品经济中, 商品经营者关心的是提价 $(\Delta P > 0)$ 或降价 $(\Delta P < 0)$ 对总收益的影响. 利用需求的价格弹性, 可以得出价格变动如何影响销售收益的结论:

总收益:$R = PQ = Pf(P)$;

边际收益:$R' = f(P) + Pf'(P) = f(P)\left[1 + f'(P)\dfrac{P}{f(P)}\right] = f(P)(1 + \varepsilon_P)$.

讨论 当 $|\varepsilon_P| > 1$ (高弹性) 时, $R'(P) < 0$, $R(P)$ 递减, **即价格上涨, 总收益减少**; **价格下降, 总收益增加**.

当 $|\varepsilon_P| < 1$ (低弹性) 时, $R'(P) > 0$, $R(P)$ 递增, **即价格上涨, 总收益增加**; **价格下降, 总收益减少**.

当 $|\varepsilon_P| = 1$ (单位弹性) 时, $R'(P) = 0$. **此时$R(P)$在P处取最大值**.

例 3.39 设某商品的需求函数为 $Q = 400 - 100P$, 求 $P = 1, 2, 3$ 时的需求价格弹性, 并给以适当的经济解释.

解 由 $\dfrac{\mathrm{d}Q}{\mathrm{d}P} = -100$, 可得

$$\varepsilon_P = \frac{P}{Q}\frac{\mathrm{d}Q}{\mathrm{d}P} = \frac{-100P}{400 - 100P}$$

当 $P = 1$ 时, $|\varepsilon_P| = \dfrac{1}{3} < 1$, 为低弹性, 此时降价使总收益减少, 提价使总收益增加.

当 $P = 2$ 时, $|\varepsilon_P| = 1$, 为单位弹性, 此时提价或降价对总收益没有明显的影响.

当 $P = 3$ 时, $|\varepsilon_P| = 3 > 1$, 为高弹性, 此时降价使总收益增加, 提价使总收益减少.

在经济学中, 除研究需求的价格弹性外, 对供给的价格弹性, 生产量关于资本、劳动力的弹性等, 也可以进行类似的讨论.

习 题 三

1. 将一物体垂直上抛, 物体上升的高度 s 与时间 t 的关系为 $s = 5t - \dfrac{1}{2}gt^2$, 求

(1) 物体在 1 秒到 $1 + \Delta t$ 秒这段时间内的平均速度;

(2) 物体在 1 秒时的瞬时速度;

(3) 何时物体的速度为零.

2. (1) 求圆的面积 S 相对于半径 r 的变化率;

(2) 求圆的面积为 1 时, 面积 S 相对于周长变量 l 的变化率.

3. 利用定义求下列函数的导数:

(1) $y = 1 - 2x^2$, 求 y' .

(2) $y = \dfrac{1}{x^2}$, 求 $y'|_{x=1}$, $y'|_{x=3}$.

(3) $y = \ln x$, 求 y'.

4. 设 $f(x)$ 在点 x_0 处的导数 $f'(x_0)$ 存在, 求下列极限:

(1) $\lim\limits_{\Delta x \to 0} \dfrac{f(x_0 - \Delta x) - f(x_0)}{\Delta x}$;

(2) $\lim\limits_{\Delta x \to 0} \dfrac{f(x_0 + \Delta x) - f(x_0 - \Delta x)}{\Delta x}$;

(3) $\lim\limits_{h \to 0} \dfrac{f(x_0 + 3h) - f(x_0 + h)}{h}$.

5. 设函数 $f(x)$ 在 $x = 0$ 处可导, 且 $f(0) = 0$, 求

(1) $\lim\limits_{x \to 0} \dfrac{f(x)}{x}$;
(2) $\lim\limits_{x \to 0} \dfrac{f(tx)}{x}$ $(t \neq 0)$;

(3) $\lim\limits_{x \to 0} \dfrac{f(tx)}{t} (t \neq 0)$;
(4) $\lim\limits_{x \to 0} \dfrac{f(tx) - f(-tx)}{x}$.

6. 求曲线 $y = \cos x$ 上点 $\left(\dfrac{\pi}{3}, \dfrac{1}{2} \right)$ 处的切线方程和法线方程.

7. 当 x 取何值时, 曲线 $y = x^2$ 与 $y = x^3$ 的切线平行.

8. 讨论下列函数在 $x = 0$ 处的连续性与可导性:

(1) $y = |\sin x|$;
(2) $y = \begin{cases} x^2 \sin \dfrac{1}{x}, & x \neq 0, \\ 0, & x = 0. \end{cases}$

9. 设函数 $y = \begin{cases} x^2, & x \leqslant 1, \\ ax + b, & x > 1, \end{cases}$ 问 a, b 为何值时, $f(x)$ 在 $x = 1$ 处可导?

10. 设 $f(x)$ 在 $x = 0$ 连续, $\lim\limits_{x \to 0} \dfrac{f(x) - 1}{x} = -1$, 求 $f(0)$, 并问 $f(x)$ 在 $x = 0$ 是否可导?

11. 求下列函数的导数:

(1) $y = 5x^3 + 2^x - 3e^x$;
(2) $y = 2\tan x + \sec x - 1$;

(3) $y = \sin x \cdot \cos x$;
(4) $y = \dfrac{\ln x}{x} + \ln 3$;

(5) $y = x^2 \ln x \cos x$;
(6) $y = \dfrac{1 + \sin x}{1 + \cos x}$;

(7) $y = x \sec x + \tan x$;
(8) $y = x\operatorname{arccot}x$;

(9) $y = \dfrac{1}{\sqrt{\pi}}(1 - 2x^3) + \sin \dfrac{\pi}{5}$;
(10) $y = \dfrac{1}{\operatorname{arccot}x}$;

(11) $y = \arcsin x + \arccos x$;
(12) $y = 3^x \operatorname{arccot}x - 3\sqrt[3]{x^2}$.

12. 求下列函数在给定点处的导数:

(1) $y = \sin x - \cos x$, 求 $y'\left(\dfrac{\pi}{6} \right)$.
(2) $\rho = \theta \sin \theta + \dfrac{1}{2}\cos \theta$, 求 $\left. \dfrac{d\rho}{d\theta} \right|_{\theta = \frac{\pi}{4}}$.

13. 求下列函数的导数:

(1) $y = (x - 2\sqrt{x})^4$;
(2) $y = xe^{-2x}$;

(3) $y = \arctan \dfrac{x+1}{x-1}$;

(4) $y = \ln(2^{-x} + 3^{-x} + 4^{-x})$;

(5) $y = (\sin\sqrt{1-2x})^2$;

(6) $y = \ln(x + \sqrt{x^2 + a^2})\,(a \neq 0)$;

(7) $y = \ln\ln\ln x$;

(8) $y = \ln\dfrac{1+x}{1-x}$;

(9) $y = \sec^2(\mathrm{e}^{1+x^2})$;

(10) $y = \ln\left(\operatorname{arccot}\dfrac{1}{1+x}\right)$;

(11) $y = \left(1 - \dfrac{1}{2x}\right)^x$;

(12) $y = 2^{\sqrt{x+1}} - \ln|\sin x|$.

14. 证明下列命题

(1) 若 $f(x)$ 是可导的奇函数, 则 $f'(x)$ 是偶函数;

(2) 若 $f(x)$ 是可导的偶函数, 则 $f'(x)$ 是奇函数;

(3) 若 $f(x)$ 是可导的周期函数, 则 $f'(x)$ 仍是周期函数.

15. 利用对数求导法求下列函数的导数:

(1) $y = \sqrt{\dfrac{x-1}{x(x+3)}}$;

(2) $y = \dfrac{(2x+3)^4\sqrt{x-6}}{\sqrt[3]{x+1}}$;

(3) $y = (\sin x)^{\cos x}$;

(4) $y = x^{\sqrt{x}}$.

16. 求由下列方程所确定的隐函数的导数:

(1) $x^3 + y^3 - 3axy = 0$;　(2) $xy = \mathrm{e}^{x+y}$;　(3) $y = 1 - x\mathrm{e}^y$.

17. 求曲线 $xy + \ln y = 1$ 在点 $(1,1)$ 处的切线方程.

18. 求下列函数的二阶导数:

(1) $y = \ln(1-x^2)$;

(2) $y = x\mathrm{e}^{x^2}$;

(3) $y = (1+x^2)\arctan x$;

(4) $y = \dfrac{\mathrm{e}^x}{x}$.

19. 已知 $xy - \sin(\pi y^2) = 0$, 求 $y'|_{(0,-1)}$, $y''|_{(0,-1)}$.

20. 求由下列方程所确定的隐函数的二阶导数:

(1) $y = \sin(x+y)$;

(2) $\mathrm{e}^y + xy = \mathrm{e}$.

21. 求下列函数的 n 阶导数:

(1) $y = x\ln x$;　　(2) $y = x\mathrm{e}^x$;　　(3) $y = \sin^2 x$.

22. 已知 $y = x^3 - x$, 计算在 $x=2$ 处当 Δx 分别等于 $1, 0.1, 0.001$ 时的 Δy 及 $\mathrm{d}y$.

23. 求下列函数的微分:

(1) $y = \dfrac{1}{x} + 2\sqrt{x}$;

(2) $y = \ln^2(1-x)$;

(3) $y = x^2\mathrm{e}^{2x}$;

(4) $y = \arctan\dfrac{1-x^2}{1+x^2}$.

24. 求由下列方程所确定的隐函数 $y = y(x)$ 的微分 $\mathrm{d}y$.

(1) $y = 1 + x\mathrm{e}^y$;　(2) $\dfrac{x^2}{a^2} + \dfrac{y^2}{b^2} = 1$;　(3) $y^2 = x + \arccos y$.

25. 求下列由参数方程所确定的函数的一阶导数 $\dfrac{\mathrm{d}y}{\mathrm{d}x}$ 及二阶导数 $\dfrac{\mathrm{d}^2y}{\mathrm{d}x^2}$.

$$(1)\ \begin{cases} x = a\cos^3\theta, \\ y = a\sin^3\theta; \end{cases} \qquad (2)\ \begin{cases} x = \ln\sqrt{1+t^2}, \\ y = \arctan t. \end{cases}$$

26. 利用微分求下列各数的近似值:

(1) $\cos 29^\circ$;　　　　　　　(2) $\ln 0.998$;　　　　　　　(3) $\arcsin 0.5002$.

27. 正立方体的棱长为 10 米, 如果棱长增加 0.1 米, 求此正方体体积增加的精确值与近似值.

28. 设某产品的总成本函数和总收益函数分别为 $C(x) = 3 + 2\sqrt{x}$ 和 $R(x) = \dfrac{5x}{x+1}$, 其中 x 为该产品的销售量, 求该产品的边际成本、边际收益和边际利润.

29. 设某产品的需求函数和总成本函数分别为 $P(x) = 80 - 0.1x$ 和 $C(x) = 5000 + 20x$, 其中 x 为销售量, P 为价格, 求边际利润函数, 并计算 $x = 150$ 和 $x = 400$ 时的边际利润, 解释所得结果的经济意义.

30. 指出下列需求关系中, 价格 P 取何值时, 需求是高弹性或低弹性的:

(1) $Q = 100(2 - \sqrt{P})$;　　　　　　　(2) $P = \sqrt{a - bQ}$ $(a, b > 0)$.

31. 求下列函数的弹性 (其中 k, α 为常数):

(1) $y = kx^\alpha$;　　　　　　　(2) $y = \mathrm{e}^{kx}$;　　　　　　　(3) $y = 10\sqrt{9 - x}$.

第四章 微分中值定理与导数的应用

利用导数研究函数性质是微分学的主要内容, 微分中值定理是微分学的基本定理, 它是研究函数性质一个有力的工具, 本章首先讨论微分中值定理, 然后应用微分中值定理研究函数性质和状态.

§4.1 微分中值定理

一、罗尔定理

设连续的曲线弧 $\overset{\frown}{AB}$ 是函数 $f(x)(x \in [a,b])$ 的图形, 除端点外处处有不垂直 x 轴的切线, 且两个端点的纵坐标相等. 可以发现在曲线弧的最高点或最低点 C 处, 曲线有水平切线 (图 4-1). 若点 C 对应的自变量为 ξ, 即有 $f'(\xi) = 0$. 这就是罗尔 (Rolle) 定理所反映的几何现象.

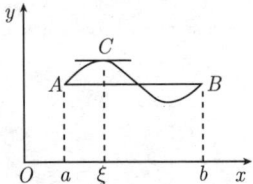

图 4-1

定理 4.1 (罗尔定理) 若函数 $f(x)$ 满足:

(1) 在闭区间 $[a,b]$ 上连续,

(2) 在开区间 (a,b) 内可导,

(3) $f(a) = f(b)$,

则至少存在一点 $\xi \in (a,b)$, 使得 $f'(\xi) = 0$.

证明 因为 $f(x)$ 在闭区间 $[a,b]$ 上连续, 所以 $f(x)$ 在 $[a,b]$ 上必取得最大值 M 和最小值 m. 这样, 只有两种可能:

(1) $M = m$. 这时 $f(x)$ 在闭区间 $[a,b]$ 上为常函数, 所以对于任意的 $x \in (a,b)$, 有 $f'(x) = 0$. 因此, 任取 $\xi \in (a,b)$, 有 $f'(\xi) = 0$.

(2) $M > m$. 因为 $f(a) = f(b)$, 所以 M 和 m 这两个数中至少有一个不等于 $f(a)$, 不妨设 $M \neq f(a)$(若设 $m \neq f(a)$, 证法完全类似), 则至少存在一点 $\xi \in (a,b)$, 使 $f(\xi) = M$.

因为 $f'_-(\xi) = \lim\limits_{\triangle x \to 0^-} \dfrac{f(\xi + \triangle x) - f(\xi)}{\triangle x} \geqslant 0$,

$$f'_+(\xi) = \lim\limits_{\triangle x \to 0^+} \dfrac{f(\xi + \triangle x) - f(\xi)}{\triangle x} \leqslant 0$$

所以, $0 \leqslant f'_-(\xi) = f'(\xi) = f'_+(\xi) \leqslant 0$. 因此, $f'(\xi) = 0$.

注 1 定理的三个条件如果有一条不满足, 定理的结论就可能不成立. 我们可对以下三个函数进行在给定区间进行讨论.

(1) $f(x) = x,\ x \in [0, 1]$;

(2) $f(x) = |x|,\ x \in [-1, 1]$;

(3) $f(x) = \begin{cases} 1, & x = 0, \\ x, & 0 < x \leqslant 1, \end{cases} \quad x \in [0, 1].$

注 2 定理的三个条件是充分的, 而非必要的, 即如果定理的三个条件满足, 则定理的结论必定成立, 如果定理的三个条件不完全满足, 则定理的结论也可能成立.

例如, $f(x) = \begin{cases} \sin x, & x \in [0, \pi), \\ 1, & x = \pi \end{cases}$ 在 $[0, \pi]$ 中 $x = \pi$ 处不连续, 但 $f'\left(\dfrac{\pi}{2}\right) = 0$.

二、拉格朗日中值定理

设连续的曲线弧 $\overset{\frown}{AB}$ 是函数 $f(x)(x \in [a, b])$ 的图形, 除端点外处处有不垂直 x 轴的切线, 但两个端点的纵坐标不一定相等, 则在这弧上至少存在一点 C, 使曲线在 C 点处的切线平行于弦 AB(图 4-2). 若点 C 对应的自变量为 ξ, 而弦 AB 的斜率为 $\dfrac{f(b) - f(a)}{b - a}$, 则有 $f'(\xi) = \dfrac{f(b) - f(a)}{b - a}$.

定理 4.2 (拉格朗日 (Lagrange) 中值定理)
若函数 $f(x)$ 满足:

(1) 在闭区间 $[a, b]$ 上连续,

(2) 在开区间 (a, b) 内可导,

则至少存在一点 $\xi \in (a, b)$, 使得

$$f'(\xi) = \frac{f(b) - f(a)}{b - a}$$

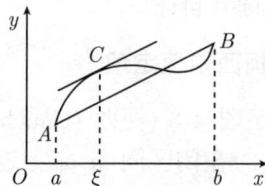

图 4-2

或 $f(b) - f(a) = f'(\xi)(b - a)$.

证明 构造辅助函数

$$F(x) = f(x) - f(a) - \frac{f(b) - f(a)}{b - a}(x - a)$$

则 $F(x)$ 在闭区间 $[a, b]$ 上连续, 在开区间 (a, b) 内可导, 且有 $F(a) = F(b) = 0$, 即 $F(x)$ 满足罗尔定理的条件. 所以, 至少存在一点 $\xi \in (a, b)$, 使 $F'(\xi) = 0$, 即

$$f'(\xi) - \frac{f(b) - f(a)}{b - a} = 0$$

由此得

$$f'(\xi) = \frac{f(b) - f(a)}{b - a}$$

即

$$f(b) - f(a) = f'(\xi)(b - a)$$

若设 $x, x + \Delta x$ 为区间 $[a,b]$ 上两点 ($\Delta x > 0$ 或 $\Delta x < 0$), 则

$$f(x + \Delta x) - f(x) = f'(x + \theta \Delta x) \cdot \Delta x \quad (0 < \theta < 1)$$

不难看出: 罗尔定理是拉格朗日中值定理当 $f(a) = f(b)$ 时的特殊情形.

推论 1　若函数 $f(x)$ 在区间 (a,b) 上的导数恒为零, 则 $f(x)$ 在区间 (a,b) 上是一个常数.

证明　任取 $x_1, x_2 \in (a,b)$, 且 $x_1 < x_2$, 则 $f(x)$ 在区间 (x_1, x_2) 上满足拉格朗日中值定理的条件, 便有

$$f(x_2) - f(x_1) = f'(\xi)(x_2 - x_1) \quad (x_1 < \xi < x_2)$$

因为 $f'(\xi) = 0$, 所以 $f(x_2) - f(x_1) = 0$, 即 $f(x_2) = f(x_1)$. 由 x_1, x_2 的任意性便知, $f(x)$ 在区间 (a,b) 上是一个常数.

推论 2　若函数 $f(x)$ 与 $g(x)$ 在区间 (a,b) 上的导数恒相等, 则 $f(x) \equiv g(x) + C$, 其中 C 为某常数.

(读者自证)

三、柯西中值定理

定理 4.3 (柯西 (Cauchy) 中值定理)　如果函数 $f(x)$ 及 $g(x)$ 满足:

(1) 在闭区间 $[a,b]$ 上连续,

(2) 在开区间 (a,b) 内可导,

(3) 对任一 $x \in (a,b), g'(x) \neq 0$,

则至少存在一点 $\xi \in (a,b)$, 使得

$$\frac{f(b) - f(a)}{g(b) - g(a)} = \frac{f'(\xi)}{g'(\xi)}$$

证明 *　因为 $g(x)$ 在 $[a,b]$ 上满足拉格朗日定理的条件, 所以, 有

$$g(b) - g(a) = g'(\eta)(b - a) \quad (a < \eta < b)$$

由假定 $g'(x) \neq 0$, 有 $g'(\eta) \neq 0$, 又 $b - a \neq 0$, 所以 $g(b) - g(a) \neq 0$.

构造辅助函数

$$\varphi(x) = f(x) - f(a) - \frac{f(b) - f(a)}{g(b) - g(a)}[g(x) - g(a)]$$

则 $\varphi(x)$ 在闭区间 $[a,b]$ 上连续, 在开区间 (a,b) 内可导, 并且 $\varphi(a) = \varphi(b) = 0$. 根据罗尔定理, 至少存在一点 $\xi \in (a,b)$, 使 $\varphi'(\xi) = 0$, 而

$$\varphi'(x) = f'(x) - \frac{f(b) - f(a)}{g(b) - g(a)}g'(x)$$

所以

$$f'(\xi) - \frac{f(b) - f(a)}{g(b) - g(a)}g'(\xi) = 0$$

即

$$\frac{f(b) - f(a)}{g(b) - g(a)} = \frac{f'(\xi)}{g'(\xi)}$$

若取 $g(x) = x$, 则 $g(b) - g(a) = b - a, g'(x) = 1$, 此时柯西中值定理的结论就变为

$$f(b) - f(a) = f'(\xi)(b - a) \quad (a < \xi < b)$$

这是拉格朗日中值定理的结论. 所以, 柯西中值定理是拉格朗日中值定理的推广.

例 4.1 不用求出函数 $f(x) = (x-1)(x-2)(x-3)(x-4)$ 的导数, 说明方程 $f'(x) = 0$ 有几个实根?

解 在 $[1,2], [2,3], [3,4]$ 这三个区间上, $f(x)$ 皆满足罗尔定理的条件, 故在每个区间内, 都至少存在一点 ξ, 使得 $f'(\xi) = 0$, 即 $f'(x) = 0$ 至少存在一个实根, 说明 $f'(x) = 0$ 至少存在三个实根, 且在 $(1,2), (2,3), (3,4)$ 中的每个区间内都有实根.

另外, 由于 $f(x)$ 是四次多项式, 故知 $f'(x)$ 是三次多项式, 根据代数基本定理, 方程 $f'(x) = 0$ 至多有三个实根.

所以, 方程 $f'(x) = 0$ 只能有三个实根, 分别位于 $(1,2), (2,3), (3,4)$ 这三个区间内.

例 4.2 证明不等式

$$\frac{x}{1+x} < \ln(1+x) < x \quad (x > 0)$$

证明 设 $f(t) = \ln t$, 则对任意 $x > 0$, $f(t)$ 在 $[1, 1+x]$ 上连续, 在 $(1, 1+x)$ 内可导. 根据拉格朗日中值定理, 有

$$\frac{f(1+x) - f(1)}{(1+x) - 1} = f'(\xi), \quad 1 < \xi < 1 + x$$

而

$$\frac{1}{1+x} < \frac{\ln(1+x) - 0}{x} = \frac{1}{\xi} < \frac{1}{1}$$

则对于 $x > 0$, 有

$$\frac{x}{1+x} < \ln(1+x) < x$$

§4.2　洛必达法则

若当 $x \to a(a$ 可以是 $a^-, a^+, \infty, +\infty, -\infty)$ 时, 两个函数 $f(x)$ 与 $g(x)$ 都趋于零或都趋于无穷大, 则极限 $\lim\limits_{x \to a} \dfrac{f(x)}{g(x)}$ 可能存在, 也可能不存在. 通常把这种极限称为未定式, 并分别简记为 $\dfrac{0}{0}$ 或 $\dfrac{\infty}{\infty}$. 对于这类未定式不能使用 "商的极限等于极限的商" 这一法则. 如何计算这种未定式的极限呢? 本节介绍解决这类极限的一个重要方法 —— 洛必达法则.

定理 4.4　设函数 $f(x)$ 与 $g(x)$ 满足条件:

(1) $\lim\limits_{x \to a} f(x) = \lim\limits_{x \to a} g(x) = 0$,

(2) 在点 a 的某个去心邻域内可导, 且 $g'(x) \neq 0$,

(3) $\lim\limits_{x \to a} \dfrac{f'(x)}{g'(x)} = A$ (或 ∞),

则 $\lim\limits_{x \to a} \dfrac{f(x)}{g(x)} = \lim\limits_{x \to a} \dfrac{f'(x)}{g'(x)} = A$(或 ∞).

证明　对函数 $f(x)$ 与 $g(x)$ 在点 $x = a$ 处补充定义

$$f(a) = g(a) = 0$$

则 $f(x)$ 与 $g(x)$ 在点 a 某邻域内连续.

设 x 为邻域内的任意一点, 则在以 x 及 a 为端点的区间上, 柯西中值定理的条件均满足, 因此, 有

$$\frac{f(x)}{g(x)} = \frac{f(x) - f(a)}{g(x) - g(a)} = \frac{f'(\xi)}{g'(\xi)} \quad (\xi 在 x 与 a 之间)$$

令 $x \to a$, 对上式两端求极限, 则有

$$\lim_{x \to a} \frac{f(x)}{g(x)} = \lim_{x \to a} \frac{f'(\xi)}{g'(\xi)} = A \quad (或 \infty)$$

注 1　当 $x \to a$ 时, 有 $\xi \to a$.

注 2　定理中 $x \to a$ 改为 $x \to a^-, a^+, \infty, +\infty, -\infty$ 时, 定理 4.4 结论同样成立.

在求极限 $\lim\limits_{x \to a} \dfrac{f(x)}{g(x)}$ 时, 若 $f(x)$ 与 $g(x)$ 满足定理 4.4 的条件, 则可以把分子和分母先求导再求极限, 这种求极限的方法称为洛必达法则.

例 4.3　求 $\lim\limits_{x \to 0} \dfrac{\sin ax}{\sin bx}(b \neq 0)$.

解 $\lim\limits_{x \to 0} \dfrac{\sin ax}{\sin bx} = \lim\limits_{x \to 0} \dfrac{a\cos ax}{b\cos bx} = \dfrac{a}{b}$.

若 $\lim\limits_{x \to a} \dfrac{f'(x)}{g'(x)}$ 仍为 $\dfrac{0}{0}$ 型未定式, 且 $f'(x)$ 和 $g'(x)$ 满足定理的条件, 则可以再次使用洛必达法则, 所以, 洛必达法则可以使用多次.

例 4.4 求 $\lim\limits_{x \to 1} \dfrac{x^3 - 3x + 2}{x^3 - x^2 - x + 1}$.

解 $\lim\limits_{x \to 1} \dfrac{x^3 - 3x + 2}{x^3 - x^2 - x + 1} = \lim\limits_{x \to 1} \dfrac{3x^2 - 3}{3x^2 - 2x - 1} = \lim\limits_{x \to 1} \dfrac{6x}{6x - 2} = \dfrac{3}{2}$.

为了简化求极限的过程, 应注意洛必达法则与其他求极限的方法结合使用.

例 4.5 求 $\lim\limits_{x \to 0} \dfrac{\tan x - x}{x^2 \sin x}$.

解 若直接使用洛必达法则, 则分母的导数式子繁杂. 若利用等价无穷小替换, 则简化计算.

$$\lim_{x \to 0} \frac{\tan x - x}{x^2 \sin x} = \lim_{x \to 0} \left(\frac{\tan x - x}{x^3} \cdot \frac{x}{\sin x} \right) = \lim_{x \to 0} \frac{\tan x - x}{x^3}$$

$$= \lim_{x \to 0} \frac{\sec^2 x - 1}{3x^2} = \lim_{x \to 0} \frac{\tan^2 x}{3x^2} = \frac{1}{3}$$

常用的等价无穷小替换有 $(x \to 0$ 时$)$:

(1) $\begin{cases} \sin x \sim x, \\ \sin kx \sim kx \end{cases} (k \neq 0)$;　　　(2) $\begin{cases} \arcsin x \sim x, \\ \arcsin kx \sim kx \end{cases} (k \neq 0), \ln(1+x) \sim x$;

(3) $\begin{cases} \tan x \sim x, \\ \tan kx \sim kx \end{cases} (k \neq 0)$;　　　(4) $\begin{cases} \arctan x \sim x, \\ \arctan kx \sim kx \end{cases} (k \neq 0)$;

(5) $\begin{cases} 1 - \cos x \sim \dfrac{1}{2}x^2, \\ 1 - \cos kx \sim \dfrac{1}{2}(kx)^2 \end{cases} (k \neq 0)$;

(6) $\ln(1 + x) \sim x$;

(7) $a^x - 1 \sim x\ln a (0 < a \neq 1)$;

(8) $(1 + x)^\alpha - 1 \sim \alpha x (\alpha$ 为常数$)$.

定理 4.5 设函数 $f(x)$ 与 $g(x)$ 满足条件:

(1) $\lim\limits_{x \to a} f(x) = \lim\limits_{x \to a} g(x) = \infty$,

(2) 在点 a 的某个去心邻域内可导, 且 $g'(x) \neq 0$,

(3) $\lim\limits_{x \to \infty} \dfrac{f'(x)}{g'(x)} = A$ (或 ∞),

则必有 $\lim\limits_{x \to a} \dfrac{f(x)}{g(x)} = \lim\limits_{x \to a} \dfrac{f'(x)}{g'(x)} = A$ (或 ∞).

例 4.6　求 $\lim\limits_{x\to+\infty}\dfrac{x^n}{\mathrm{e}^{\lambda x}}(n$ 为正整数 $,\lambda>0)$.

解　将洛必达法则应用 n 次, 得

$$\lim_{x\to+\infty}\frac{x^n}{\mathrm{e}^{\lambda x}}=\lim_{x\to+\infty}\frac{nx^{n-1}}{\lambda \mathrm{e}^{\lambda x}}=\cdots=\lim_{x\to+\infty}\frac{n!}{\lambda^n\mathrm{e}^{\lambda x}}=0$$

若例 4.6 中的 n 不是正整数而是任意正数, 则极限仍为零.

例 4.7　求 $\lim\limits_{x\to 0}\dfrac{\mathrm{e}^{-\frac{1}{x^2}}}{x^{100}}$.

解　这是 $\dfrac{0}{0}$ 型未定式, 若直接使用洛必达法则, 则会越求越烦琐. 因此, 作一个代换: 令 $t=\dfrac{1}{x^2}$, 则当 $x\to 0$ 时, $t\to+\infty$. 所以

$$\lim_{x\to 0}\frac{\mathrm{e}^{-\frac{1}{x^2}}}{x^{100}}=\lim_{x\to 0}t^{50}\mathrm{e}^{-t}=\lim_{x\to+\infty}\frac{t^{50}}{\mathrm{e}^t}=\lim_{x\to+\infty}\frac{50t^{49}}{\mathrm{e}^t}=\cdots=\lim_{x\to+\infty}\frac{50!}{\mathrm{e}^t}=0$$

其他尚有一些 $0\cdot\infty$, $\infty-\infty$, 1^∞, ∞^0, 0^0 型的未定式, 可以先通过适当变换化为 $\dfrac{0}{0}$ 或 $\dfrac{\infty}{\infty}$ 型未定式, 然后再使用洛必达法则进行计算.

例 4.8　求 $\lim\limits_{x\to 0^+}x^n\ln x(n>0)(0\cdot\infty$ 型).

解　由于 $x^n\ln x=\dfrac{\ln x}{x^{-n}}$, 而当 $x\to 0^+$ 时, 该式右端是 $\dfrac{\infty}{\infty}$ 型, 应用洛必达法则, 得

$$\lim_{x\to 0^+}x^n\ln x=\lim_{x\to 0^+}\frac{\ln x}{x^{-n}}=\lim_{x\to 0^+}\frac{\frac{1}{x}}{-nx^{-n-1}}=\lim_{x\to 0^+}\left(\frac{-x^n}{n}\right)=0$$

例 4.9　求 $\lim\limits_{x\to 0^+}\left(\cot x-\dfrac{1}{x}\right)(\infty-\infty$ 型).

解　先通分, 化为 $\dfrac{0}{0}$ 型, 然后再应用洛必达法则.

$$\lim_{x\to 0^+}\left(\cot x-\frac{1}{x}\right)=\lim_{x\to 0^+}\left(\frac{\cos x}{\sin x}-\frac{1}{x}\right)=\lim_{x\to 0^+}\left(\frac{x\cos x-\sin x}{x\sin x}\right)$$

$$=\lim_{x\to 0^+}\left(\frac{x\cos x-\sin x}{x^2}\right)=\lim_{x\to 0^+}\frac{\cos x-x\sin x-\cos x}{2x}$$

$$=\lim_{x\to 0^+}\frac{x\sin x}{2x}=\frac{1}{2}\lim_{x\to 0^+}\sin x=0$$

应用洛必达法则也有技巧, 一是对分子、分母分别求导后的式子及时整理, 二是对某些易求极限的因式及时分离出来取极限, 三是尽可能利用两个重要的极限和等价无穷小的替换.

例 4.10　求 $\lim\limits_{x\to 1}x^{\frac{1}{x-1}}(1^\infty$ 型).

解 由于 $x^{\frac{1}{x-1}} = \mathrm{e}^{\frac{1}{x-1}\ln x} = \mathrm{e}^{\frac{\ln x}{x-1}}$, 而 $\lim\limits_{x\to 1}\dfrac{\ln x}{x-1} = \lim\limits_{x\to 1}\dfrac{1}{x} = 1$, 所以, $\lim\limits_{x\to 1} x^{\frac{1}{x-1}} = \mathrm{e}$.

例 4.11 求 $\lim\limits_{x\to 0^+}(\cot x)^x$ (∞^0 型).

解 由于 $(\cot x)^x = \mathrm{e}^{x\ln\cot x}$, 而

$$\lim_{x\to 0^+} x\ln\cot x = \lim_{x\to 0^+}\frac{\ln\cot x}{\dfrac{1}{x}}$$

$$= \lim_{x\to 0^+}\frac{-\dfrac{1}{\cot x}\csc^2 x}{-\dfrac{1}{x^2}} = \lim_{x\to 0^+}\frac{x^2}{\sin x\cos x} = 0$$

所以, $\lim\limits_{x\to 0^+}(\cot x)^x = 1$.

例 4.12 求 $\lim\limits_{x\to 0^+}(\sin x)^x$ (0^0 型).

解 由于 $(\sin x)^x = \mathrm{e}^{x\ln\sin x}$, 而

$$\lim_{x\to 0^+} x\ln\sin x = \lim_{x\to 0^+}\frac{\ln\sin x}{\dfrac{1}{x}} = \lim_{x\to 0^+}-\frac{x^2\cos x}{\sin x} = 0$$

所以, $\lim\limits_{x\to 0^+}(\sin x)^x = 1$.

洛必达法则是一种非常有效的求未定式极限的方法. 当定理的条件满足时, 所求的极限当然存在 (或为 ∞), 但当定理的条件不满足时, 所求的极限却不一定不存在 (∞ 除外). 例如,

$$\lim_{x\to\infty}\frac{x+\sin x}{x}$$

这是未定式 $\dfrac{\infty}{\infty}$ 型, 但使用洛必达法则得到 $\lim\limits_{x\to\infty}(1+\cos x)$, 极限不存在, 这是因为定理的条件 (3) 不满足, 但 $\lim\limits_{x\to\infty}\dfrac{x+\sin x}{x}$ 的极限是存在的. 事实上

$$\lim_{x\to\infty}\frac{x+\sin x}{x} = \lim_{x\to\infty}\left(1+\frac{1}{x}\cdot\sin x\right) = 1$$

又如, $\lim\limits_{x\to+\infty}\dfrac{\mathrm{e}^x+\mathrm{e}^{-x}}{\mathrm{e}^x-\mathrm{e}^{-x}}$ $\left(\dfrac{\infty}{\infty}型\right)$, 使用洛必达法则变为 $\lim\limits_{x\to+\infty}\dfrac{\mathrm{e}^x-\mathrm{e}^{-x}}{\mathrm{e}^x+\mathrm{e}^{-x}}$, 再使用洛必达法则又变回原式, 出现循环. 其实只要分子分母同除以 e^x 便可得

$$\lim_{x\to+\infty}\frac{\mathrm{e}^x+\mathrm{e}^{-x}}{\mathrm{e}^x-\mathrm{e}^{-x}} = \lim_{x\to+\infty}\frac{1+\mathrm{e}^{-2x}}{1-\mathrm{e}^{-2x}} = 1$$

洛必达法则尽管有上面所说的局限性, 但对大多数求不定式极限的题目而言, 它的条件都可得到满足, 而且可迅速得到结果. 因此, 洛必达法则是计算不定式极限值的一个非常重要的方法.

§4.3　函数的单调性与极值

一、函数的单调性的判定法

若函数 $y = f(x)$ 在 $[a,b]$ 上单调增加 (或单调减少), 则它的图像是一条沿 x 轴正向上升 (或下降) 的曲线, 如图 4-3 所示. 这时, 曲线上各点处的切线斜率是非负的 (或非正的), 即 $f'(x) \geqslant 0$ (或 $f'(x) \leqslant 0$). 由此可见, 函数的单调性与导数的符号有着密切的关系.

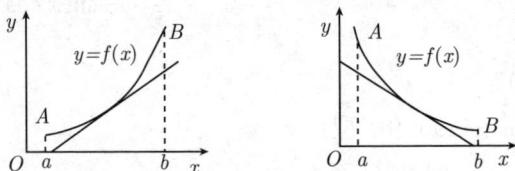

(a) 曲线上升时切线斜率非负　　　(b) 曲线下降时切线斜率非正

图 4-3

定理 4.6　设函数 $y = f(x)$ 在 $[a,b]$ 上连续, 在 (a,b) 上可导.

(1) 若在 (a,b) 内 $f'(x) > 0$, 则函数 $y = f(x)$ 在 $[a,b]$ 上单调增加;

(2) 若在 (a,b) 内 $f'(x) < 0$, 则函数 $y = f(x)$ 在 $[a,b]$ 上单调减少.

证明　在 $[a,b]$ 上任取两点 $x_1, x_2(x_1 < x_2)$, 则 $f(x)$ 在 $[x_1, x_2]$ 上满足拉格朗日中值定理的条件, 于是有

$$f(x_2) - f(x_1) = f'(\xi)(x_2 - x_1) \quad (x_1 < \xi < x_2)$$

(1) 若在 (a,b) 内 $f'(x) > 0$, 则 $f'(\xi) > 0$. 于是

$$f(x_2) - f(x_1) = f'(\xi)(x_2 - x_1) > 0$$

即当 $x_1 < x_2$ 时, $f(x_1) < f(x_2)$. 由 x_1, x_2 的任意性知道, 当 $f'(x) > 0$ 时, 函数 $y = f(x)$ 在 $[a,b]$ 上单调增加.

(2) 若在 (a,b) 内 $f'(x) < 0$, 则 $f'(\xi) < 0$. 于是

$$f(x_2) - f(x_1) = f'(\xi)(x_2 - x_1) < 0$$

即当 $x_1 < x_2$ 时, $f(x_1) > f(x_2)$, 亦即函数 $y = f(x)$ 在 $[a,b]$ 上单调减少.

若把这个判定法中的闭区间换成各种区间 (包括无穷区间), 则结论也成立.

注　函数在某个区间上单调增加常记为 ↗, 单调减少常记为 ↘.

例 4.13　利用函数的单调性证明: 当 $x > 1$ 时, $2\sqrt{x} > 3 - \dfrac{1}{x}$.

证明 令 $f(x) = 2\sqrt{x} - \left(3 - \dfrac{1}{x}\right)$, 则

$$f'(x) = \frac{1}{\sqrt{x}} - \frac{1}{x^2} = \frac{1}{x^2}(x\sqrt{x} - 1)$$

$f(x)$ 在 $[1, +\infty)$ 上连续, 在 $(1, +\infty)$ 内 $f'(x) > 0$, 所以在 $[1, +\infty)$ 上 $f(x)$ 单调增加, 因此当 $x > 1$ 时, $f(x) > f(1) = 0$, 即 $2\sqrt{x} - \left(3 - \dfrac{1}{x}\right) > 0$, 所以 $2\sqrt{x} > 3 - \dfrac{1}{x}(x > 1)$.

二、函数的极值

前面我们讨论了函数增减性, 下面我们讨论函数在其单调增减区间分界点处的情况. 如函数由单调增加变为单调减少, 分界点处的函数值, 从局部来说是最大; 函数由单调减少变为单调增加, 分界点处的函数值, 从局部来说是最小. 从而引进下面的定义.

定义 4.1 设函数 $f(x)$ 在点 x_0 的某邻域 $(x_0 - \delta, x_0 + \delta)$ 内有定义, 若对于该邻域内任何异于 x_0 的点 x, 都有

$$f(x) < f(x_0) \quad (\text{或} f(x) > f(x_0))$$

则称 $f(x_0)$ 是函数 $f(x)$ 的一个极大值 (或极小值).

函数的极大值与极小值统称为函数的极值, 使函数取得极值的点称为极值点.

函数的极值概念是局部性的, 若 $f(x_0)$ 是 $f(x)$ 极大值, 只是说在 x_0 的一个局部范围内 $f(x_0)$ 最大, 在整个定义域上不一定是最大值. 对极小值同样如此. 这样, 函数的极大值未必比极小值大, 极小值未必比极大值小 (图 4-4 中 $x = x_1$ 点和 $x = x_2$ 点).

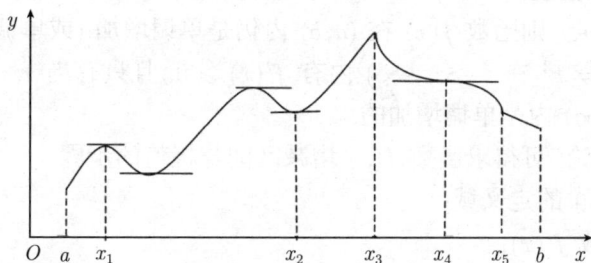

图 4-4

由图 4-4 所示的曲线中可以看出: 曲线 $y = f(x)$ 在极值点处如果切线存在, 其切线必平行于 x 轴, 即有下面定理.

定理 4.7 (极值存在的必要条件) 设函数 $f(x)$ 在点 x_0 处取的极值, 且导数 $f'(x_0)$ 存在, 则 $f'(x_0) = 0$.

证明　不妨设 $f(x)$ 在点 x_0 处取的极大值. 因为

$$f'_-(x_0) = \lim_{\Delta x \to 0^-} \frac{f(x_0 + \Delta x) - f(x_0)}{\Delta x} \geqslant 0$$

$$f'_+(x_0) = \lim_{\Delta x \to 0^+} \frac{f(x_0 + \Delta x) - f(x_0)}{\Delta x} \leqslant 0$$

而 $0 \leqslant f'_-(x_0) = f'(x_0) = f'_+(x_0) \leqslant 0$, 所以 $f'(x_0) = 0$.

以后, 我们称 $f'(x_0) = 0$ 的点 x_0 为函数 $f(x)$ 的**驻点**. 由定理 4.8 可知, **函数的极值点一定是函数的驻点或不可导点**(图 4-4 中 x_2 和 x_3 点), 但是, 驻点和不可导点未必都是极值点 (图 4-4 中 x_4 点和 x_5 点).

例如, $y = x^3$ 在 $x = 0$ 处导数为零, 但 $x = 0$ 非极值点; $y = x^{\frac{1}{3}}$ 在 $x = 0$ 处导数不存在, 但 $x = 0$ 非极值点.

如何判定函数的驻点和不可导点是否为极值点呢?

定理 4.8 (极值存在的一阶充分条件)　设函数 $f(x)$ 在点 x_0 处连续, 且在点 x_0 的某空心邻域 $(x_0 - \delta, x_0) \cup (x_0, x_0 + \delta)$ 内可导.

(1) 若当 $x \in (x_0 - \delta, x_0)$ 时, $f'(x) > 0$; 而当 $x \in (x_0, x_0 + \delta)$ 时, $f'(x) < 0$, 则 $f(x)$ 在点 x_0 处取得极大值.

(2) 若当 $x \in (x_0 - \delta, x_0)$ 时, $f'(x) < 0$; 而当 $x \in (x_0, x_0 + \delta)$ 时, $f'(x) > 0$, 则 $f(x)$ 在点 x_0 处取得极小值.

(3) 若当 $x \in (x_0 - \delta, x_0) \cup (x_0, x_0 + \delta)$ 时, $f'(x)$ 的符号保持不变, 则 $f(x)$ 在点 x_0 处不取极值.

根据函数单调性的判定法, 定理 4.8 的证明是显然的. 请读者自己完成.

推论　如果在区间 (a, b) 内 $f'(x) \geqslant 0$(或 $f'(x) \leqslant 0$), 而且使得 $f'(x) = 0$ 的点只是一些孤立的点, 则函数 $f(x)$ 在 (a, b) 内仍是单调增加 (或单调减少) 的.

例如, $f(x) = x^3$ 在 $(-\infty, +\infty)$ 内有 $f'(x) \geqslant 0$, 且只有当 $x = 0$ 时 $f'(0) = 0$, $f(x)$ 在 $(-\infty, +\infty)$ 内是单调增加的.

根据上述讨论, 可得求函数 $f(x)$ 增减区间与极值的步骤:

(1) 确定 $f(x)$ 的定义域;

(2) 求出导数 $f'(x)$;

(3) 找出 $f(x)$ 在定义域内的全部驻点与不可导点, 即解方程 $f'(x) = 0$, 并求出使得 $f(x)$ 不可导的点;

(4) 考察 $f'(x)$ 在驻点和不可导点左右邻近的符号, 列表以确定 $f(x)$ 的增减区间和极值点;

(5) 求出各极值点的函数值, 即得 $f(x)$ 的极值.

例 4.14　确定函数 $f(x) = 2x^3 + 3x^2 - 12x + 7$ 的单调区间与极值.

解 (1) $f(x)$ 的定义域 $D = (-\infty, +\infty)$;

(2) $f'(x) = 6x^2 + 6x - 12 = 6(x+2)(x-1)$;

(3) 令 $f'(x) = 0$, 得 $x_1 = -2$ 和 $x_2 = 1$;

(4) 列表:

表 4-1

x	$(-\infty, -2)$	-2	$(-2, 1)$	1	$(1, +\infty)$
$f'(x)$	$+$	0	$-$	0	$+$
$f(x)$	↗	极大值 27	↘	极小值 0	↗

(5) 从表中易知 $x = -2$ 是极大值点, 极大值为 27; $x = 1$ 是极小值点, 极小值为 0. $f(x)$ 的单调增加区间是 $(-\infty, -2), (1, +\infty)$; 单调减少区间是 $(-2, 1)$.

例 4.15 求函数 $f(x) = (x-4)\sqrt[3]{(x+1)^2}$ 的极值.

解 (1) $f(x)$ 在 $(-\infty, +\infty)$ 内处处连续, 除 $x = -1$ 外处处可导, 且 $f'(x) = \dfrac{5(x-1)}{3\sqrt[3]{x+1}}$;

(2) 令 $f'(x) = 0$, 得驻点 $x = 1$; $x = -1$ 为 $f(x)$ 的不可导点;

(3) 列表;

表 4-2

x	$(-\infty, -1)$	-1	$(-1, 1)$	1	$(1, +\infty)$
$f'(x)$	$+$	不存在	$-$	0	$+$
$f(x)$	↗	极大值 0	↘	极小值 $-3\sqrt[3]{4}$	↗

(4) $x = -1$ 是一个极大值点, 极大值为 $f(-1) = 0$; $x = 1$ 是一个极小值点, 极小值为 $f(1) = -3\sqrt[3]{4}$.

当函数 $f(x)$ 在驻点处有不等于零的二阶导数时, 也可以利用下面定理来判定 $f(x)$ 在驻点处取得极大值还是极小值.

定理 4.9 (极值存在的二阶充分条件) 设函数 $f(x)$ 在点 x_0 处具有二阶导数且 $f'(x_0) = 0$, $f''(x_0) \neq 0$, 则

(1) 当 $f''(x_0) < 0$ 时, 函数 $f(x)$ 在点 x_0 处取得极大值;

(2) 当 $f''(x_0) > 0$ 时, 函数 $f(x)$ 在点 x_0 处取得极小值.

证明 由 $f'(x_0) = 0$ 和二阶导数的定义可知

$$f''(x_0) = \lim_{x \to x_0} \frac{f'(x) - f'(x_0)}{x - x_0} = \lim_{x \to x_0} \frac{f'(x)}{x - x_0}$$

在条件 (1) 下, 由定理 2.3 可知, 存在 x_0 的某个空心邻域, 对其内每一点都有 $\dfrac{f'(x)}{x - x_0} < 0$, 即 $f'(x)$ 与 $x - x_0$ 符号相反. 所以在该空心邻域内, 当 $x < x_0$ 时, 有

$f'(x_0) > 0$; 当 $x > x_0$ 时, 有 $f'(x_0) < 0$. 由定理 4.7 可知, x_0 是 $f(x)$ 的极大值点. 同理可证定理中的 (2).

例 4.16　求函数 $f(x) = x^3 - 3x$ 的极值.

解　(1) $f'(x) = 3x^2 - 3 = 3(x+1)(x-1)$;

(2) 令 $f'(x) = 0$, 得驻点 $x_1 = -1, x_2 = 1$;

(3) $f''(x) = 6x$.

因 $f''(-1) = -6 < 0$, 故 $f(-1) = 2$ 为 $f(x)$ 的极大值; 而 $f''(1) = 6 > 0$, 故 $f(1) = -2$ 为 $f(x)$ 的极小值.

注　当 $f'(x) = f''(x) = 0$ 时, 定理 4.9 失效. 例如, 函数 $f(x) = x^3$, 有 $f'(0) = f''(0) = 0$, 但点 $x = 0$ 不是极值点. 而函数 $f(x) = x^4$ 有 $f'(0) = f''(0) = 0$, 而点 $x = 0$ 却是极小值点.

从求极值的角度看, 定理 4.8 给出了一个一般的方法, 定理 4.9 时定理 4.8 的补充, 方法比较简单, 但有局限性. 如果单求极值, 一般应用定理 4.9, 但若在驻点处的二阶导数不存在或等于零, 那就只好应用定理 4.8.

§4.4　函数的最值

在经济管理中经常要解决一定条件下投入最小、产出最多、成本最低、利润最大等问题. 这些问题反映在数学上就是求函数的最大值和最小值问题. 一般来说, 函数在某一范围内的最大值和最小值 (统称为最值) 与函数的极值是两个不同的概念. 最值是对整个区间而言的, 是全局性的; 而极值是对极值点的某个邻域而言的, 是局部性的. 最值可以在区间的端点处取得, 而极值则只能在区间的内点处取得.

由于在闭区间上连续的函数存在最大值和最小值, 如果最大 (或最小) 值在区间的内点取得, 那么这个最大 (或最小) 值同时也是一个极大 (或极小) 值, 并且是所有极大 (或小) 值中的最大 (或极小) 者. 如果最大 (或最小) 值在区间端点取得, 那么它就不再同时是极大 (或极小) 值了, 因为函数的极值不能在端点取得.

综上所述, 求连续函数 $f(x)$ 在闭区间 $[a, b]$ 上的最值可照下列步骤进行:

(1) 求出 $f(x)$ 在 $[a, b]$ 上所有驻点、导数不存在的点;

(2) 求出驻点、导数不存在点, 以及端点, a 和 b 处的函数值;

(3) 对上述函数值进行比较, 其中最大者为 $f(x)$ 在 $[a, b]$ 上的最大值, 最小者为 $f(x)$ 在 $[a, b]$ 上的最小值.

例 4.17　求函数 $f(x) = xe^{-x}, x \in [0, 2]$ 的最大值和最小值.

解　$f'(x) = (1-x)e^{-x}$, 令 $f'(x) = 0$, 得唯一驻点 $x = 1$. 而函数在端点和驻点处的函数值分别为 $f(0) = 0, f(1) = \dfrac{1}{e}, f(2) = \dfrac{2}{e^2} = \dfrac{1}{e} \cdot \dfrac{2}{e}$. 因为 $0 < \dfrac{2}{e} < 1$, 所以

$f(2) < f(1)$. 因此 $f(1) = \dfrac{1}{e}$ 是 $f(x)$ 在 $[0,2]$ 上的最大值, $f(0) = 0$ 是 $f(x)$ 在 $[0,2]$ 上的最小值.

一般说来, 在开区间内的连续函数不一定能取到最值, 但是, 如果连续函数 $f(x)$ 在以 a, b 为端点的开区间或者闭区间或者半开半闭区间内, 只有一个极值且为极大值, 则此极大值就是 $f(x)$ 在此区间的最大值; 同理, 如果 $f(x)$ 在区间内只有一个极值且为极小值, 则此极小值便为 $f(x)$ 在此区间的最小值.

许多求最大值或最小值的实际问题就是上述的情况, 从而求最值的问题就化为求极值的问题.

例 4.18 将边长为 a 的正方形铁皮于各角截去相等的小正方形, 然后折起各边做成一个无盖的方盒, 问截去的小正方形的边长为多大时, 可使得无盖方盒容积为最大.

解 设所截去的小正方形边长为 x, 则盒底的边长为 $a - 2x$, 高为 x, 故此无盖方盒的容积为

$$V = x(a - 2x)^2, \quad x \in \left(0, \dfrac{a}{2}\right)$$

$$V' = (a - 2x)(a - 6x)$$

令 $V' = 0$, 得 $x_1 = \dfrac{a}{6}$, $x_2 = \dfrac{a}{2}$(舍).

又 $V'' = 24x - 8a$, $V''\left(\dfrac{a}{6}\right) = -4a < 0$, 所以, $x = \dfrac{a}{6}$ 为极大值点, 也是最大值点.

在经济活动中, 人们所追求的最重要的目标之一, 就是用最小的花费去赢取最大的利润.

设总成本和总收入函数分别为 $C(x)$ 和 $R(x)$, 则总利润函数 $L(x)$ 为

$$L(x) = R(x) - C(x)$$

为使总利润最大, 其一阶导数需等于零, 即

$$L'(x) = R'(x) - C'(x) = 0$$

由此可得

$$R'(x) = C'(x)$$

$R'(x)$ 表示边际收益, $C'(x)$ 表示边际成本, 因此上式表示欲使总利润最大, 必须使边际收益等于边际成本, 这是经济学中关于厂商行为的一个重要命题.

根据极值存在的二阶充分条件, 为使总利润达到最大, 还要求二阶导数

$$L''(x) = R''(x) - C''(x) < 0$$

即

$$R''(x) < C''(x)$$

这就是说, 在获得最大利润的产量处, "当且仅当边际收入与边际成本相等, 并且边际成本的变化率大于边际收入的变化率".

例 4.19   一工厂每批生产某商品 x 台的费用为 $C(x) = 5x + 200$(万元), 得到的收入为 $R(x) = 10x - 0.01x^2$(万元), 问每批生产多少台, 才能使利润最大?

解   利润函数 $L(x) = R(x) - C(x) = 5x - 0.01x^2 - 200$,

$$L'(x) = 5 - 0.02x$$

令 $L'(x) = 0$, 解得 $x = 250$(台), 由于 $L''(x) = -0.02 < 0$, 所以 $L(250) = 425$(万元) 为极大值, 也就是最大值.

上述讨论中, 我们是假定先由厂商规定生产量, 再根据需求关系决定价格, 但在某些市场条件下, 也可由厂商先定价格, 然后由需求关系去决定生产量, 此时可将产量看成价格的函数. 同样的讨论可知, 在获得最大利润的价格处, "当且仅当边际收入与边际成本相等, 并且边际成本的变化率大于边际收入的变化率". 由此可见, 无论以产量还是以价格作为自变量, 上述两种分析得到的是同样的最优产量和最优价格.

例 4.20   已知某商品的需求函数为 $Q = 1000 - 100P$, 总成本函数为 $C = 1000 + 3Q$, 求使总利润最大的价格 P.

解   销售量为 Q 时, 总收入为 $R(P) = QP = (1000 - 100P)P$, 则总利润为

$$L(P) = R(P) - C(Q)$$
$$= (1000 - 100P)P - [1000 + 3(1000 - 100P)]$$
$$= 1300P - 100P^2 - 4000$$

由 $L'(P) = 1300 - 200P = 0$, 得唯一驻点 $P_0 = 6.5$. 又由于

$$L''(P) = -200 < 0$$

所以, 驻点 P_0 是极大值点, 同时也是最大值点. 因此, 当价格为 6.5 个价格单位时, 总利润最大.

§4.5   函数的凸性与拐点

要了解曲线的形态, 不但要研究函数的单调性, 还要研究其弯曲方向. 如图 4-5 所示中连接 A, B 两点的两条曲线弧, 虽然它们都是上升的, 但其图形却有显著的

不同, 曲线 ACB 是向上凸的, 而曲线 ADB 是向下凸的曲线弧, 即它们的凸向不同.

如图 4-6(a) 所示的曲线弧是下凸的, 若在曲线弧上任取两点, 则连接这两点的弦总位于这两点间的弧段的上方, 而图 4-6(b) 的曲线弧是上凸的, 若在其上任取两点, 则连接这两点的弦总位于这两点间的弧段的下方. 因此曲线的凸向可以用连接曲线弧上任意两点的弦的中点与曲线弧上相应点 (即具有相同横坐标的点) 的位置关系来描述.

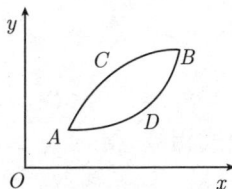

图 4-5

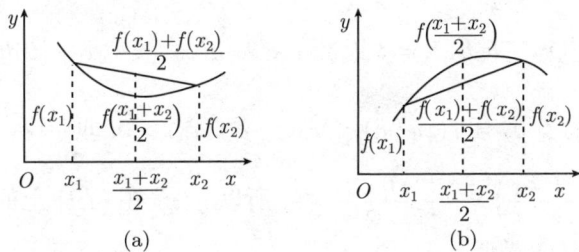

(a)

(b)

图 4-6

定义 4.2 设 $f(x)$ 在区间 I 内连续, x_1, x_2 为 I 上任意两点,

(1) 若 $f\left(\dfrac{x_1 + x_2}{2}\right) < \dfrac{f(x_1) + f(x_2)}{2}$ 恒成立, 则称曲线 $f(x)$ 在 I 内是下凸的;

(2) 若 $f\left(\dfrac{x_1 + x_2}{2}\right) > \dfrac{f(x_1) + f(x_2)}{2}$ 恒成立, 则称曲线 $f(x)$ 在 I 内是上凸的.

若函数 $f(x)$ 在 I 内具有二阶导数, 则可以用二阶导数的符号来判定曲线的凸向.

注 曲线 $f(x)$ 在区间 I 内是下凸常记为 $\cup$; 曲线 $f(x)$ 在区间 I 内是上凸常记为 $\cap$.

定理 4.10 设 $f(x)$ 在 (a, b) 内具有二阶导数, 那么

(1) 若在 (a, b) 内 $f''(x) > 0$, 则曲线 $f(x)$ 在 (a, b) 内是下凸的;

(2) 若在 (a, b) 内 $f''(x) < 0$, 则曲线 $f(x)$ 在 (a, b) 内是上凸的.

证明 * (1) 设 x_1 和 x_2 为 $[a, b]$ 内任意两点, 且 $x_1 < x_2$, 记 $\dfrac{x_1 + x_2}{2} = x_0$, $x_2 - x_0 = x_0 - x_1 = h$, 则 $x_1 = x_0 - h, x_2 = x_0 + h$, 在区间 $[x_0, x_0 + h]$ 和 $[x_0 - h, x_0]$

上分别应用拉格朗日中值定理, 得

$$f(x_0 + h) - f(x_0) = f'(x_0 + \theta_1 h)h$$

$$f(x_0) - f(x_0 - h) = f'(x_0 - \theta_2 h)h$$

其中 $0 < \theta_1 < 1, 0 < \theta_2 < 1$.

两式相减, 得

$$f(x_0 + h) + f(x_0 - h) - 2f(x_0) = [f'(x_0 + \theta_1 h) - f'(x_0 - \theta_2 h)]h$$

对 $f'(x)$ 在区间 $[x_0 - \theta_2 h, x_0 + \theta_1 h]$ 上再应用拉格朗日中值定理, 得

$$[f'(x_0 + \theta_1 h) - f'(x_0 - \theta_2 h)]h = f''(\xi)(\theta_1 + \theta_2)h^2, \quad 其中 x_0 - \theta_2 h < \xi < x_0 + \theta_1 h$$

由 (1) 的条件 $f''(\xi) > 0$, 有 $f(x_0+h)+f(x_0-h)-2f(x_0) > 0$, 即 $\dfrac{f(x_0+h) + f(x_0-h)}{2} >$
$f(x_0)$, 亦即 $f\left(\dfrac{x_1 + x_2}{2}\right) < \dfrac{f(x_1) + f(x_2)}{2}$, 所以 $f(x)$ 在 $[a,b]$ 上的图形是下凸的.

(2) 的证明与 (1) 类似.

注　当定理中的区间 $[a,b]$ 为其他形式的区间时, 定理也成立.

推论　设 $f(x)$ 在 (a,b) 内具有二阶导数, 若 $f''(x) \geqslant 0$, 而且使得 $f''(x) = 0$ 的点只是一些孤立点, 则曲线 $f(x)$ 在 (a,b) 内是下凸的; 若在 (a,b) 内 $f''(x) \leqslant 0$, 而且使得 $f''(x) = 0$ 的点只是一些孤立点, 则曲线 $f(x)$ 在 (a,b) 内是上凸的.

定义 4.3　曲线上凸与下凸的分界点称为曲线的拐点.

拐点既然是上凸与下凸的分界点, 当 $f''(x)$ 存在时, 在拐点处左右邻近 $f''(x)$ 必然异号, 因而在拐点处 $f''(x) = 0$ 或 $f''(x)$ 不存在.

如何判别曲线 $y = f(x)$ 在 (a,b) 内的凸向? 如何找出拐点呢?

(1) 求 $f''(x)$;

(2) 令 $f''(x) = 0$, 解出此方程在 (a,b) 内的实根; 同时找出使得 $f''(x)$ 不存在的点;

(3) 上述这些点将 (a,b) 分成若干个小区间, 考察在每个小区间内 $f''(x)$ 的符号, 从而确定曲线 $y = f(x)$ 的凸向与拐点.

例 4.21　求曲线 $y = x^4 - 2x^3 + 1$ 的凸向与拐点.

解　$y' = 4x^3 - 6x^2, y'' = 12x^2 - 12x = 12x(x - 1)$.

令 $y'' = 0$, 得 $x_1 = 0, x_2 = 1$.

列表判断如下:

表 4-3

x	$(-\infty,0)$	0	$(0,1)$	1	$(1,+\infty)$
y''	+	0	−	0	+
y	∪	拐点	∩	拐点	∪

可见, 曲线在区间 $(-\infty,0),(1,+\infty)$ 下凸, 在区间 $(0,1)$ 上凸. 曲线的拐点是 $(0,1)$ 和 $(1,0)$.

例 4.22 求曲线 $y=(x-1)\sqrt[3]{x^5}$ 的上凸区间、下凸区间及拐点.

解

$$y'=x^{\frac{5}{3}}+\frac{5}{3}(x-1)x^{\frac{2}{3}}=\frac{8}{3}x^{\frac{5}{3}}-\frac{5}{3}x^{\frac{2}{3}}$$

$$y''=\frac{40}{9}x^{\frac{2}{3}}-\frac{10}{9}x^{-\frac{1}{3}}=\frac{10}{9}\cdot\frac{4x-1}{\sqrt[3]{x}}$$

令 $y''=0$, 得 $x=\frac{1}{4}$; 而在 $x=0$ 处, 二阶导数 y'' 不存在.

点 $x=0$ 和 $x=\frac{1}{4}$ 分为把定义域 $(-\infty,+\infty)$ 分为三个子区间. 其讨论结果如表 4-4 所示.

表 4-4

x	$(-\infty,0)$	0	$\left(0,\frac{1}{4}\right)$	$\frac{1}{4}$	$\left(\frac{1}{4},+\infty\right)$
$f''(x)$	+	不存在	−	0	+
$f(x)$	∪	拐点	∩	拐点	∪

由表 4-4 可知, 曲线的上凸区间为 $\left(0,\frac{1}{4}\right)$, 下凸区间为 $(-\infty,0)$ 和 $\left(\frac{1}{4},+\infty\right)$; 拐点为 $(0,0)$ 和 $\left(\frac{1}{4},-\frac{3}{16\sqrt[3]{16}}\right)$.

§4.6 函 数 作 图

4.1 节 ~4.5 节讨论了函数的一、二阶导数与函数图形变化形态的关系, 这些讨论都可应用于函数作图.

现在我们介绍曲线的渐近线, 因为它有助于某些函数的作图.

一、曲线的渐近线

定义 4.4 若曲线上的一点沿着曲线趋于无穷远时, 该点与某条直线的距离趋于 0, 则称此直线为曲线的渐近线.

下面分三种情形讨论.

1. 水平渐近线

若曲线 $y = f(x)$ 的定义域是无限区间, 且有

$$\lim_{x \to -\infty} f(x) = b \quad \text{或} \quad \lim_{x \to +\infty} f(x) = b$$

则直线 $y = b$ 为曲线 $y = f(x)$ 的渐近线, 称为水平渐近线, 如图 4-7(a) 和 (b) 所示.

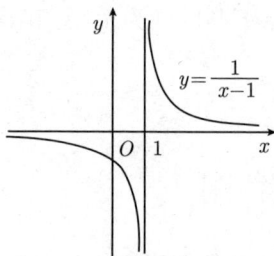

图 4-7

例 4.23　求曲线 $y = \dfrac{1}{x-1}$ 的水平渐近线.

解　因为 $\lim\limits_{x \to \pm\infty} \dfrac{1}{x-1} = 0$, 所以, $y = 0$ 是曲线的一条水平渐近线, 如图 4-8 所示.

2. 垂直渐近线

若曲线 $y = f(x)$ 有 $\lim\limits_{x \to c^-} f(x) = \infty$ 或 $\lim\limits_{x \to c^+} f(x) = \infty$, 则直线 $x = c$ 为曲线 $y = f(x)$ 的一条渐近线, 称为垂直渐近线 (或称铅垂渐近线). 如图 4-9 所示.

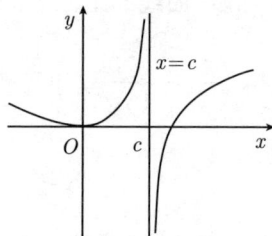

图 4-8　　　　　　　　　　　　图 4-9

例 4.24　求曲线 $y = \dfrac{1}{x-1}$ 的垂直渐近线.

解　因为

$$\lim_{x \to 1^-} \frac{1}{x-1} = -\infty, \quad \lim_{x \to 1^+} \frac{1}{x-1} = +\infty$$

所以, $x = 1$ 是曲线的一条垂直渐近线, 如图 4-9 所示.

3. 斜渐近线

若 $\lim\limits_{x \to \pm\infty}[f(x)-(ax+b)]=0(a \neq 0)$ 成立, 则直线 $y=ax+b$ 是曲线的一条渐近线, 称为斜渐近线. 如图 4-10 所示. 这里 $x \to \pm\infty$ 表示 $x \to +\infty$ 或 $x \to -\infty$.

下面求计算 a,b 的公式: 由斜渐近线的定义式, 有

$$\lim\limits_{x \to \pm\infty} x\left[\frac{f(x)}{x}-a-\frac{b}{x}\right]=0$$

因为 x 为无穷大量, 所以有

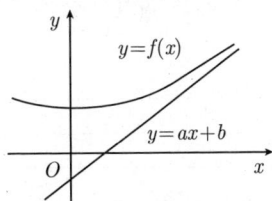

图 4-10

$$\lim\limits_{x \to \pm\infty}\left[\frac{f(x)}{x}-a-\frac{b}{x}\right]=\lim\limits_{x \to \pm\infty}\frac{f(x)}{x}-a=0$$

即

$$a=\lim\limits_{x \to \pm\infty}\frac{f(x)}{x}$$

求出 a 后, 由 $b=\lim\limits_{x \to \pm\infty}[f(x)-ax]$ 可确定 b.

例 4.25 求曲线 $y=\dfrac{x^2}{x+1}$ 的渐近线.

解 (1) 由 $\lim\limits_{x \to -1}\dfrac{x^2}{x+1}=-\infty$, $\lim\limits_{x \to -1^+}\dfrac{x^2}{x+1}=+\infty$, 可知 $x=-1$ 是曲线的垂直渐近线.

(2) 由 $a=\lim\limits_{x \to \infty}\dfrac{f(x)}{x}=\lim\limits_{x \to \infty}\dfrac{x}{x+1}=1$ 和 $b=\lim\limits_{x \to \infty}[f(x)-ax]=\lim\limits_{x \to \infty}\left[\dfrac{x^2}{x+1}-x\right]=$ $\lim\limits_{x \to \infty}\dfrac{-x}{x+1}=-1$. 可知 $y=x-1$ 是曲线的斜渐近线 (图 4-10).

二、函数图形的作法

作函数 $y=f(x)$ 的图形的一般步骤:

(1) 确定函数的定义域;

(2) 讨论其对称性和周期性;

(3) 讨论函数的单调性和极值;

(4) 讨论曲线的凸向及拐点;

(5) 讨论曲线的渐近线;

(6) 由函数曲线方程计算出一些点的坐标, 特别是函数曲线与坐标轴的交点坐标.

例 4.26 作函数 $\varphi(x)=\dfrac{1}{\sqrt{2\pi}}\mathrm{e}^{-\frac{x^2}{2}}$ 的图形.

解 (1) 定义域为 $(-\infty +\infty)$;

(2) 由于 $\varphi(-x)=\varphi(x)$, 故是偶函数, 其图形关于 y 轴对称;

(3) $\varphi'(x) = -\dfrac{x}{\sqrt{2\pi}}\mathrm{e}^{-\frac{x^2}{2}}$, $\varphi''(x) = \dfrac{(x+1)(x-1)}{\sqrt{2\pi}}\mathrm{e}^{-\frac{x^2}{2}}$.

令 $\varphi'(x) = 0$, 得 $x = 0$; 令 $\varphi''(x) = 0$, 得 $x = -1$ 和 $x = 1$.

函数的单调性、极值、凸向、拐点等列表讨论如下.

表 4-5

x	$(-\infty, -1)$	-1	$(-1, 0)$	0	$(0, 1)$	1	$(1, +\infty)$
y'	+	+	+	0	−	−	−
y''	+	0	−	−	−	0	+
y	↗∪	$\dfrac{1}{\sqrt{2\pi\mathrm{e}}}$ (拐点)	↗∩	$\dfrac{1}{\sqrt{2\pi}}$ 极大值	↘∩	$\dfrac{1}{\sqrt{2\pi\mathrm{e}}}$ (拐点)	↘∪

其中 $\dfrac{1}{\sqrt{2\pi}} \approx 0.4, \dfrac{1}{\sqrt{2\pi\mathrm{e}}} \approx 0.24$.

(4) 渐近线：由于 $\lim\limits_{x\to\pm\infty}\varphi(x) = \lim\limits_{x\to\pm\infty}\dfrac{1}{\sqrt{2\pi}}\mathrm{e}^{-\frac{x^2}{2}} = 0$. 所以直线 $y = 0$ 是水平渐近线.

(5) 求出一些辅助点, 先作出区间 $[0, +\infty)$ 内的图形, 然后利用对称性作出区间 $(-\infty, 0)$ 内的图形 (图 4-11).

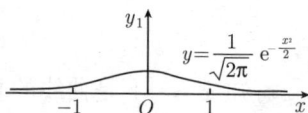

图 4-11

注　这个函数是概率论与数理统计中标准正态分布的概率密度.

例 4.27　作函数 $y = \dfrac{x^2}{x+1}$ 的图形.

解　(1) 定义域：$(-\infty, -1) \cup (-1, +\infty)$.

(2) $y' = \dfrac{x^2 + 2x}{(x+1)^2}$, $y'' = \dfrac{2}{(x+1)^3}$.

令 $y' = 0$, 得 $x = 0$ 和 $x = -2$.

$x = -1$ 是一阶、二阶导数不存在点.

函数的单调性、极值、凸向、拐点等列表讨论如下.

表 4-6

x	$(-\infty, -1)$	-2	$(-2, -1)$	-1	$(-1, 0)$	0	$(0, +\infty)$
y'	+	0	−	不存在	−	0	+
y''	−	−	−	不存在	+	+	+
y	↗∩	-4 极大值	↘∩	间断	↗∪	0 极小值	↗∪

(3) $x = -1$ 是垂直渐近线, $y = x - 1$ 是斜渐近线.

(4) 辅助点：$A\left(-\dfrac{1}{2}, \dfrac{1}{2}\right), B\left(2, \dfrac{4}{3}\right), C\left(-\dfrac{3}{2}, -\dfrac{9}{2}\right), D\left(-3, -\dfrac{9}{2}\right)$.

作出函数的图形 (图 4-12).

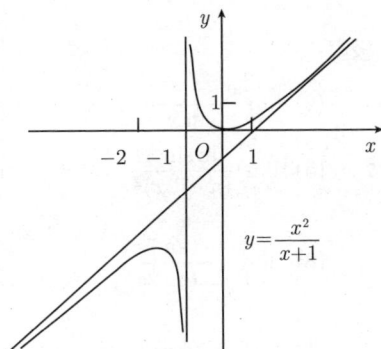

图 4-12

习　题　四

1. 下列函数在给定区间上是否满足罗尔定理的所有条件? 如满足就求出定理中的数值 ξ.

(1) $f(x) = 2x^2 - x - 3$, $\left[-1, \dfrac{3}{2}\right]$;

(2) $f(x) = e^{x^2} - 1$, $[-1, 1]$.

2. 下列函数在给定区间上是否满足拉格朗日中值定理的所有条件? 如满足就求出定理中的数值 ξ.

(1) $f(x) = \ln x$, $[1, 2]$;

(2) $f(x) = x^3 - 5x^2 + x - 2$, $[-1, 0]$.

3. 函数 $f(x) = x^3$ 与 $g(x) = x^2 + 1$ 在区间 $[1, 2]$ 上是否满足柯西定理的所有条件? 如满足就求出定理中的数值 ξ.

4. 证明方程 $x^3 + x + c = 0 (c$ 为非零常数) 在区间 $(-|c|, |c|)$ 内有且仅有一个实根.

5. 证明方程 $x^5 + x - 1 = 0$ 只有一个正根.

6. 证明下列不等式:

(1) $\dfrac{b-a}{b} \leqslant \ln \dfrac{b}{a} \leqslant \dfrac{b-a}{a}$　$(0 < a < b)$;

(2) $e^x \geqslant ex(x \geqslant 1)$;

(3) $x \leqslant \tan x \left(0 \leqslant x < \dfrac{\pi}{2}\right)$.

7. 试证: $f(x)$ 为线性函数的充分必要条件是 $f'(x) \equiv c(x \in \mathbf{R}, c$ 为常数).

8. 设函数 $f(x)$ 在 $[a, b]$ 上连续, 在 (a, b) 内可导, 且 $f(a) = f(b) = 0$. 试证: 在 (a, b) 内至少存在一点 ξ, 使得 $f'(\xi) - f(\xi) = 0$.

9. 证明恒等式: $\arcsin x + \arccos x = \dfrac{\pi}{2}$ $(-1 \leqslant x \leqslant 1)$.

10. 证明：若函数 $f(x)$ 在 $(-\infty, +\infty)$ 内满足关系式 $f'(x) = f(x)$，且 $f(0) = 1$，则 $f(x) = \mathrm{e}^x$.

11. 用洛必达法则求下列极限：

(1) $\lim\limits_{x \to 0} \dfrac{\ln(1+x)}{x}$;

(2) $\lim\limits_{x \to 0} \dfrac{\mathrm{e}^x - \mathrm{e}^{-x}}{\sin x}$;

(3) $\lim\limits_{x \to a} \dfrac{\sin x - \sin a}{x - a}$;

(4) $\lim\limits_{x \to \pi} \dfrac{\sin 3x}{\tan 5x}$;

(5) $\lim\limits_{x \to \frac{\pi}{2}} \dfrac{\ln \sin x}{(\pi - 2x)^2}$;

(6) $\lim\limits_{x \to a} \dfrac{x^m - a^m}{x^n - a^n} (a \neq 0)$;

(7) $\lim\limits_{x \to \frac{\pi}{2}} \dfrac{\tan x}{\tan 3x}$;

(8) $\lim\limits_{x \to 0+} \dfrac{\ln \tan 7x}{\ln \tan 2x}$;

(9) $\lim\limits_{x \to +\infty} \dfrac{\ln\left(1 + \dfrac{1}{x}\right)}{\operatorname{arc\,cot} x}$;

(10) $\lim\limits_{x \to 0} \dfrac{\ln(1 + x^2)}{\sec x - \cos x}$;

(11) $\lim\limits_{x \to 0} x \cot 2x$;

(12) $\lim\limits_{x \to 0} x^2 \mathrm{e}^{\frac{1}{x^2}}$;

(13) $\lim\limits_{x \to 1} \left(\dfrac{2}{x^2 - 1} - \dfrac{1}{x - 1}\right)$;

(14) $\lim\limits_{x \to \infty} \left(1 + \dfrac{a}{x}\right)^x$;

(15) $\lim\limits_{x \to 0+} x^{\sin x}$;

(16) $\lim\limits_{x \to 0+} \left(\dfrac{1}{x}\right)^{\tan x}$.

12. 验证极限 $\lim\limits_{x \to \infty} \dfrac{x + \sin x}{x - \sin x}$ 存在，但不能用洛必达法则求出.

13. 求下列函数的单调区间：

(1) $y = x^4 - 2x^2 + 2$;

(2) $y = \dfrac{x^2}{1 + x}$;

(3) $y = 2x^2 - \ln x$.

14. 证明下列不等式：

(1) $\dfrac{x - 1}{x + 1} < \dfrac{1}{2} \ln x \ (x > 1)$;

(2) $\dfrac{2}{\pi} x < \sin x < x \ \left(0 < x < \dfrac{\pi}{2}\right)$;

(3) $x - \dfrac{1}{3} x^3 < \arctan x < x \ (x > 0)$.

15. 求下列函数的极值：

(1) $y = x^3 - 3x^2 + 7$;

(2) $y = x^2 \mathrm{e}^{-x}$;

(3) $y = (x - 1)\sqrt[3]{x^2}$.

16. 利用二阶导数，判断下列函数的极值：

(1) $y = x^3 - 3x^2 - 9x - 5$;

(2) $y = 2\mathrm{e}^x + \mathrm{e}^{-x}$.

17. 求下列函数在给定区间上的最大值与最小值：

(1) $y = \ln(x^2 + 1)$, $[-1, 2]$;

(2) $y = \dfrac{x^2}{1 + x}$, $\left[-\dfrac{1}{2}, 1\right]$.

18. 欲做一个底为正方形，容积为 108 立方米的长方体开口容器，怎样的做法所用材料最省?

19. 欲做一个容积为 300 立方米的无盖圆柱形蓄水池，已知池底单位造价为周围单位造价的两倍. 问蓄水池的尺寸应怎样设计才能使总造价最低?

20. 设某企业的总利润函数为

$$L(x) = 10 + 2x - 0.1x^2$$

求使总利润最大的产量 x.

21. 设某厂每天生产某种产品 x 单位时的总成本函数为

$$C(x) = 0.5x^2 + 36x + 9800\,(\text{元})$$

问每天生产多少个单位的产品时, 其平均成本最低?

22. 某个体户以每条 10 元的造价购进一批牛仔裤, 设此牛仔裤的需求函数为

$$Q = 40 - 2P$$

问该个体户应将销售价 P 定为多少时, 才能获得最大利润?

23. 设某厂生产某种产品 x 个单位时, 其销售收入为 $R(x) = 3\sqrt{x}$, 成本函数 $C(x) = \dfrac{1}{4}x^2 + 1$, 求使总利润达到最大的产量 x.

24. 由方程 $x^3 + 2y^3 - 6axy = 0$ 确定的隐函数 $y = y(x)$, 满足条件 $y(2a) = 2a$, 试证: $x = 2a$ 为驻点, 并判定 $x = 2a$ 是否为极值点? 是怎样的极值点?

25. 确定下列函数的凸向及拐点:

(1) $y = x^2 - x^3$;   (2) $y = \ln(1 + x^2)$;   (3) $y = \dfrac{2x}{1 + x^2}$;   (4) $y = xe^x$.

26. 当 a, b 为何值时, 点 $(1,3)$ 为曲线 $y = ax^3 + bx^2$ 的拐点?

27. 求下列曲线的渐近线:

(1) $y = e^{-x^2}$;   (2) $y = \dfrac{e^x}{1 + x}$;   (3) $y = x + e^{-x}$;   (4) $y = \dfrac{x^3}{(x-1)^2}$.

28. 作下列函数的图形:

(1) $y = \dfrac{1}{1 + x^2}$;   (2) $y = \ln(1 + x^2)$;   (3) $y = xe^{-x}$;   (4) $y = \dfrac{8}{4 - x^2}$.

第五章 不定积分

在微分学中, 我们讨论了已知一个函数, 求其导数或微分的问题, 但在许多实际问题中, 常常还会遇到与此相反的 (或许可以说更重要的) 问题, 即在已知一个函数的导数或微分的情况下, 将这个函数 "复原" 出来的问题. 这是积分学的基本问题之一.

§5.1 不定积分的概念及性质

一、原函数的概念

数学的各种运算都源于客观实际问题的需要, 那么解决哪些实际问题要用到导数或微分运算的逆运算呢? 例如, 假设列车进站时规定要依照某种速度 $v = v(t)$ 减速, 问列车距站台多远的地方开始减速, 正好到站台停下来? 这个问题的关键是求出物体的位移函数 $s = s(t)$, 这就是在已知函数的导数 $s'(t) = v(t)$ 的情况下, 设法求出该函数 $s = s(t)$ 的问题.

定义 5.1   若在区间 I 上函数 $f(x)$ 与 $F(x)$ 满足:

$$F'(x) = f(x) \quad \text{或者说} \quad \mathrm{d}F(x) = f(x)\mathrm{d}x$$

则称函数 $F(x)$ 是 $f(x)$ 在区间 I 上的**一个原函数**, 或简称 $F(x)$ 是 $f(x)$ 的一个**原函数**.

例如, 因为 $(x^2)' = 2x$, $(x^2 + 1)' = 2x$ 及 $(x^2 - \sqrt{2})' = 2x$, 所以 x^2, $x^2 + 1$, $x^2 - \sqrt{2}$ 都是 $2x$ 的原函数. 可见原函数不唯一. 不难看出 $x^2 + C(C$ 为任意常数) 都是 $2x$ 的原函数.

又因为当 $x \in (-1, 1)$ 时, $(\arcsin x)' = \dfrac{1}{\sqrt{1 - x^2}}$, 所以 $\arcsin x$ 是 $\dfrac{1}{\sqrt{1 - x^2}}$ 在区间 $(-1, 1)$ 上的一个原函数. 同样地, $\arcsin x + C(C$ 为任意常数) 都是 $\dfrac{1}{\sqrt{1 - x^2}}$ 在区间 $(-1, 1)$ 上的原函数.

我们已经知道, 一个函数若有原函数, 必有无穷多个原函数, 这些原函数之间的关系有如下定理.

定理 5.1   如果 $F(x)$ 是 $f(x)$ 在区间 I 上的一个原函数, 则在区间 I 上 $f(x)$ 的所有原函数都可以表示成形如 $F(x) + C(C$ 为任意常数) 的形式.

定理需要证明两个结论:

(1) $F(x) + C$ 是 $f(x)$ 的原函数;

(2) $f(x)$ 的任一原函数都可以表示成 $F(x) + C$ 的形式.

证明　(1) 已知 $F(x)$ 是 $f(x)$ 的一个原函数, 故 $F'(x) = f(x)$.

又 $[F(x) + C]' = F'(x) = f(x)$, 所以 $F(x) + C$ 是 $f(x)$ 的原函数.

(2) 设 $\Phi(x)$ 是 $f(x)$ 在区间 I 上的任意一个原函数, 即对任一 $x \in I$ 有

$$\Phi'(x) = f(x)$$

从而有 $\Phi'(x) = F'(x)$, 因此, 根据拉格朗日中值定理的推论可知, 在该区间 I 上有

$$\Phi(x) = F(x) + C_0 \quad (C_0 为某个常数)$$

即 $f(x)$ 的任一原函数都可以表示成 $F(x) + C$ 的形式.　　　　　　□

由定理 5.1 可知: 只要找到 $f(x)$ 的一个原函数 $F(x)$, 就能写出 $f(x)$ 的所有原函数的一般表达形式: $F(x) + C$(C 为任意常数), 即 $f(x)$ 的所有原函数了. 那么, 什么样的函数 $f(x)$ 才有原函数呢? 这个问题将在第六章中讨论, 在此先给出一个结论.

定理 5.2 (原函数存在性定理)　若函数 $f(x)$ 在区间 I 上连续, 则在区间 I 上函数 $f(x)$ 一定存在原函数.

简单地说就是: **区间上的连续函数一定有原函数**.

由于初等函数在其定义区间上都是连续的, 所以初等函数在其定义区间上都有原函数.

二、不定积分的概念及性质

1. 不定积分的定义

定义 5.2　设函数 $F(x)$ 是 $f(x)$ 的一个原函数, 即

$$F'(x) = f(x) \quad 或者说 \quad \mathrm{d}F(x) = f(x)\mathrm{d}x$$

则 $f(x)$ 的所有原函数 $F(x) + C$ 称为 $f(x)$ 的不定积分. 记作 $\displaystyle\int f(x)\mathrm{d}x \left(或 \displaystyle\int \mathrm{d}F(x) \right)$, 即

$$\int f(x)\mathrm{d}x = F(x) + C$$

其中, "$\displaystyle\int$" 称为**积分号**, $\mathrm{d}F(x) = f(x)\mathrm{d}x$ 称为**被积表达式**, $f(x)$ 称为**被积函数**, x 称为**积分变量**. 任意常数 C 通常称为**积分常数**.

若 $\displaystyle\int f(x)\mathrm{d}x$ 存在, 则称 $f(x)$ 为可积函数, 简称可积.

由于 $\int f(x)\mathrm{d}x = F(x) + C \Leftrightarrow F'(x) = f(x)$, 所以积分与微分互为逆运算.

例如, 因为 $(x^2)' = 2x$, 亦即 $\mathrm{d}(x^2) = 2x\mathrm{d}x$, 所以 $\int 2x\mathrm{d}x = \int \mathrm{d}(x^2) = x^2 + C$.

注　当被积函数 $f(x) = \dfrac{h(x)}{g(x)}$ 时, 允许将不定积分表示为 $\int \dfrac{h(x)\mathrm{d}x}{g(x)}$ 的形式.

2. 不定积分的性质

根据不定积分的定义立即可得不定积分的如下性质.

性质 5.1

$$\left(\int f(x)\mathrm{d}x\right)' = \frac{\mathrm{d}}{\mathrm{d}x}\int f(x)\mathrm{d}x = f(x) \tag{5.1}$$

或

$$\mathrm{d}\int f(x)\mathrm{d}x = f(x)\mathrm{d}x \tag{5.2}$$

性质 5.2

$$\int F'(x)\mathrm{d}x = F(x) + C \tag{5.3}$$

或写作

$$\int \mathrm{d}F(x) = F(x) + C \tag{5.4}$$

例 5.1　求不定积分 $\int x^3\mathrm{d}x$.

解　由于 $\left(\dfrac{x^4}{4}\right)' = x^3$, 所以 $\dfrac{x^4}{4}$ 是 x^3 的一个原函数, 因此

$$\int x^3\mathrm{d}x = \frac{x^4}{4} + C$$

例 5.2　求不定积分 $\int \dfrac{1}{x}\mathrm{d}x$.

解　当 $x > 0$ 时, 由于 $(\ln x)' = \dfrac{1}{x}$. 所以, 当 $x > 0$ 时, $\ln x$ 是 $\dfrac{1}{x}$ 的一个原函数, 因此

$$\int \frac{1}{x}\mathrm{d}x = \ln x + C \quad (x > 0)$$

当 $x < 0$ 时, 由于 $[\ln(-x)]' = \dfrac{1}{-x}(-1) = \dfrac{1}{x}$. 所以, 当 $x < 0$ 时, $\ln(-x)$ 是 $\dfrac{1}{x}$ 的一个原函数, 因此

$$\int \frac{1}{x}\mathrm{d}x = \ln(-x) + C \quad (x < 0)$$

将两式结合起来, 可写作

$$\int \frac{1}{x}\mathrm{d}x = \ln|x| + C$$

三、不定积分的几何意义

若 $\int f(x)\mathrm{d}x = F(x) + C$, 则称曲线 $y = F(x)$ 为 $f(x)$ 的一条积分曲线. 所以 $\int f(x)\mathrm{d}x$ 在几何上表示 $f(x)$ 的积分曲线簇, $f(x)$ 的任一条积分曲线都可由曲线 $y = F(x)$ 沿 y 轴上下平移得到. 并且曲线簇中每一条曲线在点 x 处有平行的切线 (图 5-1).

例 5.3 求过点 $(1,1)$, 且斜率为 $\dfrac{1}{x}(x > 0)$ 的曲线方程.

解 由例 5.2 知, 当 $x > 0$ 时, $\int \dfrac{1}{x}\mathrm{d}x = \ln x + C$, 即斜率为 $\dfrac{1}{x}$ 的曲线簇为: $y = \ln x + C$ (C 为任意常数).

于是所求曲线方程为 $y = \ln x + C_0$.

将 $x = 1, y = 1$ 代入上式, 得 $C_0 = 1$, 故所求曲线方程为 $y = \ln x + 1$.

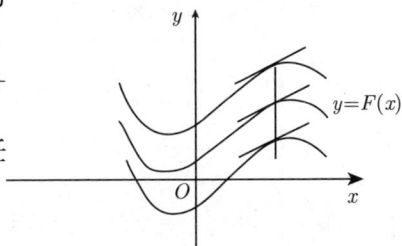

图 5-1

四、不定积分的运算法则

利用微分的线性运算法则和不定积分的定义, 可以得到不定积分的线性运算法则 (假设所遇到的不定积分是存在的)

定理 5.3

$$\int [f(x) \pm g(x)]\mathrm{d}x = \int f(x)\mathrm{d}x \pm \int g(x)\mathrm{d}x$$

证明 因为

$$\frac{\mathrm{d}}{\mathrm{d}x}\left[\int f(x)\mathrm{d}x \pm \int g(x)\mathrm{d}x\right] = \frac{\mathrm{d}}{\mathrm{d}x}\int f(x)\mathrm{d}x \pm \frac{\mathrm{d}}{\mathrm{d}x}\int g(x)\mathrm{d}x = f(x) \pm g(x)$$

即 $\int f(x)\mathrm{d}x \pm \int g(x)\mathrm{d}x$ 是 $f(x) + g(x)$ 的原函数, 所以

$$\int [f(x) \pm g(x)]\mathrm{d}x = \int f(x)\mathrm{d}x \pm \int g(x)\mathrm{d}x$$

由于右端已包含任意常数, 因此积分常数不必再写出来.

定理 5.3 还可以推广到有限个函数的情形.

定理 5.4

$$\int kf(x)\mathrm{d}x = k\int f(x)\mathrm{d}x \quad (k\text{是不为零的常数})$$

此定理的证明留给读者.

§5.2　不定积分的基本公式

由导数的基本公式不难得到相应的不定积分的基本公式:

(1) $\displaystyle\int 0\mathrm{d}x = C(C$ 为任意常数$)$;

(2) $\displaystyle\int x^{\alpha}\mathrm{d}x = \frac{1}{\alpha+1}x^{\alpha+1} + C(\alpha \neq -1)$;

(3) $\displaystyle\int \frac{1}{x}\mathrm{d}x = \ln|x| + C$;

(4) $\displaystyle\int a^x\mathrm{d}x = \frac{1}{\ln a}a^x + C(a > 0, a \neq 1)$;

(5) $\displaystyle\int \mathrm{e}^x\mathrm{d}x = \mathrm{e}^x + C$;

(6) $\displaystyle\int \sin x\mathrm{d}x = -\cos x + C$;

(7) $\displaystyle\int \cos x\mathrm{d}x = \sin x + C$;

(8) $\displaystyle\int \sec^2 x\mathrm{d}x = \tan x + C$;

(9) $\displaystyle\int \csc^2 x\mathrm{d}x = -\cot x + C$;

(10) $\displaystyle\int \frac{1}{\sqrt{1-x^2}}\mathrm{d}x = \arcsin x + C$;

(11) $\displaystyle\int \frac{1}{1+x^2}\mathrm{d}x = \arctan x + C$;

此外, 后面我们还将证明以下 2 个公式:

(12) $\displaystyle\int \sec x\mathrm{d}x = \ln|\sec x + \tan x| + C$;

(13) $\displaystyle\int \csc x\mathrm{d}x = \ln|\csc x - \cot x| + C$.

以上 13 个不定积分的基本公式, 是求不定积分的基础, 请读者必须熟记.

下面我们先介绍几个直接利用不定积分的线性法则和不定积分的基本公式, 求出不定积分的例子, 这种积分的方法称为直接积分法.

例 5.4　求下列不定积分

(1) $\displaystyle\int x\sqrt{x}\mathrm{d}x$;

(2) $\displaystyle\int \frac{(x+1)^2}{\sqrt{x}}\mathrm{d}x$;

(3) $\displaystyle\int 3^x(\mathrm{e}^x + 1)\mathrm{d}x$;

(4) $\displaystyle\int \frac{x^2}{1+x^2}\mathrm{d}x$;

(5) $\displaystyle\int \frac{3x^2-2}{1+x^2}\mathrm{d}x$;

(6) $\displaystyle\int \tan^2 x\mathrm{d}x$;

(7) $\displaystyle\int \cos^2 \frac{x}{2}\mathrm{d}x$;

(8) $\displaystyle\int \frac{\mathrm{d}x}{\sin^2 x \cos^2 x}$.

解　(1)
$$\int x\sqrt{x}\,\mathrm{d}x = \int x^{\frac{3}{2}}\,\mathrm{d}x = \frac{x^{\frac{3}{2}+1}}{\frac{3}{2}+1} + C = \frac{2}{5}x^{\frac{5}{2}} + C$$

(2)
$$\int \frac{(x+1)^2}{\sqrt{x}}\,\mathrm{d}x = \int \frac{x^2+2x+1}{\sqrt{x}}\,\mathrm{d}x = \int \left(x^{\frac{3}{2}} + 2x^{\frac{1}{2}} + x^{-\frac{1}{2}}\right)\mathrm{d}x$$
$$= \int x^{\frac{3}{2}}\,\mathrm{d}x + 2\int x^{\frac{1}{2}}\,\mathrm{d}x + \int x^{-\frac{1}{2}}\,\mathrm{d}x = \frac{2}{5}x^{\frac{5}{2}} + \frac{4}{3}x^{\frac{3}{2}} + 2x^{\frac{1}{2}} + C$$

(3)
$$\int 3^x(\mathrm{e}^x+1)\mathrm{d}x = \int [(3\mathrm{e})^x + 3^x]\mathrm{d}x = \int (3\mathrm{e})^x\,\mathrm{d}x + \int 3^x\,\mathrm{d}x = \frac{(3\mathrm{e})^x}{\ln(3\mathrm{e})} + \frac{3^x}{\ln 3} + C$$
$$= \frac{3^x\mathrm{e}^x}{1+\ln 3} + \frac{3^x}{\ln 3} + C$$

(4)
$$\int \frac{x^2}{1+x^2}\,\mathrm{d}x = \int \frac{1+x^2-1}{1+x^2}\,\mathrm{d}x = \int \left(1 - \frac{1}{1+x^2}\right)\mathrm{d}x$$
$$= \int \mathrm{d}x - \int \frac{1}{1+x^2}\,\mathrm{d}x = x - \arctan x + C \left(\text{常将}\int 1\mathrm{d}x\text{写为}\int \mathrm{d}x\right)$$

(5)
$$\int \frac{3x^2-2}{1+x^2}\,\mathrm{d}x = \int \frac{3x^2+3-5}{1+x^2}\,\mathrm{d}x = \int \left(3 - \frac{5}{1+x^2}\right)\mathrm{d}x = 3x - 5\arctan x + C$$

(6)
$$\int \tan^2 x\,\mathrm{d}x = \int (\sec^2 x - 1)\mathrm{d}x = \int \sec^2 x\,\mathrm{d}x - \int \mathrm{d}x = \tan x - x + C$$

(7)
$$\int \cos^2 \frac{x}{2}\,\mathrm{d}x = \int \frac{1}{2}(\cos x + 1)\mathrm{d}x = \frac{1}{2}\int \cos x\,\mathrm{d}x + \frac{1}{2}\int 1\mathrm{d}x = \frac{1}{2}\sin x + \frac{1}{2}x + C$$

(8)
$$\int \frac{1}{\sin^2 x\cos^2 x}\,\mathrm{d}x = \int \frac{\sin^2 x + \cos^2 x}{\sin^2 x\cos^2 x}\,\mathrm{d}x = \int \frac{1}{\cos^2 x}\,\mathrm{d}x + \int \frac{1}{\sin^2 x}\,\mathrm{d}x$$
$$= \tan x - \cot x + C$$

§5.3　不定积分的换元积分法

利用不定积分的性质和基本积分公式, 仅能计算一些简单函数的不定积分. 因此有必要研究其他求不定积分的方法. 我们从复合函数的求导法则可以得到求不定积分的**换元积分法**(简称**换元法**). 换元积分法又分为第一换元积分法和第二换元积分法.

一、第一换元积分法

定理 5.5　若 $f(u)$ 及 $\varphi'(x)$ 都是连续函数, 且 $\int f(u)\mathrm{d}u = F(u) + C$, 则

$$\int f[\varphi(x)]\varphi'(x)\mathrm{d}x = F[\varphi(x)] + C \tag{5.5}$$

证明　因 $\{F[\varphi(x)]\}' = F'[u]\varphi'(x) = f(u)\varphi'(x) = f[\varphi(x)]\varphi'(x)$, 故

$$\int f[\varphi(x)]\varphi'(x)\mathrm{d}x = \int f[\varphi(x)]\mathrm{d}\varphi(x) = F[\varphi(x)] + C \qquad \square$$

上式说明: 将不定积分记号中的 d 看成通常的微分号是合理的 (这也恰好表明被积表达式是原函数的微分). 以后我们就将 d 看成通常的微分号, 这会给计算不定积分带来许多方便.

利用式 (5.5) 计算不定积分时, 关键是将遇到的不定积分 $\int g(x)\mathrm{d}x$ 中的被积函数设法变形为 $g(x) = f[\varphi(x)]\varphi'(x)$ 的形式, 然后将其中的一部分凑成微分 $\varphi'(x)\mathrm{d}x = \mathrm{d}\varphi(x)$, 使得 $\int f(u)\mathrm{d}u$ 容易求出来, 所以这种积分方法又称为**凑微分**, 简称**凑微法**.

在凑微分时, 常用到的凑微分形式有

(1) $\displaystyle\int f(ax+b)\mathrm{d}x = \frac{1}{a}\int f(ax+b)\mathrm{d}(ax+b)\,(a \neq 0)$;

(2) $\displaystyle\int f(ax^k+b)x^{k-1}\mathrm{d}x = \frac{1}{ka}\int f(ax^k+b)\mathrm{d}(ax^k+b)$;

(3) $\displaystyle\int f(\sqrt{x})\frac{1}{\sqrt{x}}\mathrm{d}x = 2\int f(\sqrt{x})\mathrm{d}\sqrt{x}$;

(4) $\displaystyle\int f\left(\frac{1}{x}\right)\frac{1}{x^2}\mathrm{d}x = -\int f\left(\frac{1}{x}\right)\mathrm{d}\left(\frac{1}{x}\right)$;

(5) $\displaystyle\int f(\ln x)\frac{1}{x}\mathrm{d}x = \int f(\ln x)\mathrm{d}(\ln x)$;

(6) $\displaystyle\int f(\mathrm{e}^x)\mathrm{e}^x\mathrm{d}x = \int f(\mathrm{e}^x)\mathrm{d}\mathrm{e}^x$;

(7) $\displaystyle\int f(\sin x)\cos x\mathrm{d}x = \int f(\sin x)\mathrm{d}\sin x$;

(8) $\displaystyle\int f(\cos x)\sin x\mathrm{d}x = -\int f(\cos x)\mathrm{d}\cos x;$

(9) $\displaystyle\int f(\tan x)\sec^2 x\mathrm{d}x = \int f(\tan x)\mathrm{d}\tan x;$

(10) $\displaystyle\int f(\cot x)\csc^2 x\mathrm{d}x = -\int f(\cot x)\mathrm{d}\cot x;$

(11) $\displaystyle\int f(\arcsin x)\frac{1}{\sqrt{1-x^2}}\mathrm{d}x = \int f(\arcsin x)\mathrm{d}\arcsin x;$

(12) $\displaystyle\int f(\arctan x)\frac{1}{1+x^2}\mathrm{d}x = \int f(\arctan x)\mathrm{d}\arctan x.$

例 5.5 求下列不定积分:

(1) $\displaystyle\int (2x-3)^{10}\mathrm{d}x;$ 　　 (2) $\displaystyle\int \frac{1}{2-3x}\mathrm{d}x;$ 　　 (3) $\displaystyle\int \frac{1}{\sqrt{2-3x}}\mathrm{d}x;$

(4) $\displaystyle\int \frac{1}{a^2-x^2}\mathrm{d}x;$ 　　 (5) $\displaystyle\int \frac{x}{(2+3x^2)^3}\mathrm{d}x.$

解 (1) 若将被积函数 $(2x-3)^{10}$ 展开, 然后逐项积分是很烦琐的, 但若看成是幂函数的复合函数: $(2x-3)^{10} = u^{10}$, $u = 2x-3$, 又缺少中间变量的导数, 但中间变量的导数为常数, 所以可以通过乘以这个常数再除以该常数的办法凑微分, 即把被积函数写作

$$(2x-3)^{10} = \frac{1}{2}(2x-3)^{10}(2x-3)'$$

作变换 $u = 2x-3$, 则有

$$\begin{aligned}
\int (2x-3)^{10}\mathrm{d}x &= \int \frac{1}{2}(2x-3)^{10}(2x-3)'\mathrm{d}x \\
&= \frac{1}{2}\int (2x-3)^{10}\mathrm{d}(2x-3) \\
&= \frac{1}{2}\int u^{10}\mathrm{d}u = \frac{1}{22}u^{11} + C
\end{aligned}$$

再以 $u = 2x-3$ 代入上式, 即得

$$\int (2x-3)^{10}\mathrm{d}x = \frac{1}{22}(2x-3)^{11} + C$$

(2) 被积函数同样可视为幂函数的复合函数, 利用幂函数的积分公式并略去变量替换过程 (代换比较熟练后, 就不必再写出中间变量, 只需做到 "心中有数" 即可), 可得

$$\int \frac{1}{2-3x}\mathrm{d}x = \int \frac{1}{2-3x}\cdot\frac{(2-3x)'}{-3}\mathrm{d}x = -\frac{1}{3}\int \frac{1}{2-3x}\mathrm{d}(2-3x) = -\frac{1}{3}\ln|2-3x| + C$$

(3)

$$\int \frac{1}{\sqrt{2-3x}}\mathrm{d}x = -\frac{1}{3}\int \frac{1}{\sqrt{2-3x}}\mathrm{d}(2-3x) = -\frac{1}{3} \cdot 2\sqrt{2-3x} + C$$

$$= -\frac{2}{3}\sqrt{2-3x} + C$$

(4) 此被积函数不能视为幂函数的复合函数, 因为中间变量的导数 $\left(a^2 - x^2\right)' = -2x$, 与其余部分不是相差常数倍, 所以先将分母分解因式然后拆开再积分.

$$\int \frac{1}{a^2 - x^2}\mathrm{d}x = \int \frac{1}{(a-x)(a+x)}\mathrm{d}x$$

$$= \frac{1}{2a}\int \left(\frac{1}{a+x} + \frac{1}{a-x}\right)\mathrm{d}x$$

$$= \frac{1}{2a}\left(\int \frac{1}{a+x}\mathrm{d}x + \int \frac{1}{a-x}\mathrm{d}x\right)$$

$$= \frac{1}{2a}\left[\int \frac{1}{a+x}\mathrm{d}(a+x) - \int \frac{1}{a-x}\mathrm{d}(a-x)\right]$$

$$= \frac{1}{2a}(\ln|a+x| - \ln|a-x|) + C = \frac{1}{2a}\ln\left|\frac{a+x}{a-x}\right| + C$$

(5) 被积函数可视为幂函数的复合函数与中间变量的导数的乘积.

$$\int \frac{x}{(2+3x^2)^3}\mathrm{d}x = \frac{1}{6}\int \frac{(2+3x^2)'}{(2+3x^2)^3}\mathrm{d}x = \frac{1}{6}\int \frac{1}{(2+3x^2)^3}\mathrm{d}(2+3x)$$

$$= \frac{1}{6} \cdot \frac{1}{-2} \cdot \frac{1}{(2+3x^2)^2} + C = \frac{1}{-12(2+3x^2)^2} + C$$

例 5.6 求下列不定积分

(1) $\displaystyle\int \tan x\mathrm{d}x$;   (2) $\displaystyle\int \sin 2x\mathrm{d}x$;   (3) $\displaystyle\int \sin x \cos 3x\mathrm{d}x$;

(4) $\displaystyle\int \sin^3 x\mathrm{d}x$;   (5) $\displaystyle\int \csc x\mathrm{d}x$;   (6) $\displaystyle\int \sin^2 x \cos^3 x\mathrm{d}x$.

解 (1) 将正切函数表示为正弦函数与余弦函数的商, 然后再凑微分.

$$\int \tan x\mathrm{d}x = \int \frac{\sin x}{\cos x}\mathrm{d}x = -\int \frac{(\cos x)'}{\cos x}\mathrm{d}x = -\int \frac{1}{\cos x}\mathrm{d}(\cos x) = -\ln|\cos x| + C$$

类似可得 $\displaystyle\int \cot x\mathrm{d}x = \ln|\sin x| + C$.

(2) 直接凑微分 $\displaystyle\int \sin 2x\mathrm{d}x = \frac{1}{2}\int \sin 2x\mathrm{d}(2x) = -\frac{1}{2}\cos 2x + C$, 也可先用倍角公

式, 然后再凑微分, 解法如下:

$$\int \sin 2x dx = \int 2 \sin x \cos x dx = 2 \int \sin x d \sin x = \sin^2 x + C$$

或

$$\int \sin 2x dx = \int 2 \sin x \cos x dx = -2 \int \cos x d \cos x = -\cos^2 x + C$$

可见在计算不定积分时, 采用的变量替换形式不同, 其结果的形式也可能不一样, 但容易发现以上三个结果实质是一样的. 所以在核对不定积分的结果时, 不能只看表面形式, 而要检查两个结果的实质是否一样, 即去掉任意常数后二者是否相差常数, 或对结果求导看是否等于被积函数.

(3) 被积函数不是 $g(x) = f[\varphi(x)]\varphi'(x)$ 的形式, 所以, 若凑成

$$\int \sin x \cdot \cos 3x dx = -\int \cos 3x d \cos x$$

则必须将 $\cos 3x$ 表示为 $\cos x$ 的函数, 这是很麻烦的, 因此先积化和差然后再积分.

$$\int \sin x \cdot \cos 3x dx = \frac{1}{2} \int (\sin 4x - \sin 2x) \, dx = \frac{1}{2} \left(\frac{1}{4} \int \sin 4x d(4x) - \frac{1}{2} \int \sin 2x d(2x) \right)$$

$$= -\frac{1}{8} \cos 4x - \frac{1}{4} \cos 2x + C$$

如果被积函数中的 $\cos 3x$ 换成 $\cos 2x$, 则较易用 $\cos x$ 表示, 因此可不用积化和差而直接凑微分得

$$\int \sin x \cdot \cos 2x dx = -\int \cos 2x d \cos x = \int \left(1 - 2 \cos^2 x \right) \mathrm{d} \cos x$$

$$= \cos x - \frac{2}{3} \cos^3 x + C$$

(4) 被积函数是一个复合函数, 但可表示为两个函数的乘积, 因此将一个因式凑成微分后即可求解.

$$\int \sin^3 x dx = \int \sin^2 x \sin x dx = -\int \sin^2 x d \cos x = \int (\cos^2 x - 1) \mathrm{d} \cos x$$

$$= \frac{1}{3} \cos^3 x - \cos x + C$$

(5)

$$\int \csc x dx = \int \frac{1}{\sin x} dx = \int \frac{1}{2 \sin \frac{x}{2} \cos \frac{x}{2}} dx$$

$$= \int \frac{1}{\tan \frac{x}{2} \cos^2 \frac{x}{2}} \mathrm{d} \left(\frac{x}{2} \right) = \int \frac{1}{\tan \frac{x}{2}} \mathrm{d} \left(\tan \frac{x}{2} \right)$$

$$= \ln \left| \tan \frac{x}{2} \right| + C$$

又因为 $\tan\dfrac{x}{2}=\dfrac{\sin\frac{x}{2}}{\cos\frac{x}{2}}=\dfrac{2\sin^2\frac{x}{2}}{\sin x}=\dfrac{1-\cos x}{\sin x}=\csc x-\cot x$, 所以

$$\int \csc x\,\mathrm{d}x=\ln|\csc x-\cot x|+C$$

也可采用如下解法:

$$\int \csc x\,\mathrm{d}x=\int\frac{1}{\sin x}\mathrm{d}x=\int\frac{\sin x}{\sin^2 x}\mathrm{d}x=\int\frac{1}{\cos^2 x-1}\mathrm{d}(\cos x)=\frac{1}{2}\ln\left|\frac{1-\cos x}{1+\cos x}\right|+C$$

$$=\frac{1}{2}\ln\left|\frac{(1-\cos x)^2}{1-\cos^2 x}\right|+C=\ln\left|\frac{1-\cos x}{\sin x}\right|+C=\ln|\csc x-\cot x|+C$$

类似可得

$$\int \sec x\,\mathrm{d}x=\ln|\sec x+\tan x|+C$$

(6)

$$\int \sin^2 x\cos^3 x\,\mathrm{d}x=\int \sin^2 x\cos^2 x\cos x\,\mathrm{d}x$$

$$=\int \sin^2 x\left(1-\sin^2 x\right)\mathrm{d}\sin x$$

$$=\int (\sin^2 x-\sin^4 x)\mathrm{d}\sin x$$

$$=\frac{1}{3}\sin^3 x-\frac{1}{5}\sin^5 x+C$$

注　形如 $\int \sin^n x\cos^m x\,\mathrm{d}x$ 的积分, 一般当 m,n 至少有一个为奇数时, 将奇次幂的因式 $\sin x$ 或 $\cos x$ 与 $\mathrm{d}x$ 凑微分; 当 m,n 均为偶数时, 常用半角公式降幂计算.

例 5.7　求下列不定积分:

(1) $\displaystyle\int\frac{1}{x\ln x}\mathrm{d}x$;　　　　　　(2) $\displaystyle\int\frac{\arctan x}{1+x^2}\mathrm{d}x$;　　　　　(3) $\displaystyle\int\frac{1}{a^2+x^2}\mathrm{d}x(a>0)$;

(4) $\displaystyle\int\frac{1}{1+\mathrm{e}^x}\mathrm{d}x$;　　　　　(5) $\displaystyle\int\frac{1}{\sqrt{a^2-x^2}}\mathrm{d}x(a>0)$.

解　(1) $\displaystyle\int\frac{1}{x\ln x}\mathrm{d}x=\int\frac{1}{\ln x}\mathrm{d}\ln x=\ln|\ln x|+C$;

(2) $\displaystyle\int\frac{\arctan x}{1+x^2}\mathrm{d}x=\int\arctan x\,\mathrm{d}\arctan x=\frac{1}{2}\left(\arctan x\right)^2+C$;

(3) $\displaystyle\int \frac{1}{a^2+x^2}\mathrm{d}x = \int \frac{1}{a^2}\frac{1}{1+\left(\dfrac{x}{a}\right)^2}\mathrm{d}x = \frac{1}{a}\int \frac{1}{1+\left(\dfrac{x}{a}\right)^2}\mathrm{d}\left(\frac{x}{a}\right) = \frac{1}{a}\arctan\frac{x}{a}+C;$

(4) $\displaystyle\int \frac{1}{\sqrt{a^2-x^2}}\mathrm{d}x = \int \frac{1}{a\sqrt{1-\left(\dfrac{x}{a}\right)^2}}\mathrm{d}x = \int \frac{1}{\sqrt{1-\left(\dfrac{x}{a}\right)^2}}\mathrm{d}\left(\frac{x}{a}\right) = \arcsin\frac{x}{a}+C;$

(5) $\displaystyle\int \frac{1}{1+\mathrm{e}^x}\mathrm{d}x = \int \frac{1+\mathrm{e}^x-\mathrm{e}^x}{1+\mathrm{e}^x}\mathrm{d}x = \int\left(1-\frac{\mathrm{e}^x}{1+\mathrm{e}^x}\right)\mathrm{d}x = \int \mathrm{d}x - \int \frac{\mathrm{e}^x}{1+\mathrm{e}^x}\mathrm{d}x$

$$= x - \int \frac{\mathrm{d}(1+\mathrm{e}^x)}{1+\mathrm{e}^x} = x - \ln(1+\mathrm{e}^x)+C.$$

二、第二换元积分法

第一类换元法是由变量代换 $u=\varphi(x)$, 将不定积分 $\displaystyle\int f\left[\varphi(x)\right]\varphi'(x)\mathrm{d}x$ 化为 $\displaystyle\int f(u)\mathrm{d}u$.

下面我们将第一类换元法反过来应用, 要求不定积分 $\displaystyle\int f(x)\mathrm{d}x$, 选取适当变量代换 $x=\varphi(t)$, 将积分 $\displaystyle\int f(x)\mathrm{d}x$ 化为 $\displaystyle\int f\left[\varphi(t)\right]\varphi'(t)\mathrm{d}t$. 若 $f\left[\varphi(t)\right]\varphi'(t)$ 的原函数 $F(t)$ 容易求出, 且 $x=\varphi(t)$ 的反函数 $t=\varphi^{-1}(x)$ 存在, 则

$$\int f(x)\mathrm{d}x = \int f[\varphi(x)]\varphi'(t)\mathrm{d}t = F(t)+C = F[\varphi^{-1}(x)]+C \tag{5.6}$$

这种方法称为**第二类换元积分法**.

比较两种换元积分公式 (5.5) 和公式 (5.6) 可以看出, 它们互为 "逆过程". 在使用上第一换元法, 即凑微分法较难掌握, 技巧性较强而且灵活多变. 但第二换元积分法主要应用于被积函数中含有根式而又不易积分的情况, 并且换元的目的是去掉根式, 使得积分容易求出. 由于目标明确, 所以较容易掌握.

例 5.8 求下列不定积分:

(1) $\displaystyle\int \frac{1}{1+\sqrt{2x}}\mathrm{d}x;$　　　　(2) $\displaystyle\int \frac{x}{\sqrt{x-3}}\mathrm{d}x;$　　　　(3) $\displaystyle\int \frac{x+1}{\sqrt[3]{3x+1}}\mathrm{d}x.$

解　(1) 令 $\sqrt{2x}=t$, 则 $x=\dfrac{t^2}{2}$, $\mathrm{d}x=t\mathrm{d}t$, 于是

$$\int \frac{1}{1+\sqrt{2x}}\mathrm{d}x = \int \frac{1}{1+t}t\mathrm{d}t = \int \frac{t+1-1}{t+1}\mathrm{d}t$$

$$= \int\left(1-\frac{1}{1+t}\right)\mathrm{d}t = t-\ln|1+t|+C$$

$$= \sqrt{2x}-\ln(1+\sqrt{2x})+C$$

(2)

$$\int \frac{x}{\sqrt{x-3}}\mathrm{d}x \xlongequal[x=t^2+3]{t=\sqrt{x-3}} \int \frac{t^2+3}{t} \cdot 2t\mathrm{d}t = 2\int (t^2+3)\mathrm{d}t$$

$$= \frac{2}{3}t^3 + 6t + C = \frac{2}{3}(x-3)^{\frac{3}{2}} + 6\sqrt{x-3} + C$$

此题的解法也可采用变形后凑微分:

$$\int \frac{x}{\sqrt{x-3}}\mathrm{d}x = \int \frac{x-3+3}{\sqrt{x-3}}\mathrm{d}x = \int \left(\sqrt{x-3} + \frac{3}{\sqrt{x-3}} \right)\mathrm{d}x$$

$$= \int \left(\sqrt{x-3} + \frac{3}{\sqrt{x-3}} \right)\mathrm{d}(x-3) = \frac{2}{3}(x-3)^{\frac{3}{2}} + 6\sqrt{x-3} + C$$

(3) 令 $t = \sqrt[3]{3x+1}$, 则 $x = \frac{1}{3}(t^3-1)$, $\mathrm{d}x = t^2\mathrm{d}t$, 所以

$$\int \frac{x+1}{\sqrt[3]{3x+1}}\mathrm{d}x = \int \frac{\frac{1}{3}(t^3-1)+1}{t} \cdot t^2\mathrm{d}t = \int \left(\frac{t^4}{3} + \frac{2}{3}t \right)\mathrm{d}t = \frac{1}{15}t^5 + \frac{1}{3}t^2 + C$$

$$= \frac{1}{15}(3x+1)^{\frac{5}{3}} + \frac{1}{3}(3x+1)^{\frac{2}{3}} + C = \frac{1}{15}(3x+1)^{\frac{2}{3}}(3x+6) + C$$

$$= \frac{1}{5}(3x+1)^{\frac{2}{3}}(x+2) + C$$

从例 5.8 可知, 当被积函数中含有 $\sqrt[n]{ax+b}$ 时, 令 $t = \sqrt[n]{ax+b}$ 进行换元, 可将被积函数中的根式去掉.

如果被积函数中含有二次根式 $\sqrt{a^2-x^2}$, $\sqrt{a^2+x^2}$ 或 $\sqrt{x^2-a^2}$, 其中 $a > 0$, 则采用根式替换一般不能奏效. 这时要利用三角代换可将二次根式去掉. 一般地

(1) 被积函数中含有 $\sqrt{a^2-x^2}$, 则令 $x = a\sin t$;

(2) 被积函数中含有 $\sqrt{a^2+x^2}$, 则令 $x = a\tan t$;

(3) 被积函数中含有 $\sqrt{x^2-a^2}$, 则令 $x = a\sec t$.

例 5.9   求下列不定积分:

(1) $\displaystyle\int \sqrt{a^2-x^2}\mathrm{d}x \ (a > 0)$;   (2) $\displaystyle\int \frac{1}{\sqrt{x^2+a^2}}\mathrm{d}x$;

(3) $\displaystyle\int \frac{1}{x\sqrt{x^2-1}}\mathrm{d}x \ (x > 1)$;   (4) $\displaystyle\int \frac{1}{\sqrt{4x-x^2}}\mathrm{d}x$.

解   (1) 令 $x = a\sin t \left(-\frac{\pi}{2} \leqslant t \leqslant \frac{\pi}{2} \right)$, 则

$$\sqrt{a^2-x^2} = \sqrt{a^2 - a^2\sin^2 t} = a\sqrt{\cos^2 t} = a\cos t, \quad \mathrm{d}x = a\cos t\mathrm{d}t$$

于是

$$\int \sqrt{a^2 - x^2}\mathrm{d}x = \int a\cos t \cdot a\cos t\mathrm{d}t = a^2 \int \cos^2 t\mathrm{d}t$$

$$= a^2 \int \frac{1+\cos 2t}{2}\mathrm{d}t$$

$$= \frac{a^2}{2}\left[\int \mathrm{d}t + \frac{1}{2}\int \cos 2t\mathrm{d}(2t)\right]$$

$$= \frac{a^2}{2}t + \frac{a^2}{4}\sin 2t + C$$

$$= \frac{a^2}{2}t + \frac{a^2}{2}\sin t\cos t + C$$

为了较容易地把结果中的三角函数换成 x 的函数, 可根据替换作辅助三角形.

由于 $x = a\sin t$, 所以 $\sin t = \dfrac{x}{a}$, 辅助三角形如图 5-2 所示, 从而有 $\cos t = \dfrac{\sqrt{a^2-x^2}}{a}$, 又 $t = \arcsin \dfrac{x}{a}$, 所以

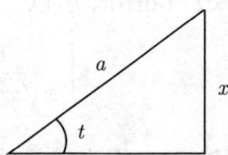

图 5-2

$$\int \sqrt{a^2 - x^2}\mathrm{d}x = \frac{a^2}{2}\arcsin \frac{x}{a} + \frac{1}{2}x\sqrt{a^2 - x^2} + C$$

(2) 令 $x = a\tan t \left(-\dfrac{\pi}{2} < t < \dfrac{\pi}{2}\right)$, 则

$$\sqrt{x^2 + a^2} = \sqrt{a^2\tan^2 t + a^2} = a\sqrt{\tan^2 t + 1} = a\sec t, \quad \mathrm{d}x = a\sec^2 t\mathrm{d}t$$

于是

$$\int \frac{1}{\sqrt{x^2 + a^2}}\mathrm{d}x = \int \frac{1}{a\sec t}a\sec^2 t\mathrm{d}t = \int \sec t\mathrm{d}t$$

$$= \ln|\sec t + \tan t| + C$$

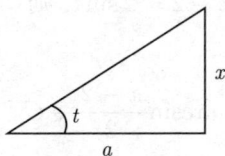

图 5-3

由于 $x = a\tan t$, 所以 $\tan t = \dfrac{x}{a}$, 据此作辅助三角形 (图 5-3), 从而有

$$\sec t = \frac{\sqrt{x^2 + a^2}}{a}$$

所以

$$\int \frac{1}{\sqrt{x^2+a^2}}\mathrm{d}x = \ln\left|\frac{\sqrt{x^2+a^2}}{a}+\frac{x}{a}\right| + C_1 (C_1 \text{为任意常数})$$

$$= \ln(x+\sqrt{x^2+a^2})+C \quad (\text{其中}\ C=C_1-\ln a)$$

同理可求出

$$\int \frac{1}{\sqrt{x^2-a^2}}\mathrm{d}x = \ln\left|x+\sqrt{x^2-a^2}\right| + C$$

上面两个结果综合起来, 即

$$\int \frac{1}{\sqrt{x^2\pm a^2}}\mathrm{d}x = \ln\left|x+\sqrt{x^2\pm a^2}\right| + C$$

(3) **解法一**　令 $x=\sec t\left(0<t<\frac{\pi}{2}\right)$, 则 $\sqrt{x^2-1}=\sqrt{\sec^2 t-1}=\tan t$, $\mathrm{d}x = \sec t\cdot\tan t\mathrm{d}t$, 所以

$$\int \frac{1}{x\sqrt{x^2-1}}\mathrm{d}x = \int \mathrm{d}t = t+C = \arccos\frac{1}{x}+C$$

解法二　因为根式外含有 x 的奇次幂, 所以也可令 $x=\dfrac{1}{t}$, 则

$$\int \frac{1}{x\sqrt{x^2-1}}\mathrm{d}x = -\int \frac{t}{\sqrt{\left(\frac{1}{t}\right)^2-1}}\frac{1}{t^2}\mathrm{d}t = -\int \frac{1}{\sqrt{1-t^2}}\mathrm{d}t = -\arcsin t+C = -\arcsin\frac{1}{x}+C$$

解法三　令 $x^2-1=t^2(t>0)$, 即 $t=\sqrt{x^2-1}$, 则

$$\int \frac{1}{x\sqrt{x^2-1}}\mathrm{d}x = \int \frac{1}{\sqrt{1+t^2}\cdot t}\cdot\frac{2t}{2\sqrt{1+t^2}}\mathrm{d}t = \int \frac{1}{1+t^2}\mathrm{d}t = \arctan t+C$$

$$= \arctan\sqrt{x^2-1}+C$$

(4) 因为 $\displaystyle\int \frac{1}{\sqrt{4x-x^2}}\mathrm{d}x = \int \frac{1}{\sqrt{4-(x-2)^2}}\mathrm{d}x$, 所以令 $x-2=2\sin t$, 则

$$\int \frac{1}{\sqrt{4x-x^2}}\mathrm{d}x = \int \frac{2\cos t}{\sqrt{4-4\sin^2 t}}\mathrm{d}t = \int \mathrm{d}t = t+C = \arcsin\frac{x-2}{2}+C$$

还有其他一些根式类型的不定积分, 要视情况选择适当的替换, 以便求出不定积分.

例 5.10　求下列不定积分:

(1) $\displaystyle\int \frac{\mathrm{d}x}{\sqrt{\mathrm{e}^x-1}}$;

(2) $\displaystyle\int \frac{\mathrm{d}x}{\sqrt{x+1}+\sqrt[3]{x+1}}$.

解　(1) **解法一**　令 $t = \sqrt{e^x - 1}$, 则 $x = \ln(t^2 + 1)$, $dx = \dfrac{2tdt}{t^2 + 1}$, 所以

$$\int \frac{dx}{\sqrt{e^x - 1}} = \int \frac{1}{t} \cdot \frac{2tdt}{t^2 + 1} = 2 \int \frac{1}{t^2 + 1} dt = 2 \arctan t + C = 2 \arctan \sqrt{e^x - 1} + C$$

解法二　令 $e^x = \sec^2 t$, 则 $x = 2 \ln \sec t$, $dx = 2 \tan t dt$, 所以

$$\int \frac{dx}{\sqrt{e^x - 1}} = \int \frac{2 \tan t dt}{\sqrt{\sec^2 t - 1}} = 2 \int dt = 2t + C = 2 \arccos e^{-\frac{x}{2}} + C$$

解法三

$$\int \frac{dx}{\sqrt{e^x - 1}} = \int \frac{e^{-\frac{x}{2}} dx}{\sqrt{1 - e^{-x}}} = \int \frac{-2de^{-\frac{x}{2}}}{\sqrt{1 - \left(e^{-\frac{x}{2}}\right)^2}} = -2 \arcsin e^{-\frac{x}{2}} + C.$$

(2) 令 $t = \sqrt[6]{x + 1}$, 则 $x = t^6 - 1$, 于是

$$\int \frac{dx}{\sqrt{x + 1} + \sqrt[3]{x + 1}} = \int \frac{6t^5 dt}{t^3 + t^2} = 6 \int \frac{t^3}{t + 1} dt = 6 \int \frac{t^3 + 1 - 1}{t + 1} dt$$

$$= 6 \int \left(t^2 - t + 1 - \frac{1}{t + 1}\right) dt = 6 \left(\frac{t^3}{3} - \frac{t^2}{2} + t - \ln |t + 1|\right) + C$$

$$= 2\sqrt{x + 1} - 3\sqrt[3]{x + 1} + 6\sqrt[6]{x + 1} - \ln \left|\sqrt[6]{x + 1} + 1\right| + C$$

有些不定积分虽然被积函数不含根式, 但通过换元积分可能使得不定积分变得容易.

例 5.11　求下列不定积分:

(1) $\displaystyle\int \frac{dx}{e^x(1 + e^{2x})}$;　　　　　　　(2) $\displaystyle\int \frac{dx}{x(1 + x^\alpha)}(\alpha \neq 0)$;

(3) $\displaystyle\int x(1 - x)^{100} dx$;　　　　　　　(4) $\displaystyle\int \frac{dx}{(1 + x^2)^2}$.

解

(1)
$$\int \frac{dx}{e^x(1 + e^{2x})} \xlongequal{t = e^x} \int \frac{dt}{t^2(1 + t^2)} = \int \left(\frac{1}{t^2} - \frac{1}{1 + t^2}\right) dt = -\left(\frac{1}{t} + \arctan t\right) + C$$

$$= -\left(\frac{1}{e^x} + \arctan e^x\right) + C$$

(2)
$$\int \frac{dx}{x(1 + x^\alpha)} \xlongequal{x = \frac{1}{t}} -\int t \frac{1}{1 + \frac{1}{t^\alpha}} \frac{1}{t^2} dt = -\int \frac{t^{\alpha - 1}}{t^\alpha + 1} dt$$

$$= -\frac{1}{\alpha} \int \frac{1}{t^\alpha + 1} d(t^\alpha + 1) = -\frac{1}{\alpha} \ln |1 + t^\alpha| + C = -\frac{1}{\alpha} \ln \left|1 + \frac{1}{x^\alpha}\right| + C$$

$$(3)\quad \int x(1-x)^{100}\mathrm{d}x \xlongequal{t=1-x} -\int (1-t)t^{100}\mathrm{d}t = \int (t^{101}-t^{100})\mathrm{d}t$$

$$= \frac{t^{102}}{102} - \frac{t^{101}}{101} + C = \frac{(1-x)^{102}}{102} - \frac{(1-x)^{101}}{101} + C$$

此题也可先变形, 然后凑微分计算. 请读者思考.

$$(4)\quad \int \frac{\mathrm{d}x}{(1+x^2)^2} \xlongequal{x=\tan t} \int \frac{\sec^2 t}{\sec^4 t}\mathrm{d}t = \int \cos^2 t\mathrm{d}t = \frac{1}{2}\int (1+\cos 2t)\mathrm{d}t$$

$$= \frac{1}{2}\left(t+\frac{\sin 2t}{2}\right)+C = \frac{1}{2}\left(t+\sin t\cos t\right)+C = \frac{1}{2}\left(\arctan x+\frac{x}{x^2+1}\right)+C$$

§5.4　不定积分的分部积分法

我们利用复合函数的求导法则, 得到了换元积分法; 下面利用乘积的导数公式推导另一种求不定积分的方法.

设函数 $u=u(x)$, $v=v(x)$ 皆有连续导数, 则有 $(uv)'=u'v+uv'$, 所以

$$uv'=(uv)'-u'v$$

两边分别求不定积分, 得

$$\int uv'\mathrm{d}x = \int [(uv)'-u'v]\mathrm{d}x = \int (uv)'\mathrm{d}x - \int u'v\mathrm{d}x = uv - \int u'v\mathrm{d}x$$

即

$$\int uv'\mathrm{d}x = uv - \int vu'\mathrm{d}x \tag{5.7}$$

称式 (5.7) 为**分部积分公式**.

为使用和记忆方便, 此公式常写成

$$\int uv'\mathrm{d}x = \int u\mathrm{d}v = uv - \int v\mathrm{d}u$$

分部积分公式主要用于解决两类不同函数乘积的积分, 以及基本初等函数中的对数函数和反三角函数的积分问题, 其公式的意义在于先积出一部分来 (这也是称为分部积分公式的原因所在), 并同时把较难计算的积分 $\int uv'\mathrm{d}x$ 转变为较简单的积分 $\int v\mathrm{d}u$ 或 $\int u'v\mathrm{d}x$.

使用公式的第一步是凑微分, 一般情况下, 可依照指数函数、三角函数、幂函数的顺序优先凑微分 (但有时这一步是不需要的); 然后利用公式即可.

例 5.12 求下列不定积分

(1) $\displaystyle\int x\cos x\mathrm{d}x$;　　　　(2) $\displaystyle\int x\mathrm{e}^x\mathrm{d}x$;　　　　(3) $\displaystyle\int \ln x\mathrm{d}x$;

(4) $\displaystyle\int x^{-2}\ln x\mathrm{d}x$;　　　　(5) $\displaystyle\int x\arctan x\mathrm{d}x$.

解　(1) 被积函数是幂函数与三角函数的乘积, 所以把三角函数凑成微分形式, 或者说转移三角函数, 得

$$\int x\cos x\mathrm{d}x = \int x\mathrm{d}\sin x = x\sin x - \int \sin x\mathrm{d}x = x\sin x + \cos x + C$$

换位后的积分能够计算.

(2) 被积函数是幂函数与指数函数的乘积, 所以转移指数函数, 于是有

$$\int x\mathrm{e}^x\mathrm{d}x = \int x\mathrm{d}\mathrm{e}^x = x\mathrm{e}^x - \int \mathrm{e}^x\mathrm{d}x = x\mathrm{e}^x - \mathrm{e}^x + C$$

(3) 被积函数只有对数函数, 视为已经转移好了, 直接分部积分即可.

$$\int \ln x\mathrm{d}x = x\ln x - \int x\mathrm{d}\ln x = x\ln x - \int x\cdot\frac{1}{x}\mathrm{d}x = x\ln x - \int \mathrm{d}x = x\ln x - x + C$$

换位后的积分不能直接计算, 所以转为计算积分 $\displaystyle\int u'v\mathrm{d}x$.

(4) 被积函数是幂函数与对数函数的乘积, 所以转移幂函数可得

$$\int x^{-2}\ln x\mathrm{d}x = -\int \ln x\mathrm{d}\left(\frac{1}{x}\right) = -\frac{\ln x}{x} + \int \frac{1}{x}\mathrm{d}\ln x$$

$$= -\frac{\ln x}{x} + \int \frac{1}{x^2}\mathrm{d}x = -\frac{\ln x}{x} - \frac{1}{x} + C$$

(5) 被积函数是幂函数与反三角函数的乘积, 所以转移幂函数.

$$\int x\arctan x\mathrm{d}x = \int \arctan x\mathrm{d}\left(\frac{x^2}{2}\right) = \frac{x^2}{2}\arctan x - \int \frac{x^2}{2}\mathrm{d}\arctan x$$

$$= \frac{x^2}{2}\arctan x - \frac{1}{2}\int \frac{x^2}{1+x^2}\mathrm{d}x$$

$$= \frac{x^2}{2}\arctan x - \frac{1}{2}\int \left(1 - \frac{1}{1+x^2}\right)\mathrm{d}x$$

$$= \frac{x^2}{2}\arctan x - \frac{1}{2}x + \frac{1}{2}\arctan x + C$$

有些不定积分的计算, 可能需要多次使用分部积分法. 有时分部积分后可能又出现了所求的不定积分, 这时可通过解积分方程来获得所求的不定积分.

例 5.13　求下列不定积分:

(1) $\displaystyle\int x^2 \mathrm{e}^{-x}\mathrm{d}x$;　　　　　　　　　(2) $\displaystyle\int \mathrm{e}^x \cos x\mathrm{d}x$;

(3) $\displaystyle\int \sec^3 x\mathrm{d}x$;　　　　　　　　　(4) $\displaystyle\int \sin\ln x\mathrm{d}x$.

解　(1)

$$\int x^2 \mathrm{e}^{-x}\mathrm{d}x = -\int x^2 \mathrm{d}\mathrm{e}^{-x}$$

$$= -x^2 \mathrm{e}^{-x} + \int \mathrm{e}^{-x}\mathrm{d}(x^2)$$

$$= -x^2 \mathrm{e}^{-x} + 2\int x\mathrm{e}^{-x}\mathrm{d}x$$

$$= -x^2 \mathrm{e}^{-x} - 2\int x\mathrm{d}\mathrm{e}^{-x}$$

$$= -x^2 \mathrm{e}^{-x} - 2x\mathrm{e}^{-x} + 2\int \mathrm{e}^{-x}\mathrm{d}x$$

$$= -x^2 \mathrm{e}^{-x} - 2x\mathrm{e}^{-x} - 2\mathrm{e}^{-x} + C$$

(2) 记 $I = \displaystyle\int \mathrm{e}^x \cos x\mathrm{d}x$, 则

$$I = \int \mathrm{e}^x \cos x\mathrm{d}x = \int \cos x\mathrm{d}\mathrm{e}^x = \mathrm{e}^x \cos x - \int \mathrm{e}^x \mathrm{d}\cos x$$

$$= \mathrm{e}^x \cos x + \int \mathrm{e}^x \sin x\mathrm{d}x$$

上式中又出现了一个与原不定积分同一类型的不定积分, 再利用一次分部积分法, 得

$$I = \int \mathrm{e}^x \cos x\mathrm{d}x = \mathrm{e}^x \cos x + \int \sin x\mathrm{d}\mathrm{e}^x$$

$$= \mathrm{e}^x \cos x + \mathrm{e}^x \sin x - \int \mathrm{e}^x \cos x\mathrm{d}x$$

$$= \mathrm{e}^x(\sin x + \cos x) - I$$

这样, 得到了关于 I 的一个方程, 解得

$$I = \int \mathrm{e}^x \cos x\mathrm{d}x = \frac{1}{2}\mathrm{e}^x(\sin x + \cos x) + C$$

注意: 由于 I 表示的是不定积分, 所以解方程后, 应加上任意常数 C.

(3) 被积函数是一个复合函数, 但可拆成两个函数的乘积.

$$\int \sec^3 x \mathrm{d}x = \int \sec x \cdot \sec^2 x \mathrm{d}x = \int \sec x \mathrm{d}\tan x$$

$$= \sec x \tan x - \int \sec x \tan^2 x \mathrm{d}x$$

$$= \sec x \tan x - \int \sec x (\sec^2 x - 1) \mathrm{d}x$$

$$= \sec x \tan x + \int \sec x \mathrm{d}x - \int \sec^3 x \mathrm{d}x$$

$$= \sec x \tan x + \ln|\sec x + \tan x| - \int \sec^3 x \mathrm{d}x$$

移项, 解方程得

$$\int \sec^3 x \mathrm{d}x = \frac{1}{2} \sec x \tan x + \frac{1}{2} \ln|\sec x + \tan x| + C$$

(4)

$$\int \sin \ln x \mathrm{d}x = x \sin \ln x - \int x \mathrm{d}\sin \ln x = x \sin \ln x - \int x \cos \ln x \cdot \frac{1}{x} \mathrm{d}x$$

$$= x \sin \ln x - \int \cos \ln x \cdot \mathrm{d}x = x \sin \ln x - x \cos \ln x + \int x \mathrm{d}\cos \ln x$$

$$= x \sin \ln x - x \cos \ln x - \int \sin \ln x \mathrm{d}x$$

解得

$$\int \sin \ln x \mathrm{d}x = \frac{x}{2}(\sin \ln x - \cos \ln x) + C$$

还有些不定积分的计算, 往往要分部积分法与换元积分法同时使用.

例 5.14   求下列不定积分

(1) $\int \mathrm{e}^{\sqrt{x}} \mathrm{d}x$;   (2) $\int \frac{(1-x)\arcsin(1-x)}{\sqrt{2x-x^2}} \mathrm{d}x$.

解   (1) 令 $\sqrt{x}=t$, 则 $x=t^2$, $\mathrm{d}x=2t\mathrm{d}t$, 于是

$$\int \mathrm{e}^{\sqrt{x}} \mathrm{d}x = 2 \int t \mathrm{e}^t \mathrm{d}t$$

再由例 5.12(2) 的结果, 并将 $t=\sqrt{x}$ 代回, 便得

$$\int \mathrm{e}^{\sqrt{x}} \mathrm{d}x = 2 \int t \mathrm{e}^t \mathrm{d}t = 2\mathrm{e}^t(t-1) + C$$

$$= 2\mathrm{e}^{\sqrt{x}}(\sqrt{x}-1) + C$$

(2) 令 $1 - x = \sin t, t \in \left(-\dfrac{\pi}{2}, \dfrac{\pi}{2} \right)$, 则

$$\int \frac{(1-x)\arcsin(1-x)}{\sqrt{2x-x^2}}\mathrm{d}x = \int \frac{(1-x)\arcsin(1-x)}{\sqrt{1-(1-x)^2}}\mathrm{d}x = -\int \frac{\sin t \cdot t}{\cos t} \cdot \cos t \mathrm{d}t$$

$$= \int t \mathrm{d}\cos t = t \cos t - \int \cos t \mathrm{d}t = t \cos t - \sin t + C_1$$

$$= \sqrt{2x-x^2}\arcsin(1-x) + x + C \quad (\text{其中 } C = C_1 - 1)$$

例 5.15 求不定积分 $\displaystyle\int \frac{x\mathrm{e}^x}{(1+x)^2}\mathrm{d}x$.

解

$$\int \frac{x\mathrm{e}^x}{(1+x)^2}\mathrm{d}x = \int \frac{(x+1)\mathrm{e}^x - \mathrm{e}^x}{(1+x)^2}\mathrm{d}x$$

$$= \int \frac{\mathrm{e}^x}{1+x}\mathrm{d}x - \int \frac{\mathrm{e}^x}{(1+x)^2}\mathrm{d}x$$

$$= \int \frac{1}{1+x}\mathrm{d}\mathrm{e}^x - \int \frac{\mathrm{e}^x}{(1+x)^2}\mathrm{d}x$$

$$= \frac{\mathrm{e}^x}{1+x} + \int \frac{\mathrm{e}^x}{(1+x)^2}\mathrm{d}x - \int \frac{\mathrm{e}^x}{(1+x)^2}\mathrm{d}x$$

$$= \frac{\mathrm{e}^x}{1+x} + C$$

在本章结束之前还需说明的是, 初等函数在其定义区间上的原函数一定存在, 但原函数不一定都是初等函数, 而我们能求出的不定积分其结果都是初等函数形式的表达式. 因此有些函数的不定积分 "求不出来". 例如, $\displaystyle\int \mathrm{e}^{-x^2}\mathrm{d}x, \int \frac{\sin x}{x}\mathrm{d}x, \int \frac{1}{\ln x}\mathrm{d}x,$ $\displaystyle\int \sqrt{1-k^2\sin^2 x}\mathrm{d}x(0 < k < 1), \int \sqrt{1+x^3}\mathrm{d}x$ 等. 但有理函数及三角函数有理式的不定积分却总能 "积" 出来 (读者可参见其他有关书籍), 即有理函数及三角函数有理式的原函数都是初等函数.

❄❄❄❄❄❄❄❄❄❄❄❄❄❄❄❄❄❄❄❄❄❄❄❄❄❄❄❄❄❄❄❄❄❄❄❄❄❄❄

习 题 五

1. 用直接积分法求不定积分:

(1) $\displaystyle\int \sqrt{x}(x^2 - 2)\mathrm{d}x$;   (2) $\displaystyle\int \left(x + \frac{1}{x} \right) \sqrt{x\sqrt{x}}\mathrm{d}x$;

(3) $\displaystyle\int 2^x(\mathrm{e}^x+4)\mathrm{d}x;$

(4) $\displaystyle\int (\mathrm{e}^x+\sin x-3)\mathrm{d}x;$

(5) $\displaystyle\int \frac{\sqrt{1-x^2}+x}{x\sqrt{1-x^2}}\mathrm{d}x;$

(6) $\displaystyle\int \frac{(2+x)^2}{\sqrt{x}}\mathrm{d}x;$

(7) $\displaystyle\int \frac{x^4}{x^2+1}\mathrm{d}x;$

(8) $\displaystyle\int \sin^2\frac{x}{2}\mathrm{d}x;$

(9) $\displaystyle\int \frac{1}{\sin^2\frac{x}{2}\cos^2\frac{x}{2}}\mathrm{d}x;$

(10) $\displaystyle\int \frac{\cos 2x}{\cos x-\sin x}\mathrm{d}x;$

(11) $\displaystyle\int \frac{\cos^2 x}{1-\sin x}\mathrm{d}x;$

(12) $\displaystyle\int \frac{\mathrm{e}^x(x+\mathrm{e}^{-x})}{x}\mathrm{d}x.$

2. 用换元积分法求不定积分：

(1) $\displaystyle\int \mathrm{e}^{3x}\mathrm{d}x;$

(2) $\displaystyle\int \sin(5x+4)\mathrm{d}x;$

(3) $\displaystyle\int \frac{1}{1-3x}\mathrm{d}x;$

(4) $\displaystyle\int \frac{1}{\sqrt{2x}}\mathrm{d}x;$

(5) $\displaystyle\int \frac{\mathrm{d}x}{\sqrt[3]{2-3x}};$

(6) $\displaystyle\int x\mathrm{e}^{x^2}\mathrm{d}x;$

(7) $\displaystyle\int \frac{\mathrm{e}^{\sqrt{x}}}{\sqrt{x}}\mathrm{d}x;$

(8) $\displaystyle\int \frac{\sin\sqrt{t}}{\sqrt{t}}\mathrm{d}t;$

(9) $\displaystyle\int x\sqrt{1-x^2}\mathrm{d}x;$

(10) $\displaystyle\int \frac{x}{\sqrt{2x^2+1}}\mathrm{d}x;$

(11) $\displaystyle\int \frac{\sin x}{\cos^3 x}\mathrm{d}x;$

(12) $\displaystyle\int \frac{x^3}{1+x^2}\mathrm{d}x;$

(13) $\displaystyle\int \frac{1}{x^2+2x+5}\mathrm{d}x;$

(14) $\displaystyle\int \tan^2 x\sec^2 x\mathrm{d}x;$

(15) $\displaystyle\int \frac{\mathrm{e}^{\arcsin x}}{\sqrt{1-x^2}}\mathrm{d}x;$

(16) $\displaystyle\int \frac{(\arctan x)^3}{1+x^2}\mathrm{d}x;$

(17) $\displaystyle\int \frac{\arctan\sqrt{x}}{\sqrt{x}(1+x)}\mathrm{d}x;$

(18) $\displaystyle\int \frac{1}{\mathrm{e}^x+\mathrm{e}^{-x}}\mathrm{d}x;$

(19) $\displaystyle\int \frac{1}{x\sqrt{1-\ln^2 x}}\mathrm{d}x;$

(20) $\displaystyle\int \frac{1+\ln x}{(x\ln x)^2}\mathrm{d}x;$

(21) $\displaystyle\int \sin 2x\cos 3x\mathrm{d}x;$

(22) $\displaystyle\int \cos x\cos\frac{x}{2}\mathrm{d}x;$

(23) $\displaystyle\int \frac{\mathrm{d}x}{\sin x\cdot\cos x};$

(24) $\displaystyle\int \frac{\ln\tan x}{\sin x\cos x}\mathrm{d}x;$

(25) $\displaystyle\int x\sqrt{1-x}\mathrm{d}x;$

(26) $\displaystyle\int \frac{1}{\sqrt{x}-\sqrt[3]{x}}\mathrm{d}x;$

(27) $\displaystyle\int \frac{1}{\sqrt{1+\mathrm{e}^x}}\mathrm{d}x;$

(28) $\displaystyle\int \frac{\mathrm{d}x}{1+\sqrt{1-x^2}};$

(29) $\displaystyle\int \frac{\sqrt{x^2-4}}{x}\mathrm{d}x;$

(30) $\displaystyle\int \frac{\sqrt{x^2-4}}{x}\mathrm{d}x.$

3. 用分部积分法求不定积分：

(1) $\displaystyle\int x\sin x\mathrm{d}x$;

(2) $\displaystyle\int x\mathrm{e}^{-x}\mathrm{d}x$;

(3) $\displaystyle\int x^2\cos 2x\mathrm{d}x$;

(4) $\displaystyle\int x\mathrm{e}^{-2x}\mathrm{d}x$;

(5) $\displaystyle\int \frac{x^2}{x^2+1}\arctan x\mathrm{d}x$;

(6) $\displaystyle\int \sqrt{x}\ln x\mathrm{d}x$;

(7) $\displaystyle\int \frac{\ln x}{x^3}\mathrm{d}x$;

(8) $\displaystyle\int \arcsin x\mathrm{d}x$;

(9) $\displaystyle\int \cos(\ln x)\mathrm{d}x$;

(10) $\displaystyle\int \mathrm{e}^{-x}\cos x\mathrm{d}x$.

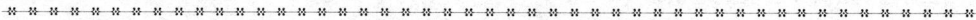

第六章 定 积 分

定积分是积分学中的一个重要内容, 一元函数积分学包含两个方面的内容: 不定积分和定积分. 不定积分是作为求导的逆运算引进的, 定积分起源于求平面图形的面积、变速直线运动的路程等实际问题. 不定积分与定积分看起来是解决两种不同类型的问题, 其实它们之间是有密切联系的. 牛顿-莱布尼茨公式将两者之间联系起来, 给出了计算一般定积分的简便可行的方法, 从而才使定积分成为解决有关实际问题的有力工具, 并大大推动了微积分的理论与应用.

§6.1 定积分概念

一、引例

1. 曲边梯形的面积

在初等几何学中, 我们只会计算由直线段和圆弧所围成的平面区域的面积. 要计算由任意形状的闭曲线所围成的平面区域 (称为**曲边形**) 的面积, 只有用极限的方法才能得到解决. 由于任意一个曲边形总可以分割成若干矩形、三角形、**曲边三角形**(两条互相垂直的直线与曲线围成) 或**曲边梯形**(四条边中有一条是曲线边, 其他两条直线边都与第三条直线边垂直). 因为矩形、三角形的面积已经会计算, 而曲边三角形是曲边梯形的特殊情况, 这样求曲边形面积的问题就转化为求曲边梯形面积的问题.

下面来分析如何定义曲边梯形的面积.

设函数 $y = f(x)$ 在闭区间 $[a, b]$ 上连续, 且 $f(x) \geqslant 0$. 求由曲线 $y = f(x)$, 直线 $x = a$, $x = b$ 及 x 轴所围成的曲边梯形 (图 6-1) 的面积 A.

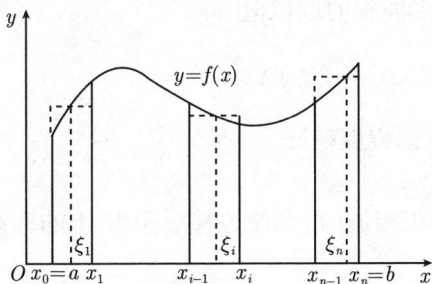

图 6-1

我们知道, 当 $f(x)=C$(常数) 时, 曲边梯形便是一个矩形, 其面积 $A=$ 底 $\times$ 高.

当 $f(x)$ 不是常函数时, 曲边梯形与矩形的不同之处在于曲边梯形在底边上的高度 $f(x)$ 在区间 $[a,b]$ 上是变化的, 故其面积不能直接按矩形面积公式来计算. 如果我们用平行于 y 轴的一些直线分割曲边梯形, 就得到许多小曲边梯形. 每一个小曲边梯形的高 $f(x)$ 虽然仍是变化的, 但由于 $f(x)$ 是连续的, 如果小区间长度很小, 则 $f(x)$ 在相应小区间上变化也很小, 可以近似看成不变. 于是小曲边梯形就可近似视为小矩形, 其高可用小区间上任一点的函数值代替, 那么小曲边梯形的面积就可用小矩形的面积近似, 这样曲边梯形的面积就可用小矩形的面积之和近似. 显然, 对区间 $[a,b]$ 划分越细, 其近似程度越好. 因此, 我们把区间 $[a,b]$ 无限细分下去, 使每个小区间的长度都趋于零, 此时, 所有小矩形面积之和的极限就可作为曲边梯形的面积 A. 其步骤如下.

(1) 分割.

在区间 $[a,b]$ 中任意插入 $n-1$ 个分点

$$a = x_0 < x_1 < x_2 < \cdots < x_{n-1} < x_n = b$$

把区间 $[a,b]$ 分成 n 个小区间

$$[x_0, x_1], \quad [x_1, x_2], \quad \cdots \quad , \quad [x_{n-1}, x_n]$$

小区间的长度依次为

$$\Delta x_1 = x_1 - x_0, \Delta x_2 = x_2 - x_1, \cdots, \Delta x_n = x_n - x_{n-1}$$

过每个分点 x_i 作 x 轴的垂线段, 将曲边梯形分成 n 个小曲边梯形 (图 6-1), 记它们的面积依次为

$$\Delta A_1, \Delta A_2, \cdots, \Delta A_n$$

(2) 近似代替.

在每个小区间 $[x_{i-1}, x_i]$ 上任取一点 ξ_i, 以 Δx_i 为底, $f(\xi_i)$ 为高的小矩形的面积应是第 i 个小曲边梯形面积的近似值, 即

$$\Delta A_i \approx f(\xi_i)\Delta x_i \quad (i = 1, 2, \cdots, n)$$

显然, 当 Δx_i 越小时, 近似程度越好.

(3) 求和.

将 n 个小矩形的面积相加, 得到曲边梯形面积 A 的近似值, 即

$$A = \sum_{i=1}^{n} \Delta A_i \approx \sum_{i=1}^{n} f(\xi_i)\Delta x_i$$

(4) 取极限 (由近似过渡到精确).

当上述分割越来越细, 即分点越来越多, 同时各个小区间的长度越来越小时, n 个小矩形的面积之和 $\sum\limits_{i=1}^{n} f(\xi_i)\Delta x_i$(不论 ξ_i 怎样选取) 应该越来越接近于曲边梯形的面积. 但无论分割得多细, 在任何有限过程中, $\sum\limits_{i=1}^{n} f(\xi_i)\Delta x_i$ 总是曲边梯形面积的近似值, 只有应用极限的方法才能转化为曲边梯形的面积. 为保证每个小区间的长度都无限缩小, 记 $\lambda = \max\limits_{1\leqslant i\leqslant n}\{\Delta x_i\}$, 于是, 令 $\lambda \to 0$(这时小区间的个数 n 无限增多, 即 $n \to \infty$), 如果上述和式的极限存在, 则此极限值就是曲边梯形的面积, 即

$$A = \lim_{\lambda \to 0} \sum_{i=1}^{n} f(\xi_i)\Delta x_i \tag{6.1}$$

由此可见, 曲边梯形的面积 A 是一个特定和式结构的极限. 这个定义给出了计算曲边梯形面积的方法, 不过按此定义计算曲边梯形的面积, 要进行复杂的运算.

例 6.1 按曲边梯形面积的定义, 即式 (6.1), 计算由直线 $y = x + 1$, $x = 0$, $x = 1$ 及 x 轴所围成的梯形面积 A, 如图 6-2 所示.

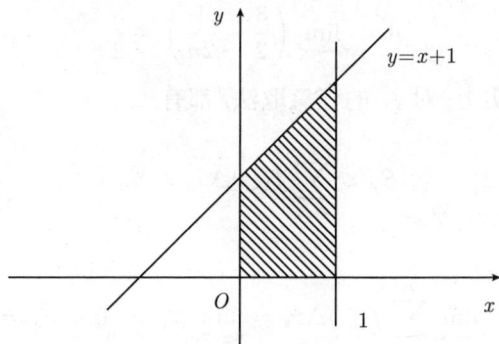

图 6-2

解 若按初等方法计算, 我们知道 $A = \dfrac{3}{2}$, 下面按式 (6.1) 计算.

将区间 $[0,1]$ 等分成 n 个小区间, 其分点为

$$x_i = \frac{i}{n}, \quad i = 0, 1, 2, \cdots, n.$$

在每个小区间 $[x_{i-1}, x_i]$ 上, 取一点 $\xi_i = x_i$, 用底为 $\Delta x_i = \dfrac{1}{n}$, 高为 $f(\xi_i) = f(x_i) =$

x_i+1 的小矩形面积近似代替小曲边梯形的面积, 则所求梯形面积 A 的近似值为

$$A \approx \overline{S}_n = \sum_{i=1}^{n} f(\xi_i)\Delta x_i = \sum_{i=1}^{n}(x_i+1)\Delta x_i = \frac{1}{n}\sum_{i=1}^{n}\left(\frac{i}{n}+1\right)$$

$$= \frac{1}{n}\left[\left(\frac{1}{n}+1\right)+\left(\frac{2}{n}+1\right)+\cdots+\left(\frac{n}{n}+1\right)\right] = \frac{1}{n}\left(\frac{1+2+\cdots+n}{n}+n\right)$$

$$= \frac{n(n+1)}{2n^2}+1 = \frac{3}{2}+\frac{1}{2n}$$

当分割无限加密, 且各个小区间的长度趋于零, 即 $n \to \infty$ 时, 得梯形面积

$$A = \lim_{n\to\infty}\left(\frac{3}{2}+\frac{1}{2n}\right) = \frac{3}{2}$$

与用初等方法计算的值相同. 这进一步说明了定义的合理性. 此外还不难看出, 如果取 $\xi_i = x_{i-1}$, 则

$$A \approx \underline{S}_n = \sum_{i=1}^{n} f(x_{i-1})\Delta x_i = \overline{S}_n - \frac{1}{n} = \frac{3}{2} - \frac{1}{2n}$$

仍有

$$A = \lim_{n\to\infty}\left(\frac{3}{2}-\frac{1}{2n}\right) = \frac{3}{2}$$

与上述结果一致. 事实上, 对 ξ_i 的任意取法, 都有

$$\underline{S}_n \leqslant \sum_{i=1}^{n} f(\xi_i)\Delta x_i \leqslant \overline{S}_n$$

所以

$$A = \lim_{n\to\infty}\sum_{i=1}^{n} f(\xi_i)\Delta x_i = \lim_{n\to\infty}\underline{S}_n = \lim_{n\to\infty}\overline{S}_n = \frac{3}{2}$$

正是由于面积是客观存在的常量, 所以上述极限应该与对 $[0,1]$ 所作的分法及 ξ_i 的取法无关.

2. 变速直线运动的路程

设某物体沿直线做变速运动, 其速度为 $v=v(t)(\geqslant 0)$, 且 $v=v(t)$ 在时间区间 $[T_1,T_2]$ 上连续, 求物体在 $[T_1,T_2]$ 上所经过的路程 s.

对于匀速直线运动, 其速度为常数, 路程 $=$ 速度 $\times$ 时间.

而对于变速直线运动, 因速度不是常量而是随时间变化的变量, 故路程 s 不能由上述公式计算. 但由于 $v(t)$ 是连续函数, 所以在一较短的时间段内, 速度变化很

小, 近似于匀速运动. 从而可把时间区间进行分割, 对每一小时间段, 以匀速代替变速, 就可算出小时间段内路程的近似值, 再求和, 得到整个路程的近似值. 最后使时间间隔无限细分, 求出整个路程的近似值的极限就是变速直线运动的路程. 其步骤仍是分割、近似、求和、取极限.

(1) 分割.

在 $[T_1, T_2]$ 内任意插入 $n-1$ 个分点

$$T_1 = t_0 < t_1 < t_2 < \cdots < t_{n-1} < t_n = T_2$$

把区间 $[T_1, T_2]$ 分成 n 个小时间段

$$[t_0, t_1] \quad , \quad [t_1, t_2], \quad \cdots, \quad [t_{n-1}, t_n]$$

各小时间段的长度依次为

$$\Delta t_1 = t_1 - t_0, \quad \Delta t_2 = t_2 - t_1, \quad \cdots, \quad \Delta t_n = t_n - t_{n-1}$$

(2) 近似代替.

记各小段时间内物体运动的路程依次为

$$\Delta s_1, \quad \Delta s_2, \quad \cdots, \quad \Delta s_n$$

在 $[t_{i-1}, t_i]$ 上任取某一时刻 $\xi_i(t_{i-1} \leqslant \xi_i \leqslant t_i)$, 以时刻 ξ_i 的速度 $v(\xi_i)$ 近似代替 $[t_{i-1}, t_i]$ 上任一时刻的速度, 得到小时间段 Δt_i 内物体经过的路程 Δs_i 的近似值

$$\Delta s_i \approx v(\xi_i)\Delta t_i \quad (i = 1, 2, \cdots, n)$$

(3) 求和.

将这样得到的 n 个小时间段上路程的近似值相加, 便得到变速直线运动路程 s 的近似值, 即

$$s = \sum_{i=1}^{n} \Delta s_i \approx \sum_{i=1}^{n} v(\xi_i)\Delta t_i$$

(4) 取极限.

记 $\lambda = \max_{1 \leqslant i \leqslant n} \{\Delta t_i\}$, 如果当 $\lambda \to 0$ 时, 上述和式的极限存在, 则极限值就是变速直线运动的路程, 即

$$s = \lim_{\lambda \to 0} \sum_{i=1}^{n} v(\xi_i)\Delta t_i$$

二、定积分的定义

从上面两个引例可以看到: 不管是求曲边梯形的面积, 还是求变速直线运动的路程, 它们的实际意义虽然不同, 前者是几何量, 后者是物理量, 但它们都是通过"分割、近似、求和、取极限"这种方法, 化为具有相同数学结构的和式极限. 抛开这些问题的实际意义, 仅保留其数学结构, 便可抽象出定积分的定义.

定义 6.1 设函数 $f(x)$ 在 $[a,b]$ 上有界, 在 $[a,b]$ 内任意插入 $n-1$ 个分点

$$a = x_0 < x_1 < x_2 < \cdots < x_{n-1} < x_n = b$$

把区间 $[a,b]$ 分成 n 个小区间

$$[x_0, x_1], [x_1, x_2], \cdots, [x_{n-1}, x_n]$$

其小区间的长度依次为

$$\Delta x_1 = x_1 - x_0, \Delta x_2 = x_2 - x_1, \cdots, \Delta x_n = x_n - x_{n-1}$$

记 $\lambda = \max_{1 \leqslant i \leqslant n} \{\Delta x_i\}$, 在每个小区间 $[x_{i-1}, x_i]$ 上任取一点 ξ_i, 作和式

$$\sum_{i=1}^{n} f(\xi_i)\Delta x_i$$

若当 $\lambda \to 0$ 时, 和式 $\sum_{i=1}^{n} f(\xi_i)\Delta x_i$ 的极限存在, 并且其极限值与区间 $[a,b]$ 的分法及 ξ_i 的取法无关, 则此极限值称为函数 $f(x)$ 在区间 $[a,b]$ 上的定积分, 记作 $\int_a^b f(x)\mathrm{d}x$, 即

$$\int_a^b f(x)\mathrm{d}x = \lim_{\lambda \to 0} \sum_{i=1}^{n} f(\xi_i)\Delta x_i$$

其中 $f(x)$ 称为**被积函数**, $f(x)\mathrm{d}x$ 称为**被积表达式**, x 称为**积分变量**, $[a,b]$ 称为**积分区间**, a,b 分别称为**积分下限**和**积分上限**.

若 $f(x)$ 在 $[a,b]$ 上的定积分存在, 则称 $f(x)$ 在 $[a,b]$ 上可积. 否则, 称 $f(x)$ 在 $[a,b]$ 上不可积.

为了计算和使用方便, 作如下补充规定.

(1) $\int_a^a f(x)\mathrm{d}x = 0$;

(2) 当 $a > b$ 时, $\int_a^b f(x)\mathrm{d}x = -\int_b^a f(x)\mathrm{d}x$;

(3) 由于定积分是一种和式的极限, 所以它是一个确定的数, 其值仅与函数 $f(x)$ 及区间 $[a,b]$ 有关, 而与积分变量用什么字母表示无关, 故

$$\int_a^b f(x)\mathrm{d}x = \int_a^b f(t)\mathrm{d}t$$

根据定积分的定义, 前面两引例可表述如下.

(1) 由曲线 $y = f(x)$ $(f(x) \geqslant 0)$, 直线 $x = a$, $x = b$ 及 x 轴所围成的曲边梯形的面积 A 等于函数 $f(x)$ 在 $[a, b]$ 上的定积分, 即

$$A = \int_a^b f(x)\mathrm{d}x$$

这正是定积分的几何意义.

(2) 变速直线运动的物体, 其速度 $v = v(t)$ $(v(t) \geqslant 0)$ 从时刻 T_1 到时刻 T_2 所经过的路程 s 等于速度函数 $v = v(t)$ 在区间 $[T_1, T_2]$ 上的定积分, 即

$$s = \int_{T_1}^{T_2} v(t)\mathrm{d}t$$

三、关于可积的条件

从定义不难看出, 如果被积函数在积分区间上无界时, 我们总可以选取点 ξ_i, 使积分和成为无限大, 此时积分和的极限显然不存在. 因此, 无界函数是不可积的. 换言之, 若函数 $f(x)$ 在 $[a, b]$ 上可积, 则 $f(x)$ 在 $[a, b]$ 上必有界, 即 $f(x)$ 在 $[a, b]$ 上有界是可积的必要条件. 关于可积的充分条件我们不作深入讨论, 只给出如下结论.

定理 6.1 若 $f(x)$ 在 $[a, b]$ 上连续, 则 $f(x)$ 在 $[a, b]$ 上可积.

定理 6.2 若 $f(x)$ 在 $[a, b]$ 上有界, 且只有有限个间断点, 则 $f(x)$ 在 $[a, b]$ 上可积.

定理 6.3 若 $f(x)$ 是 $[a, b]$ 上的单调函数, 则 $f(x)$ 在 $[a, b]$ 上可积.

§6.2 定积分的基本性质

在下面的讨论中, 我们总假定所遇到的定积分是存在的.

性质 6.1 $\int_a^b kf(x)\mathrm{d}x = k \int_a^b f(x)\mathrm{d}x.$

证明

$$\begin{aligned}
\int_a^b kf(x)\mathrm{d}x &= \lim_{\lambda \to 0} \sum_{i=1}^n kf(\xi_i)\Delta x_i \\
&= \lim_{\lambda \to 0} k\sum_{i=1}^n f(\xi_i)\Delta x_i \\
&= k \lim_{\lambda \to 0} \sum_{i=1}^n f(\xi_i)\Delta x_i \\
&= k \int_a^b f(x)\mathrm{d}x
\end{aligned}$$

以下的性质不再证明, 由读者自己完成. $\square$

性质 6.2 $\displaystyle\int_a^b [f(x) \pm g(x)]\mathrm{d}x = \int_a^b f(x)\mathrm{d}x \pm \int_a^b g(x)\mathrm{d}x.$

性质 6.3 (积分的区间可加性)   对任意实数 c, 都有

$$\int_a^b f(x)\mathrm{d}x = \int_a^c f(x)\mathrm{d}x + \int_c^b f(x)\mathrm{d}x$$

当 $a < c < b$ 时, 此性质的几何意义是明显的. 当 c 在 $[a,b]$ 之外时, 由于规定

$$\int_a^b f(x)\mathrm{d}x = -\int_b^a f(x)\mathrm{d}x$$

所以, 积分区间的可加性依然成立.

性质 6.4 $\displaystyle\int_a^b 1\mathrm{d}x = b - a.$

性质 6.5 (保序性)   若在区间 $[a,b]$ 上, $f(x) \leqslant g(x)$, 则

$$\int_a^b f(x)\mathrm{d}x \leqslant \int_a^b g(x)\mathrm{d}x$$

推论 1   设 m 及 M 分别是函数 $f(x)$ 在区间 $[a,b]$ 上的最小值及最大值, 则

$$m(b-a) \leqslant \int_a^b f(x)\mathrm{d}x \leqslant M(b-a)$$

推论 2 $\displaystyle\left| \int_a^b f(x)\mathrm{d}x \right| \leqslant \int_a^b |f(x)|\mathrm{d}x.$

性质 6.6 (积分中值定理)   若函数 $f(x)$ 在闭区间 $[a,b]$ 上连续, 则在 $[a,b]$ 上至少存在一点 ξ, 使得

$$\int_a^b f(x)\mathrm{d}x = f(\xi)(b-a)$$

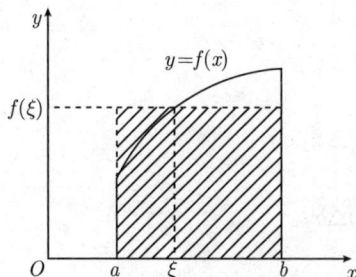

图 6-3

当 $f(x) \geqslant 0$ 时, 性质 6.6 的几何意义是明显的, 即由直线 $x = a$, $x = b$, x 轴及曲线 $y = f(x)$ 所围成的曲边梯形的面积恰好等于以区间 $[a,b]$ 为底边, 某个 $f(\xi)$ 为高的矩形面积, 如图 6-3 所示.

通常称 $f(\xi) = \dfrac{1}{b-a}\displaystyle\int_a^b f(x)\mathrm{d}x$ 为函数 $f(x)$ 在 $[a,b]$ 上的**平均值**.

§6.3　微积分基本定理

根据定积分的定义直接计算定积分, 是相当烦琐和困难的, 而且对于复杂的被积函数几乎是不可能的. 因此需要寻求一种简便、可行的计算方法.

微分与定积分看起来是两个互不相干的概念, 但牛顿和莱布尼茨却发现它们之间存在着某种联系, 下面先来看一个颇具启发性的例子, 并在此背景下引出微积分基本定理.

一、直线运动中路程函数与速度函数之间的联系

在引入定积分定义时已经知道, 以速度 $v(t)$ 做变速直线运动的物体, 在时间 $[T_1, T_2]$ 中所经历的路程 s 可表示为定积分

$$s = \int_{T_1}^{T_2} v(t)\mathrm{d}t$$

换一个角度来考虑, 由于物体在时间 $[0, t]$ 所走的路程为 $s(t)$. 那么它在时间 $[T_1, T_2]$ 之间所走过的路程 s 又可表示为

$$s = s(T_2) - s(T_1)$$

注意到 $s'(t) = v(t)$, 即 $s(t)$ 是 $v(t)$ 的一个原函数, 所以

$$\int_{T_1}^{T_2} v(t)\mathrm{d}t = \int_{T_1}^{T_2} s'(t)\mathrm{d}t = s(T_2) - s(T_1)$$

上式说明, 速度函数 $v(t)$ 在 $[T_1, T_2]$ 上的定积分值等于 $v(t)$ 的原函数 $s(t)$ 在积分区间 $[T_1, T_2]$ 上的增量.

上述等式虽然是从变速直线运动的路程这个特殊问题中得到的关系, 但这种关系具有一般性. 为给出一般性的结论, 先讨论变上限的定积分及其重要性质.

二、积分上限函数及原函数存在性定理

设函数 $f(x)$ 在区间 $[a, b]$ 上连续, 对任意 $x \in [a, b]$, 考察积分 $\int_a^x f(t)\mathrm{d}t$. 因为 $f(x)$ 在 $[a, x]$ 上连续, 所以这个定积分存在. 若 x 在 $[a, b]$ 内变动, 则对任一 $x \in [a, b]$, 对应于一个定积分值 $\int_a^x f(t)\mathrm{d}t$, 所以 $\int_a^x f(t)\mathrm{d}t$ 它是定义在区间 $[a, b]$ 上的关于上限 x 的一个函数, 称为 $f(x)$ 的**变上限积分**. 类似地, $\int_x^b f(t)\mathrm{d}t$ 也是关于 x 的函数, 称其为**变下限积分**. 变上限积分和变下限积分统称为**变限积分**. 这个函数具有如下的重要性质.

定理 6.4   若函数 $f(x)$ 在区间 $[a, b]$ 上连续, 则积分上限函数

$$\Phi(x) = \int_a^x f(t)\mathrm{d}t$$

在 $[a, b]$ 上可导, 且其导数

$$\Phi'(x) = \frac{\mathrm{d}}{\mathrm{d}x} \int_a^x f(t)\mathrm{d}t = f(x), \quad x \in [a, b] \tag{6.2}$$

证明   当 $x \in (a, b)$ 时, 给定 x 的一个增量 $\Delta x (\Delta x \neq 0)$, 使 $x + \Delta x \in (a, b)$, 则函数 $\Phi(x)$ 相应的增量为

$$\Delta \Phi = \Phi(x + \Delta x) - \Phi(x)$$

$$= \int_a^{x+\Delta x} f(t)\mathrm{d}t - \int_a^x f(t)\mathrm{d}t$$

$$= \int_a^x f(t)\mathrm{d}t + \int_x^{x+\Delta x} f(t)\mathrm{d}t - \int_a^x f(t)\mathrm{d}t$$

$$= \int_x^{x+\Delta x} f(t)\mathrm{d}t$$

再由积分中值定理, 得

$$\Delta \Phi = f(\xi)\Delta x \quad (\xi \text{介于} x \text{与} x + \Delta x \text{之间})$$

由于 $f(x)$ 在区间 $[a, b]$ 上连续, 且当 $\Delta x \to 0$ 时, $\xi \to x$, 所以 $f(\xi) \to f(x)$, 于是

$$\Phi'(x) = \lim_{\Delta x \to 0} \frac{\Delta \Phi}{\Delta x} = \lim_{\Delta x \to 0} \frac{f(\xi)\Delta x}{\Delta x} = \lim_{\xi \to x} f(\xi) = f(x)$$

当 $x = a$ 时, 只需取 $\Delta x > 0$, 同理可证 $\Phi'_+(a) = f(a)$; 若 $x = b$, 只需取 $\Delta x < 0$, 则同理可证 $\Phi'_-(b) = f(b)$.

定理 6.4 有着非常重要的意义. 首先它扩展了函数的形式. 到目前为止, 我们所见到的函数, 除了一些分段函数, 都是初等函数. 现在我们知道当 $\int f(x)\mathrm{d}x$ "积不出来" 时, $\Phi(x) = \int_a^x f(t)\mathrm{d}t$ 就表示了不能归入初等函数范围的一类函数, 它无法用基本初等函数的有限次四则运算和复合来表达, 但确实是一类函数, 满足函数的定义, 可以像初等函数那样进行四则运算、复合乃至求微分、求积分和其他运算. 使我们对函数的认识产生了一个飞跃.

其次, 它说明了求导运算恰好是求变上限定积分运算的逆运算, 这就建立了表面上似乎不相干的两个概念 —— 导数与积分间的深刻联系. 联想到原函数的定义, 得出如下的原函数存在定理.

定理 6.5 (原函数存在定理)   若函数 $f(x)$ 在区间 $[a, b]$ 上连续, 则函数

$$\Phi(x) = \int_a^x f(t)\mathrm{d}t$$

就是 $f(x)$ 在区间 $[a, b]$ 上的一个原函数.

这就是我们在第五章所断言的, 一切连续函数都存在原函数. 如 $\int_a^x \dfrac{\sin t}{t}\mathrm{d}t$ 是 $\dfrac{\sin x}{x}$ 的一个原函数, $\int_a^x \mathrm{e}^{-t^2}\mathrm{d}t$ 是 e^{-x^2} 的一个原函数. 此外, 它还揭示了积分学中的定积分与原函数之间的联系, 因此有可能通过原函数来计算定积分.

例 6.2   求下列函数的导数

(1) $F(x) = \displaystyle\int_0^x \sqrt{1+t}\mathrm{d}t$; $\qquad\qquad$ (2) $F(x) = \displaystyle\int_x^{-1} t\mathrm{e}^{-t}\mathrm{d}t$;

(3) $F(x) = \displaystyle\int_0^{x^2} \sqrt{1+\sqrt{t}}\mathrm{d}t$; $\qquad$ (4) $F(x) = \displaystyle\int_x^{\sqrt{x}} t^2\ln t\mathrm{d}t$.

解   (1) 由式 (6.2) 得

$$F'(x) = \sqrt{1+x}$$

(2) $F(x) = -\displaystyle\int_{-1}^x t\mathrm{e}^{-t}\mathrm{d}t$

$$F'(x) = -\left(\int_{-1}^x t\mathrm{e}^{-t}\mathrm{d}t\right)' = -x\mathrm{e}^{-x}$$

(3) 令 $u = x^2$, 则 $F(x) = G(u) = \displaystyle\int_0^u \sqrt{1+\sqrt{t}}\mathrm{d}t$, 由复合函数求导法则, 有

$$F'(x) = G'(u) \cdot u'(x) = \frac{\mathrm{d}}{\mathrm{d}u}\int_0^u \sqrt{1+\sqrt{t}}\mathrm{d}t \cdot \frac{\mathrm{d}u}{\mathrm{d}x}$$

$$= \sqrt{1+\sqrt{u}} \cdot 2x = 2x\sqrt{1+\sqrt{x^2}} = 2x\sqrt{1+|x|}$$

(4) $F(x) = \displaystyle\int_x^{\sqrt{x}} t^2\ln t\mathrm{d}t = \int_x^1 t^2\ln t\mathrm{d}t + \int_1^{\sqrt{x}} t^2\ln t\mathrm{d}t = -\int_1^x t^2\ln t\mathrm{d}t + \int_1^{\sqrt{x}} t^2\ln t\mathrm{d}t$

$$F'(x) = -x^2\ln x + x\ln\sqrt{x} \cdot \frac{1}{2\sqrt{x}} = -x^2\ln x + \frac{1}{4}\sqrt{x}\ln x$$

和 (3), (4) 的解题方法相似, 可以很容易地证明如下结论 (读者自证).

推论　设 $f(x)$ 在 $[a,b]$ 上连续, $a(x),b(x)$ 在 $[\alpha,\beta]$ 上可导, 且 $a \leqslant a(x),b(x) \leqslant b, x \in [\alpha,\beta]$, 则有

$$\frac{\mathrm{d}}{\mathrm{d}x}\left[\int_{a(x)}^{b(x)} f(t)\mathrm{d}t\right] = f[b(x)] \cdot b'(x) - f[a(x)] \cdot a'(x)$$

利用该结论可以很方便地计算例 6.2.

例 6.3　求极限 $\displaystyle\lim_{x \to 0} \frac{\displaystyle\int_0^x \ln(1+t)\mathrm{d}t}{x^2}$.

解　易知这是一个 "$\dfrac{0}{0}$" 型的未定式, 利用洛必达法则来计算

$$\lim_{x \to 0} \frac{\displaystyle\int_0^x \ln(1+t)\mathrm{d}t}{x^2} = \lim_{x \to 0} \frac{\ln(1+x)}{2x} = \frac{1}{2}$$

例 6.4　求 $\displaystyle\lim_{x \to +\infty} \frac{\displaystyle\int_0^x t^2 \mathrm{e}^{t^2}\mathrm{d}t}{x\mathrm{e}^{x^2}}$.

解　当 $x > 1$ 时, 有

$$\int_0^x t^2 \mathrm{e}^{t^2}\mathrm{d}t = \int_0^1 t^2 \mathrm{e}^{t^2}\mathrm{d}t + \int_1^x t^2 \mathrm{e}^{t^2}\mathrm{d}t$$

$$\geqslant \int_1^x t^2 \mathrm{e}^{t^2}\mathrm{d}t \geqslant \int_1^x \mathrm{e}\,\mathrm{d}t = \mathrm{e}(x-1)$$

因此

$$\lim_{x \to +\infty} \int_0^x t^2 \mathrm{e}^{t^2}\mathrm{d}t = +\infty$$

所以这是一个 "$\dfrac{\infty}{\infty}$" 型的未定式, 由洛必达法则, 得

$$\lim_{x \to +\infty} \frac{\displaystyle\int_0^x t^2 \mathrm{e}^{t^2}\mathrm{d}t}{x\mathrm{e}^{x^2}} = \lim_{x \to +\infty} \frac{x^2 \mathrm{e}^{x^2}}{\mathrm{e}^{x^2} + 2x^2 \mathrm{e}^{x^2}} = \lim_{x \to +\infty} \frac{x^2}{1 + 2x^2} = \frac{1}{2}$$

三、牛顿-莱布尼茨公式

定理 6.5 告诉我们连续函数一定有原函数, 而且原函数可以由该函数的变上限的定积分来表示, 由此立刻可以推出利用原函数计算定积分的方法.

定理 6.6　若函数 $f(x)$ 在区间 $[a,b]$ 上连续, $F(x)$ 是 $f(x)$ 在 $[a,b]$ 上的一个原函数, 则

$$\int_a^b f(x)\mathrm{d}x = F(b) - F(a)$$

证明 已知 $F(x)$ 是 $f(x)$ 的一个原函数, 又由定理 6.5 知, 变上限积分函数

$$\Phi(x) = \int_a^x f(t)\mathrm{d}t$$

也是 $f(x)$ 的一个原函数. 于是两个原函数之间只能相差一个常数 C, 即

$$F(x) = \Phi(x) + C \quad (a \leqslant x \leqslant b)$$

所以

$$F(b) - F(a) = \Phi(b) - \Phi(a) = \int_a^b f(x)\mathrm{d}x - \int_a^a f(x)\mathrm{d}x = \int_a^b f(x)\mathrm{d}x$$

也就是

$$\int_a^b f(x)\mathrm{d}x = F(b) - F(a)$$

为方便起见, 常把 $F(b) - F(a)$ 简记成 $F(x)\big|_a^b$, 于是式 (6.2) 又可写成

$$\int_a^b f(x)\mathrm{d}x = F(b) - F(a)$$

公式 (6.2) 称为**牛顿-莱布尼茨公式**, 也称为**微积分基本公式**, 它是高等数学乃至整个数学领域中最优美而又非常重要的结论之一. 它的形式非常简单, 但却能 "指点迷津", 揭示了定积分与原函数 (不定积分) 之间的联系, 从而使微分学和积分学形成一个有机整体, 同时还给出了简便而可行的利用原函数计算定积分的方法.

例 6.5 求下列定积分.

(1) $\int_1^2 x^3\mathrm{d}x$; (2) $\int_0^\pi \sin x\mathrm{d}x$; (3) $\int_1^4 |x-2|\mathrm{d}x$.

解 (1) 因为 $\dfrac{x^4}{4}$ 是 x^3 的一个原函数, 所以由牛顿–莱布尼茨公式, 有

$$\int_1^2 x^3\mathrm{d}x = \frac{x^4}{4}\bigg|_1^2 = \frac{2^4}{4} - \frac{1^4}{4} = \frac{15}{4}$$

(2) 因为 $\int \sin x\mathrm{d}x = -\cos x + C$, 所以

$$\int_0^\pi \sin x\mathrm{d}x = -\cos x\bigg|_0^\pi = 2$$

(3) 因为

$$|x-2| = \begin{cases} x-2, & x \geqslant 2 \\ 2-x, & x < 2 \end{cases}$$

所以

$$\int_1^4 |x-2|\mathrm{d}x = \int_1^2 (2-x)\mathrm{d}x + \int_2^4 (x-2)\mathrm{d}x$$

$$= \left(2x - \frac{x^2}{2}\right)\Big|_1^2 + \left(\frac{x^2}{2} - 2x\right)\Big|_2^4 = 2 - \frac{3}{2} + 0 - (-2) = \frac{5}{2}$$

在应用牛顿–莱布尼茨公式时要求 $f(x)$ 在积分区间上连续, 否则不能使用. 例如, 对于 $\int_{-1}^1 \frac{1}{x^2}\mathrm{d}x$, 如果不考虑公式成立的条件而形式地利用式 (6.2) 得 $\int_{-1}^1 \frac{1}{x^2}\mathrm{d}x = -\frac{1}{x}\Big|_{-1}^1 = -2$ 是错误的.

§6.4 定积分的换元积分法

定理 6.7 设函数 $f(x)$ 在区间 $[a,b]$ 上连续, 若 $x = \varphi(t)$ 满足条件.

(1) $\varphi(\alpha) = a$, $\varphi(\beta) = b$;

(2) $\varphi'(t)$ 在 $[\alpha, \beta]$ 上连续, 且 $a \leqslant \varphi(t) \leqslant b, t \in [\alpha, \beta]$, 则

$$\int_a^b f(x)\mathrm{d}x = \int_\alpha^\beta f[\varphi(t)]\varphi'(t)\mathrm{d}t \tag{6.3}$$

公式 (6.3) 称为定积分的换元积分公式.

证明 由定理所给条件知, 式 (6.3) 两边的被积函数都连续. 因此, 式 (6.3) 两边的定积分都存在, 被积函数的原函数也都存在. 设 $F(x)$ 是 $f(x)$ 的一个原函数, 那么, $F[\varphi(t)]$ 是 $f[\varphi(t)]\varphi'(t)$ 的一个原函数, 由牛顿–莱布尼茨公式可得

$$\int_\alpha^\beta f[\varphi(t)]\varphi'(t)\mathrm{d}t = F[\varphi(t)]|_\alpha^\beta = F[\varphi(\beta)] - F[\varphi(\alpha)]$$

$$= F(b) - F(a)$$

又

$$\int_a^b f(x)\mathrm{d}x = F(x)\big|_a^b = F(b) - F(a)$$

所以

$$\int_a^b f(x)\mathrm{d}x = \int_\alpha^\beta f[\varphi(t)]\varphi'(t)\mathrm{d}t$$

注意 (1) 定积分的换元积分法对应的是不定积分的第二换元积分法, 对用第一换元积分法进行积分的情形可不加改动地直接运用牛顿–莱布尼茨公式. 例如

$$\int_0^\pi \mathrm{e}^{\cos x}\sin x\mathrm{d}x = -\int_0^\pi \mathrm{e}^{\cos x}\mathrm{d}\cos x = -\mathrm{e}^{\cos x}\Big|_0^\pi = \mathrm{e} - \frac{1}{\mathrm{e}}$$

而不必引进新变量 $t = \cos x$.

(2) 用 $x = \varphi(t)$ 把原来的积分变量 x 换成新积分变量 t 时, 积分限也要同时换成相应新变量 t 的积分限.

例 6.6 求下列定积. 分

(1) $\displaystyle\int_0^{\frac{\pi}{2}} \sin^3 x \cos x \mathrm{d}x$;   (2) $\displaystyle\int_0^4 \frac{x}{\sqrt{2x+1}} \mathrm{d}x$;

(3) $\displaystyle\int_0^a \sqrt{a^2 - x^2} \mathrm{d}x (a > 0)$.

解 (1) $\displaystyle\int_0^{\frac{\pi}{2}} \sin^3 x \cos x \mathrm{d}x = \int_0^{\frac{\pi}{2}} \sin^3 x \mathrm{d}\sin x = \frac{1}{4} \sin^4 x \Big|_0^{\frac{\pi}{2}} = \frac{1}{4}$.

(2) 令 $t = \sqrt{2x+1}$, 则 $x = \frac{1}{2}(t^2 - 1)$, $\mathrm{d}x = t \mathrm{d}t$, 且当 $x = 0$ 时, $t = 1$, 当 $x = 4$ 时, $t = 3$, 于是

$$\int_0^4 \frac{x}{\sqrt{2x+1}} \mathrm{d}x = \int_1^3 \frac{t^2 - 1}{2t} \cdot t \mathrm{d}t = \frac{1}{2} \int_1^3 (t^2 - 1) \mathrm{d}t = \frac{1}{2} \left(\frac{t^3}{3} \Big|_1^3 - 2 \right) = \frac{10}{3}$$

(3) 设 $x = a \sin t$, 则 $\mathrm{d}x = a \cos t \mathrm{d}t$, 当 $x = 0$ 时, $t = 0$; 当 $x = a$ 时, $t = \frac{\pi}{2}$; 并注意到在第一象限内 $\cos t \geqslant 0$, 所以

$$\int_0^a \sqrt{a^2 - x^2} \mathrm{d}x = \int_0^{\frac{\pi}{2}} a \cos t \cdot a \cos t \mathrm{d}t$$

$$= a^2 \int_0^{\frac{\pi}{2}} \cos^2 t \mathrm{d}t = \frac{a^2}{2} \int_0^{\frac{\pi}{2}} (1 + \cos 2t) \mathrm{d}t$$

$$= \frac{a^2}{2} \left(t + \frac{1}{2} \sin 2t \right) \Big|_0^{\frac{\pi}{2}} = \frac{1}{4} \pi a^2$$

事实上, 根据定积分的几何意义可知, 该积分即表示半径为 a 的圆的四分之一面积, 结果应为 $\frac{1}{4} \pi a^2$.

此外, 若用牛顿-莱布尼茨公式直接求这一定积分, 则需先用不定积分的换元法求不定积分 $\displaystyle\int \sqrt{a^2 - x^2} \mathrm{d}x$, 即

$$\int \sqrt{a^2 - x^2} \mathrm{d}x = \int a \cos t \cdot a \cos t \mathrm{d}t$$

$$= a^2 \int \cos^2 t \mathrm{d}t = \frac{a^2}{2} \int (1 + \cos 2t) \mathrm{d}t$$

$$= \frac{a^2}{2} \left(t + \frac{1}{2} \sin 2t \right) + c$$

$$= \frac{a^2}{2} \arcsin \frac{x}{a} + \frac{1}{2} x \sqrt{a^2 - x^2} + c$$

于是

$$\int_0^a \sqrt{a^2-x^2}\,\mathrm{d}x = \left[\frac{a^2}{2}\arcsin\frac{x}{a} + \frac{1}{2}x\sqrt{a^2-x^2}\right]\Bigg|_0^a = \frac{1}{4}\pi a^2$$

显然, 前一种方法较为简便, 这是因为求得新变量表示的原函数后, 不必回代为原来的变量. 只需将新的积分限代入即可完成计算.

例 6.7　设函数 $f(x) = \begin{cases} \mathrm{e}^{-x}, & x \geqslant 0, \\ 1+x^2, & x < 0, \end{cases}$　求 $\int_{\frac{1}{2}}^2 f(x-1)\,\mathrm{d}x$.

解　$\int_{\frac{1}{2}}^2 f(x-1)\,\mathrm{d}x \xlongequal{t=x-1} \int_{-\frac{1}{2}}^1 f(t)\,\mathrm{d}t = \int_{-\frac{1}{2}}^0 (1+t^2)\,\mathrm{d}t + \int_0^1 \mathrm{e}^{-t}\,\mathrm{d}t = \frac{37}{24} - \frac{1}{\mathrm{e}}.$

例 6.8　设 $f(x)$ 在 $[0,1]$ 上连续, 证明

$$\int_0^{\frac{\pi}{2}} f(\sin x)\,\mathrm{d}x = \int_0^{\frac{\pi}{2}} f(\cos x)\,\mathrm{d}x$$

证明　设 $x = \frac{\pi}{2} - t$, 则 $\mathrm{d}x = -\mathrm{d}t$, 当 $x=0$ 时, $t = \frac{\pi}{2}$; 当 $x = \frac{\pi}{2}$ 时, $t=0$,
于是

$$\int_0^{\frac{\pi}{2}} f(\sin x)\,\mathrm{d}x = -\int_{\frac{\pi}{2}}^0 f\left[\sin\left(\frac{\pi}{2}-t\right)\right]\mathrm{d}t = \int_0^{\frac{\pi}{2}} f(\cos t)\,\mathrm{d}t = \int_0^{\frac{\pi}{2}} f(\cos x)\,\mathrm{d}x$$

例 6.9　设 $f(x)$ 在 $[-a,a]$ 上连续, 证明

$$\int_{-a}^a f(x)\,\mathrm{d}x = \int_0^a [f(x)+f(-x)]\,\mathrm{d}x$$

证明　因为

$$\int_{-a}^a f(x)\,\mathrm{d}x = \int_0^a f(x)\,\mathrm{d}x + \int_{-a}^0 f(x)\,\mathrm{d}x$$

而

$$\int_{-a}^0 f(x)\,\mathrm{d}x \xlongequal{x=-t} -\int_a^0 f(-t)\,\mathrm{d}t = \int_0^a f(-t)\,\mathrm{d}t = \int_0^a f(-x)\,\mathrm{d}x$$

所以

$$\int_{-a}^a f(x)\,\mathrm{d}x = \int_0^a f(x)\,\mathrm{d}x + \int_0^a f(-x)\,\mathrm{d}x = \int_0^a [f(x)+f(-x)]\,\mathrm{d}x$$

注　由此结果可知.

(1) 当 $f(x)$ 为偶函数时, 有 $\int_{-a}^a f(x)\,\mathrm{d}x = 2\int_0^a f(x)\,\mathrm{d}x$;

(2) 当 $f(x)$ 为奇函数时, 有 $\int_{-a}^a f(x)\,\mathrm{d}x = 0$.

当我们计算奇函数或偶函数在关于原点对称的区间上的定积分时, 常利用上述结论使计算简化.

例 6.10 求下列定积分.

(1) $\displaystyle\int_{-1}^{1}\left(\frac{\sin x}{1+x^2}+|x|\right)\mathrm{d}x;$ (2) $\displaystyle\int_{o}^{2a}x\sqrt{2ax-x^2}\,\mathrm{d}x.$

解 (1) 因为 $\dfrac{\sin x}{1+x^2}$ 是奇函数, $|x|$ 是偶函数, 所以

$$\int_{-1}^{1}\left(\frac{\sin x}{1+x^2}+|x|\right)\mathrm{d}x=2\int_{0}^{1}x\mathrm{d}x=x^2\,\big|_{0}^{1}=1$$

(2) 因为 $\sqrt{2ax-x^2}=\sqrt{a^2-(x-a)^2}$, 所以令 $t=x-a$, 则有

$$\int_{o}^{2a}x\cdot\sqrt{2ax-x^2}\,\mathrm{d}x=\int_{o}^{2a}x\cdot\sqrt{a^2-(x-a)^2}\,\mathrm{d}x=\int_{-a}^{a}(a+t)\cdot\sqrt{a^2-t^2}\,\mathrm{d}t$$

由于 $t\sqrt{a^2-t^2}$ 是奇函数, 所以

$$\int_{o}^{2a}x\cdot\sqrt{2ax-x^2}\,\mathrm{d}x=a\int_{-a}^{a}\sqrt{a^2-t^2}\,\mathrm{d}t$$

再利用定积分的几何意义立即可得

$$\int_{o}^{2a}x\cdot\sqrt{2ax-x^2}\,\mathrm{d}x=a\cdot\frac{1}{2}\pi a^2=\frac{1}{2}\pi a^3$$

从例 6.10 可以看出, 充分利用定积分计算中的一些已知结论及几何意义, 可简化计算过程, 同时还有许多定积分, 其被积函数的原函数很难求出或根本无法求出, 这时必须借助已有结论.

例 6.11 计算定积分 $\displaystyle\int_{-\frac{\pi}{4}}^{\frac{\pi}{4}}\frac{\cos^2 x}{1+\mathrm{e}^x}\,\mathrm{d}x.$

解 先求被积函数的原函数是很困难的, 可是利用例 6.9 的结果, 则有

$$\int_{-\frac{\pi}{4}}^{\frac{\pi}{4}}\frac{\cos^2 x}{1+\mathrm{e}^x}\,\mathrm{d}x=\int_{0}^{\frac{\pi}{4}}\left[\frac{\cos^2 x}{1+\mathrm{e}^x}+\frac{\cos^2 x}{1+\mathrm{e}^{-x}}\right]\mathrm{d}x=\int_{0}^{\frac{\pi}{4}}\cos^2 x\mathrm{d}x$$

$$=\frac{1}{2}\int_{0}^{\frac{\pi}{4}}(1+\cos 2x)\mathrm{d}x=\frac{1}{2}\cdot\frac{\pi}{4}+\frac{1}{4}\sin 2x\bigg|_{0}^{\frac{\pi}{4}}=\frac{\pi+2}{8}$$

§6.5 定积分的分部积分法

定理 6.8 设函数 $u=u(x),v=v(x)$ 在区间 $[a,b]$ 上有连续的导数, 则

$$\int_{a}^{b}u(x)v'(x)\mathrm{d}x=u(x)v(x)\bigg|_{a}^{b}-\int_{a}^{b}v(x)u'(x)\mathrm{d}x \tag{6.4}$$

证明　因为

$$[u(x)v(x)]' = u'(x)v(x) + u(x)v'(x)$$

所以

$$u(x)v'(x) = [u(x)v(x)]' - v(x)u'(x)$$

两边求积分得

$$\int_a^b u(x)v'(x)\mathrm{d}x = \int_a^b [u(x)v(x)]'\mathrm{d}x - \int_a^b v(x)u'(x)\mathrm{d}x$$

即

$$\int_a^b u(x)v'(x)\mathrm{d}x = u(x)v(x)\,\Big|_a^b - \int_a^b v(x)u'(x)\mathrm{d}x$$

式 (6.4) 也简记作

$$\int_a^b uv'\mathrm{d}x = uv\,\Big|_a^b - \int_a^b vu'\mathrm{d}x \text{ 或 } \int_a^b u\mathrm{d}v = uv\,\Big|_a^b - \int_a^b v\mathrm{d}u$$

此即定积分的分部积分公式.   □

例 6.12　计算 $\displaystyle\int_0^{\frac{\pi}{2}} x\cos x\mathrm{d}x$.

解　$\displaystyle\int_0^{\frac{\pi}{2}} x\cos x\mathrm{d}x = \int_0^{\frac{\pi}{2}} x\mathrm{d}\sin x = x\sin x\,\Big|_0^{\frac{\pi}{2}} - \int_0^{\frac{\pi}{2}} \sin x\mathrm{d}x = \frac{\pi}{2} + \cos x\,\Big|_0^{\frac{\pi}{2}} = \frac{\pi}{2} - 1.$

例 6.13　计算 $\displaystyle\int_0^1 \mathrm{e}^{\sqrt{x}}\mathrm{d}x$.

解　令 $\sqrt{x} = t$, 则 $\mathrm{d}x = 2t\mathrm{d}t$, 当 $x = 0$ 时, $t = 0$; 当 $x = 1$ 时, $t = 1$, 于是

$$\int_0^1 \mathrm{e}^{\sqrt{x}}\mathrm{d}x = 2\int_0^1 t\mathrm{e}^t\mathrm{d}t = 2\int_0^1 t\mathrm{d}\mathrm{e}^t$$

$$= 2t\mathrm{e}^t\,\Big|_0^1 - 2\int_0^1 \mathrm{e}^t\mathrm{d}t$$

$$= 2\mathrm{e} - 2\mathrm{e}^t\,\Big|_0^1 = 2$$

例 6.14　设 $f(x)$ 为连续函数, 证明

$$\int_0^x f(t)(x-t)\mathrm{d}t = \int_0^x \left(\int_0^t f(u)\mathrm{d}u\right)\mathrm{d}t$$

证明 对等式右边应用分部积分公式, 得

$$
\int_0^x \left(\int_0^t f(u)\mathrm{d}u \right) \mathrm{d}t = \left[t \int_0^t f(u)\mathrm{d}u \right]_0^x - \int_0^x t f(t)\mathrm{d}t
$$

$$
= x \int_0^x f(u)\mathrm{d}u - \int_0^x t f(t)\mathrm{d}t
$$

$$
= x \int_0^x f(t)\mathrm{d}t - \int_0^x t f(t)\mathrm{d}t
$$

$$
= \int_0^x x f(t)\mathrm{d}t - \int_0^x t f(t)\mathrm{d}t
$$

$$
= \int_0^x f(t)(x - t)\mathrm{d}t
$$

§6.6 定积分的应用

本节中, 将运用前面学过的定积分理论来分析和解决一些实际问题.

一、建立定积分数学模型的微元法

定积分是求总量问题最有力的数学模型, 它在几何学、物理学、经济学、社会学等方面都有着广泛而有效的应用. 在实际问题中, 只要能通过 "分割 → 近似 → 求和 → 取极限" 四个步骤把所求量表示为定积分形式, 也就是将整体化成局部之和, 利用整体上变化的量在局部上可近似于不变这一辩证关系, 局部上以 "不变" 代 "变", 那么原则上都可用定积分来解决. 这就是建立定积分数学模型的基本方法, 也是利用定积分解决实际问题的基本思想.

但为了简单起见, 常常简化为 "微元法". 下面以求曲边梯形的面积为例说明 "微元法" 的思想.

例如, 求由连续曲线 $y = f(x)(\geqslant 0)$ 和直线 $x = a$, $x = b$ 及 x 轴围成的平面图形的面积 (图 6-4).

我们在 $[a, b]$ 内任取一个小区间 $[x, x + \Delta x]$, 记该小区间上的小曲边梯形的面积为 ΔS, 则

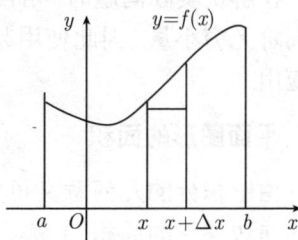

图 6-4

$$
\Delta S \approx f(x)\Delta x
$$

这个近似公式是人们利用 "以直代曲" 的朴素观点建立的, 一般说来其误差是 Δx 的高阶无穷小, 即 $\Delta S - f(x)\Delta x = o(\Delta x)$ (这是十分关键的, 但对于一些初等问题, 这一事实往往比较明显, 因此也就常常省去了这一步). 当 $\Delta x \to 0$ 时, Δx 就变成

了 $\mathrm{d}x$, ΔS 就变成了 $\mathrm{d}S$, 上述近似式就变为微分形式下的等式

$$\mathrm{d}S = f(x)\mathrm{d}x$$

积分得到

$$S = \int_a^b f(x)\mathrm{d}x$$

一般地, 求 $[a,b]$ 上某总量 M, 先在 $[a,b]$ 内任取一小区间 $[x, x+\Delta x]$, 利用 "以直代曲" "以不变代变" 等朴素的观点先建立近似公式:

$$\Delta M \approx f(x)\Delta x$$

其误差应是 Δx 的高阶无穷小, 即 $\Delta M - f(x)\Delta x = o(\Delta x)$. 进而直接得到

$$\mathrm{d}M = f(x)\mathrm{d}x$$

积分得到

$$M = \int_a^b f(x)\mathrm{d}x$$

这种解决问题的过程可以简捷地表示为

$$\xrightarrow[\text{小区间}]{\text{任取}} [x, x+\Delta x] \xrightarrow{\text{直观}} \Delta M \approx f(x)\Delta x \xrightarrow[\text{微分}]{\text{转化}} \mathrm{d}M = f(x)\mathrm{d}x \xrightarrow[\text{积分}]{\text{直接}} M = \int_a^b f(x)\mathrm{d}x$$

上述建立定积分数学模型的方法称为**微元法**.

在解决实际问题时, 常常略去 $\Delta x \to 0$ 的极限过程以及在运算过程中可能出现的高阶无穷小量, 因此使用起来极为方便. 下面只介绍定积分在几何及经济上的简单应用.

二、平面图形的面积

由定积分的几何意义可知, 曲线 $y = f(x)(\geqslant 0)$, 直线 $x=a$, $x=b$ 及 x 轴所围成的曲边梯形的面积 A 就是 $f(x)$ 在 $[a,b]$ 上的定积分, 即

$$A = \int_a^b f(x)\mathrm{d}x$$

若 $y = f(x)$ 在 $[a,b]$ 上变号时, 则所围成的图形的面积 A 为

$$A = \int_a^b |f(x)|\,\mathrm{d}x$$

当平面图形是由曲线 $y=f(x)$, $y=g(x)(f(x)\geqslant g(x))$ 及直线 $x=a$, $x=b(a<b)$ 所围成时 (图 6-5), 我们在 $[a,b]$ 上任取小区间 $[x,x+\Delta x]$, 相应于该小区间上的面积 ΔA 近似地等于高为 $f(x)-g(x)$, 宽为 Δx 的窄矩形的面积 (图 6-5), 从而得到面积微元

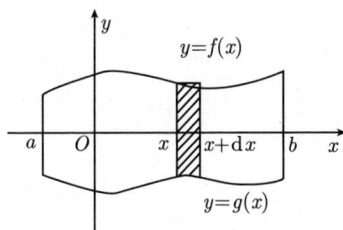

图 6-5

$$dA = [f(x) - g(x)]\,dx$$

所以

$$A = \int_a^b [f(x) - g(x)]dx$$

类似地, 若平面图形由连续曲线 $x=\varphi(y)$, $x=\psi(y)$ 及直线 $y=c$ 和 $y=d(c<d)$ 所围成 (图 6-6), 则其面积 A 为

$$A = \int_c^d [\psi(y) - \varphi(y)]dx$$

例 6.15　求由曲线 $y=x^2$, $x=y^2$ 所围平面图形的面积.

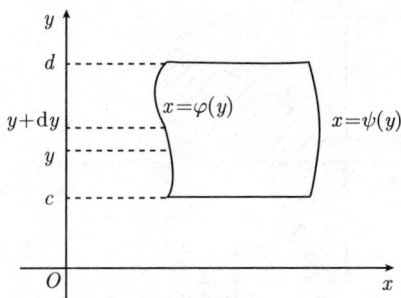

图 6-6

解　这两条抛物线所围成的图形如图 6-7 所示. 先求交点坐标, 解方程组

$$\begin{cases} y^2 = x \\ y = x^2 \end{cases}$$

得交点坐标为 $(0,0)$ 及 $(1,1)$. 所求面积为

$$A = \int_0^1 (\sqrt{x} - x^2)dx = \left(\frac{2}{3}x^{\frac{3}{2}} - \frac{1}{3}x^3 \right)\Bigg|_0^1 = \frac{1}{3}$$

例 6.16　计算抛物线 $y^2=2x$ 与直线 $y=x-4$ 所围图形的面积 A.

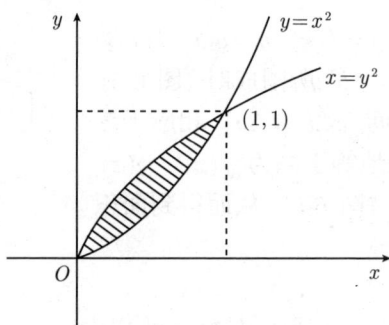

图 6-7

解 抛物线与直线所围成的图形如图 6-8 所示, 由方程组

$$\begin{cases} y^2 = 2x \\ y = x - 4 \end{cases}$$

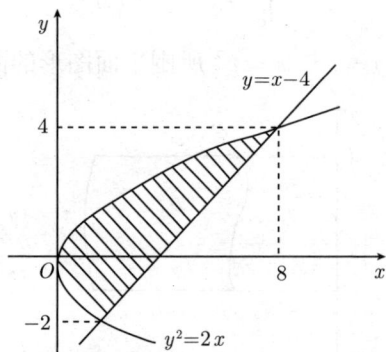

图 6-8

解得两线交点坐标为 $(2, -2)$ 及 $(8, 4)$. 从图形看宜取 y 为积分变量, 所求面积为

$$A = \int_{-2}^{4} \left(y + 4 - \frac{y^2}{2} \right) \mathrm{d}y = \left(\frac{y^2}{2} + 4y - \frac{y^3}{6} \right) \Bigg|_{-2}^{4} = 18$$

三、旋转体的体积

设某空间立体夹在垂直于 x 轴且过点 $x = a$ 和 $x = b$ 的两个平面之间 (图 6-9), 对任意 $x \in [a, b]$, 过点 x 且与 x 轴垂直的平面截得该立体的截面面积为 $A(x)$. 假设 $A(x)$ 已知且在 $[a, b]$ 上连续, 可用定积分求出该立体的体积.

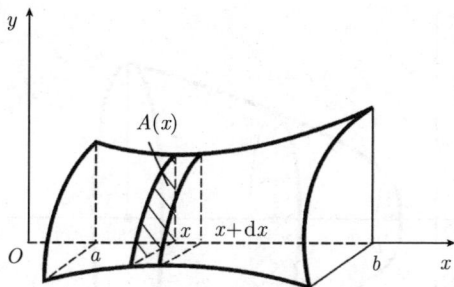

图 6-9

在 $[a,b]$ 内任取小区间 $[x, x+\Delta x]$, 用以底面积为 $A(x)$, 高为 Δx 的柱体体积近似于小区间 $[x, x+\Delta x]$ 上的小立体体积 ΔV, 则得体积元素

$$\mathrm{d}V = A(x)\mathrm{d}x$$

从而

$$V = \int_a^b A(x)\mathrm{d}x$$

类似地, 对于介于过 y 轴上点 $y = c$ 和 $y = d(c < d)$ 且垂直于 y 轴的两平行平面之间的立体, 若在 $y(c \leqslant y \leqslant d)$ 处垂直于 y 轴的截面面积可以用 y 的连续函数 $B(y)$ 来表示, 则其体积为

$$V = \int_c^d B(y)\mathrm{d}y$$

特别地, 设一立体是由连续曲线 $y = f(x)$, 直线 $x = a$, $x = b(a < b)$ 及 x 轴所围成的平面图形绕 x 轴旋转而成的旋转体 (图 6-10), 这时过点 x 且与 x 轴垂直的平面截得该立体的截面面积为

$$A(x) = \pi f^2(x)$$

所以旋转体的体积为

$$V_x = \pi \int_a^b [f(x)]^2 \mathrm{d}x$$

类似地, 若旋转体是由曲线 $x = \varphi(y)$, 及直线 $y = c$ 和 $y = d(c < d)$ 和 y 轴所围成的曲边梯形绕 y 轴旋转一周而成的, 则其体积为

$$V_y = \pi \int_c^d \varphi^2(y)\mathrm{d}y$$

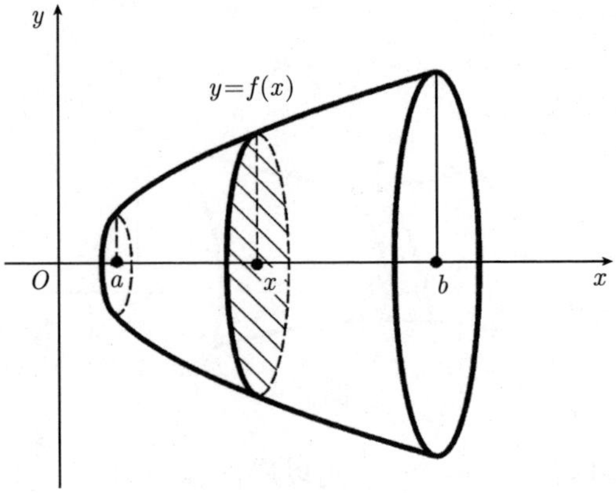

图 6-10

例 6.17　计算由椭圆 (图 6-11)

$$\frac{x^2}{a^2} + \frac{y^2}{b^2} = 1$$

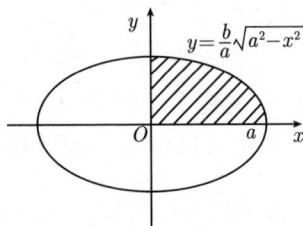

图 6-11

所围成的图形绕 x 轴旋转所形成的旋转椭球体的体积.

　　解　这个旋转椭球体可看成由上半椭圆

$$y = \frac{b}{a}\sqrt{a^2 - x^2}$$

及 x 轴所围成的图形绕 x 轴旋转一周而成的立体, 所以

$$V_x = \pi \int_{-a}^{a} \frac{b^2}{a^2}(a^2 - x^2)\mathrm{d}x = 2\pi \int_{0}^{a} \frac{b^2}{a^2}(a^2 - x^2)\mathrm{d}x$$

$$= 2\pi \frac{b^2}{a^2}\left(a^2 x - \frac{x^3}{3}\right)\Big|_{0}^{a} = \frac{4}{3}\pi ab^2$$

特别地, 当 $a = b = r$ 时, 所得旋转体就是半径为 r 的球体, 其体积为 $\frac{4}{3}\pi r^3$.

　　例 6.18　利用定积分推导圆锥体的体积公式:

$$V = \frac{1}{3}\pi r^2 h$$

　　解　圆锥体可看作以原点 O 和点 $A(h, r)$ 及点 $B(h, 0)$ 为顶点的三角形绕 x 轴旋转一周所成的旋转体 (图 6-12).

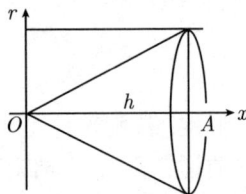

图 6-12

直线 OA 的方程为 $y = \dfrac{r}{h}x$, 所以

$$V = \pi \int_0^h \left(\frac{r}{h}x\right)^2 \mathrm{d}x = \frac{\pi r^2}{h^2}\left.\frac{x^3}{3}\right|_0^h = \frac{1}{3}\pi r^2 h$$

四、定积分在经济中的简单应用

设总成本函数 $C = C(x)$, 固定成本为 C_0, 总收益函数 $R = R(x)$, 边际成本函数 $MC = \dfrac{\mathrm{d}C}{\mathrm{d}x}$, 边际收益函数 $MR = \dfrac{\mathrm{d}R}{\mathrm{d}x}$($x$ 为产量或需求量). 因此, 根据牛顿–莱布尼茨公式有

$$\int_0^x (MC)\mathrm{d}x = C(x) - C_0$$

所以总成本函数可表示为

$$C(x) = C_0 + \int_0^x (MC)\mathrm{d}x$$

同理, 总收益函数

$$R(x) = \int_0^x (MR)\mathrm{d}x$$

总利润函数

$$L(x) = \int_0^x (MR - MC)\mathrm{d}x - C_0$$

例 6.19 已知某产品的边际成本和边际收益函数分别为

$$C'(x) = x^2 - 4x + 6, \quad R'(x) = 105 - 2x$$

固定成本为 100, 其中 x 为需求量. 求最大利润.

解 先确定获得最大利润的产出水平 x_0. 由极值存在的必要条件 $C'(x) = R'(x)$, 即

$$x^2 - 4x + 6 = 105 - 2x$$

解得 $x = 11$, 再由

$$\left.\frac{\mathrm{d}[R'(x) - C'(x)]}{\mathrm{d}x}\right|_{x=11} = (2 - 2x)|_{x=11} = -20 < 0$$

且极值点唯一, 所以, 当 $x_0 = 11$ 时, 可获得最大利润. 最大利润为

$$L = \int_0^{x_0} [R'(x) - C'(x)]\mathrm{d}x$$

$$= \int_0^{11} [(105 - 2x) - (x^2 - 4x + 6)]\mathrm{d}x - 100$$

$$= \frac{1999}{3}$$

§6.7 广 义 积 分

前面所讨论的定积分, 都是有界函数在有限区间上的积分. 在一些实际问题中, 还经常会遇到积分区间为无穷区间或者被积函数为无界函数的积分. 因此需要对定积分的概念进行推广.

一、无穷区间上的广义积分

定义 6.2 设函数 $f(x)$ 在区间 $[a, \infty)$ 上连续, 若对任意 $b(b > a)$, 极限

$$\lim_{b \to \infty} \int_a^b f(x) \mathrm{d}x$$

存在, 则称此极限为 $f(x)$ 在无穷区间 $[a, \infty)$ 上的**广义积分**, 记作 $\int_a^{+\infty} f(x)\mathrm{d}x$, 即

$$\int_a^{+\infty} f(x)\mathrm{d}x = \lim_{b \to \infty} \int_a^b f(x)\mathrm{d}x$$

这时, 也称广义积分 $\int_a^{+\infty} f(x)\mathrm{d}x$ 收敛; 若上述极限不存在, 则称广义积分 $\int_a^{+\infty} f(x)\mathrm{d}x$ **发散**.

类似地, 可以定义 $f(x)$ 在 $(-\infty, b]$ 上的广义积分.

定义 6.3 设函数 $f(x)$ 在区间 $(-\infty, b]$ 上连续, 若对任意 $a(a < b)$, 极限

$$\lim_{a \to -\infty} \int_a^b f(x)\mathrm{d}x$$

存在, 则称此极限为 $f(x)$ 在无穷区间 $(-\infty, b]$ 上的**广义积分**, 记作 $\int_{-\infty}^b f(x)\mathrm{d}x$, 即

$$\int_{-\infty}^b f(x)\mathrm{d}x = \lim_{a \to -\infty} \int_a^b f(x)\mathrm{d}x$$

这时, 也称广义积分 $\int_{-\infty}^b f(x)\mathrm{d}x$ 收敛, 若上述极限不存在, 则称广义积分 $\int_{-\infty}^b f(x)\mathrm{d}x$ 发散.

定义 6.4 设函数 $f(x)$ 在 $(-\infty, +\infty)$ 上连续, 若广义积分

$$\int_{-\infty}^a f(x)\mathrm{d}x \quad \text{和} \quad \int_a^{+\infty} f(x)\mathrm{d}x$$

都收敛, 则称这两个广义积分之和为 $f(x)$ 在无穷区间 $(-\infty, +\infty)$ 上的**广义积分**, 记作 $\int_{-\infty}^{+\infty} f(x)\mathrm{d}x$, 即

$$\int_{-\infty}^{+\infty} f(x)\mathrm{d}x = \int_{-\infty}^{a} f(x)\mathrm{d}x + \int_{a}^{+\infty} f(x)\mathrm{d}x$$

这时, 也称广义积分 $\int_{-\infty}^{+\infty} f(x)\mathrm{d}x$ **收敛**; 否则, 称广义积分 $\int_{-\infty}^{+\infty} f(x)\mathrm{d}x$ **发散**.

当广义积分存在时, 设被积函数 $f(x)$ 的原函数为 $F(x)$, 若记 $F(+\infty) = \lim\limits_{x \to +\infty} F(x)$, $F(-\infty) = \lim\limits_{x \to -\infty} F(x)$, 则有

$$\int_{a}^{+\infty} f(x)\mathrm{d}x = F(x)\,\big|_{a}^{+\infty}$$

$$\int_{-\infty}^{b} f(x)\mathrm{d}x = F(x)\,\big|_{-\infty}^{b}$$

$$\int_{-\infty}^{+\infty} f(x)\mathrm{d}x = F(x)\,\big|_{-\infty}^{+\infty}$$

例 6.20　计算 $\int_{0}^{+\infty} \mathrm{e}^{-x}\mathrm{d}x$.

解

$$\int_{0}^{+\infty} \mathrm{e}^{-x}\mathrm{d}x = \lim_{b \to +\infty} \int_{0}^{b} \mathrm{e}^{-x}\mathrm{d}x = \lim_{b \to +\infty} -\mathrm{e}^{-x}\,\big|_{0}^{b} = \lim_{b \to +\infty} (1 - \mathrm{e}^{-b}) = 1.$$

例 6.21　计算 $\int_{-\infty}^{+\infty} \dfrac{1}{1+x^2}\mathrm{d}x$.

解　因为 $\int_{0}^{+\infty} \dfrac{1}{1+x^2}\mathrm{d}x = \arctan x\,\big|_{0}^{+\infty} = \dfrac{\pi}{2}$,

$$\int_{-\infty}^{0} \frac{1}{1+x^2}\mathrm{d}x = \arctan x\,\big|_{-\infty}^{0} = \frac{\pi}{2}$$

所以

$$\int_{-\infty}^{+\infty} \frac{1}{1+x^2}\mathrm{d}x = \int_{-\infty}^{0} \frac{1}{1+x^2}\mathrm{d}x + \int_{0}^{+\infty} \frac{1}{1+x^2}\mathrm{d}x = \frac{\pi}{2} + \frac{\pi}{2} = \pi$$

例 6.22　讨论广义积分 $\int_{1}^{+\infty} \dfrac{1}{x^p}\mathrm{d}x$ 的敛散性.

解 当 $p = 1$ 时

$$\int_1^{+\infty} \frac{1}{x^p} \mathrm{d}x = \int_1^{+\infty} \frac{1}{x} \mathrm{d}x = \ln x \Big|_1^{+\infty} = +\infty$$

当 $p \neq 1$ 时

$$\int_1^{+\infty} \frac{1}{x^p} \mathrm{d}x = \frac{1}{1-p} x^{1-p} \Big|_1^{+\infty} = \begin{cases} +\infty, & p < 1, \\ \dfrac{1}{p-1}, & p > 1. \end{cases}$$

因此, 当 $p > 1$ 时, 此广义积分收敛, 且收敛于 $\dfrac{1}{p-1}$; 当 $p \leqslant 1$ 时, 此广义积分发散.

二、无界函数的广义积分

定义 6.5 设函数 $f(x)$ 在 $(a, b]$ 上连续, 且 $\lim\limits_{x \to a^+} f(x) = \infty$(此时点 a 称为 $f(x)$ 的瑕点). 若对任意的 $u(a < u < b)$, 极限

$$\lim_{u \to a^+} \int_u^b f(x) \mathrm{d}x$$

存在, 则称此极限为函数 $f(x)$ 在 $(a, b]$ 上的**广义积分**, 也称**瑕积分**, 仍记作 $\int_a^b f(x) \mathrm{d}x$, 即

$$\int_a^b f(x) \mathrm{d}x = \lim_{u \to a^+} \int_u^b f(x) \mathrm{d}x$$

这时, 称广义积分 $\int_a^b f(x) \mathrm{d}x$**收敛**; 若上述极限不存在, 就称广义积分 $\int_a^b f(x) \mathrm{d}x$**发散**.

类似地, 可定义上限为瑕点的广义积分.

定义 6.6 设函数 $f(x)$ 在 $[a, b)$ 上连续, 且 $\lim\limits_{x \to b^-} f(x) = \infty$(此时点 b 称为 $f(x)$ 的瑕点). 若对任意的 $u(a < u < b)$, 极限

$$\lim_{u \to b^-} \int_a^u f(x) \mathrm{d}x$$

存在, 则称此极限为 $f(x)$ 在 $[a, b)$ 上的**广义积分**(或**瑕积分**), 仍记作 $\int_a^b f(x) \mathrm{d}x$, 即

$$\int_a^b f(x) \mathrm{d}x = \lim_{u \to b^-} \int_a^u f(x) \mathrm{d}x$$

这时, 也称广义积分 $\int_a^b f(x)\mathrm{d}x$ **收敛**; 若上述极限不存在, 就称广义积分 $\int_a^b f(x)\mathrm{d}x$ **发散**.

定义 6.7 设函数 $f(x)$ 在 $[a,b]$ 上除点 $c(a < c < b)$ 外连续, 且点 c 为 $f(x)$ 的瑕点. 若 $\int_a^c f(x)\mathrm{d}x$ 和 $\int_c^b f(x)\mathrm{d}x$ 都存在, 则称广义积分 $\int_a^b f(x)\mathrm{d}x$ **收敛**, 且

$$\int_a^b f(x)\mathrm{d}x = \int_a^c f(x)\mathrm{d}x + \int_c^b f(x)\mathrm{d}x$$

否则, 称广义积分 $\int_a^b f(x)\mathrm{d}x$ **发散**.

例 6.23 计算 $\int_0^a \dfrac{1}{\sqrt{a^2 - x^2}}\mathrm{d}x$.

解 上限 $x = a$ 为瑕点, 依定义

$$\int_0^a \frac{1}{\sqrt{a^2 - x^2}}\mathrm{d}x = \lim_{u \to a^-} \int_0^u \frac{1}{\sqrt{a^2 - x^2}}\mathrm{d}x$$

由例 5.7 的结果得 $\int_0^u \dfrac{1}{\sqrt{a^2 - x^2}}\mathrm{d}x = \arcsin\dfrac{x}{a}\Big|_0^u = \arcsin\dfrac{u}{a}$
所以,

$$\int_0^a \frac{1}{\sqrt{a^2 - x^2}}\mathrm{d}x = \lim_{u \to a^-} \arcsin\frac{u}{a} = \frac{\pi}{2}$$

例 6.24 讨论 $\int_{-1}^1 \dfrac{1}{x}\mathrm{d}x$ 的敛散性.

解 $x = 0$ 为瑕点, 应分别考虑 $\int_{-1}^0 \dfrac{1}{x}\mathrm{d}x$ 和 $\int_0^1 \dfrac{1}{x}\mathrm{d}x$, 因为

$$\int_0^1 \frac{1}{x}\mathrm{d}x = \lim_{u \to 0^+} \int_u^1 \frac{1}{x}\mathrm{d}x = \lim_{u \to 0^+} \ln x\big|_u^1 = \lim_{u \to 0^+} (-\ln u) = \infty$$

即广义积分 $\int_0^1 \dfrac{1}{x}\mathrm{d}x$ 发散. 所以, 广义积分 $\int_{-1}^1 \dfrac{1}{x}\mathrm{d}x$ 也发散.

例 6.25 讨论广义积分 $\int_a^b \dfrac{1}{(x-a)^p}\mathrm{d}x$ 的敛散性.

解 当 $p = 1$ 时,

$$\int_a^b \frac{1}{(x-a)^p}\mathrm{d}x = \lim_{u \to a^+} \int_u^b \frac{1}{x-a}\mathrm{d}x = \lim_{u \to a^+} \ln(x-a)\big|_u^b$$

$$= \ln(b-a) - \lim_{u \to a^+} \ln(u-a) = +\infty$$

当 $p \neq 1$ 时,

$$\int_a^b \frac{1}{(x-a)^p}\mathrm{d}x = \lim_{u \to a^+} \frac{(x-a)^{1-p}}{1-p}\bigg|_u^b = \begin{cases} \dfrac{(b-a)^{1-p}}{1-p}, & p < 1, \\ +\infty, & p > 1. \end{cases}$$

因此, 当 $p < 1$ 时, 广义积分 $\displaystyle\int_a^b \frac{1}{(x-a)^p}\mathrm{d}x$ 收敛, 且收敛于 $\dfrac{(b-a)^{1-p}}{1-p}$; 当 $p \geqslant 1$ 时,

广义积分 $\displaystyle\int_a^b \frac{1}{(x-a)^p}\mathrm{d}x$ 发散.

特别地,

$$\int_0^1 \frac{1}{(x-a)^p}\mathrm{d}x = \begin{cases} \dfrac{1}{1-p}, & p < 1, \\ +\infty, & p > 1. \end{cases}$$

*三、Γ 函数

Γ 函数无论在理论上还是在应用上都有着重要意义, 其定义如下.

$$\Gamma(\alpha) = \int_0^{+\infty} \mathrm{e}^{-x} x^{\alpha-1}\mathrm{d}x \quad (\alpha > 0)$$

不难得到 $\Gamma(1) = \displaystyle\int_0^{+\infty} \mathrm{e}^{-x}\mathrm{d}x = 1$.

Γ 函数有下面重要递推公式:

$$\Gamma(\alpha+1) = \alpha\Gamma(\alpha)$$

证明

$$\Gamma(\alpha+1) = \int_0^{+\infty} \mathrm{e}^{-x} x^\alpha \mathrm{d}x = -\int_0^{+\infty} x^\alpha \mathrm{d}\mathrm{e}^{-x}$$

$$= -x^\alpha \mathrm{e}^{-x}\big|_0^{+\infty} + \int_0^{+\infty} \mathrm{e}^{-x} x^{\alpha-1}\mathrm{d}x$$

$$= \alpha\Gamma(\alpha)$$

反复利用递推公式有

$$\Gamma(n+1) = n \quad (n \in \mathbf{N}^+)$$

＊＊＊＊＊＊＊＊＊＊＊＊＊＊＊＊＊＊＊＊＊＊＊＊＊＊＊＊＊＊＊＊＊＊＊＊＊＊

习　题　六

1. 利用定积分的几何意义, 求下列定积分.

(1) $\displaystyle\int_0^1 x\mathrm{d}x$; (2) $\displaystyle\int_0^a \sqrt{a^2-x^2}\mathrm{d}x$.

2. 利用定积分的性质, 估计下列各定积分值的范围.

(1) $\displaystyle\int_1^2 (x^2+2)\mathrm{d}x$; (2) $\displaystyle\int_{\frac{1}{\sqrt{3}}}^{\sqrt{3}} x\arctan x\mathrm{d}x$;

(3) $\displaystyle\int_{\frac{\pi}{4}}^{\frac{5\pi}{4}} (1+\sin^2 x)\mathrm{d}x$; (4) $\displaystyle\int_0^2 \mathrm{e}^{x^2-x}\mathrm{d}x$.

3. 利用定积分的性质, 比较下列各定积分值的大小.

(1) $\displaystyle\int_0^1 x^2\mathrm{d}x$ 与 $\displaystyle\int_0^1 x^3\mathrm{d}x$; (2) $\displaystyle\int_2^3 x^2\mathrm{d}x$ 与 $\displaystyle\int_2^3 x^3\mathrm{d}x$;

(3) $\displaystyle\int_1^2 \ln x\mathrm{d}x$ 与 $\displaystyle\int_1^2 (\ln x)^2\mathrm{d}x$; (4) $\displaystyle\int_0^1 \mathrm{e}^x\mathrm{d}x$ 与 $\displaystyle\int_0^1 (1+x)\mathrm{d}x$.

4. 求下列变限积分函数的导数.

(1) $\displaystyle\int_0^x \sin t^2\mathrm{d}t$; (2) $\displaystyle\int_1^x t(\cos t)^2\mathrm{d}t$;

(3) $\displaystyle\int_0^{x^2} \sqrt{1+t^2}\mathrm{d}t$; (4) $\displaystyle\int_{x^2}^{x^3} \frac{1}{\sqrt{1+t^4}}\mathrm{d}t$.

5. 求下列极限.

(1) $\displaystyle\lim_{x\to 0} \frac{\displaystyle\int_0^x t^2\mathrm{d}t}{\displaystyle\int_0^x t(t+\sin t)\mathrm{d}t}$; (2) $\displaystyle\lim_{x\to 0} \frac{\displaystyle\int_0^x (\arctan t)^2\mathrm{d}t}{x^3}$;

(3) $\displaystyle\lim_{x\to 0} \frac{\displaystyle\int_{\cos x}^1 \mathrm{e}^{-t}\mathrm{d}t}{x^2}$.

6. 求由参数方程 $x=\displaystyle\int_0^t \sin u\mathrm{d}u, y=\int_0^t \cos u\mathrm{d}u$ 所确定的函数对 x 的导数.

7. 设 $F(x)=\dfrac{x^2}{x-a}\displaystyle\int_a^x f(t)\mathrm{d}t$, 其中 $f(x)$ 为连续函数, 求 $\displaystyle\lim_{x\to a} F(x)$.

8. 设 $f(x)$ 在 $[a,b]$ 上连续, 且 $f(x)>0$, 令

$$F(x)=\int_a^x f(t)\mathrm{d}t+\int_b^x \frac{1}{f(t)}\mathrm{d}t$$

求证: $(1)F'(x)\geqslant 2$;
(2) $F(x)$ 在 (a,b) 内有且仅有一个零点.

9. $f(x)=x^2-\displaystyle\int_0^a f(x)\mathrm{d}x$, 且 a 是不等于 -1 的常数, 证明 $\displaystyle\int_0^a f(x)\mathrm{d}x=\dfrac{a^3}{3(a+1)}$.

10. 用牛顿–莱布尼茨公式计算下列定积分.

(1) $\displaystyle\int_3^4 \sqrt{x}\,\mathrm{d}x$;

(2) $\displaystyle\int_{-1}^2 |x^2 - x|\,\mathrm{d}x$;

(3) $\displaystyle\int_0^1 3^x\,\mathrm{d}x$;

(4) $\displaystyle\int_0^{\frac{\pi}{4}} \tan^2 x\,\mathrm{d}x$.

11. 用换元积分法计算下列定积分.

(1) $\displaystyle\int_0^1 (x^2 + 1)^5 x\,\mathrm{d}x$;

(2) $\displaystyle\int_1^e \frac{\ln x}{x}\,\mathrm{d}x$;

(3) $\displaystyle\int_0^{\frac{\pi}{2}} \cos^5 x \sin x\,\mathrm{d}x$;

(4) $\displaystyle\int_{\frac{\pi}{6}}^{\frac{\pi}{3}} \tan x\,\mathrm{d}x$;

(5) $\displaystyle\int_0^3 \frac{1}{x^2 + 9}\,\mathrm{d}x$;

(6) $\displaystyle\int_0^1 \frac{1}{\sqrt{4 - x^2}}\,\mathrm{d}x$;

(7) $\displaystyle\int_1^{e^2} \frac{1}{x\sqrt{1 + \ln x}}\,\mathrm{d}x$;

(8) $\displaystyle\int_1^4 \frac{1}{1 + \sqrt{x}}\,\mathrm{d}x$;

(9) $\displaystyle\int_0^4 \frac{x + 2}{\sqrt{2x + 1}}\,\mathrm{d}x$;

(10) $\displaystyle\int_0^{\sqrt{2}} \sqrt{2 - x^2}\,\mathrm{d}x$;

(11) $\displaystyle\int_1^{\sqrt{3}} \frac{1}{x\sqrt{1 + x^2}}\,\mathrm{d}x$;

(12) $\displaystyle\int_0^{\frac{\pi}{2}} \sqrt{1 - \sin 2x}\,\mathrm{d}x$.

12. 用分部积分法计算下列定积分.

(1) $\displaystyle\int_0^{\ln 2} x\mathrm{e}^{-x}\,\mathrm{d}x$;

(2) $\displaystyle\int_0^{\frac{1}{2}} \arcsin x\,\mathrm{d}x$;

(3) $\displaystyle\int_0^{\frac{\pi}{2}} x \sin x\,\mathrm{d}x$;

(4) $\displaystyle\int_0^{\sqrt{\ln 2}} x^3 \mathrm{e}^{x^2}\,\mathrm{d}x$;

(5) $\displaystyle\int_0^{\frac{\pi}{2}} \mathrm{e}^{2x} \cos x\,\mathrm{d}x$;

(6) $\displaystyle\int_1^4 \frac{\ln x}{\sqrt{x}}\,\mathrm{d}x$;

(7) $\displaystyle\int_1^e \sin(\ln x)\,\mathrm{d}x$;

(8) $\displaystyle\int_{\frac{1}{e}}^e |\ln x|\,\mathrm{d}x$.

13. 设函数

$$f(x) = \begin{cases} x\mathrm{e}^{-x^2}, & x \geqslant 0 \\ \dfrac{1}{1 + \cos x}, & -1 < x < 0 \end{cases}$$

计算 $\displaystyle\int_1^4 f(x - 2)\,\mathrm{d}x$.

14. 设 $f(x)$ 为连续函数, 证明

$$\int_0^{\pi} xf(\sin x)\,\mathrm{d}x = \frac{\pi}{2}\int_0^{\pi} f(\sin x)\,\mathrm{d}x$$

并由此计算 $\displaystyle\int_0^{\pi} \frac{x \sin x}{1 + \cos^2 x}\,\mathrm{d}x$ 的值.

15. 设 $f(x)$ 在 $[a, b]$ 上连续, 证明 $\displaystyle\int_a^b f(x)\mathrm{d}x = \int_a^b f(a+b-x)\mathrm{d}x$.

16. 证明: (1) 若 $f(x)$ 为连续的偶函数, 则 $F(x) = \displaystyle\int_0^x f(t)\mathrm{d}t$ 为奇函数.

(2) 若 $f(x)$ 为连续的奇函数, 则 $F(x) = \displaystyle\int_a^x f(t)\mathrm{d}t$ 为偶函数 (a 为任意常数).

17. 设 $f(x)$ 是定义在 $(-\infty, +\infty)$ 上的周期为 T 的连续函数, 则对任意 $a \in (-\infty, +\infty)$, 有

$$\int_a^{a+T} f(x)dx = \int_0^T f(x)\mathrm{d}x$$

18. 利用函数奇偶性计算下列积分.

(1) $\displaystyle\int_{-\pi}^{\pi} x^2 \sin x \mathrm{d}x$;

(2) $\displaystyle\int_{-4}^{4} \frac{x^2 \sin x}{x^4 + 3x^2 + 1}\mathrm{d}x$;

(3) $\displaystyle\int_{-\frac{\pi}{2}}^{\frac{\pi}{2}} 4\cos^4 t \mathrm{d}t$;

(4) $\displaystyle\int_{-\pi}^{\pi} x^2 \ln(x + \sqrt{1+x^2})\mathrm{d}x$.

19. 利用 $\displaystyle\int_{-a}^{a} f(x)\mathrm{d}x = \int_0^a [f(-x) - f(x)]\,\mathrm{d}x$ 的结果, 求定积分 $\displaystyle\int_{-\frac{\pi}{4}}^{\frac{\pi}{4}} \frac{\mathrm{d}x}{1 + \sin x}$ 的值.

20. 计算下列曲线所围平面图形的面积.

(1) $y = x^2, y = x$;

(2) $y = \dfrac{1}{x}, y = x, x = 2$;

(3) $y = \dfrac{1}{2}x^2, y = x + 4$;

(4) $y = \mathrm{e}^x, y = \mathrm{e}^{-x}$ 与直线 $x = 1$;

(5) $y = x^2 - x, y = 1 - x^2$;

(6) $y = x^3, y = 2x$.

21. 求由下列曲线围成的平面图形, 按指定的轴旋转所形成的旋转体的体积.

(1) $y = x^3, x = 2$ 与 x 轴, 分别绕 x 轴与 y 轴;

(2) $y = x^2, x = y^2$, 绕 x 轴;

(3) $y = 2x - x^2$ 和 x 轴, 绕 y 轴;

(4) $(x-2)^2 + y^2 = 1$, 绕 y 轴.

22. 已知某产品产量的变化率是时间 t(单位: 月) 的函数 $f(t) = 2t + 5(t \geqslant 0)$, 问: 第一个 5 月和第二个 5 月的总产量各是多少?

23. 某厂生产某产品 Q(百台) 的总成本 C(万元) 的变化率为 $C'(Q)=2$ (设固定成本为零), 总收益 R(万元) 的变化率为产量 Q(百台) 的函数 $R'(Q) = 7 - 2Q$. 问:

(1) 生产量为多少时, 总利润最大? 最大利润为多少?

(2) 在利润最大的基础上又生产了 50 台, 总利润减少了多少?

24. 判定下列广义积分的敛散性, 若收敛, 则求其值.

(1) $\displaystyle\int_0^{+\infty} x\mathrm{e}^{-x^2}\mathrm{d}x$;

(2) $\displaystyle\int_{-\infty}^{+\infty} \frac{\mathrm{d}x}{x^2 + 2x + 2}$;

(3) $\displaystyle\int_0^{+\infty} \cos x \mathrm{d}x$;

(4) $\displaystyle\int_0^{+\infty} \mathrm{e}^x \sin x \mathrm{d}x$;

(5) $\displaystyle\int_0^2 \frac{x}{\sqrt{4-x^2}} \mathrm{d}x$;

(6) $\displaystyle\int_1^e \frac{\mathrm{d}x}{x\sqrt{1-(\ln x)^2}}$;

(7) $\displaystyle\int_1^2 \frac{1}{(\ln x)^3} \mathrm{d}x$;

(8) $\displaystyle\int_0^1 \ln x \mathrm{d}x$.

25. 求 c 的值, 使

$$\lim_{x \to +\infty} \left(\frac{x+c}{x-c}\right)^x = \int_{-\infty}^c te^{2t} \mathrm{d}t$$

第七章 随机事件及其概率

从本章开始学习概率论与数理统计基本知识, 它是从量的侧面研究随机现象统计规律性的一门学科. 这里介绍概率论中随机事件及其概率、一维随机变量 (离散型和连续型) 及其分布和数字特征 (均值和方差), 数理统计部分仅介绍数理统计的基本概念和参数估计.

§7.1 随机事件及其关系和运算

一、随机事件和基本事件空间

在自然界和人类社会中, 存在着两类不同的现象. 一类是在一定条件下必然发生或必然不发生的现象称为**确定性现象**. 例如,

(1) 上抛一石子必然下落;

(2) 同性的电荷必互相排斥;

(3) 无论什么样的三角形, 它的两边之和总要大于第三边;

(4) 若仅考虑物体只受重力影响, 自由落体移动的路程 s 与时间 t 的关系必为 $s(t) = \dfrac{1}{2}gt^2$, 等等, 这些现象都是确定性现象.

另一类是在一定条件下可能出现这样或那样的结果, 而事先不能断言究竟会出现哪种结果的现象称为**不确定性现象**. 例如,

(1) 抛一枚匀称的硬币, 落下后可能正面朝上, 也可能反面朝上, 上抛前无法确定会出现哪个面;

(2) 某厂生产的灯泡的使用寿命;

(3) 某商场一天接待的顾客数;

(4) 某地区每年的降雨量;

(5) 某电话交换台在单位时间内接到的呼唤次数, 等等, 这些现象都是不确定性现象.

还有像地震、火山爆发、森林失火、飞机失事、交通事故等几乎每天都在发生着.

不确定性现象是否就没有任何规律性呢?

人们经过长期的实践和研究发现, 对于可以大量重复试验和观测的不确定性现象, 就每次试验 (或观测) 结果来看, 它们具有不确定性, 但大量重复试验 (或观测),

不难发现它呈现某种规律性, 即**统计规律性**. 例如,

(1) 多次抛一枚匀称的硬币, 会发现正面朝上大致有一半;

(2) 多次观察某厂生产的灯泡点燃时数会发现它多数分布在某个数值附近;

(3) 对某批种子重复做种子发芽试验, 会发现发芽率总围绕着一个数值附近摆动.

像这种具有统计规律性的不确定性现象称为**随机现象**.

为了研究随机现象就要对客观事物进行试验 (或观测), 为了方便以后统称为**试验**.

如果试验满足以下两个特点.

(1) 试验在相同条件下可以重复进行;

(2) 试验可能出现的结果是明确的, 但试验前不能肯定会出现哪种结果, 则称它是**随机试验**(以下简称**试验**).

像在前言中提到的 "抛硬币观察哪面朝上的试验" "观察灯泡的使用寿命试验" "观察某商场一天接待的顾客数试验" 等这都是随机试验.

随机试验每个可能出现的基本结果称为**基本事件**(或**样本点**).

例如, 在抛一枚硬币的试验, 可能出现的基本结果只有两个: "正面朝上" 和 "反面朝上".

再如, 在观察灯泡的使用寿命试验中, 所有可能的基本结果为 "点燃时数为 t 小时", $t \geqslant 0$.

基本事件通常用 ω_i(或 e_i) 表示. 而所有基本事件组成的集合称为**基本事件空间**(或**样本空间**), 通常用 Ω 表示.

例如, 在抛一枚硬币的试验中, 若记 $\omega_1 =$"正面朝上", $\omega_2 =$ "反面朝上", 则基本事件空间 $\Omega = \{\omega_1, \omega_2\}$

在观察灯泡的使用寿命试验中, 记 $\omega_t =$"点燃时数为 t 小时", 则基本事件空间 $\Omega = \{\omega_t | t \geqslant 0, t$为实数$\}$.

试验的每一个结果 (满足某条件的基本事件组成的) 称为**随机事件**(简称**事件**), 并常用 $A, B, C, \cdots$ 表示. 随机事件实际上就是由一些基本事件组成的集合, 也即基本事件空间的子集.

通常说一个 "事件 A 发生" 指的是 "组成 A 的基本事件中某一个发生".

例 7.1　掷一颗骰子 (正方体每面分别标有 1, 2, $\cdots$, 6 个点数, 如图 7-1 所示), 观察出现的点数, 这个试验中基本事件共有 6 个: $\omega_i =$"出现 i 点", $i = 1, 2, \cdots, 6$, 基本事件空间 $\Omega = \{\omega_1, \omega_2, \omega_3, \omega_4, \omega_5, \omega_6\}$.

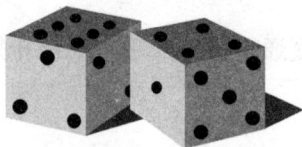

图 7-1　骰子

而 $A=$"出现偶数点", $B=$"出现奇数点", $C=$"出现的数点小于 4", $D=$"出现的点数大于 2" 都是随机事件. 这些事件都是 Ω 的子集: $A=\{\omega_2,\omega_4,\omega_6\}$, $B=\{\omega_1,\omega_3,\omega_5\}$, $C=\{\omega_1,\omega_2,\omega_3\}$, $D=\{\omega_3,\omega_4,\omega_5,\omega_6\}$.

试验中必然发生的事件称为**必然事件**, 它实际上是由全体基本事件组成的集合, 因此, 必然事件也记为 Ω. 必不发生的事件称为**不可能事件**, 记为 $\varnothing$.

必然事件与不可能事件都是确定性的, 但为了今后讨论问题方便, 不妨将它们视为随机事件的特例.

例 7.2   先后抛两枚硬币的实验. 基本事件共有四个: $\omega_1=$(正, 正), $\omega_2=$(正, 反), $\omega_3=$(反, 正), $\omega_4=$(反, 反), 则

$A=$"至少出现一个正面"$=\{\omega_1,\omega_2,\omega_3\}$;

$B=$"最多出现一个正面"$=\{\omega_2,\omega_3,\omega_4\}$;

$C=$"恰出现一个正面"$=\{\omega_2,\omega_3\}$;

$D=$"先后出现的两面相同"$=\{\omega_1,\omega_4\}$.

二、事件间的关系和运算

由于事件是基本事件空间的子集, 因此, 我们可仿照集合的关系和运算定义事件的关系和运算.

对于一个试验, 设 A,B 为两个事件.

1. 事件间的包含关系

若 A 发生, 则 B 必发生, 即 A 中基本事件必包含在 B 中, 则称 A**包含于**B, 或说 B**包含**A. 记作 $A\subseteq B$ 或 $B\supseteq A$.

例如, 在例 7.2 中, 如果事件 $C=$"恰出现一个正面" 发生了, 则事件 $A=$"至少出现一个正面" 必定发生. 因此, $C\subseteq A$.

显然, 对任意事件 A, 都有 $A\subseteq\Omega$.

规定: $\varnothing\subseteq A$ (A 为任意事件).

2. 事件的相等

若 $A\subseteq B$ 且 $B\subseteq A$, 则称 A 与 B**相等**.

3. 事件的并 (或和)

"两个事件 A,B 至少有一个发生" 构成的事件, 即由 A 与 B 中所有基本事件组成的集合, 称为 A 与 B 的**并**(或和). 记作 $A\cup B$ 或 $A+B$.

例如, 在例 7.1 中, 事件 $A=$"出现偶数点" 与 $C=$"出现的数点小于 4" 的并事件为 $A\cup C=\{\omega_1,\omega_2,\omega_3,\omega_4,\omega_6\}$, 即 "不出现 5 点".

4. 事件的交 (或积)

"两个事件 A,B 同时发生" 构成的事件, 即由 A 与 B 中所有公共的基本事件组成的集合, 称为 A 与 B 的**交**(或积). 记作 $A\cap B$ 或 AB.

例如, 在例 7.1 中, 事件 $A=$"出现偶数点" 与 $C=$"出现的数点小于 4" 的交事件为 $A\cap C=\{\omega_2\}$, 即 "出现 2 点".

5. 事件的差

"事件 A 发生但 B 不发生" 构成的事件, 即由属于 A 但不属于 B 的所有基本事件组成的集合, 称为 A 与 B**差**. 记作 $A-B$.

例如, 在例 7.1 中, 事件 $A=$""出现偶数点" 与 $C=$"出现的数点小于 4" 的差事件为 $A-C=\{\omega_4,\omega_6\}$, 即 "出现 4 点或 6 点".

6. 对立事件

"事件 A 不发生" 构成的事件, 即由不属于 A 的所有基本事件组成的集合, 称为 A 的**对立事件**. 记作 $\overline{A}$.

显然, $\overline{A}=\Omega-A$.

例如, 在例 7.1 中, $\overline{A}=\{\omega_1,\omega_3,\omega_5\}$, 即 "出现奇数点". $\overline{C}=\{\omega_4,\omega_5,\omega_6\}$, 即 "出现的数点不小于 4".

7. 事件间互不相容关系

若事件 A 与 B 不能同时发生, 则称 A 与 B**互不相容**(或**互斥**).

显然, A 与 B 互斥 $\Leftrightarrow A\cap B=\varnothing$①.

例如, 在例 7.1 掷一骰子中, $C=\{\omega_1,\omega_2,\omega_3\}$, 又若 $E=\{\omega_5,\omega_6\}$, 则 C 与 E 互斥.

若 n 个事件 $A_1,A_2,\cdots,A_n$ 中任意两个事件是互不相容的, 则称这 n 个事件 $A_1,A_2,\cdots,A_n$**两两互不相容**.

8. 事件间对立关系

若事件 A 与 B 不能同时发生, 但又必发生其中之一, 则称 A 与 B**对立**.

显然 (1) A 与 B 对立 $\Leftrightarrow A\cap B=\varnothing$ 且 $A\cup B=\Omega$;

(2) $\overline{A}=B$.

例如, 在例 7.1 中 $A=$"出现偶数点" 与 $B=$"出现奇数点" 是对立的. 即 $\overline{A}=B$.

既然事件是基本事件空间的子集, 那么就可像用图表示集合的关系与运算一样, 用图表示事件的关系与运算.

---

① $\Leftrightarrow$ 表示 "充分必要", 以后不再声明.

把试验看成向矩形内投点, "点落入矩形内" 是必然事件 Ω, "点落入圆 A 内" 记作 A, "点落入圆 B 内" 记作 B, 则事件之间的关系和运算如图 7-2 所示:

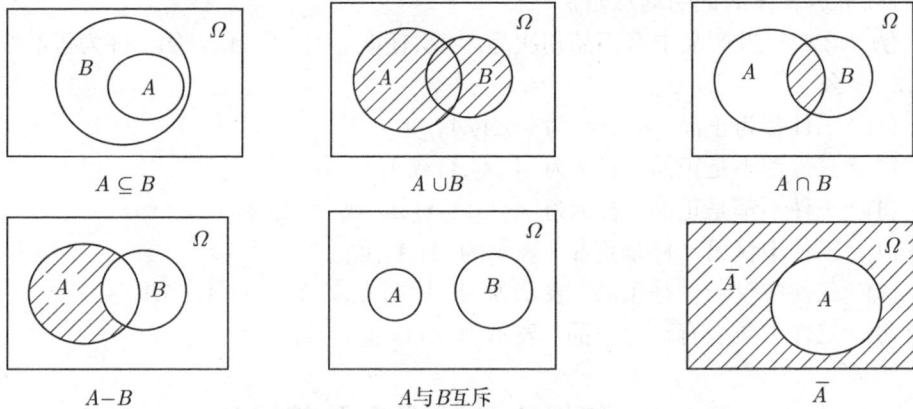

图 7-2   事件间的关系和运算

关于事件的并、交运算还可推广到多个事件情况.

$A_1 \cup A_2 \cup \cdots \cup A_n$ 表示 "n 个事件 $A_1, A_2, \cdots, A_n$ 中至少有一个发生组成的事件", 简记为 $\bigcup\limits_{i=1}^{n} A_i$;

$A_1 \cap A_2 \cap \cdots \cap A_n$ 表示 "n 个事件 $A_1, A_2, \cdots, A_n$ 同时发生组成的事件", 简记为 $\bigcap\limits_{i=1}^{n} A_i$.

还可进一步推广到可列多个情况:

$\bigcup\limits_{i=1}^{\infty} A_i$ 表示 "事件序列 $A_1, A_2, \cdots, A_n, \cdots$ 中至少有一个发生组成的事件";

$\bigcap\limits_{i=1}^{\infty} A_i$ 表示 "事件序列 $A_1, A_2, \cdots, A_n, \cdots$ 同时发生组成的事件".

三、事件的运算律

关于事件的运算有着与集合运算相同的运算律:

(1) 交换律: $A \cup B = B \cup A$; $A \cap B = B \cap A$.

(2) 结合律: $(A \cup B) \cup C = A \cup (B \cup C)$; $(A \cap B) \cap C = A \cap (B \cap C)$.

(3) 分配律: $A \cap (B \cup C) = (A \cap B) \cup (A \cap C)$; $A \cup (B \cap C) = (A \cup B) \cap (A \cup C)$.

(4) 对偶律: $\overline{A \cup B} = \overline{A} \cap \overline{B}$; $\overline{A \cap B} = \overline{A} \cup \overline{B}$(又称 Demorgan 律); 多个事件的情形: $\overline{\bigcup\limits_{i=1}^{n} A_i} = \bigcap\limits_{i=1}^{n} \overline{A_i}$; $\overline{\bigcap\limits_{i=1}^{n} A_i} = \bigcup\limits_{i=1}^{n} \overline{A_i}$.

(5) 吸收律: 若 $A \subseteq B$, 则 $A \cup B = B$, $A \cap B = A$.

(6) $\varnothing$ 满足: $A \cup \varnothing = A$; $A \cap \varnothing = \varnothing$.

(7) Ω 满足: $A \cup \Omega = \Omega$; $A \cap \Omega = A$.

(8) 对立事件满足: $A \cup \overline{A} = \Omega$, $A \cap \overline{A} = \varnothing$, $\overline{\overline{A}} = A$.

(以上运算律的证明均从略)

例 7.3　一批产品中有正品和次品, 依次任取 3 件. 令 A_i="第 i 件为正品" $i = 1, 2, 3$, 那么

(1) "三件都为正品" 可表示为 $A_1 A_2 A_3$;

(2) "三件都不是正品" 表示为 $\overline{A_1} \overline{A_2} \overline{A_3}$ 或 $\overline{A_1 \cup A_2 \cup A_3}$;

(3) "三件不都是正品" 表示为 $\overline{A_1} \cup \overline{A_2} \cup \overline{A_3}$ 或 $\overline{A_1 A_2 A_3}$;

(4) "三件中仅第一件是正品" 表示为 $A_1 \overline{A_2} \overline{A_3}$;

(5) "三件中仅一件是正品" 表示为 $A_1 \overline{A_2} \overline{A_3} \cup \overline{A_1} A_2 \overline{A_3} \cup \overline{A_1} \overline{A_2} A_3$;

(6) "三件中至少有一件正品" 表示为 $A_1 \cup A_2 \cup A_3$.

§7.2　随机事件的概率及其性质

在随机试验中, 不仅想知道在一次试验中都有哪些可能的结果 (即随机事件), 更想知道每个结果发生的可能性究竟有多大, 或者说希望找到一个合适的数值来表示这个事件发生的可能性大小. 表示事件 A 发生的可能性大小的数值就是事件 A 的概率, 用 $P(A)$ 表示. 怎么规定这个数值呢? 在概率发展史上, 针对不同的试验曾有过不同的办法.

一、事件的概率

1. 古典方法

考虑下面的试验

例 7.4　盒中有 5 个大小相同的球 (每个球可辨[①]), 3 个白球, 2 个黑球, 现从中随机任取一球. 令 A="任取一球是白球", 那么事件 A 发生的 "可能性的大小" 该如何规定呢?

这 5 个球可以按自然序编号, 那么这个试验共有 5 个基本事件: ω_i ="取到 i 号球", 且每个基本事件发生的可能性是相同的 (即每个球被抽到的可能性相同).

长期的实践使我们认识到用比值:

$$\frac{A \text{包含的基本事件的个数}}{\text{基本事件的个数}} = \frac{3}{5}$$

来反映事件 A 发生的可能性非常合理. 我们就把这个数值作为事件 A 的概率, 即 $P(A) = \dfrac{3}{5}$.

---

①球可辨即可认为每个球上都有不同编号, 以后在遇到抽球、抓阄等这类问题, 无特殊声明均指这种情况.

一般地, 我们把具有以下两个特点的试验称为**古典概型试验**.

(1) 基本事件的个数有限;

(2) 每个基本事件发生的可能性相同.

对古典概型试验, 事件 A 发生的可能性的大小 $P(A)$ 定义如下.

定义 7.1 对古典概型试验, 若基本事件的总数为 n, 事件 A 包含的基本事件的个数为 k, 则定义**事件 A 的概率**

$$P(A) = \frac{k}{n} \tag{7.1}$$

例 7.5 盒中有 5 个球, 3 个白球, 2 个黑球, 从中一次任取两球. 求下列事件的概率:

(1) 任取的两球都是白球; (2) 任取的两球恰有一白球.

解 令 A 表示 "任取的两球都是白球", B 表示 "任取的两球恰有一白球"

这个试验显然是古典概型的试验, 基本事件的总数为 C_5^2, A 包含的基本事件个数为 C_3^2, B 包含的基本事件个数为 $\mathrm{C}_3^1 \mathrm{C}_2^1$. 因此

(1) $P(A) = \dfrac{\mathrm{C}_3^2}{\mathrm{C}_5^2} = \dfrac{3}{10}$; (2) $P(A) = \dfrac{\mathrm{C}_3^1 \mathrm{C}_2^1}{\mathrm{C}_5^2} = \dfrac{3}{5}$.

如果把这个试验改为 "从中依次任取两球" 或 "有放回的任取两球"[①], 事件 A, B 的概率又是多少呢? 请读者给出解答.

例 7.6 一批产品共有 10 件, 其中 4 件次品, 现任取 3 件, 考虑以下三种抽样:

(1) 有放回的抽样; (2) 无放回的抽样; (3) 一次性抽样.

分别在三种情况下, 求事件 $A=$"恰有 2 件次品" 的概率.

解 这三种情况下的抽样构成的三个试验显然都是古典概型的试验. 因此

(1) $P(A) = \dfrac{\mathrm{C}_3^2 4^2 6^1}{10^3} = \dfrac{36}{125}$;

(2) $P(A) = \dfrac{\mathrm{C}_3^2 \mathrm{P}_4^2 \mathrm{P}_6^1}{\mathrm{P}_{10}^3} = \dfrac{3}{10}$;

(3) $P(A) = \dfrac{\mathrm{C}_4^2 \mathrm{C}_6^1}{\mathrm{C}_{10}^3} = \dfrac{3}{10}$.

例 7.7 若 n 个阄中有 m 个彩阄, $k(k \leqslant n)$ 个人先后各取一阄, 求第 i 个人取到彩阄的概率.

解 令 A 表示事件 "第 i 个人取到彩阄", 基本事件总数为 P_n^k, A 包含的基本事件个数为 $\mathrm{C}_m^1 \mathrm{P}_{n-1}^{k-1}$, 因此

$$P(A) = \frac{\mathrm{C}_m^1 \mathrm{P}_{n-1}^{k-1}}{\mathrm{P}_n^k} = \frac{m}{n}$$

---

①"有放回的任取两球" 即任取一球, 观察颜色后放回, 再从中任取一球.

注 抓到彩阄的可能性与抓阄的次序无关, 说明彩阄对每个人都是公平的. 以后我们可以利用这一 "常识".

例 7.8 从 $1, 2, \cdots, 9, 10$ 共十个数字中任取一个, 假定每个数字都以 $\frac{1}{10}$ 的概率被取中, 取后还原, 先后取 7 个数字, 求下列各事件 $A_i (i = 1, 2, 3, 4)$ 的概率.

A_1: 7 个数字全不相同; A_2: 不含 1 和 10; A_3: 10 恰好出现 2 次; A_4: 10 至少出现 2 次.

解 基本事件空间共有 10^7 个不同的基本事件, 每个基本事件发生的可能性相同, 都为 $\frac{1}{10^7}$. 可见, 这个试验为古典概型的试验. 因此

$$P(A_1) = \frac{\mathrm{P}_{10}^7}{10^7} = \frac{10 \times 9 \times 8 \times 7 \times 6 \times 5 \times 4}{10^7} \approx 0.06048$$

$$P(A_2) = \frac{8^7}{10^7} \approx 0.2097$$

$$P(A_3) = \frac{\mathrm{C}_7^2 9^5}{10^7} \approx 0.1240$$

$$P(A_4) = \frac{\sum\limits_{k=2}^{7} \mathrm{C}_7^k 9^{7-k}}{10^7} \approx 0.1497$$

例 7.9 从 5 双不同的手套中任取 4 只, 求下列事件的概率.

(1) 任取的 4 只恰好有 2 只配成一双;

(2) 任取的 4 只没有 2 只成双.

解 5 双手套取 4 只, 共有 C_{10}^4 个基本事件.

(1) "任取得 4 只恰好有 2 只配成一双" 含有 $\mathrm{C}_5^1 \mathrm{C}_4^2 2^2$ 个基本事件, 因此, 恰好有 2 只配成一双的概率为

$$p_1 = \frac{\mathrm{C}_5^1 \mathrm{C}_4^2 2^2}{\mathrm{C}_{10}^4} = \frac{4}{7}$$

(2) "任取得 4 只没有 2 只成双" 含有 $\mathrm{C}_5^4 2^4$ 个基本事件, 因此, 没有 2 只成双的概率为

$$p_2 = \frac{\mathrm{C}_5^4 2^4}{\mathrm{C}_{10}^4} = \frac{8}{21}$$

从以上例题可以看到, 求解古典概型问题的关键是寻求基本事件的总数和事件 A 包含的基本事件的个数 (也称 A 的有利事件数).

概率的古典定义思想产生于 16、17 世纪, 当时起源于如何算出赌博中取胜的机会, 像意大利数学家卡尔达诺 (Cardano, 1501—1576) 在《论赌博》曾使用过这种定义. 概率的古典定义仅适合古典概型试验, 要求试验基本事件的总数有限, 且每个基本事件发生的可能性相同.

2. 频率方法

在前面已提到随机现象就每次试验结果来看, 它们具有不确定性, 但大量重复试验, 不难发现它呈现某种规律性. 如果观察某事件 A 发生与否, 在相同条件下多次重复试验, 会发现事件 A 出现的频率总是在某一个常数附近摆动. 例如, 多次投一硬币, 不难发现, "正面朝上" 出现的频率总是在 0.5 附近摆动. 历史曾有不少人做过投硬币实验, A 表示 "正面朝上", n 为投硬币次数, n_A 为 A 出现的次数.

试验者	n	n_A	n_A/n
Demorgan	2048	1061	0.518
Buffon	4040	2048	0.5069
Pearson	12000	6019	0.5016
Pearson	24000	12012	0.5005

这个频率的稳定值 0.5, 能够反映一次试验事件 A 发生的可能性的大小, 我们就把 0.5 作为 "正面朝上" 的概率, 这与古典方法确定的结果一致.

再如, 对某批种子重复做种子发芽试验, 会发现发芽率总围绕着一个数值附近摆动; 人口统计资料显示, 新出生的婴儿中男婴出现的频率总在一个数值附近摆动, 这个数大约是 $\dfrac{22}{43}$.

用这个频率的稳定值来反映一次试验中该事件发生的可能性的大小即概率. 这种确定概率的方法称为频率方法. 一般地有如下定义.

定义 7.2   在相同的一组条件 S 下, 重复做 n 次试验, 记 n_A 为 n 次试验中事件 A 出现的频数. 当试验的次数 n 很大时, 如果事件 A 出现的频率 $\dfrac{n_A}{n}$ 总是在某一数值 p 附近摆动; 而且一般来说随着试验次数的增多, 这种摆动的幅度越来越小, 则称数值 p 为**事件 A 的概率**. 记作 $P(A) = p$.

概率的频率方法思想最早出现于 1812 年拉普拉斯的《概率论的分析原理》, 他在这部著作中研究了男婴出生的频率. 这个方法确定事件 A 的概率是基于试验或观测, 克服了基本事件等可能的局限, 这在实际中很有价值, 在许多实际问题中, 当概率不易求出时, 往往就取 n 很大时的频率作为概率的近似值.

3. 主观方法

18 世纪贝叶斯 (Bayes,1701—1761) 学派, 研究不能大量重复的随机试验, 提出事件的概率是人们根据经验对该事件发生可能性给出的个人信念度量值 (相信程度或可信度). 这样给出的概率称为**主观概率**.

例如, 一个企业家认为 "某新产品在未来市场上畅销" 的概率是 0.8; 一个投资家认为 "某项投资项目能获得高收益" 的概率为 0.9; 这都是人们凭知识或判断能力对某事件发生的可能性给出的一个信念的测量值.

这个定义当时遭到不少数学家的批评, 认为这种确定概率的方法是主观的, 担心这种主观的概率主张会走到主观唯心论的路上. 其实不然, 这种确定概率的方法是以经验为基础的主观概率与纯主观是不同的, 它是利用经验和先验信息给出的主观概率, 但没有固定的模式, 这种主观概率要在实践中不断检验修正.

这种主观概率提出来以后, 无论是现在还是将来都会使用, 特别是在经济领域和决策分析中有些事件的概率很难用其他方法确定, 只好用主观概率法.

人们在长期实践中发现表示随机事件发生可能性大小的数值 —— 概率, 满足下面三条.

(1) **非负性**: 对任一事件 A, 都有 $P(A) \geqslant 0$;

(2) **完备性**: $P(\Omega) = 1$;

(3) **可加性**: 设事件 $A_i(i = 1, 2, \cdots)$ 两两互不相容, 即任意 i, j ($i \neq j$) 都有 $A_i A_j = \varnothing$, 则 $P\left(\sum_{i=1}^{n} A_i\right) = \sum_{i=1}^{n} P(A_i)$.

以后, 人们就把上面这三条作为概率论演绎推理的基础, 称为**概率公理**.

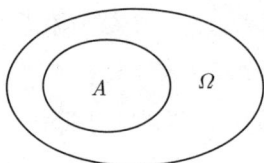

例如, 在一个面积为 S_Ω 的平面区域 Ω, "均匀的" 投点 (图 7-3), 这里 "均匀的" 投点确切的含义是, 对区域 Ω 中有任一小区域 A, 其面积为 S_A, 则投点落入 A 中的可能性的大小与 S_A 成正比, 而与 A 的位置及形状无关.

图 7-3

事件 A 的概率 $P(A)$ 定义为

$$P(A) = \frac{S_A}{S_\Omega} \tag{7.2}$$

这样定义显然满足概率三条公理.

例 7.10 (约会问题)　某两人约定于 0 到 T 时内在某地见面, 假设两人在 0 到 T 时内任意时刻到达是等可能的, 先到者等待 $t(t \leqslant T)$ 时后离去, 求两人能见面的概率.

解　以 x, y 表示两人到达时刻, $0 \leqslant x, y \leqslant T$. 两人到达的状态 (x, y) 对应于边长为 T 的正方形 Ω 内的点 (图 7-4).

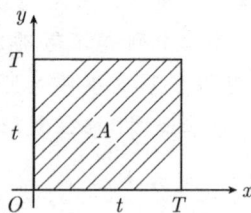

图 7-4

两人能见面的充要条件是 $|x - y| \leqslant t$, 即两人能见面的状态 (x, y) 对应于图形 A 内的点. 两人能会见的概率为

$$p = \frac{S_A}{S_\Omega} = \frac{T^2 - (T - t)^2}{T^2} = 1 - \left(1 - \frac{t}{T}\right)^2$$

二、概率的性质

由概率公理化定义中的三条公理, 不难得到概率具有以下性质.

性质 7.1 对不可能事件 $\varnothing$, 有 $P(\varnothing) = 0$; (证明从略)

性质 7.2 若事件 A, B 互斥, 则 $P(A + B) = P(A) + P(B)$; (由公理 (3) 易得)

性质 7.3 对任一事件 A, 都有 $P(\overline{A}) = 1 - P(A)$;

证明 因 $A \cup \overline{A} = \Omega$, $A, \overline{A}$ 互斥, 则

$$P(A) + P(\overline{A}) = 1$$

即

$$P(\overline{A}) = 1 - P(A)$$ □

性质 7.4 若事件 A, B 满足 $A \subset B$, 则 $P(B - A) = P(B) - P(A)$.

证明 因 $B = (B - A) \cup A$, $B - A$ 与 A 互斥, 则

$$P(B) = P(B - A) + P(A)$$

即

$$P(B - A) = P(B) - P(A)$$ □

推论 若 $A \subset B$, 则 $P(A) \leqslant P(B)$.

由上面性质不难得到下面减法公式和广义加法公式 (请读者自证).

性质 7.5 (减法公式) 对任两事件 A, B, 都有

$$P(B - A) = P(B) - P(AB)$$

性质 7.6 (广义可加性) 对任两事件 A, B, 都有

$$P(A + B) = P(A) + P(B) - P(AB)$$

推论 对任两事件 A, B, 都有 $P(A + B) \leqslant P(A) + P(B)$.

广义加法公式还可推广到三个事件情况, 请读者自己给出.

例 7.11 设有 10 件产品, 其中 2 件不合格品, 现从中随机取 3 件, 求其中最多有一件不合格品的概率.

解 设 $A_i =$ "任意取得 3 件恰有 i 件不合格", $i = 0, 1, 2$, 则 $A_0 + A_1 =$ "任意取得 3 件最多有一件不合格品", 且 A_0, A_1 互不相容.

由可加性得

$$P(A_0 + A_1) = P(A_0) + P(A_1) = \frac{C_8^3}{C_{10}^3} + \frac{C_2^1 C_8^2}{C_{10}^3} = \frac{14}{15}$$

例 7.12 设 A, B 为事件, 且 $P(A) = 0.3$, $P(B) = 0.5$, 分别在下列条件下, 求 $P(B\overline{A})$:

(1) A 与 B 互斥; (2) $A \subset B$; (3) $P(AB) = 0.25$; (4) $P(A + B) = 0.75$.

解 (1) 因 A 与 B 互斥, 故

$$B\overline{A} = B - A = B$$

从而 $P(B\overline{A}) = P(B) = 0.5$.

(2) 因 $A \subset B$, 故

$$P(B\overline{A}) = P(B - A) = P(B) - P(A) = 0.2$$

(3) 因 $B\overline{A} = B - A = B - AB$, 故

$$P(B\overline{A}) = P(B - AB) = P(B) - P(AB) = 0.25$$

(4) 因 $B\overline{A} = B - A = (A + B) - A$, 故

$$P(B\overline{A}) = P(A + B) - P(A) = 0.45$$

§7.3 条件概率、乘法公式及事件的独立性

一、条件概率

条件概率是概率论中的一个基本概念, 它既可以帮助我们认识更复杂的随机事件, 也是计算复杂事件概率的重要工具.

设有两个事件 A 和 B, 在事件 B 发生的条件下, 事件 A 再发生的概率称为条件概率, 记作 $P(A|B)$. 这个条件概率与前面事件 A 的概率 $P(A)$ 有重要区别. 例如, 某公司从甲、乙两个生产厂家采购了 N 个节能灯泡, 其中部分为质量不合格, 具体如下表所示.

	合格	不合格
甲厂产品	a	b
乙厂产品	c	d

现从 N 个节能灯泡中任意取一个, 考察以下事件

$$A = \text{“取到次品”}, \quad B = \text{“取到甲厂的”}$$

不难得到事件 A, B 及 AB 的概率:

$$P(A) = \frac{b+d}{N}, \quad P(B) = \frac{a+b}{N}, \quad P(AB) = \frac{b}{N}$$

现在考虑事件 B 发生的条件下, 事件 A 再发生的条件概率. B 发生的条件下, 给人们带来的新信息: 所有可能发生的基本事件仅限于甲厂中的 $a + b$, 在其中事件 A 包含的基本事件为 b 个. 因此, 在事件 B 发生的条件下, 事件 A 再发生的概率为 $P(A|B) = \frac{b}{a+b}$. 这个概率与 $P(AB)$ 和 $P(B)$ 有如下关系.

$$P(A\,|\,B) = \frac{b}{a+b} = \frac{b/N}{(a+b)/N} = \frac{P(AB)}{P(B)}$$

表明条件概率可以表示为两个特定的无条件概率之商, 而且在一般场合也是合理的. 因此对条件概率可定义如下.

定义 7.3 设两事件 A, B, 且 $P(B) > 0$, 则在 B 发生的条件下 A 发生的概率 $P(A\,|\,B)$ 定义为

$$P(A\,|\,B) = \frac{P(AB)}{P(B)} \tag{7.3}$$

简称为 A 对 B 的**条件概率**.

不难验证条件概率具有与 (无条件) 概率类似的性质 $(P(B) > 0)$:

(1) **非负性**: $P(A\,|\,B) \geqslant 0$;

(2) **完备性**: $P(\Omega\,|\,B) = 1$;

(3) **可列可加性**: 若 $A_i, i = 1, 2, \cdots$, 两两互不相容, 则 $P\left(\bigcup_{i=1}^{\infty} A_i\,|\,B\right) = \sum_{i=1}^{\infty} P(A_i\,|\,B)$, **有限可加性**: $P\left(\bigcup_{i=1}^{n} A_i\,|\,B\right) = \sum_{i=1}^{n} P(A_i\,|\,B)$;

(4) $P(\varnothing\,|\,B) = 0$;

(5) $P(\overline{A}\,|\,B) = 1 - P(A\,|\,B)$;

(6) $P(A_1 + A_2\,|\,B) = P(A_1\,|\,B) + P(A_2\,|\,B) - P(A_1 A_2\,|\,B)$.

以 (5) 为例证明如下.

$$P(\overline{A}\,|\,B) = \frac{P(\overline{A}B)}{P(B)} = \frac{P(B - AB)}{P(B)} = \frac{P(B) - P(AB)}{P(B)} = 1 - \frac{P(AB)}{P(B)} = 1 - P(A\,|\,B)$$

即

$$P(A\,|\,B) = 1 - P(\overline{A}\,|\,B) \qquad\qquad \square$$

例 7.13 假设一批产品中一、二、三等品分别为 60 件, 30 件, 10 件, 从中随意取出一件, 结果不是三等品, 问取到的是一等品的概率是多少?

解 随意取出一件是一、二、三等品分别记为 A, B, C, 要求的即是条件概率 $P(A\,|\,\overline{C})$.

解法一 先求出 $P(A\overline{C}), P(\overline{C})$, 再利用式 (7.3).

$$P(A\,|\,\overline{C}) = \frac{P(A\overline{C})}{P(\overline{C})} = \frac{P(A(A+B))}{P(\overline{C})} = \frac{P(A)}{P(\overline{C})} = \frac{0.6}{0.9} = \frac{2}{3}$$

解法二 事件 $\overline{C}$ 发生的条件下, 基本事件总数为 90, 其中 "取到的是一等品" 包含的基本事件个数为 60, 因此, 由古典概型的概率定义可知

$$P(A\,|\,\overline{C}) = \frac{60}{90} = \frac{2}{3}$$

注　从例 7.13 可以看出: 求条件概率 $P(B|A)$ 有两种方法: ① 在原样本空间下, 求出 $P(AB), P(A)$, 利用条件概率定义 (7.3) 求出; ② 把事件 A 当作条件压缩原样本空间, 再在压缩后的样本空间上利用古典概型的概率定义求出 $P(B|A)$.

例 7.14　为了防止意外, 在采矿内安置了两种报警系统 A 和 B, 每种系统单独使用时, 其有效的概率系统 A 为 0.95, 系统 B 为 0.90, 在 A 失灵的条件下, B 有效的概率为 0.85, 求:

(1) 发生意外时, 这两个报警系统至少一个有效的概率;

(2) 在 B 失灵的条件下, A 有效的概率.

解　记 $A=$ "系统 A 有效", $B=$ "系统 B 有效".

由题意有 $P(A) = 0.95$, $P(B) = 0.90$, $P(B|\overline{A}) = 0.85$.

(1) $P(A+B) = P(A+B\overline{A}) = P(A) + P(B\overline{A}) = P(A) + P(\overline{A})P(B|\overline{A}) = 0.9925$,

或

$$P(A+B) = 1 - P(\overline{AB}) = 1 - P(\overline{A})P(\overline{B}|\overline{A}) = 0.9925$$

(2) $P(A|\overline{B}) = 1 - P(\overline{A}|\overline{B}) = 1 - \dfrac{P(\overline{AB})}{P(\overline{B})} = 1 - \dfrac{P(\overline{A})P(\overline{B}|\overline{A})}{P(\overline{B})} = 0.925.$

二、乘法公式

式 (7.3) 可以等价写成

$$P(AB) = P(B)P(A|B) \quad (P(B) > 0) \tag{7.4}$$

称式 (7.4) 为**乘法公式**.

在例 7.15 中可看到, 在不便求 $P(AB)$ 时, 可利用式 (7.4) 求出.

式 (7.4) 又可推广为

$$P(A_1 A_2 \cdots A_n) = P(A_1)P(A_2|A_1)\cdots P(A_n|A_1 A_2 \cdots A_{n-1}) \tag{7.5}$$

其中 $P(A_1 A_2 \cdots A_{n-1}) > 0$.

(请读者自证)

例 7.15　盒中有 b 个黑球和 r 个红球, 每次取一个, 观察后放回, 再放进同颜色的球 c 个. 求下列事件的概率.

(1) 三次取出的球都是红球;

(2) 第一次、第二次、第三次取出的球分别是红、黑、红球.

解　令 $R_i=$ "第 i 次取出的球是红球", $B_i=$ "第 i 次取出的球是黑球", $i = 1, 2, 3$.

(1) "三次取出的球都是红球"$=R_1 R_2 R_3$, 故

$$P(R_1 R_2 R_3) = P(R_1)P(R_2|R_1)P(R_3|R_1 R_2)$$

$$= \frac{r}{b+r} \cdot \frac{r+c}{b+r+c} \cdot \frac{r+2c}{b+r+2c}$$

(2) "第一次、第二次、第三次取出的球分别是红、黑、红球" $= R_1 B_2 R_3$, 故

$$P(R_1 B_2 R_3) = P(R_1) P(B_2 \,|\, R_1) P(R_3 \,|\, R_1 B_2)$$

$$= \frac{r}{b+r} \cdot \frac{b}{b+r+c} \cdot \frac{r+c}{b+r+2c}$$

三、事件的独立性

两个事件间的独立性是指一个事件的发生与否不影响另一个事件发生的可能性. 例如, 掷两颗骰子试验中, 考察下面两个事件:

$A =$"第一颗骰子出现 1 点";

$B =$"第二颗骰子出现偶数点".

经验事实告诉我们: 第一颗骰子出现的点数不会影响第二颗骰子出现的点数, 通常说: 事件 A 与 B 独立. 这时

$$P(B \,|\, A) = P(B)$$

也即

$$P(AB) = P(A)P(B)$$

这个等式不是偶然的, 这是直观上独立的两个事件共同的特征. 因此可以利用这个特征来定义两个事件间的独立性.

定义 7.4 对任意两个事件 A 与 B, 若

$$P(AB) = P(A)P(B) \tag{7.6}$$

则称事件 A 与 B **相互独立**(简称 A 与 B**独立**).

显然, 当 $P(B) > 0$ 时, 有

$$A \text{与} B \text{独立} \Leftrightarrow P(A \,|\, B) = P(A)$$

注 在实际问题中判别两个事件的独立性并不是利用定义, 而是由直观经验判定.

例如, (1) 甲乙两人向同一目标射击, 事件 "甲击中" 与事件 "乙击中" 是独立的;

(2) 观察甲、乙两辆汽车事故次数, $A=$"甲车一年内出现交通事故多于 1 次", $B=$"乙车一年内出现交通事故少于 3 次", 显然 A 与 B 也是独立的.

定理 7.1 设 A, B 为事件, 则以下命题等价.

(1) A 与 B 独立; (2) A 与 $\overline{B}$ 独立; (3) $\overline{A}$ 与 B 独立; (4) $\overline{A}$ 与 $\overline{B}$ 独立.

证明 仅证 (1) $\Leftrightarrow$(2), 其他可由 (1)$\Leftrightarrow$(2) 推出 (请读者自证).

若 A 与 B 独立, 依定义有 $P(AB) = P(A)P(B)$, 则

$$P(A\overline{B}) = P(A - AB) = P(A) - P(AB) = P(A) - P(A)P(B)$$

$$=P(A)(1 - P(B)) = P(A)P(\overline{B})$$

从而 A 与 $\overline{B}$ 独立.   □

例 7.16　甲乙两人向同一目标射击且击中目标的概率分别是 0.8 和 0.6, 各射击一次, 求击中目标的概率.

解　令 A="甲击中", B="乙击中", 则 "击中目标"$=A + B$, 且 A 与 B 独立, 则

$$\begin{aligned} P(A + B) &= P(A) + P(B) - P(AB) \\ &= P(A) + P(B) - P(A)P(B) \\ &= 0.8 + 0.6 - 0.8 \times 0.6 \\ &= 0.92 \end{aligned}$$

或

$$P(A + B) = 1 - P\left(\overline{AB}\right) = 1 - P(\overline{A})P(\overline{B}) = 1 - 0.2 \times 0.4 = 0.92$$

两个事件的独立性概念可以推广到多个事件的情形.

首先考虑三个事件的独立性. 设 A, B, C 为事件, 称它们相互独立, 是指 A, B, C 满足以下四个等式.

$$P(AB) = P(A)P(B)$$

$$P(AC) = P(A)P(C)$$

$$P(BC) = P(B)P(C)$$

$$P(ABC) = P(A)P(B)P(C)$$

一般地, n 个事件的相互独立性可如下定义.

定义 7.5　对 n 个事件 $A_1, A_2, \cdots, A_n$, 若对其中任意 $k(2 \leqslant k \leqslant n)$ 个事件 $A_{j_1}, A_{j_2}, \cdots, A_{j_k}(1 \leqslant j_1 < j_2 < \cdots < j_k \leqslant n)$ 都有

$$P\left(A_{j_1} A_{j_2} \cdots A_{j_k}\right) = P(A_{j_1})P(A_{j_2}) \cdots P(A_{j_k}) \tag{7.7}$$

则称这 n 个事件 $A_1, A_2, \cdots, A_n$ **相互独立**.

显然, 若 n 个事件 $A_1, A_2, \cdots, A_n$ 相互独立, 则必有

$$P\left(A_1 A_2 \cdots A_n\right) = P(A_1)P(A_2) \cdots P(A_n) \tag{7.8}$$

注　实际问题中判别 n 个事件是否相互独立性一般也不用定义, 通常也是由直观经验判定, 看其中任一事件发生的可能性是否受其他事件发生与否的影响.

例 7.17 某彩票每周开奖一次, 每次提供百万分之一中一等奖的机会, 某人每周买一张彩票, 坚持十年 (每年 52 周), 问该人从未中一等奖的机会是多少?

解 令 $A_i =$ "第 i 次未中一等奖", $i = 1, 2, \cdots, 520$, 则 "从未中一等奖" $= \bigcap_{i=1}^{520} A_i$, 且 $A_i, i = 1, 2, \cdots, 520$ 相互独立. 因此

$$P\left(\bigcap_{i=1}^{520} A_i\right) = \prod_{i=1}^{520} P(A_i) = (1 - 10^{-6})^{520} = 0.99948$$

这个很大的概率表明该人十年中从未中过一次奖的是很正常的事.

最后, 我们来分析两个事件 A 与 B 独立与互不相容这两个概念的区别.

$$A 与 B 互不相容 \overset{定义}{\Longleftrightarrow} AB = \varnothing \overset{直观}{\Longleftrightarrow} A 与 B 不能同时发生$$

$$A 与 B 独立 \overset{定义}{\Longleftrightarrow} P(AB) = P(A)P(B)$$

$$\overset{直观}{\Longleftrightarrow} 事件 A 发生的可能性不受事件 B 发生与否的影响$$

$$A 与 B 互不相容 \xrightarrow{P(A) > 0, P(B) > 0} A 与 B 不独立$$

或说

$$A 与 B 独立 \xrightarrow{P(A) > 0, P(B) > 0} A 与 B 相容$$

§7.4 全概率公式与贝叶斯公式

一、全概率公式

全概率公式是概率论中一个基本公式, 我们先看一个例子.

例 7.18 盒中 5 个球, 其中 3 个白球 2 个黑球, 每次取一个, 无放回地依次取两次. 求第二次取到白球的概率.

解 令 $A_1 =$ "第一次取到白球", $A_2 =$ "第一次取到黑球", $B =$ "第二次取到白球", 显然 $A_1 + A_2 = \Omega$, $A_1 A_2 = \varnothing$, 则

$$B = B\Omega = B(A_1 + A_2) = BA_1 + BA_2$$

$$(BA_1)(BA_2) = \varnothing$$

从而

$$P(B) = P(BA_1) + P(BA_2)$$

$$= P(A_1)P(B \mid A_1) + P(A_2)P(B \mid A_2)$$

$$= \frac{3}{5} \cdot \frac{2}{4} + \frac{2}{5} \cdot \frac{3}{4} = \frac{3}{5}$$

一般地, 有如下**全概率公式**所示.

定理 7.2　设 $A_1, A_2, \cdots, A_n, \cdots$ 是两两互不相容的事件, 并且 $\bigcup_i A_i = \Omega$, $P(A_i) > 0$, $i = 1, 2, \cdots$, 则对任一事件 B, 都有

$$P(B) = \sum_i P(A_i) P(B/A_i) \tag{7.9}$$

证明　由定理条件知: $P(B) = P(B \bigcup_i A_i) = P(\bigcup_i BA_i)$;

再由可加性知: $P(B) = \sum_i P(BA_i)$;

由条件概率得: $P(B) = \sum_i P(A_i) P(B/A_i)$. □

注　(1) 满足定理条件的事件组 $A_1, A_2, \cdots, A_n, \cdots$ 通常称为**完备事件组**, 也称为基本事件空间 Ω 的一个分割.

(2) 全概率公式中的条件 $\bigcup_i A_i = \Omega$ 改为 $\bigcup_i A_i \supseteq B$ 也成立.

例 7.19　某商店从甲、乙工厂分别购进 30 箱、20 箱同一种产品, 甲厂的每箱装 100 个零件, 乙厂的每箱装 120 个零件, 又知甲厂产品废品率是 0.06, 乙厂产品废品率是 0.05, 求

(1) 任取一箱, 再从中任取一件为废品的概率;

(2) 若将所有产品开箱混放, 从中任取一件为废品的概率.

解　(1) 令

$$A_1 = \text{``任取一箱是甲厂的''}$$
$$A_2 = \text{``任取一箱是乙厂的''}$$
$$B = \text{``再从中任取一件为废品''}$$

显然, $A_1 A_2 = \varnothing$, $A_1 + A_2 = \Omega$, 由全概率公式得

$$\begin{aligned} P(B) &= P(A_1)P(B|A_1) + P(A_2)P(B|A_2) \\ &= \frac{30}{30+20} \times 0.06 + \frac{20}{30+20} \times 0.05 \\ &= 0.056 \end{aligned}$$

(2) 令 $A_1 = \text{``任取一件是甲厂的''}$, $A_2 = \text{``任取一件是乙厂的''}$, $B = \text{``任取一件为废品''}$. 显然, $A_1 A_2 = \varnothing$, $A_1 + A_2 = \Omega$.

由全概率公式得

$$P(B) = P(A_1)P(B|A_1) + P(A_2)P(B|A_2)$$

$$=\frac{100 \times 30}{100 \times 30 + 120 \times 20} \times 0.06 + \frac{120 \times 20}{100 \times 30 + 120 \times 20} \times 0.05$$

$$=\frac{1}{18}$$

二、贝叶斯公式

例 7.20 在例 7.20 中, 如果发现第二次取到白球, 问第一次取到白球的概率是多大? 这时, 就是要求条件概率 $P(A_1|B)$:

$$P(A_1|B) = \frac{P(A_1 B)}{P(B)} = \frac{P(A_1)P(B|A_1)}{P(A_!)P(B/A_1) + P(A_2)P(B|A_2)}$$

$$= \frac{\frac{3}{5} \cdot \frac{2}{4}}{\frac{3}{5} \cdot \frac{2}{4} + \frac{2}{5} \cdot \frac{3}{4}} = 0.5$$

一般地, 有如下**贝叶斯公式**(也称**逆概率公式**).

定理 7.3 设 $A_1, A_2, \cdots, A_n, \cdots$ 是两两互不相容的事件, 并且 $\bigcup\limits_{i} A_i = \Omega$, $P(A_i) > 0$, $i = 1, 2, \cdots$, 则对任一事件 B 且 $P(B) > 0$, 都有

$$P(A_k|B) = \frac{P(A_k)P(B|A_k)}{P(B)} = \frac{P(A_k)P(B|A_k)}{\sum\limits_{i} P(A_i)P(B|A_i)} \tag{7.10}$$

例 7.21 某厂甲、乙、丙三车间生产同一产品, 其产量依次占全厂的 45%, 35%, 20%, 各车间的次品率依次为 0.02, 0.04, 0.05. (1) 求该厂产品的次品率; (2) 现从该厂产品中任取一件发现它是次品, 问它最可能是哪个车间生产的.

解 令 A_i, $i = 1, 2, 3$ 分别表示任取一件是甲、乙、丙车间生产的; B 表示 "任取一件发现它是次品". 显然 A_i, $i = 1, 2, 3$ 为完备事件组. 已知 $P(A_1) = 0.45$, $P(A_2) = 0.35$, $P(A_3) = 0.20$, $P(B|A_1) = 0.02$, $P(B|A_2) = 0.04$, $P(B|A_3) = 0.05$.

(1) 由全概率公式得

$$P(B) = \sum_{i=1}^{3} P(A_i)P(B|A_i) = 0.033$$

(2) 由逆概率公式得

$$P(A_1|B) = \frac{P(A_1 B)}{P(B)} = \frac{P(A_1)P(B|A_1)}{P(B)} = \frac{9}{33}$$

同理可求

$$P(A_2|B) = \frac{P(A_2)P(B|A_2)}{P(B)} = \frac{14}{33}$$

$$P(A_3\,|B) = \frac{P(A_3)P(B\,|\,A_3)}{P(B)} = \frac{10}{33}$$

因此, 它最可能是乙车间生产的.

例 7.22 某地区患有某癌症的人占 0.005, 患者对一种试验反应是阳性的概率为 0.95, 正常人对这种试验反应是阳性的概率为 0.04. 求

(1) 现抽查了一个人, 试验反应为阳性的概率;

(2) 现抽查了一个人, 结果试验反应为阳性, 求他患该癌症的概率.

解 设 C = "抽查的人患该癌症", A = "抽查的人试验为阳性", 已知 $P(C) = 0.005$, $P(\overline{C}) = 0.995$, $P(A\,|\,C) = 0.95$, $P(A\,|\,\overline{C}) = 0.04$.

(1) 由全概率公式得试验反应为阳性的概率

$$P(A) = P(C)P(A\,|\,C) + P(\overline{C})P(A\,|\,\overline{C}) = 0.005 \times 0.95 + 0.995 \times 0.04$$
$$= 0.04455$$

(2) 由逆概率公式得试验反应为阳性患该癌症的概率为

$$P(C\,|\,A) = \frac{P(C)P(A\,|\,C)}{P(A)} = \frac{0.005 \times 0.95}{0.04455} = 0.1066$$

§7.5 独立试验序列概型

一、试验的独立性

利用事件的独立性可以定义两个或更多个试验的独立性. 设有两个试验 E_1 和 E_2, 假如试验 E_1 的任一个结果与试验 E_2 的任一个结果都是相互独立的, 则称这**两个试验相互独立**.

例如, 掷一枚硬币 (试验 E_1) 和掷一颗骰子 (试验 E_2) 这两个试验是相互独立的. 因为硬币出现正面 (或反面) 与骰子出现 1 点至 6 点中任一点都是相互独立的事件.

类似地可以定义试验序列 $E_1, E_2, \cdots, E_n, \cdots$ 的相互独立性: 如果 $E_i(i = 1, 2, \cdots)$ 的任一结果都是相互独立的, 则称**试验序列** $E_1, E_2, \cdots, E_n, \cdots$ **相互独立**.

又如果这些试验是相同的, 则称试验序列 $E_1, E_2, \cdots, E_n, \cdots$ 为**独立重复试验**. 当 n 个试验 $E_1, E_2, \cdots, E_n$ 为独立重复试验时, 又称 $E_1, E_2, \cdots, E_n$ 为 n **重独立重复试验**.

例如, 抛 n 枚硬币、掷 n 颗骰子、检查 n 个产品等都是 n 重独立重复试验.

如果试验只有两个结果 (A 发生和 A 不发生), 这样的试验称**伯努利试验**.

例如, 抛一枚硬币 (结果为正面和反面)、检查一个产品 (结果合格与不合格)、一次射击 (结果命中与不命中) 等都是伯努利试验.

由伯努利试验构成的 n 重独立重复试验, 又称 n 重伯努利试验.

例如, (1) 抛 3 枚硬币 (或一硬币抛 3 次) 构成 3 重伯努利试验; (2) 检查 100 件产品构成 100 重伯努利试验.

二、n 重独立重复试验概率的计算

在 n 重伯努利试验中, 就单次试验有两个基本结果 A 和 $\overline{A}$, 假设 $P(A) = p$, 下面考虑在 n 重伯努利试验中 "A 恰好出现 k 次" 的概率.

下面以 3 重伯努利试验为例, 考虑 "A 恰好出现 2 次" 的概率.

令 $A_i =$ "第 i 次出现 A", $i = 1, 2, 3$, "A 恰好出现 2 次" 可表示为

$$A_1 A_2 \overline{A_3} + A_1 \overline{A_2} A_3 + \overline{A_1} A_2 A_3$$

式中有 C_3^2 项, 每一项的概率 $P(A_1 A_2 \overline{A_3}) = P(A_1 \overline{A_2} A_3) = P(\overline{A_1} A_2 A_3) = p^2 (1-p)$. 因此, "$A$ 恰好出现 2 次" 的概率为

$$P(A_1 A_2 \overline{A_3} + A_1 \overline{A_2} A_3 + \overline{A_1} A_2 A_3) = C_3^2 p^2 (1-p)$$

一般地, 有如下定理.

定理 7.4 在 n 重伯努利试验中, 若单次试验事件 A 发生的概率为 $P(A) = p$, 则 n 重伯努利试验中事件 "A 恰好出现 k 次" 的概率为

$$P(\text{“}A\text{恰好出现}k\text{次”}) = C_n^k p^k q^{n-k} \quad (q = 1 - p) \tag{7.11}$$

例 7.23 一条自动生产线上的产品, 次品率为 0.02, 现检查了 10 件, 求 10 件不多于两件次品的概率.

解 记 $B =$ "10 件中不多于两件次品"

$$P(B) = C_{10}^0 0.02^0 0.98^{10} + C_{10}^1 0.02^1 0.98^9 + C_{10}^2 0.02^2 0.98^8 \approx 0.999$$

例 7.24 某机构有一个 9 人组成的顾问小组, 若每个顾问贡献正确意见的百分比是 0.7, 现该机构对某事可行与否征求各位顾问意见, 并按多数人意见作出决策, 求作出正确决策的概率.

解 令 $A_i =$ "恰有 i 人贡献的意见是正确的", $i = 1, 2, \cdots, 9$, $B =$ "正确决策", 则

$$B = \sum_{i=5}^9 A_i$$

从而

$$P(B) = P\left(\sum_{i=5}^{9} A_i\right) = \sum_{i=5}^{9} P(A_i) = \sum_{i=5}^{9} C_9^i (0.7)^i (0.3)^{9-i} \approx 0.901$$

※ ※

习　题　七

1. 写出下列随机现象的基本事件空间

(1) 一次 (没有顺序) 抛两枚完全相同的硬币, 观察每枚硬币出现正面还是反面;

(2) 先后投两颗骰子, 观察每颗骰子出现的点数;

(3) 向某目标射击直到命中目标为止, 观察射击的次数.

2. 在分别标有 $0, 1, \cdots, 9$ 数字的 10 张卡片中任取一张, 令 A 表示事件 "抽得一张标号不大于 3 的卡片"; B 表示事件 "抽得一张标号为偶数的卡片"; C 表示事件 "抽得一张标号为奇数的卡片". 请用基本事件表示下列事件.

$$A \cup B, \quad AB, \quad \overline{B}, \quad A - B, \quad B - A, \quad BC, \quad \overline{B \cup C}, \quad (A \cup B) \cap C$$

3. 某厂生产流水线上甲、乙、丙 3 部机床是独立工作的, 并由一人看管, 若用 A, B, C 分别表示某段时间内甲、乙、丙机床不需要照顾. 试用 A, B, C 表示下列事件:

(1) 这段时间内有机床需要看管; (2) 这段时间内因机床故障看管不过来而停工.

4. 判断下列结论是否正确

(1) $A - B = A - AB = A\overline{B}$; 　　　　(2) $(A + B) - B = A$;

(3) $(A - B) + B = A$; 　　　　　　　(4) $(A - B) - C = A - (B + C)$.

5. 先用图示法简化下列各式, 在利用定义或运算律证明

(1) $(A + B)(B + C)$; 　　　　　　　(2) $(A + B)(A + \overline{B})$;

(3) $(A + B)(A + \overline{B})(\overline{A} + B)$.

6. 先后抛两枚匀称的硬币, 求至少出现一个正面的概率.

7. 盒中有 a 个白球及 b 个黑球, 从中任取 $n + m (n \leqslant a, m \leqslant b)$ 个球, 求所取的球恰有 n 个白球和 m 个黑球的概率.

8. 盒中有 a 个白球及 b 个黑球, 从中任意接连取 $k + 1$ 次 $(k + 1 \leqslant a + b)$, 球被取出后不还原, 求最后取出的球是白球的概率.

9. 有 r 封信随机地投入 n 个邮箱, 求下列事件的概率.

(1) 某指定 $k (k \leqslant r)$ 个邮箱中各只有一封信;

(2) 恰有 r 个邮箱中各只有一封信;

(3) 某指定的一个邮箱中恰有 k $(k \leqslant r)$ 封信.

10. 某地铁每隔 5 分钟有一列车通过, 某乘客对列车通过该站时间完全不知道, 求该乘客到站等车时间不多于 2 分钟的概率.

11. 设事件 A 与 B 互不相容, 且 $P(A) = p$, $P(B) = q$, 求 $P(AB)$, $P(A+B)$, $P(A\overline{B})$, $P(\overline{A}\,\overline{B})$.

12. 盒中有 10 个球, 6 个白球, 4 个黑球, 从中一次任取 3 球. 求至少有一个白球的概率.

13. 投两颗匀称的骰子, 求至少有一颗的点数大于 3 的概率.

14. 设 A, B, C 为事件, 证明:

$$P(A+B+C) = P(A) + P(B) + P(C) - P(AB) - P(AC) - P(BC) + P(ABC)$$

$$P(A+B+C) \leqslant P(A) + P(B) + P(C)$$

15. 在某铁路编组站需要编组发往三个不同地区 E_1, E_2 和 E_3 的各 2 节、3 节和 4 节车皮. 假设编组的顺序是完全随机的, 求发往同一地区的车皮恰好相邻的概率 α.

16. 某市一项调查表明: 该市有 30% 的学生视力有缺陷. 7% 学生听力有缺陷,3% 学生视力与听力都有缺陷, 记 E = "学生视力有缺陷", H = "学生听力有缺陷", EH = "学生视力与听力都有缺陷".

(1) 已知学生视力有缺陷, 问他听力有缺陷条件概率;

(2) 已知学生听力有缺陷, 问他视力缺陷条件概率;

(3) 随意找一个学生, 他视力没有缺陷但听力有缺陷的概率;

(4) 随意找一个学生, 他视力有缺陷但听力没有缺陷的概率;

(5) 随意找一个学生, 他视力和听力都没有缺陷的概率.

17. 10 件产品, 其中 6 件合格品, 4 件次品, 从中依次取两次, 取后不放回, 求第二次才取到正品的概率.

18. 设 10 件产品中有 4 件不合格品, 从中任意取两件, 已知所取两件产品中有一件是不合格品, 求另一件也不合格的概率.

19. 10 个考签中有 4 个难签, 甲、乙、丙 3 人依次参加抽签 (不放回) 求下列事件的概率: (1) 甲抽到难签; (2) 甲、乙都抽到难签; (3) 甲没抽到难签, 乙抽到难签; (4) 甲、乙、丙都抽到难签.

20. 盒中有一个红球和一个白球, 先从盒中任取一球, 若为红球, 则试验终止, 若取到白球, 则把白球放回的同时再加进一个白球, 然后再取下一球, 如此下去, 直到取得红球为止. 求第 n 次取到红球的概率.

21. 设 A, B, C 是三个相互独立的随机事件, 且 $0 < P(C) < 1$, 判断下列给定的四对事件是否相互独立.

(1) $\overline{A+B}$ 与 C;   (2) $\overline{AC}$ 与 $\overline{C}$;

(3) $\overline{A-B}$ 与 $\overline{C}$;   (4) $\overline{AB}$ 与 $\overline{C}$.

22. 设 A, B 相互独立, $P(A) = 0.2, P(B) = 0.3$, 求下列条件概率.

(1) $P(AB|A+B)$;   (2) $P(A|A+B)$;

(3) $P(A-B|A+B)$;   (4) $P(A+B|A-B)$.

23. 甲、乙、丙 3 部机床独立的工作 (流水线上), 由一人看管, 某段时间内各机床不需要看管的概率分别是 0.9, 0.8, 0.85. 求下列事件的概率.

(1) 在这段时间内有机床需要看管;

(2) 因机床看管不过来而停工.

24. 某型号的高射炮, 每门命中敌机的概率为 0.4, 现若干门炮同时射击, 欲以 99% 的把握击中敌机, 问至少要配置几门高射炮?

25. 用晶体管装配某仪表要用 128 个元器件, 改用集成电路元件后, 只要用 12 个就够了, 如果每个元器件能用 2000 小时以上的概率是 0.996, 假如只有当每一个元器件都完好时, 仪表才能正常工作, 试分别求出上面两种场合下仪表能正常工作 2000 小时的概率.

26. 有甲、乙两口袋, 甲袋中盛有两个白球, 一个黑球, 乙袋中盛有一个白球, 两个黑球. 由甲袋任取一球放入乙袋, 再从乙袋任取一球.

(1) 求取到白球的概率;

(2) 若从乙袋取出白球, 问从甲袋中取到哪种颜色的可能性大?

27. 玻璃杯成箱出售, 每箱 20 只, 设每箱含 0, 1, 2 只残品的概率分别为 0.8, 0.1 和 0.1, 顾客购买时, 售货员随意取一箱, 而顾客随意查看 4 只, 若无残品, 则买下, 否则, 退回. 求 (1) 售货员随意取一箱, 顾客买下的概率; (2) 在顾客买第二箱中, 没有残品的概率.

28. 一大批产品, 次品率为 0.1, 每次任取一件, 取后不还原, 求三次中恰有两次取到次品的概率.

29. 某工厂每天用水量保持正常的概率为 $\dfrac{3}{4}$, 求一周内用水量至少 5 天保持正常的概率.

第八章 随机变量及其概率分布

§8.1 随机变量

在第七章中, 我们学习了随机事件及其概率, 可以看到很多随机现象都可以采取数量来标识. 例如, 商场每天接待顾客数、某厂生产的灯泡使用寿命、电话交换台一段时间内的收到的呼唤次数、一年中的降雨量等.

即使某些随机现象看起来与数值无关, 但也可用数值来标识. 例如, 抛一枚硬币试验, 它有两个可能结果: $A =$ "正面朝上" 与 $B =$ "反面朝上". 为研究方便, 对每个结果用一个数值来表示: 用 "1" 表示 $A =$ "正面向上", 用 "0" 表示 $B =$ "反面向上". 这相当于引进一个变量 (或说函数).

$$X = \begin{cases} 1, & \text{当}A\text{发生时} \\ 0, & \text{当}B\text{发生时} \end{cases}$$

这里的变量是随试验的结果不同而取不同的值. 试验的结果是随机的, 因此, X 的取值也是随机的, 我们称 X 为随机变量.

定义 8.1　随机试验所发生的每一结果 ω 都唯一地对应着一个实数值 $X(\omega)$, 且对任意 x, 事件 $\{\omega : X(\omega) \leqslant x\}$(简记为 $(X \leqslant x)$) 都有概率, 则称变量 $X(\omega)$ 为**随机变量**.

随机变量一般用大写字母 $X, Y, \cdots$ 或希腊字母 $\xi, \eta, \cdots$ 表示.

从定义 8.1 可看出, 随机变量是定义在基本事件空间上的实值函数. 这个函数与微积分中的普通函数有两点不同: ①普通函数是定义在实数集上的, 而随机变量是定义在基本事件空间上的 (基本事件空间上的元素是事件); ②随机变量的取值具有一定的概率. 这与普通函数有本质的区别.

对于一个随机试验, 引进随机变量后随机试验的结果就可用随机变量表示.

例 8.1　向某目标射击一次, 其可能结果为 "命中目标" 和 "不命中目标". 若令

$$X = \begin{cases} 1, & \text{命中目标,} \\ 0, & \text{不命中目标} \end{cases} \quad (\text{实际上}X\text{就是命中的次数})$$

则 X 为一随机变量. X 可能的取值为 0 和 1, 引进这个随机变量后, 事件 "命中目标" 可表示为 $(X = 1)$, "不命中目标" 可表示为 $(X = 0)$.

例 8.1 中, 如果射击一次命中率为 0.8, 则 X 取 1 的概率 $P(X = 1) = 0.8$; X 取 0 的概率 $P(X = 0) = 0.2$.

例 8.2　设有 100 件产品, 其中有 5 件次品, 现从中任取 10 件. 若令 X 表示取到的次品数, 则 X 为一随机变量. X 可能的取值为 0, 1, 2, 3, 4, 5. 事件 "恰好取到 3 件次品" 可表示为 $(X = 3)$; "取到的次品不超过 2 件" 可表示为 $(X \leqslant 2)$.

例 8.3　设有某厂生产的一批节能灯管, 从中任取 1 个测试其使用寿命. 若令 X 表示使用寿命, 则 X 为一随机变量. 显然, X 可能的取值为非负实数, 即 $X \geqslant 0$. 事件 "使用寿命不低于 2000 小时" 可表示为 $(X \geqslant 2000)$.

有的随机变量所有可能取的值能够一一列举出来, 如例 8.1 和例 8.2 中的随机变量, 则称为离散型随机变量; 有的所有可能值不能一一列举出来, 则称为非离散型随机变量. 在非离散型随机变量中最为重要的是连续型随机变量, 如例 8.3 中的灯泡寿命, 还有某地区每年的降雨量、候车时间等都是连续型随机变量.

关于随机变量的取值我们规定如下.

设 X 是随机变量, A 是一个实数集合, 如果 $P(X \in A) = 1$, 则可以认为 X 只能在 A 中取值.

对于一个随机试验, 引入随机变量概念后, 事件可用随机变量表示, 由于随机变量是取数值的, 这就给研究随机现象带来许多方便, 使得能够用数学方法来研究随机现象的规律. 因此, 随机变量概念的引入为概率论的研究打开了一个新局面, 它使概率论研究对象由事件转为随机变量.

§8.2　离散型随机变量

一、离散型随机变量及其分布

对于离散型随机变量不仅要知道它取什么值, 还需要知道它取这些值的概率.

例如, 在掷骰子的试验中, 掷得的点数 X 是一个随机变量, 其取值为 1, 2, · · ·, 6. 取这些值的概率分别是

$$P(X = i) = \frac{1}{6}, \quad i = 1, 2, \cdots, 6$$

这六个式子合在一起成为随机变量的分布列.

也可用下表表示:

X	1	2	3	4	5	6
P	$\frac{1}{6}$	$\frac{1}{6}$	$\frac{1}{6}$	$\frac{1}{6}$	$\frac{1}{6}$	$\frac{1}{6}$

它清楚而完整地表达了 X 取哪些值和取这些值的概率.

一般地, 有以下定义.

定义 8.2 若随机变量 X 所有可能不同的取值为 $x_1, x_2, \cdots, x_i, \cdots$, 且 $(X = x_i)$ 的概率为

$$P(X = x_i) = p_i, \quad i = 1, 2, \cdots, n, \cdots \tag{8.1}$$

则称 X 为**离散型随机变量**; 式 (8.1) 称为 X 的**概率分布列**(简称**分布列**).

式 (8.1) 有时也表示成

X	x_1	x_2	$\cdots$	x_k	$\cdots$
P	p_1	p_2	$\cdots$	p_k	$\cdots$

或

$$\begin{pmatrix} x_1 & x_2 & \cdots & x_k & \cdots \\ p_1 & p_2 & \cdots & p_k & \cdots \end{pmatrix}$$

上表又称为概率分布表.

离散型随机变量 X 的分布列性质:

(1) $p_i \geqslant 0$; (2) $\sum\limits_i p_i = 1$.

证明 (1) 显然.

(2) $\sum\limits_i p_i = \sum\limits_i P(X = x_i) = P\left(\bigcup\limits_i (X = x_i)\right) = P(\Omega) = 1.$

例 8.4 一批产品的废品率为 5%, 现任取 1 件, 其废品数 X 的概率分布为

X	0	1
P	0.95	0.05

一般地, 有如下结论.

若随机变量 X 的分布列为

$$P(X = x_1) = p, \quad P(X = x_2) = q \quad (0 < p < 1, p + q = 1)$$

则称 X 服从**两点分布**.

特别地, 随机变量 X 的分布列为

$$P(X = 1) = p, \quad P(X = 0) = q \quad (0 < p < 1, p + q = 1) \tag{8.2}$$

则称 X 服从**0-1 分布**.

例 8.5 设有 10 件产品, 其中 2 件不合格, 现从中随机取 3 件, 其不合格数 X 的概率分布为

$$P(X = 0) = \frac{C_8^3}{C_{10}^3} = \frac{7}{15}, \quad P(X = 1) = \frac{C_2^1 C_8^2}{C_{10}^3} = \frac{7}{15}, \quad P(X = 2) = \frac{C_2^2 C_8^1}{C_{10}^3} = \frac{1}{15}$$

一般地, 有如下结论.

设有产品 N 件, 其中 $M(M \ll N)$ 件废品, 现任取 n 件, 其废品数 X 的概率分布为

$$P(X=k) = \frac{C_M^k C_{N-M}^{n-k}}{C_N^n}, \quad k=0,1,2,\cdots, \quad k=\min(M,n) \qquad (8.3)$$

称 X 服从**超几何分布**, 记为 $X \sim h(N,M,n)$.

例 8.6　社会上定期发行某中奖券, 中奖率为 p. 某人每次购买一张, 若没有中奖接着再买一张, 直到中奖为止, 该人购买次数 X 的分布为

$$P(X=k) = p(1-p)^{k-1}, \quad k=1,2,\cdots$$

一般地, 有如下结论.

若随机变量 X 的概率分布为

$$P(X=k) = p(1-p)^{k-1}, \quad k=1,2,\cdots \qquad (8.4)$$

称 X 服从**几何分布**.

实际中有不少服从或近似服从几何分布的例子. 例如, 射手向某目标射击, 直到命中目标为时射击的次数. 在有放回抽样和样本容量很大时不放回抽样中, 直到检出次品为止时抽查的产品的个数等都服从几何分布.

二、两个重要的离散型分布

作为例子在前面给出了 0–1 分布、超几何分布、几何分布等离散型随机变量, 在实际问题中还会经常遇到两个重要的分布: 二项分布、泊松 Poisson 分布, 对这些分布不仅要掌握它们的分布列, 还要知道它们的来源背景.

1. 二项分布

若随机变量 X 的分布列为

$$P(X=k) = C_n^k p^k q^{n-k}, \quad k=0,1,2,\cdots,n \quad (0<p<1, p+q=1) \qquad (8.5)$$

则称 X 服从参数为 (n,p) 的**二项分布**. 记作 $X \sim B(n,p)$.

背景: 对于 n 重伯努利试验, 单次试验事件 A 发生的概率为 $P(A)=p(0<p<1)$, 则 n 重伯努利试验中事件 A 出现的次数 X 是一随机变量, 由式 (7.10) 可知

$$P(X=k) = C_n^k p^k q^{n-k}, \quad k=0,1,2,\cdots,n$$

下面来讨论二项分布 $X \sim B(n,p)$ 最可能出现的次数, 即概率最大的取值 (通常称为 X 的**众数**).

设 $k = x$ 时, $P(X = x)$ 最大, 则

$$\begin{cases} \dfrac{P(X = x)}{P(X = x-1)} \geqslant 1 & ① \\[3mm] \dfrac{P(X = x+1)}{P(X = x)} \leqslant 1 & ② \end{cases}$$

解这个不等式组.

由①得 $\dfrac{C_n^x p^x q^{n-x}}{C_n^{x-1} p^{x-1} q^{n-x+1}} = \dfrac{(n-x+1)p}{xq} \geqslant 1.$

整理得

$$x \leqslant (n+1)p \qquad\qquad ③$$

由②得 $\dfrac{C_n^{x+1} p^{x+1} q^{n-x-1}}{C_n^x p^x q^{n-x}} = \dfrac{(n-x)p}{(x+1)q} \leqslant 1.$

整理得

$$x \geqslant np + p - 1 \qquad\qquad ④$$

由③, ④得

$$(n+1)p - 1 \leqslant x \leqslant (n+1)p$$

因此,

$$x = \begin{cases} (n+1)p \text{或} (n+1)p - 1, & (n+1)p \in \mathbf{N}^+ \\ [(n+1)p], & (n+1)p \notin \mathbf{N}^+ \end{cases} \qquad (8.6)$$

例 8.7 一大批产品有 80% 一等品, 现重复抽样检验, 共取 4 个样品, 求一等品数 X 的最可能的值.

解 根据二项分布背景可知: $X \sim B(4, 0.8)$, 又

$$(n+1)p = 4$$

由式 (8.6) 可知, X 的最可能的值 $x = 3$ 或 4.

例 8.8 甲、乙两棋手约定进行 10 盘比赛, 各盘比赛没有和局, 以赢得盘数较多者为胜. 设在每盘中甲赢的概率为 0.6, 乙赢的概率为 0.4, 在各盘比赛相互独立的假设下求

(1) 甲胜、乙胜和不分胜负的概率各为多少?

(2) 甲最可能赢几盘?

解 甲赢的盘数 $X \sim B(10, 0.6)$.

(1) 甲胜的概率 $P(X \geqslant 6) = \sum\limits_{i=6}^{10} C_{10}^i 0.6^i 0.4^{10-i} \approx 0.6331;$

乙胜的概率 $P(X \leqslant 4) = \sum\limits_{i=0}^{4} C_{10}^i 0.6^i 0.4^{10-i} \approx 0.1662;$

不分胜负的概率 $P(X = 5) = C_{10}^5 0.6^5 0.4^5 \approx 0.2007$.

(2) 又 $(n+1)p = 6.6$, 由式 (8.6) 可知, X 的最可能值 $x = 6$.

我们知道超几何分布的背景是从含有 M 件废品的 N 件产品中任取 n 件, 其废品数 $X \sim h(N, M, n)$. 当 n 相对于 N 很小时, 每次抽取后总体中的废品率 $p = \dfrac{M}{N}$ 改变甚微, 这时不放回抽样可以近似看成放回抽样, 也即超几何分布可用二项分布近似, 即

$$\frac{C_M^k C_{N-M}^{n-k}}{C_N^n} \approx C_n^k p^k q^{n-k}$$

2. 泊松分布

若随机变量 X 的分布列为

$$P(X = k) = \frac{\lambda^k}{k!} e^{-\lambda}, \quad k = 0, 1, 2, \cdots, \quad \lambda > 0 \tag{8.7}$$

则称 X 服从参数为 λ 的**泊松分布**. 记作 $X \sim P(\lambda)$.

在历史上泊松分布是作为二项分布的近似于 1837 年由法国数学家泊松 (Poisson 1781~1840) 首次提出的, 此后发现很多随机变量都服从泊松分布. 像电话交换台在某一段时间内收到的呼唤次数、十字路口发生交通事故的次数、人寿保险中年死亡人数、宇宙中单位体积内星球的个数、铸件或布匹的疵点数、营业员在一天收款出错次数、放射性物质在一段时间内放射的粒子数等, 一般都服从泊松分布. 概括说即一些稀有事件构成的粒子流 (泊松流) 在一定 "范围" 内到来的粒子数均服从泊松分布.

下面的泊松定理给出了二项分布与泊松分布之间的关系.

定理 8.1(泊松定理)　在 n 重伯努利试验中, 事件 A 在一次试验中出现的概率为 p_n(与试验次数 n 有关), 如果当 $n \to \infty$ 时, $np_n \to \lambda (\lambda > 0$ 且为常数), 则有

$$\lim_{n \to \infty} C_n^k p_n^k (1 - p_n)^{n-k} = \frac{\lambda^k}{k!} e^{-\lambda}, \quad k = 0, 1, 2, \cdots$$

(该定理的证明从略)

因此, 当 n 很大, p_n 很小, 而 np_n 适中时, 有下列近似公式

$$C_n^k p_n^k q^{n-k} \approx \frac{\lambda^k}{k!} e^{-\lambda}$$

这里 $\lambda = np_n$.

若 $X \sim B(n, p)$, 只要 n 很大, p 很小, 且 np 适中, 就有

$$P(X = k) = C_n^k p^k q^{n-k} \approx \frac{(np)^k}{k!} e^{-\lambda}, \quad k = 0, 1, 2, \cdots, n$$

在实际应用中, 一般要求 $n \geqslant 100, np \leqslant 10$.

例 8.9 已知某疾病的患病率为 $\dfrac{1}{1000}$, 某单位共有 5000 人, 问该单位患有该疾病的人数超过 5 人的概率.

解 该单位患有该疾病的人数 $X \sim B(5000, 0.001)$, 所求概率为

$$P(X > 5) = 1 - P(X \leqslant 5) = 1 - \sum_{k=0}^{5} C_{5000}^{k} 0.001^k \times 0.999^{5000-k}$$

由于 n 很大, p 很小而 $np = 5$ 适中, 可利用泊松分布近似, 即 $X \overset{\text{近似}}{\sim} P(5)$.

故 $P(X > 5) = 1 - P(X \leqslant 5) \approx 1 - \sum_{k=0}^{5} \dfrac{\lambda^k}{k!} \mathrm{e}^{-\lambda} \approx 0.616$[①].

例 8.10 为了保证设备正常工作, 需要配备适量的维修工, 现有同类设备 300 台, 独立的工作, 每台设备故障率都是 0.01, 一台设备故障由一个工人处理. 求:

(1) 至少配备多少维修工人, 才能保证当设备发生故障时不能维修的概率小于 0.01;

(2) 若由一人负责固定维修 25 台, 300 台设备发生故障时不能维修的概率.

解 (1) 设 300 台同时发生故障的台数 $X \sim B(300, 0.01) \overset{\text{近似}}{\sim} P(\lambda)$, 其中 $\lambda = np = 3$, 并设配备 N 名维修工, 则

$$P(X > N) = 1 - P(X \leqslant N) < 0.01$$

$$P(X \leqslant N) > 0.99$$

$$\sum_{k=0}^{N} \dfrac{3^k}{k!} \mathrm{e}^{-3} > 0.99$$

$N = 7$ 和 8 时, 有

$$\sum_{k=0}^{7} \dfrac{3^k}{k!} \mathrm{e}^{-3} \approx 0.988, \quad \sum_{k=0}^{8} \dfrac{3^k}{k!} \mathrm{e}^{-3} \approx 0.996$$

因此, $N = 8$ 满足要求, 即至少配备 8 名维修工才能保证设备发生故障时不能维修的概率小于 0.01.

(2) 300 台设备需要分成 12 组, 每组 1 人负责维修固定的 25 台, 设第 i 组同时发生故障的台数 $X_i \sim B(25, 0.01) \overset{\text{近似}}{\sim} P(\lambda)$, 其中 $\lambda = np = 0.25$.

$$P(X_i > 1) = 1 - P(X_i \leqslant 1) \approx 1 - \sum_{k=0}^{1} \dfrac{025^k}{k!} \mathrm{e}^{-0.25} \approx 1 - 0.974 = 0.026$$

---

①泊松分布的随机变量 $X \leqslant k$ 的概率 $P(X \leqslant k)$ 有的教材给了一个表供查.

300 台设备同时发生故障不能及时维修的概率为

$$P\left\{\bigcup_{i=1}^{12}(X_i>1)\right\}=1-P\left\{\bigcap_{i=1}^{12}(X_i\leqslant 1)\right\}=1-\prod_{i=1}^{12}P(X_i\leqslant 1)=1-0.974^{12}=0.271$$

此外, 由本例可见, (1) 中只需安排 8 名维修工可保证设备发生故障时不能维修的概率小于 0.01. (2) 中安排 12 名维修工在设备发生故障时不能维修的概率为 0.27. 因此, 安排维修工作时让维修工协同作战, 可以提高工作效率.

§8.3 随机变量的分布函数

定义 8.3   若 X 是随机变量 (任意类型), 对任意实数 x, 事件 $(X\leqslant x)$ 的概率是 x 的函数, 若记

$$F(x)=P(X\leqslant x) \tag{8.8}$$

称 $F(x)$ 为随机变量 X 的**分布函数**.

显然, 对任意实数 $a<b$, 有 $F(b)-F(a)=P(a<X\leqslant b)$.

分布函数性质:

(1) $0\leqslant F(x)\leqslant 1$;

(2) $F(x)$ 是不减函数;

(3) $F(-\infty)=\lim\limits_{x\to-\infty}F(x)=0$, $F(+\infty)=\lim\limits_{x\to+\infty}F(x)=1$;

(4) $F(x)$ 是右连续的, 即对每一点 a, 都有 $\lim\limits_{x\to a^+}F(x)=F(a)$.

证明   (1) 显然;

(2) 任 $x_1,x_2\in(-\infty,+\infty)$, 且 $x_1<x_2$, 则 $(X\leqslant x_1)\subset(X\leqslant x_2)$, 故 $F(x_1)=P(X\leqslant x_1)\leqslant P(X\leqslant x_2)=F(x_2)$;

(3), (4) 的证明要用到较多的数学知识, 故将证明略去 (有兴趣的读者可以参考文献 [7], [8]).

例 8.11   一批产品的废品率为 5%, 现任取 1 件, 其废品数 X 是随机变量, 求 X 的分布函数 $F(x)$. 并作出图形.

解 X 的概率分布列为

X	0	1
P	0.95	0.05

当 $x<0$ 时, $F(x)=P(X\leqslant x)=0$;

当 $0\leqslant x<1$ 时, $F(x)=P(X\leqslant x)=P(X=0)=0.95$;

当 $x\geqslant 1$ 时, $F(x)=P(X\leqslant x)=P((X=0)\cup(X=1))=1$.

因此, X 的分布函数如图 8-1 所示.

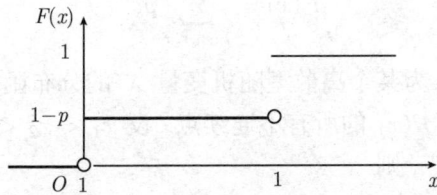

图 8-1

$$F(x) = \begin{cases} 0, & x < 0 \\ 0.95, & 0 \leqslant x < 1 \\ 1, & x \geqslant 1 \end{cases}$$

一般地, 0-1 分布

$$P(X = 1) = p, \quad P(X = 0) = q \quad (p + q = 1)$$

的分布函数为

$$F(x) = \begin{cases} 0, & x < 0 \\ q, & 0 \leqslant x < 1 \\ 1, & x \geqslant 1 \end{cases}$$

例 8.12 在掷骰子的试验中, 掷得的点数 X 的分布函数如图 8-2 所示.

$$F(x) = \begin{cases} 0, & x < 1 \\ \dfrac{k}{6}, & k \leqslant x < k+1, \quad (k = 1, 2, \cdots, 5) \\ 1, & x \geqslant 6 \end{cases}$$

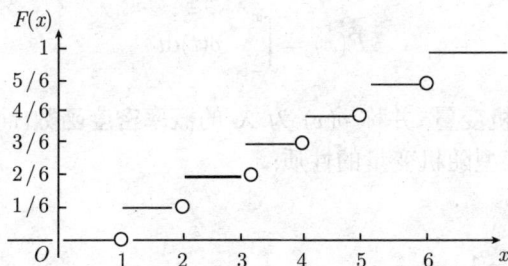

图 8-2

可以看出, 离散型随机变量的分布函数是阶梯跳跃型右连续的函数.

一般地, 若随机变量 X 概率分布列为

$$P(X = x_i) = p_i, \quad i = 1, 2, \cdots, n, \cdots$$

则 X 的分布函数为

$$F(x) = \sum_{k:x_k \leqslant x} p_k$$

反过来, 已知 $F(x)$ 为某个离散型随机变量 X 的分布函数可以求出其分布列.

首先, X 的取值为 $F(x)$ 的所有不连续点. 设 $x_1 < x_2 < \cdots < x_{i-1} < x_i < \cdots$ 是 $F(x)$ 的所有不连续点, 则

$$P(X = x_i) = F(x_i) - F(x_{i-1}), \quad i = 1, 2, \cdots, n, \cdots (规定 F(x_0) = 0)$$

或表示为

$$P(X = x_i) = F(x_i) - F(x_i - 0), \quad i = 1, 2, \cdots, n, \cdots$$

在概率论的研究中, 随机变量是主要研究对象, 人们通过对随机变量的研究来研究随机现象. 而对随机变量的研究是通过分布函数来进行的, 一般来说, 人们并不关心这个随机变量是定义在哪个基本事件空间上的.

当两个随机变量 X 和 Y 的分布函数相同时, 称 X 与 Y **同分布**.

§8.4　连续型随机变量

一、密度函数

分布函数是描述各种类型随机变量变化规律的最一般形式, 但它不够直观, 在离散型随机变量情形下显然不及分布列简单且直观. 对于连续型的随机变量也希望有一种更直观的描述方式, 这就是下面要讲的密度函数.

定义 8.4 设 $F(x)$ 为随机变量 X 的分布函数, 若存在非负可积函数 $p(x)(-\infty < x < +\infty)$, 使得对于任意 x, 都有

$$F(x) = \int_{-\infty}^{x} p(t)\mathrm{d}t \tag{8.9}$$

则称 X 为**连续型随机变量**, 并称 $p(x)$ 为 X 的**概率密度函数**(简称**密度函数**).

由定义易知连续型随机变量的性质:

(1) $p(x) \geqslant 0$.

(2) $\int_{-\infty}^{+\infty} p(x)\mathrm{d}x = 1$.

此外, 由于 $p(x)$ 可积, 则 $F(x) = \int_{-\infty}^{x} p(t)\mathrm{d}t$ 是连续函数. 因此有

(3) 连续型随机变量的分布函数 $F(x)$ 是连续的. (这是连续型随机变量的重要特征)

还可证明下面的结论.

(4) 连续型随机变量 X 取单点值的概率为零, 即对任何实数 a, 都有 $P(X = a) = 0$. (这是连续型随机变量的又一重要特征)

证明　由 (3) 可证, 对任意 $h > 0$, 有

$$0 \leqslant P(X = a) \leqslant P(a - h < X \leqslant a) = F(a) - F(a - h)$$

而 $\lim\limits_{h \to 0} F(a) - F(a - h) = 0$, 故 $P(X = a) = 0$.

这是与离散型随机变量的重要区别. 由此可知, 概率为 0 的事件不一定是不可能事件, 同样概率为 1 的事件也不一定是必然事件.

由于连续型随机变量取单点值的概率是 0, 因此, 下列概率都相等.

$$P\{a < X < b\} = P\{a \leqslant X \leqslant b\} = P\{a \leqslant X < b\} = P\{a < X \leqslant b\}$$
$$= F(b) - F(a) = \int_a^b p(x)\mathrm{d}x$$

从密度函数的定义可以看出, 对于随机变量 X 密度函数 $p(x)$ 修改有限个或可列多个点的函数值得到的 $p_1(x)$ 仍是 X 密度函数. 这是因为对任意 x, 都有

$$\int_{-\infty}^x p(t)\mathrm{d}t = \int_{-\infty}^x p_1(t)\mathrm{d}t = F(x)$$

二、密度函数与分布函数关系

从定义 8.4 知, 由密度函数可以求分布函数

$$F(x) = \int_{-\infty}^x p(t)\mathrm{d}t$$

从几何上看 (图 8-3)$F(x)$ 表示密度曲线 $p(x)$ 下 $(-\infty, x)$ 上的面积, 而 X 取值于 $(a, b]$ 上概率 $P(a < X \leqslant b)$ 等于概率密度函数 $p(x)$ 曲线下曲边梯形的面积.

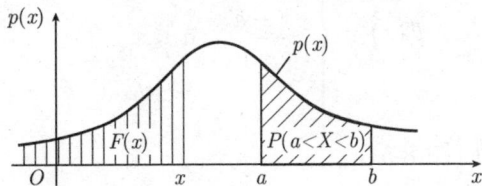

图 8-3

反过来, 若已知连续型随机变量的分布函数 $F(x)$ 可以求密度函数 $p(x)$.

在 $F'(x)$ 存在的点, 必有 $p(x) = F'(x)$[1].

---

①该证明要用到较多的数学知识, 因此将证明略去.

而对于在 $F'(x)$ 不存在的点, $p(x)$ 可以任意规定其值 (通常规定为 0). 因此

$$p(x) = \begin{cases} F'(x), & F'(x)\text{存在的点} \\ 0, & F'(x)\text{不存在的点} \end{cases} \tag{8.10}$$

特别地, 当 $p(x)$ 连续时, 有

$$p(x) = F'(x)(\text{请读者自证})$$

因此

$$p(x) = F'(x) = \lim_{\Delta x \to 0} \frac{F(x + \Delta x) - F(x)}{\Delta x} = \lim_{\Delta x \to 0} \frac{P(x < X \leqslant x + \Delta x)}{\Delta x}$$

以上表明: 概率密度函数 $p(x)$ 反映了 X 在点 x 处概率分布的密集程度 (但不是 $(X = x)$ 的概率).

例 8.13　在区间 $[a,b]$ 上随机均匀投点, 所谓 "均匀投点" 是指质点落入 $[a,b]$ 任一子区间 $[x_1, x_2] \subset [a,b]$ 的概率与小区间长度成正比, 而与位置无关. 现用 X 表示这个质点的坐标, 求 X 的分布函数和密度函数.

解　X 的分布函数

$$F(x) = P(X \leqslant x) = \begin{cases} 0, & x < a \\ \lambda(x - a), & a \leqslant x \leqslant b \\ 1, & x > b \end{cases}$$

由已知 $F(b) = P(X \leqslant b) = 1$, 即 $\lambda(b - a) = 1$, 得 $\lambda = \dfrac{1}{b - a}$.

因此, X 的分布函数为 (图 8-4)

$$F(x) = \begin{cases} 0, & x < a \\ \dfrac{x - a}{b - a}, & a \leqslant x \leqslant b \\ 1, & x > b \end{cases}$$

X 密度函数为 $p(x)$ 为 (图 8-5)

$$p(x) = \begin{cases} \dfrac{1}{b - a}, & a \leqslant x \leqslant b \\ 0, & \text{其他} \end{cases}$$

通常称这样的随机变量 X 是服从 $[a,b]$ 区间上的均匀分布. 记作 $X \sim U(a,b)$.

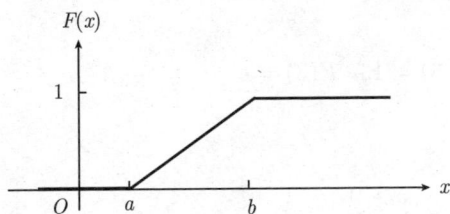

图 8-4

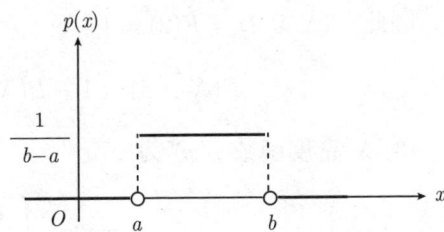

图 8-5

例 8.14 已知连续型随机变量 X 的密度函数

$$p(x) = \begin{cases} kx + 1, & 0 \leqslant x \leqslant 2 \\ 0, & \text{其他} \end{cases}$$

求: (1) 常数 k; (2) $P(1 < X < 3)$; (3) X 的分布函数 $F(x)$.

解 (1) 由密度函数性质知 $\int_{-\infty}^{+\infty} \phi(x)\mathrm{d}x = 1$.

另外 $\int_{-\infty}^{+\infty} p(x)\mathrm{d}x = \int_0^2 kx + 1 \mathrm{d}x = 2(k+1)$, 故 $2(k+1) = 1$, 即 $k = -\dfrac{1}{2}$.

(2) $P(1 < \xi < 3) = \int_1^3 p(x)\mathrm{d}x = \int_0^2 \left(-\dfrac{1}{2}x + 1\right)\mathrm{d}x = \dfrac{1}{4}$.

(3) X 的分布函数为

$$F(x) = \begin{cases} 0, & x < 0 \\ -\dfrac{1}{4}x^2 + x, & 0 \leqslant x \leqslant 2 \\ 1, & x > 2 \end{cases}$$

例 8.15 已知连续型随机变量 X 的分布函数

$$F(x) = \begin{cases} A + Be^{-x}, & x > 0 \\ 0, & x \leqslant 0 \end{cases}$$

求: (1) 系数 A, B; (2) $P(X \leqslant 2)$ 及 $P(X > 3)$; (3) X 的密度函数.

解 (1) $\lim\limits_{x \to +\infty} F(x) = A = 1$,

$$\lim\limits_{x \to 0^+} F(x) = A + B = 0$$

所以 $A = 1, B = -1$.

(2) X 的分布函数为

$$F(x) = \begin{cases} 1 - e^{-x}, & x > 0 \\ 0, & x \leqslant 0 \end{cases}$$

因此 $P(X \leqslant 2) = F(2) = 1 - e^{-2}$,

$$P(X > 3) = 1 - P(X \leqslant 3) = 1 - F(3) = e^{-3}$$

(3) X 密度函数 $p(x)$ 为

$$p(x) = \begin{cases} e^{-x}, & x > 0 \\ 0, & x \leqslant 0 \end{cases}$$

三、常见的连续型随机变量的分布

1. 均匀分布 $X \sim U(a, b)$

在例 8.13 我们给出了 $[a, b]$ 区间上的均匀分布, 其密度函数为

$$p(x) = \begin{cases} \dfrac{1}{b - a}, & a \leqslant x \leqslant b \\ 0, & \text{其他} \end{cases} \tag{8.11}$$

分布函数为

$$F(x) = \begin{cases} 0, & x < a \\ \dfrac{x - a}{b - a}, & a \leqslant x \leqslant b \\ 1, & x > b \end{cases} \tag{8.12}$$

2. 指数分布

若随机变量 X 的密度为

$$p(x) = \begin{cases} \lambda e^{-\lambda x}, & x > 0 \\ 0, & x \leqslant 0 \end{cases} \quad (\lambda > 0) \tag{8.13}$$

则称 X 服从参数为 λ 的**指数分布**, 记作 $X \sim \text{Exp}(\lambda)$.

不难求出指数分布的分布函数为

$$F(x) = \begin{cases} 1 - e^{-\lambda x}, & x > 0 \\ 0, & x \leqslant 0 \end{cases} \tag{8.14}$$

指数分布的密度与分布函数曲线如图 8-6 和图 8-7 所示.

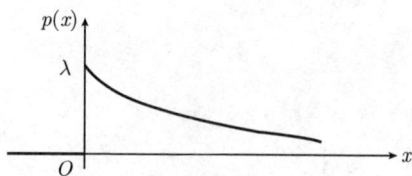

图 8-6　指数密度函数曲线

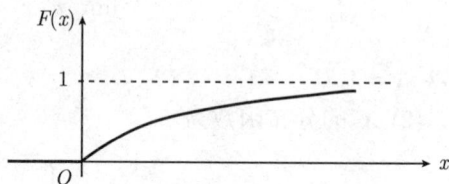

图 8-7　指数分布函数曲线

背景: 某些消耗性产品的使用寿命、第一次外界 "冲击" 到来的时间、随机服务系统的等待时间、电话的通话时间一般常假定服从指数分布. 概括地说, 服从泊松分布的粒子流到来的两粒子之间的 "时间" 或 "长度" 服从指数分布.

例 8.16 设一大型设备在任意长为 t 的时间内发生故障次数 $N(t)$ 服从参数为 λt 的泊松分布. 证明相继两次故障之间时间间隔 T 服从参数为 λ 的指数分布.

证明 当 $t \geqslant 0$ 时, $F(t) = P(T \leqslant t) = P(N(t) \geqslant 1) = 1 - P(N(t) = 0) = 1 - e^{-\lambda t}$; 当 $t < 0$ 时, $F(t) = P(T \leqslant t) = 0$;

故 T 的分布函数为 $F(x) = \begin{cases} 1 - e^{-\lambda x}, & x > 0, \\ 0, & x \leqslant 0. \end{cases}$ 因此, $T \sim \mathrm{Exp}(\lambda)$.

定理 8.2 若 $X \sim \mathrm{Exp}(\lambda)$, 则对任意 $s, t > 0$ 都有

$$P(X > s + t \,|\, X > s) = P(X > t)$$

证明

$$
\begin{aligned}
P(X > s + t \,|\, X > s) &= \frac{P[(X > s + t) \cap (X > s)]}{P(X > s)} = \frac{P(X > s + t)}{P(X > s)} \\
&= \frac{1 - P(X \leqslant s + t)}{1 - P(X \leqslant s)} \\
&= \frac{1 - [1 - e^{-\lambda(s+t)}]}{1 - [1 - e^{-\lambda s}]} = 1 - [1 - e^{-\lambda x}] \\
&= 1 - P(X \leqslant t) = P(X > t)
\end{aligned}
$$

定理 8.2 的解释: 若将 X 看作 "寿命", 现已存活了 s "年", 则再活 t "年" 的概率与已活 s "年" 无关. 这一性质称为指数分布的**无记忆性**.

3. 正态分布

若随机变量 X 的密度为

$$p(x) = \frac{1}{\sqrt{2\pi}\sigma} e^{-\frac{(x-\mu)^2}{2\sigma^2}}, \quad -\infty < x < +\infty \tag{8.15}$$

其中 μ, σ 为参数, 且 $\sigma > 0$, 则称 X 服从参数为 μ, σ 的**正态分布**. 记作 $X \sim N(\mu, \sigma^2)$.

其分布函数是

$$F(x) = \int_{-\infty}^{x} \frac{1}{\sqrt{2\pi}\sigma} e^{-\frac{(t-\mu)^2}{2\sigma^2}} \mathrm{d}t \tag{8.16}$$

其密度曲线是一条中间高、两边低、左右对称的钟形曲线 (图 8-8): ① 关于 $x = \mu$ 对称; ② 当 σ 大时, 曲线平缓; 当 σ 小时, 曲线陡峭; ③ 在 $x = \mu \pm \sigma$ 处曲线有拐点; ④ 当 $x = \mu$ 时, 密度函数值最大; ⑤ 以 x 轴为渐近线.

其分布函数曲线 (图 8-9) 是 $(-\infty, +\infty)$ 内的连续上升曲线.

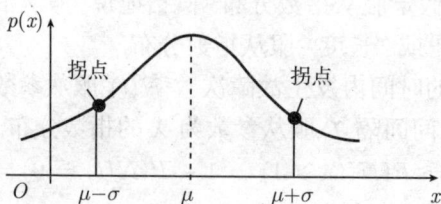

图 8-8   正态分布密度曲线

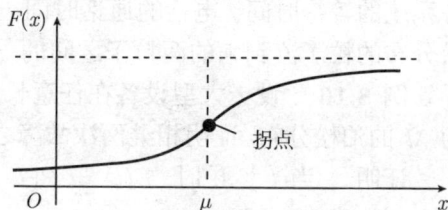

图 8-9   正态分布函数曲线

背景: 正态分布是自然、社会科学中应用最多的分布. 因为许多实际问题中遇到的随机变量有 "中间高, 两边低, 左右对称" 的特点. 例如, 测量误差; 某地区人的身高、体重; 试验田作物的株产量; 许多产品的物理指标等都有这样的特点. 其原因在于这些量都可看成由许多微小的独立的随机因素 (每一因素都不能起压倒一切的主导作用) 作用的总和. 此外, 许多常用分布 (如二项分布、泊松分布等) 也可在一定条件下用正态分布逼近.

1809 年高斯 (Carl Friedrich Gauss, 1777~1855) 在数学与天体力学名著《绕日天体运动的理论》中, 研究误差分布时提出了正态分布, 他的工作对后世影响极大. 因此, 这个正态分布又称为高斯分布.

特别地, 当参数 $\mu = 0, \sigma = 1$ 时, 称 X 服从**标准正态分布**. 记作 $X \sim N(0, 1)$. 此时密度函数常用 $\varphi(x)$ 表示, 分布函数常用 $\Phi(x)$ 表示.

标准正态分布的密度函数为

$$\varphi(x) = \frac{1}{\sqrt{2\pi}} \mathrm{e}^{-\frac{x^2}{2}}$$

标准正态分布的分布函数为

$$\Phi(x) = \int_{-\infty}^{x} \frac{1}{\sqrt{2\pi}} \mathrm{e}^{-\frac{t^2}{2}} \mathrm{d}t$$

标准正态分布的密度与分布函数关系如图 8-10 所示.

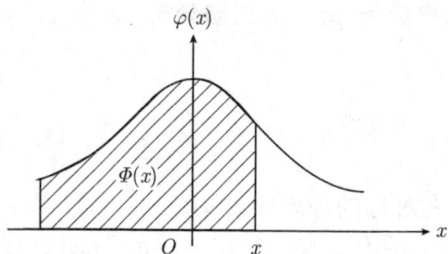

图 8-10

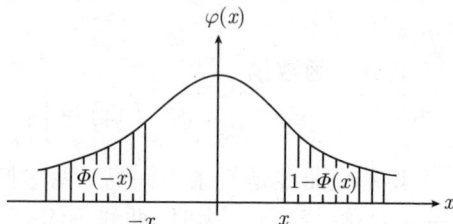

图 8-11

当 $x \geqslant 0$ 时, 标准正态分布函数值 $\Phi(x)$ 可由正态分布表 (附表 1) 查出. 但当 $x < 0$ 时, 求 $\Phi(x)$ 需要利用下面公式 (图 8-11)

$$\Phi(-x) = 1 - \Phi(x) \tag{8.17}$$

例 8.17 设随机变量 $X \sim N(0,1)$, 求: (1) $P(X \leqslant 1.96)$; (2) $P(X \leqslant -1.96)$; (3) $P(|X| \leqslant 1.96)$.

解 (1) 查正态分布表可得 $P(X \leqslant 1.96) = \Phi(1.96) = 0.975$;

(2) $P(X \leqslant -1.96) = 1 - \Phi(1.96) = 1 - 0.975 = 0.025$;

(3) $P(|X| \leqslant 1.96) = P(X \leqslant 1.96) - P(-1.96)$

$$= \Phi(1.96) - \Phi(-1.96)$$

$$= 2\Phi(1.96) - 1$$

$$= 0.95.$$

正态分布函数 $F(x)$ 与标准正态分布函数 $\Phi(x)$ 之间关系

$$F(x) = \Phi\left(\frac{x - \mu}{\sigma}\right)$$

这是因为

$$X \sim N(\mu, \sigma^2) \text{的分布函数} F(x) = \int_{-\infty}^{x} \frac{1}{\sqrt{2\pi}\sigma} e^{-\frac{(t-\mu)^2}{2\sigma^2}} dt$$

令 $u = \dfrac{t - \mu}{\sigma}$, 则

$$F(x) = \int_{-\infty}^{\frac{x-\mu}{\sigma}} \frac{1}{\sqrt{2\pi}} e^{-\frac{u^2}{2}} du = \Phi\left(\frac{x - \mu}{\sigma}\right)$$

例 8.18 设 $X \sim N(3, 4)$, 求: (1) $P(0 \leqslant X \leqslant 7)$; (2) $P(X > 4)$.

解 (1) $P(0 \leqslant X \leqslant 7) = F(7) - F(1) = \Phi\left(\dfrac{7-3}{2}\right) - \Phi\left(\dfrac{0-3}{2}\right)$

$$= \Phi(2) - \Phi(-1.5)$$

$$= \Phi(2) - [1 - \Phi(1.5)]$$

$$= 0.9772 - 1 + 0.9332$$

$$= 0.9104$$

(2) $P(X > 4) = 1 - P(X \leqslant 4) = 1 - F(4) = 1 - \Phi\left(\dfrac{4-3}{2}\right)$

$$= 1 - \Phi(0.5) = 1 - 0.6915 = 0.3085$$

4. Gamma 分布 *

若随机变量 X 的密度为

$$p(x) = \begin{cases} \dfrac{\lambda^{\alpha}}{\Gamma(\alpha)} x^{\alpha-1} \mathrm{e}^{-\lambda x}, & x > 0 \\ 0, & x \leqslant 0 \end{cases} \qquad (\alpha, \lambda > 0) \qquad (8.18)$$

则称 X 服从参数为 (α, λ) 的 Gamma 分布, 记作 $X \sim \mathrm{Ga}(\alpha, \lambda)$ 或 $X \sim \Gamma(\alpha, \lambda)$, 这里, $\Gamma(\alpha) = \displaystyle\int_0^{+\infty} x^{\alpha-1} \mathrm{e}^{-x} \mathrm{d}x$.

当 $\alpha = 1$ 时, X 服从指数分布, 即 $\Gamma(1, \lambda) = \mathrm{Exp}(\lambda)$;

当 $\alpha = \dfrac{n}{2}(n \in \mathbf{N})$, $\lambda = \dfrac{1}{2}$ 时, 称 X 服从自由度为 n 的 χ^2 分布. 记作 $X \sim \chi^2(n)$. 这时, χ^2 分布密度函数为

$$p(x) = \begin{cases} \dfrac{1}{2^{\frac{n}{2}} \Gamma\left(\dfrac{n}{2}\right)} x^{\frac{n}{2}-1} \mathrm{e}^{-\frac{x}{2}}, & x > 0 \\ 0, & x \leqslant 0 \end{cases} \qquad (8.19)$$

其密度曲线为 (图 8-12)

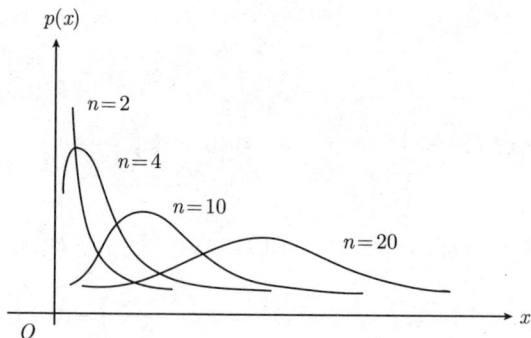

图 8-12　χ^2 分布密度曲线

χ^2 分布是数理统计中三大分布之一, 由英国统计学家皮尔逊 (Pearson, 1857—1936) 提出. 实际上是德国测地学者 F.R.Helmert1875 年先独立发现的, 皮尔逊只是发展了它.

§8.5 随机变量函数的分布

许多问题中一些随机变量的分布往往难于直接得到 (如滚珠体积的测量值等), 但是与它们有关系的另一些随机变量的分布却是容易知道的 (如滚珠直径的测量值). 因此, 要研究随机变量之间的关系, 从而通过它们之间的关系, 由已知的随机变量的的分布求出与之有关的另一个随机变量分布.

定义 8.5   设 $f(x)$ 是于随机变量 X 一切可能的取值 x 构成的集合上有定义的函数, 若对 X 的每一个可能的取值 x, 有另一个随机变量 Y 的相应取值 $y = f(x)$ 与其对应, 则称 Y 是 X 的函数. 记作 $Y = f(X)$.

$Y = f(X)$ 仍是定义在基本事件空间上的函数

$$\omega \to y = f[X(\omega)], \quad \omega \in \Omega$$

一、离散型随机变量函数的分布

设离散型随机变量 X 的分布列为

X	x_1	x_2	$\cdots$	x_k	$\cdots$
$P(X = x_i)$	p_1	p_2	$\cdots$	p_k	$\cdots$

又设 Y 是 X 的函数: $Y = f(X)$, 并记 $y_i = f(x_i), i = 1, 2, \cdots$.

(1) 若 y_i, $i = 1, 2, \cdots$ 互不相同, 则 Y 的分布列为

Y	y_1	y_2	$\cdots$	y_k	$\cdots$
$P(Y = y_i)$	p_1	p_2	$\cdots$	p_k	$\cdots$

这是因为 $P(Y = y_i) = P(X = x_i) = p_i, i = 1, 2, \cdots$.

(2) 若 y_i, $i = 1, 2, \cdots$ 有相等的值时, 则应将那些相等的值合并, 并根据概率加法公式把相应的概率 p_i 相加, 此时

$$P(Y = y_i) = \sum_{k: f(x_k) = y_i} P(X = x_k)$$

例 8.19   已知 X 的分布列

X	0	1	2	3	4	5
P	$\frac{1}{12}$	$\frac{1}{6}$	$\frac{1}{3}$	$\frac{1}{12}$	$\frac{2}{9}$	$\frac{1}{9}$

求: (1) $Y = 2X + 1$ 的分布列; (2) $Y = (X - 2)^2$ 的分布列.

解　(1) $Y = 2X + 1$ 的分布是

Y	1	3	5	7	9	11
P	$\dfrac{1}{12}$	$\dfrac{1}{6}$	$\dfrac{1}{3}$	$\dfrac{1}{12}$	$\dfrac{2}{9}$	$\dfrac{1}{9}$

(2) $Y = (X - 2)^2$ 的分布是

Y	4	1	0	9
P	$\dfrac{1}{12} + \dfrac{2}{9}$	$\dfrac{1}{6} + \dfrac{1}{12}$	$\dfrac{1}{3}$	$\dfrac{1}{9}$

即

Y	4	1	0	9
P	$\dfrac{11}{36}$	$\dfrac{1}{4}$	$\dfrac{1}{3}$	$\dfrac{1}{9}$

二、连续型随机变量函数的分布

设随机变量 X 是连续型的, 如何求 $Y = f(X)$ 的分布? 通过下面例子说明.

例 8.20　设随机变量 $X \sim U(0,1)$, 求 $Y = -\ln X$ 概率密度.

解　Y 的取值是 $(0, +\infty)$,

当 $y \leqslant 0$ 时, $F_Y(y) = P(Y \leqslant y) = 0$;

当 $y > 0$ 时, $F_Y(y) = P(Y \leqslant y) = P(\ln X \geqslant -y) = P(X \geqslant \mathrm{e}^{-y}) = 1 - F_X(\mathrm{e}^{-y})$,

$$p_Y(y) = \frac{\mathrm{d}(1 - F_X(\mathrm{e}^{-y}))}{\mathrm{d}y} = p(\mathrm{e}^{-y})\mathrm{e}^{-y} = \mathrm{e}^{-y}$$

Y 的密度函数 $p(y) = \begin{cases} \mathrm{e}^{-y}, & y > 0, \\ 0, & y \leqslant 0. \end{cases}$ 因此, $Y \sim \mathrm{Exp}(1)$.

该题的解题方法是: 先求 $Y = f(X)$ 的分布函数, 再求 $Y = f(X)$ 的密度, 这种方法通常称为**分布函数法**.

一般地, 有下面结论成立.

命题　设随机变量 X 的分布函数为 $F_X(x)$, 密度函数为 $p_X(x)$, 且 $Y = g(X)$, 其中 $g(\cdot)$ 是严格单调函数并可导且导数处处非零, 则 $Y = g(X)$ 的密度函数为

$$p_Y(y) = p_X(h(y)) |h'(y)| \tag{8.20}$$

其中 $h(x)$ 是 $y = g(x)$ 的反函数.

证明　不妨假设 $g(\cdot)$ 是严格单调增函数

$$F_Y(y) = P(Y \leqslant y) = P(g(X) \leqslant y) = P(X \leqslant h(y)) = F_X(h(y))$$

$$p_Y(y) = F_Y'(y) = \frac{\mathrm{d}F_X(h(y))}{\mathrm{d}y} = F_X'(h(y))h'(y) = p_X(h(y))h'(y)$$

同理可证: 当 $g(\cdot)$ 是严格单调减函数时

$$p_Y(y) = -p_X(h(y))h'(y) \tag{8.21}$$

例 8.21　已知连续型随机变量 X 的密度分布函数是 $p_X(x)$, 求 $Y = X^2$ 的密度函数.

解　先求 Y 的分布函数 $F_Y(y)$.

当 $y < 0$ 时, $F_Y(y) = P(Y \leqslant y) = P(X^2 \leqslant y) = 0$;

当 $y > 0$ 时,

$$\begin{aligned}
F_Y(y) &= P(Y \leqslant y) = P(X^2 \leqslant y) = P(-\sqrt{y} < X < \sqrt{y}) \\
&= F_X(\sqrt{y}) - F_X(-\sqrt{y})
\end{aligned}$$

故

$$F_Y(y) = \begin{cases} F_X(\sqrt{y}) - F_X(-\sqrt{y}), & y > 0 \\ 0, & y \leqslant 0 \end{cases}$$

从而 $Y = X^2$ 的密度函数为

$$p_Y(y) = \begin{cases} \dfrac{p_X(\sqrt{y}) + p_X(-\sqrt{y})}{2\sqrt{y}}, & y > 0 \\ 0, & y \leqslant 0 \end{cases}$$

例 8.22　证明: 若连续型随机变量 X 的分布函数 $F_X(x)$ 是严格单调函数, 则 $Y = F_X(X) \sim U(0,1)$.

证明　Y 取值 $(0, 1)$ 区间.

当 $y \leqslant 0$ 时, $F_Y(y) = P(Y \leqslant y) = 0$;

当 $y \geqslant 1$ 时, $F_Y(y) = P(Y \leqslant y) = 1$;

当 $0 < y < 1$ 时,

$$F_Y(y) = P(Y \leqslant y) = P(F_X(X) \leqslant y) = P(X \leqslant F_X^{-1}(y)) = F_X(F_X^{-1}(y)) = y$$

Y 的分布函数: $\quad F_Y(y) = \begin{cases} 0, & y \leqslant 0 \\ y, & 0 < y < 1 \\ 1, & y \geqslant 1 \end{cases}$

Y 的密度函数: $\quad p_Y(y) = \begin{cases} 1, & 0 < y < 1 \\ 0, & 其他 \end{cases}$

可见, $Y = F_X(X) \sim U(0,1)$.

三、有关正态分布函数的分布

定理 8.3　若 $X \sim N(\mu, \sigma^2)$, 则 $Y = aX + b \sim N(a\mu + b, a^2\sigma^2)$.

证明　不妨设 $a > 0$. Y 的分布函数为

$$F_Y(y) = P(Y \leqslant y) = P(aX + b \leqslant y) = P\left(X \leqslant \frac{y-b}{a}\right) = F_X\left(\frac{y-b}{a}\right)$$

Y 的密度函数为 $p_Y(y) = p_X\left(\dfrac{y-b}{a}\right)\dfrac{1}{a} = \dfrac{1}{\sqrt{2\pi}a\sigma}\mathrm{e}^{-\frac{(y-a\mu-b)^2}{2a^2\sigma^2}}$

可见, $Y = aX + b \sim N(a\mu + b, a^2\sigma^2)$.　　　　　□

推论　若 $X \sim N(\mu, \sigma^2)$, 则 $X^* = \dfrac{X - \mu}{\sigma} \sim N(0, 1)$.

例 8.23　设 $X \sim N(1, \ 0.04)$, 求 $P(X \leqslant 1.6)$.

解　$P(X \leqslant 1.6) = P\left(\dfrac{X-1}{0.2} \leqslant \dfrac{1.6-1}{0.2}\right) = \Phi(3) = 0.9987$.

定理 8.4　若 $X \sim N(0, 1)$, 则 $Y = X^2 \sim \chi^2(1)$.

证明　由例 8.22 可知, Y 的密度函数为

$$p_Y(y) = \begin{cases} \dfrac{\varphi(\sqrt{y}) + \varphi(-\sqrt{y})}{2\sqrt{y}}, & y > 0 \\ 0, & y \leqslant 0 \end{cases}$$

由于 $\varphi(x) = \dfrac{1}{\sqrt{2\pi}}\mathrm{e}^{-\frac{x^2}{2}}$, 所以,

$$p_Y(y) = \begin{cases} \dfrac{1}{2^{\frac{1}{2}}\Gamma\left(\dfrac{1}{2}\right)}y^{\frac{1}{2}-1}\mathrm{e}^{-\frac{y}{2}}, & y > 0, \\ 0, & y \leqslant 0 \end{cases} \qquad \left(\text{注意：}\quad \Gamma\left(\dfrac{1}{2}\right) = \sqrt{\pi}\right)$$

对照式 (8.19) 可知, $Y = X^2 \sim \chi^2(1)$.　　　　　□

§8.6　多维随机变量及其联合分布

前面我们讨论了只有一个随机变量的情况. 但在实际问题中, 对某些随机现象需要对多个随机变量进行讨论. 一般来说, 它们之间有着某种关系, 因此必须将它们作为一个整体来进行研究. 类似一维随机变量, 我们可以引进联合分布函数、联合分布列、联合分布密度等概念, 这里仅介绍联合分布函数和边缘分布.

一、多维随机变量

定义 8.6　设 $X_i(i = 1, 2, \cdots, n)$ 是定义在同一个基本空间 Ω 上的 n 个一维随机变量, 则称 $X = (X_1, X_2, \cdots, X_n)$ 为 **n 维随机变量**或 **n 维随机向量**.

例 8.24　多维随机变量的例子:

(1) 研究儿童生长发育时, 要考虑儿童的身高 X 与体重 Y, 则 (X,Y) 是一个二维随机变量;

(2) 炮弹着地点的坐标 (X,Y) 是一个二维随机变量;

(3) 研究炼钢厂炼出的每炉钢的质量, 这时, 要观察钢的硬度 X、含碳量 Y、含硫量 Z, 就需用三元有序数组 (X,Y,Z) 来描述, 则 (X,Y,Z) 是三维随机变量;

(4) 公安部门关心人的身高 X 与足长 Y 的关系, (X,Y) 便构成了二维随机变量.

以下我们以二维随机变量为例进行讨论, 其概念、理论与方法不难推广到二维以上情况.

二、二维随机变量的联合分布函数

定义 8.7　设 (X,Y) 为二维随机变量, 对任意实数 x,y, 称函数

$$F(x,y) = P(X \leqslant x, Y \leqslant y) \tag{8.22}$$

为二维随机变量 (X,Y) 的**联合分布函数**.

这里, $(X \leqslant x, Y \leqslant y)$ 表示两个事件 $(X \leqslant x)$ 与 $(Y \leqslant y)$ 的交, 即 $(X \leqslant x) \cap (Y \leqslant y)$.

类似一维随机变量分布函数性质, 我们不加证明地给出多维随机变量**联合分布函数的性质**:

(1) $0 \leqslant F(x,y) \leqslant 1$;

(2) 对每一个变量 x(或 y), $F(x,y)$ 是不减的和右连续的;

(3) 当 $x \to +\infty, y \to +\infty$ 时, 有 $F(x,y) \to 1$;

(4) 当某个变量 $x \to -\infty$(或 $y \to -\infty$) 时, 则有 $F(x,y) \to 0$;

(5) $P(a < X \leqslant b, \alpha < Y \leqslant \beta) = F(b,\beta) - F(a,\beta) - F(b,\alpha) + F(a,\alpha)$.

三、二维随机变量的边缘分布函数

对于二维随机变量 (X,Y), 关于 X 的分布函数 $F_X(x)$ 和关于 Y 的分布函数 $F_Y(y)$ 通常称为 (X,Y) 的**边缘分布函数**.

设 $F(x,y)$ 为二维随机变量 (X,Y) 联合分布函数.

由于

$$\lim_{y \to +\infty} F(x,y) = P(X \leqslant x, Y < +\infty) = P(X \leqslant x) = F_X(x)$$

因此,

$$\lim_{y \to +\infty} F(x,y) = F_X(x) \tag{8.23}$$

类似地, 可以得到

$$\lim_{x \to +\infty} F(x,y) = F_Y(y) \tag{8.24}$$

可见, 联合分布 $\xrightarrow{\text{求出}}$ 边缘分布

例 8.25   设二维随机变量 (X,Y) 的联合分布函数为

$$F(x,y) =$$

$$\begin{cases} 1 - e^{-x} - e^{-y} + e^{-x-y-\lambda xy}, & x,y > 0, \\ 0, & \text{其他}, \end{cases} \quad (\text{称为二维指数分布, 其中参数} \lambda \geqslant 0)$$

求其边缘分布.

解   当 $x > 0$ 时, $F_X(x) = \lim\limits_{y \to +\infty} F(x,y) = 1 - e^{-x}$;

当 $x \leqslant 0$ 时, $F_X(x) = \lim\limits_{y \to +\infty} F(x,y) = 0$.

于是

$$F_X(x) = \begin{cases} 1 - e^{-x}, & x > 0 \\ 0, & x \leqslant 0 \end{cases}$$

同理可得

$$F_Y(y) = \begin{cases} 1 - e^{-y}, & y > 0 \\ 0, & y \leqslant 0 \end{cases}$$

这两个分布都是一维指数分布, 它们与 λ 无关. 当 λ 不同时, 对应的二维分布也不同, 但它们的边缘分布相同. 这说明, 仅利用边缘分布还不足以完全描述联合分布, 这是因为联合分布不仅含有各个分量的概率分布, 还含有各个分量之间关系的信息. 这就是人们将多维随机变量作为一个整体来进行研究的原因.

习 题 八

1. 从 1, 2, 3, 4 四个数码中先后任意取出两个数码 (每次取一个, 取后不放回), 写出下列每个随机变量可能的取值:

(1) $X =$ 两个数码的数字和;

(2) $Y =$ 第一个数码与第二个数码的数字差;

(3) $Z =$ 数码为偶数的个数;

(4) $W =$ 数码为 1 数的个数.

2. 随机投两颗骰子, 以 X 表示其点数之和, 写出 X 可能的取值及其概率, 并求 $P(X > 9)$.

3. 设随机变量 X 的分布列为

$$P(X = i) = \frac{C}{2^i}, \quad i = 1,2,3,4$$

求 C 的值.

4. 某人进行射击, 每次射击的命中率为 0.02, 独立射击 400 次, 求至少击中两次的概率.

5. 某厂需要 12 个集成电路装配仪表, 要到外地采购, 已知该型号集成电路的不合格品率为 0.1, 问需要采购几个才能以 99% 的把握保证其中合格的集成电路不少于 12 只?

6. 在 500 个人的团队中, 求恰有 6 个人的生日在元旦的概率.

7. 从某商店过去的销售记录知道, 某种商品每月的销售数可以用参数 $\lambda = 10$ 的泊松分布来描述, 为了以 95% 以上的把握保证不脱销, 问商店在月初至少应进多少件?

(已知 $\sum\limits_{k=0}^{14} \dfrac{10^k}{k!} \mathrm{e}^{-10} \approx 0.9166, \sum\limits_{k=0}^{15} \dfrac{10^k}{k!} \mathrm{e}^{-10} \approx 0.9513$)

8. 若随机变量 X 只取一个值 a, 即

$$P(X = a) = 1$$

求 X 的分布函数 $F(x)$, 并作出图形.

9. 在 10 台计算机中有 2 台感染了病毒, 现在一台一台地抽样检查, 求在发现首台未感染病毒患者时已经检查过计算机的台数 X 的分布函数.

10. 已知随机变量 X 的分布函数为

$$F(x) = \begin{cases} 0, & x < 0 \\ \dfrac{1}{4}, & 0 \leqslant x < 2 \\ \dfrac{3}{4}, & 2 \leqslant x < 5 \\ 1, & x \geqslant 5 \end{cases}$$

求随机变量 X 的概率分布.

11. 已知连续型随机变量 X 的分布函数

$$F(x) = \begin{cases} 0, & x < 0 \\ Ax^2, & 0 \leqslant x \leqslant 1 \\ 1, & x > 1 \end{cases}$$

求: (1) 系数 A; (2) X 落入 $(0.3,\ 0.7)$ 内的概率; (3) X 的密度函数.

12. 已知连续型随机变量 X 的分布函数 (柯西分布)

$$F(x) = A + B\arctan x$$

求: (1) 系数 A, B; (2) $P(|X| \leqslant 1)$; (3) X 的密度函数.

13. 设随机变量 X 的概率密度函数为 $p(x) = \begin{cases} \lambda x, & 0 < x < 2, \\ 0, & \text{其他}, \end{cases}$　求: (1) 常数 λ; (2) $P(1 < X < 3)$; (3) X 的分布函数 $F(x)$.

14. 设随机变量 X 的密度

$$f(x) = \begin{cases} 2x, & 0 < x < 1, \\ 0, & \text{其他}, \end{cases}$$

现对 X 进行 n 次独立重复观测, 以 v_n 表示观测值不大于 0.1 的次数, 求 v_n 的概率分布.

15. 某型号电子管寿命 (小时) 为一随机变量, 密度函数为

$$p(x) = \begin{cases} \dfrac{100}{x^2}, & x \geqslant 100 \\ 0, & \text{其他} \end{cases}$$

某一电子设备内配有 3 个这样的电子管, 求电子管使用 150 小时都不需要更换的概率.

16. 设随机变量 X 服从参数 $\lambda = \dfrac{1}{2}$ 的指数分布, 计算: (1) $P(X \geqslant 3)$; (2) $P(X > 6 \mid X > 3)$.

17. 设随机变量 $X \sim N(0,1)$, 求: (1) $P(0.02 \leqslant X \leqslant 2.33)$; (2) $P(X < -2)$; (3) $P(|X| > 3)$.

18. 设随机变量 $X \sim N(50, 10^2)$, 求: (1) $P(X \leqslant 20)$; (2) $P(X > 70)$; (3) 常数 a, 使得 $P(X < a) = 0.90$.

19. 某种电子元件在电源电压不超过 200 伏、200~240 伏、超过 240 伏三种情况下损坏的概率分别为 $0.1, 0.001$ 及 0.2, 设电源电压 $X \sim N(220, 25^2)$, 求: (1) 此种电子元件的损坏率; (2) 此种电子元件损坏时, 电源电压在 200~240 伏的概率.

20. 某公司生产的水质检测分析仪器, 根据以往生产经验有 80% 直接出厂、10% 调试后又出厂、10% 定为不合格不能出厂. 直接出厂的仪器销售价格为 2 万元, 调试出厂的仪器 1.8 万元. 现该公司新生产 2 台仪器, 假设各台仪器的生产过程相互独立. 求:

(1) 生产的这 2 台仪器至少有一台能出厂的概率;

(2) 求这两台仪器的销售收入不低于 2 万元的概率.

第九章 随机变量的数字特征

知道了随机变量 X 的分布函数, 或离散型随机变量的分布列或连续型随机变量的密度函数 (下面统称为概率分布), 就可全面把握随机变量的概率特性. 但很多时候随机变量的概率分布不易得到. 然而不少实际问题并不需要完全了解随机变量的概率分布, 只需要了解反映随机变量某些特征的数值即可满足要求. 如随机变量平均取值、取值的分散程度等, 本章我们就来研究反映随机变量某些特征的数值 —— 数字特征.

§9.1 随机变量的数学期望

一、离散型随机变量的数学期望

在实际问题中我们常常关心诸如某品种农作物平均亩产量、某产品月平均销售量、某工厂生产的产品的平均产值、家用电器的平均使用寿命等问题.

这里 "农作物亩产量" "产品月销售量" "产品的产值" "家用电器的使用寿命" 等都是随机变量, 这些问题实际上都是寻求随机变量取值的 "平均水平". 那么随机变量取值的 "平均水平" 怎么确定呢? 看下面具体的例子.

例 9.1 某厂生产的产品有一、二、三等品和等外品四种, 其产值依次分别为 10 元、8 元、6 元、2 元. 为了解该厂产品的平均产值, 现抽查了 100 件产品记录数据如下.

产品等级	一等品	二等品	三等品	等外品
件数	60	20	15	5

不难想到, 用下式表示该厂产品的平均产值是合理的:

$$\frac{10 \times 60 + 8 \times 20 + 6 \times 15 + 2 \times 5}{100} = 8.6(元)$$

上式左端即

$$10 \times \frac{60}{100} + 8 \times \frac{20}{100} + 6 \times \frac{15}{100} + 2 \times \frac{5}{100}$$

这相当于产品的产值 X 观测值 $x_i(i=1,2,3,4)$ 的加权平均, 其权数为出现 x_i 的频数 $\frac{n_i}{n}$. 即产品的平均产值可表示为 $\sum_{i=1}^{4} x_i \frac{n_i}{n}$.

由于频率会随抽样变化, 所以这个数值也会随试验变化, 但是由 §7.2 中确定概率的频率方法知道, 多次重复试验频率会稳定于某数值 —— 概率附近. 因此, 自然想到用概率 $P(X = x_i)$ 去代替频率 $\dfrac{n_i}{n}$ 来反映产品的平均产值: $\sum\limits_{i=1}^{4} x_i P(X = x_i)$.

一般地, 有以下定义.

定义 9.1　当 X 可能的取值为有限个数时, 其分布列为

$$P(X = x_i) = p_i, \quad i = 1, 2, \cdots, n$$

则称和式 $\sum\limits_{i=1}^{n} x_i p_i$ 为随机变量 X 的**数学期望**(或**均值**);

当 X 可能的取值为可列多个数时, 其分布列为

$$P(X = x_i) = p_i, \quad i = 1, 2, \cdots$$

如果级数 $\sum\limits_{i=1}^{\infty} x_i p_i$ 绝对收敛[①], 则称此级数的和 $\sum\limits_{i=1}^{\infty} x_i p_i$ 为 X 的**数学期望**(或**均值**).

数学期望记作 $E(X)$, 即

$$E(X) = \sum_i x_i p_i \tag{9.1}$$

说明: ① 当 X 可能的取值为有限个数时式 (9.1) 表示的是有限项的和, 当 X 可能的取值为可列多个数时式 (9.1) 表示级数的和; ② 当 $\sum\limits_{i=1}^{\infty} x_i p_i$ 不绝对收敛时, X 的数学期望不存在.

例 9.2(合理分配赌本问题)　17 世纪中叶一位赌徒向法国数学家帕斯卡提出分赌本的问题. 甲、乙两位赌徒事先约定: 用掷硬币进行赌博, 谁先赢三次就得全部赌本 100 法郎. 当甲赢了两次, 乙只赢一次时, 他们都不愿再赌下去了, 问赌本应如何分配?

这个问题在当时吸引了不少学者来研究, 有的人建议按两人已赢次数的比例来分赌本, 即甲得全部赌本的 2/3, 乙得其余的 1/3. 有的人反对这种分法, 认为这全然没有考虑两人再赌下去, 每人赢的可能性. 约在 1654 年帕斯卡提出如下分法.

考虑两人再赌下去, 每人赢的可能性. 在甲乙赢两次和乙只赢一次时, 最多只需再玩两次即可结束这场赌博, 而再玩二次可能会出现如下四种结果.

ω_1	ω_2	ω_3	ω_4
(甲胜, 甲胜)	(甲胜, 乙胜)	(乙胜, 甲胜)	(乙胜, 乙胜)

①要求绝对收敛, 目的是保证 $\sum\limits_{i=1}^{\infty} a_i p_i$ 的敛散性不会因级数项的次序改变而变化.

其中前三种结果 $\omega_1, \omega_2, \omega_3$ 中任一个发生都使甲得 100 法郎, 只有当 ω_4 发生, 甲得 0 法郎 (即乙得 100 法郎), 由于这四种结果是等可能的, 因此

再赌下去甲得赌金 X 是一随机变量, 其分布列为

X	100	0
P	3/4	1/4

甲平均得赌金: $E(X) = 100 \times \dfrac{3}{4} + 0 \times \dfrac{1}{4} = 75$(法郎), 即甲期望得到全部赌本的 3/4, 而乙得到全部赌本的 1/4.

例 9.3 某地势较低的工地有一大型设备, 据气象部门预报, 下个月有小洪水的概率是 0.25, 有大洪水的概率是 0.01. 为保护设备有三种方案.

Ⅰ: 运走设备, 费用 3800 元;

Ⅱ: 建一围墙, 费用 2000 元, 但围墙可防小洪水, 不可防大洪水, 当大洪水来临要损失 6 万元;

Ⅲ: 不作准备, 当小洪水来临损失 1 万元, 当大洪水来临损失 6 万元.

决策者应选择哪种保护方案.

解 设工地所受损失为 X, 在三种保护方案之下它的期望为

Ⅰ: X 为常数, $X = 3800$, X 的期望 $E(X) = 3800$(元);

Ⅱ: X 的分布列

X	2000	62000
P	0.99	0.01

X 的期望 $E(X) = 2600$(元);

Ⅲ: X 的分布列

X	0	10000	60000
P	0.74	0.25	0.01

X 的期望 $E(X) = 3100$(元).

可见, 选择方案 Ⅱ 期望损失最小.

例 9.4 若随机变量 X 服从 0-1 分布

X	0	1
P	q	p

求 X 的期望.

解 $E(X) = 0q + 1p = p.$

例 9.5　设 X 服从几何分布:

$$P(X = k) = (1-p)^{k-1}p = q^{k-1}p, \quad k = 1, 2, \cdots, \quad (q = 1-p,\ 0 < p < 1)$$

求 X 的数学期望.

解　$E(X) = \sum_{k=1}^{\infty} kpq^{k-1} = p\sum_{k=1}^{\infty} kq^{k-1} = p\sum_{k=1}^{\infty} (q^k)' = p\left(\dfrac{q}{1-q}\right)'$

$$= \dfrac{p}{(1-q)^2} = \dfrac{1}{p}.\ (\text{这里利用了幂级数的逐项可导性})$$

例 9.6　求二项分布 $X \sim B(n, p)$ 的期望.

解　X 的概率分布列为

$$P(X = k) = C_n^k p^k q^{n-k} \quad (k = 0, 1, 2, \cdots, n)\ (q = 1-p,\ 0 < p < 1)$$

则

$$E(X) = \sum_{k=0}^{n} kC_n^k p^k q^{n-k}$$

$$= \sum_{k=1}^{n} k \cdot \dfrac{n!}{k!\,[(n-1)-(k-1)]!} p^k q^{n-k}$$

$$= np\sum_{k=1}^{n} \dfrac{(n-1)!}{(k-1)!\,[(n-1)-(k-1)]!} p^{k-1} q^{(n-1)-(k-1)}$$

$$= np\sum_{k=0}^{n-1} \dfrac{(n-1)!}{k!\,(n-1-k)!} p^k q^{n-1-k}$$

$$= np(p+q)^{n-1}$$

$$= np$$

例 9.7　求泊松分布 $X \sim P(\lambda)$ 的均值.

解　X 的分布列为

$$P(X = k) = \dfrac{\lambda^k}{k!}e^{-\lambda}, \quad k = 0, 1, 2, \cdots, \quad \lambda > 0$$

$$EX = \sum_{k=0}^{\infty} k \cdot \dfrac{\lambda^k}{k!}e^{-\lambda} = \lambda e^{-\lambda}\sum_{k=1}^{\infty} \dfrac{\lambda^{k-1}}{(k-1)!} = \lambda e^{-\lambda}\sum_{k=0}^{\infty} \dfrac{\lambda^k}{k!} = \lambda e^{-\lambda}e^{\lambda} = \lambda$$

二、连续型随机变量的数学期望

　　前面给出了离散型随机变量的数学期望概念, 对于连续型随机变量, 由于它的取值是某个区间上的连续实数, 所以不能像离散型那样定义. 那么对于连续型随机变量如何定义它的数学期望 —— 反映连续型随机变量取值的 "平均水平" 呢? 我们可用定积分的思想方法分析如下.

设 X 是在 $[a,b]$ 上取值的连续型随机变量, 其密度函数为 $p(x)$. 我们在 X 的取值范围 $[a,b]$ 内插入 $n-1$ 个分点 $a=x_0 < x_1 < x_2 < \cdots < x_{i-1} < x_i < \cdots < x_n = b$(图 9-1), 则 X 落入 $(x_{i-1}, x_i]$ 的概率为 $\int_{x_{i-1}}^{x_i} p(x)\mathrm{d}x = p(\xi_i)\Delta x_i$.

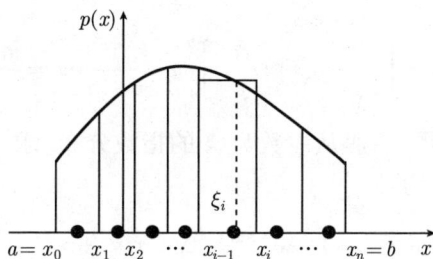

图 9-1

当 n 很大, 每个小区间 $(x_{i-1}, x_i]$ 长度 Δx_i 都很小时, 我们可以用一个离散型随机变量 $\tilde{X}$:

$$P(\tilde{X} = \xi_i) = p(\xi_i)\Delta x_i, \quad i = 1, 2, \cdots, n$$

的数学期望 $\sum_{i=1}^{n} \xi_i p(\xi_i)\Delta x_i$ 近似代替 X 的期望:

$$E(X) \approx \sum_{i=1}^{n} \xi_i p(\xi_i)\Delta x_i$$

当 $\lambda = \max_{1 \leqslant i \leqslant n} \{\Delta x_i\} \to 0$ 时, 便有

$$E(X) = \int_a^b xp(x)\mathrm{d}x$$

如果连续型随机变量 X 是在 $(-\infty, +\infty)$ 内取值, 类似地, 有

$$E(X) = \int_{-\infty}^{+\infty} xp(x)\mathrm{d}x$$

因此, 我们可以给出连续型随机变量的数学期望.

定义 9.2 设 X 是连续型随机变量, 其密度函数为 $p(x)$, 如果 $\int_{-\infty}^{+\infty} |x|\, p(x)\mathrm{d}x$ 存在, 则定义 X 的数学期望 (或均值)$E(X)$ 为

$$E(X) = \int_{-\infty}^{+\infty} xp(x)\mathrm{d}x \tag{9.2}$$

例 9.8　设随机变量 X 服从 $[a,b]$ 上的均匀分布, 求 X 期望 $E(X)$.

解　依题意, X 的密度函数为

$$p(x) = \begin{cases} \dfrac{1}{b-a}, & a \leqslant x \leqslant b \\ 0, & \text{其他} \end{cases}$$

由式 (9.2) 得

$$E(X) = \int_{-\infty}^{+\infty} xp(x)\mathrm{d}x = \int_a^b x \cdot \frac{1}{b-a}\mathrm{d}x = \frac{a+b}{2}$$

例 9.9　设随机变量 X 服从参数为 λ 的指数分布, 求 X 的期望 $E(X)$.

解　X 的密度函数为

$$p(x) = \begin{cases} \lambda\mathrm{e}^{-\lambda x}, & 0 < x < +\infty \\ 0, & \text{其他} \end{cases}$$

由式 (9.2) 得

$$E(X) = \int_{-\infty}^{+\infty} xp(x)\mathrm{d}x = \int_0^{+\infty} \lambda x\mathrm{e}^{-\lambda x}\mathrm{d}x = -x\mathrm{e}^{-\lambda x}\Big|_0^{+\infty} + \int_0^{+\infty} \mathrm{e}^{-\lambda x}\mathrm{d}x$$

$$= \frac{1}{\lambda}\int_0^{+\infty} \lambda\mathrm{e}^{-\lambda x}\mathrm{d}x = \frac{1}{\lambda}$$

例 9.10　设随机变量 $X \sim N(\mu, \sigma^2)$, 证明 $E(X) = \mu$.

证明　由式 (9.2) 得

$$E(X) = \int_{-\infty}^{+\infty} x\frac{1}{\sqrt{2\pi}\sigma}\mathrm{e}^{-\frac{(x-\mu)^2}{2\sigma^2}}\mathrm{d}x = \int_{-\infty}^{+\infty} (x-\mu+\mu)\frac{1}{\sqrt{2\pi}\sigma}\mathrm{e}^{-\frac{(x-\mu)^2}{2\sigma^2}}\mathrm{d}x$$

$$= \int_{-\infty}^{+\infty} (x-\mu)\frac{1}{\sqrt{2\pi}\sigma}\mathrm{e}^{-\frac{(x-\mu)^2}{2\sigma^2}}\mathrm{d}x + \mu\int_{-\infty}^{+\infty} \frac{1}{\sqrt{2\pi}\sigma}\mathrm{e}^{-\frac{(x-\mu)^2}{2\sigma^2}}\mathrm{d}x$$

$$= \int_{-\infty}^{+\infty} \frac{1}{2\sqrt{2\pi}\sigma}\mathrm{e}^{-\frac{(x-\mu)^2}{2\sigma^2}}\mathrm{d}(x-\mu)^2 + \mu = -\frac{\sigma}{\sqrt{2\pi}}\mathrm{e}^{-\frac{(x-\mu)^2}{2\sigma^2}}\Big|_{-\infty}^{+\infty} + \mu = \mu$$

故 $E(X) = \mu$.

例 9.11　设随机变量 X 服从参数为 α, λ 的 Gamma 分布, 即 $X \sim \Gamma(\alpha, \lambda)$, 证明 $E(X) = \dfrac{\alpha}{\lambda}$.

证明　由式 (8.19) 可知, 随机变量 X 的密度为

$$p(x) = \begin{cases} \dfrac{\lambda^\alpha}{\Gamma(\alpha)}x^{\alpha-1}e^{-\lambda x}, & x > 0, \\ 0, & x \leqslant 0, \end{cases} \qquad \alpha, \lambda > 0$$

由式 (9.2) 得

$$E(X) = \frac{\lambda^\alpha}{\Gamma(\alpha)} \int_0^{+\infty} x x^{\alpha-1} e^{-\lambda x} dx = \frac{\lambda^\alpha}{\Gamma(\alpha)} \frac{\Gamma(\alpha+1)}{\lambda^{\alpha+1}} \frac{\lambda^{\alpha+1}}{\Gamma(\alpha+1)} \int_0^{+\infty} x^\alpha d e^{-\lambda x}$$

$$= \frac{\lambda^\alpha}{\Gamma(\alpha)} \frac{\Gamma(\alpha+1)}{\lambda^{\alpha+1}} = \frac{\alpha}{\lambda}$$

特别地, 当 $X \sim \chi^2(n) = \Gamma\left(\dfrac{n}{2}, \dfrac{1}{2}\right)$ 时, $E(X) = n$.

三、数学期望的简单性质

性质 9.1 $E(C) = C(C$ 为常数$)$.

证明 设 $X = C$(称为单点分布), 随机变量取 C 的概率为 1, 因此有

$$E(C) = C \times 1 = C \qquad\qquad \square$$

性质 9.2 $E(kX) = kE(X)(k$ 为常数$)$.

证明 若 $k = 0$, 显然成立, 下面证明 $k \neq 0$ 的情形.

当 X 为离散型随机变量时, 其分布列设为 $P(X = x_i) = p_i(i = 1, 2, \cdots)$, 则 $Y = kX$ 的分布为 $P(Y = kx_i) = p_i$ $(i = 1, 2, \cdots)$, 从而

由式 (9.1) 得

$$E(kX) = E(Y) = \sum_i kx_i p_i = k\sum_i x_i p_i = kE(X)$$

当 X 为连续型随机变量时, 设 X 的密度函数是 $p(x)$, 此时随机变量 kX 的密度函数为 $\dfrac{1}{|k|} p\left(\dfrac{x}{k}\right)$. 于是

$$E(kX) = \int_{-\infty}^{+\infty} x \cdot \frac{1}{|k|} p\left(\frac{x}{k}\right) dx \xlongequal{令 x = kt} \int_{-\infty}^{+\infty} ktp(t)\, dt = k\int_{-\infty}^{+\infty} tp(t)\, dt = kE(X) \quad \square$$

性质 9.3 $E(X + b) = E(X) + b(b$ 为常数$)$.

证明 仅就连续型随机变量 X 给出证明, 离散型情形留给读者.

设 X 的密度函数是 $p(x)$, $X + b$ 作为随机变量 X 的函数, 不难得到它的密度函数为 $f(y) = p(y - b)$.

于是, 有

$$E(X + b) = \int_{-\infty}^{+\infty} yf(y)dy = \int_{-\infty}^{+\infty} yp(y - b)dy (令 y - b = x)$$

$$= \int_{-\infty}^{+\infty} (x + b)p(x)dx$$

$$= \int_{-\infty}^{+\infty} xp(x)\mathrm{d}x + b \int_{-\infty}^{+\infty} p(x)\mathrm{d}x$$

$$= E(X) + b \qquad\qquad \Box$$

可由性质 9.2 和性质 9.3 直接推出如下性质.

性质 9.4 $E(kX + b) = kE(X) + b(k, b$ 为常数$)$.

四、随机变量函数的期望

在实际中还经常遇到求一个随机变量 X 函数 $Y = g(X)$ 的期望, 解决这种问题的直接想法就是求出随机变量 Y 的分布, 然后利用期望的定义求出. 但是, 这种方法往往比较繁杂, 难度较大. 有没有简便办法呢? 如定理 9.1 所示.

定理 9.1   设 Y 是随机变量 X 的函数 $Y = f(X)$, 那么有

(1) 若 X 是离散型, 分布列为 $P(X = x_i) = p_i(i = 1, 2, \cdots)$, 则

$$E(Y) = E[f(X)] = \sum_i f(x_i)p_i \qquad\qquad (9.3)$$

(2) 若 X 是连续型, 密度函数为 $p(x)$, 则

$$E(Y) = E[f(X)] = \int_{-\infty}^{+\infty} f(x)p(x)\mathrm{d}x \qquad\qquad (9.4)$$

注   这个定理当然要求遇到的级数或无穷积分绝对收敛. 定理 9.1 证明需要用到较多数学知识, 因此将定理证明略去.

例 9.12   设随机变量 X 的分布列为

X	-1	0	1	2
P	$\frac{1}{8}$	$\frac{1}{4}$	$\frac{3}{8}$	$\frac{1}{4}$

求: $E(X^2)$; $E(-2X + 1)$.

解   由定理 9.1 有

$$E(X^2) = \sum_{k=1}^{4} x_k^2 p_k = (-1)^2 \times \frac{1}{8} + 0^2 \times \frac{1}{4} + 1^2 \times \frac{3}{8} + 2^2 \times \frac{1}{4} = \frac{3}{2}$$

$$E(-2X + 1) = \sum_{k=1}^{4} (-2x_k + 1)p_k$$

$$= [(-2) \times (-1) + 1] \times \frac{1}{8} + [(-2) \times 0 + 1]$$

$$\times \frac{1}{4} + [(-2) \times 1 + 1] \times \frac{3}{8} + [(-2) \times 2 + 1] \times \frac{1}{4}$$

$$= -\frac{1}{2}.$$

例 9.13 设随机变量 X 服从 $[0, 2\pi]$ 上的均匀分布, 求 $E(\sin X)$.

解 由定理 9.1 有

$$E(\sin X) = \int_0^{2\pi} \frac{1}{2\pi} \sin x \mathrm{d}x = \frac{1}{2\pi}(-\cos x \,|_0^{2\pi}) = \frac{1}{2\pi}(-1+1) = 0$$

由定理 9.1 可以得到随机变量函数的期望性质:

(1) $E[cf(X)] = cEf(X)$;

(2) $E[f(X) + g(X)] = Ef(X) + Eg(X)$.

性质 (1) 的证明留给读者.

性质 (2) 以连续型为例证明如下:

$$\begin{aligned}
E[f(X) + g(X)] &= \int_{-\infty}^{+\infty} [f(x) + g(x)]p(x)\mathrm{d}x \\
&= \int_{-\infty}^{+\infty} f(x)p(x)\mathrm{d}x + \int_{-\infty}^{+\infty} g(x)p(x)\mathrm{d}x \\
&= Ef(X) + Eg(X)
\end{aligned}$$

例 9.14 设随机变量服从参数为 1 的指数分布, 即 $X \sim \mathrm{Exp}(1)$, 求 $E(X + \mathrm{e}^{-2X})$.

解 因 X 的概率密度函数为 $f(x) = \begin{cases} \mathrm{e}^{-x}, & x > 0 \\ 0, & x \leqslant 0 \end{cases}$, 故

$$E(X + \mathrm{e}^{-2X}) = EX + E\mathrm{e}^{-2X} = 1 + \int_0^{+\infty} \mathrm{e}^{-2x} \cdot \mathrm{e}^{-x}\mathrm{d}x = \frac{4}{3}$$

例 9.15 假定在国际市场上, 每年某公司的某种商品的需求量 X(单位: 吨), 服从 $[2000, 4000]$ 上的均匀分布. 如果每出售这种商品 1 吨, 可挣得外汇 3 万元; 若销售不出去而积压在仓库, 则每吨需要保管费 1 万元, 问该公司应组织多少货源, 才能使公司获得最大的经济收益.

解 设该公司每年组织此商品 y 吨, 由于需求量 X 服从 $[2000, 4000]$ 上的均匀分布, 故 y 介于 2000 与 4000 之间.

当 y 确定时, 经济收益 Y 是 X 的函数.

$$Y = f(X) = \begin{cases} 3y, & X \geqslant y \\ 3X - (y - X), & X < y \end{cases}$$

X 的密度函数为

$$p(x) = \begin{cases} \dfrac{1}{2000}, & 2000 \leqslant x \leqslant 4000 \\ 0, & \text{其他} \end{cases}$$

于是 $E(Y) = E[f(X)] = \displaystyle\int_{-\infty}^{+\infty} f(x)p(x)\mathrm{d}x = \dfrac{1}{1000}(-y^2 + 7000y - 4 \times 10^6)$.

问题转化为: 当 y 为何值时 EY 最大.

不难求得当 $y=3500$ 时 $E(Y)$ 最大, 因此, 应组织 3500 吨货源是最好的决策.

例 9.15 属于随机性决策问题, 这类问题一般都归结为求目标函数期望的最大或最小值.

§9.2   随机变量的方差及其性质

一、方差的概念

数学期望 $E(X)$ 是反映随机变量 X 取值的 "平均水平", 随机变量 X 的取值总是在其附近摆动, 而摆动幅度的大小标志着稳定性的优劣, 因此, 确定刻画该方面特征的数值同样非常重要. 先看下面例子.

设有甲、乙两种品牌的手表的日走时误差分别为 X_1, X_2, 它们的概率分布列分别为

X_1	−2	−1	0	1	2
p_k	0.03	0.07	0.8	0.07	0.03

和

X_2	−2	−1	0	1	2
p_k	0.1	0.2	0.4	0.2	0.1

易验证 $E(X_1) = E(X_2) = 0$, 仅从日走时误差的数学期望分不出优劣. 但我们粗略观察发现, 甲品牌手表走时误差为 0 的概率为 0.8, 而乙品牌手表走时误差为 0 的概率为 0.4, 就其稳定性看, 甲品牌手表要好于乙种品牌. 换言之, 甲品牌手表的日走时误差与其平均值的偏差比乙的要小得多.

从上例可看出, 了解随机变量与平均值的偏差情况是非常必要的, 它反映了随机变量取值的 "波动"(或 "分散") 程度.

那么如何给出刻画 "波动" 程度的数字特征呢? 首先, 对任一随机变量 X, $E(X)$ 为其随机取值的中心位置, $|X - E(X)|$ 表示随即变量 X 取值偏离中心的距离, 但其仍为随即变量 (具有随机性), 而 $E|X - E(X)|$ 恰恰表示的是平均偏差, 即其可以

很好地表示了随机变量取值的 "波动" 程度. 但由于绝对值的存在, 给数学处理带来很大的不便. 因此, 改用偏差平方的均值 $E[(X - E(X))^2]$ 来描述取值的 "波动" 程度, 虽然它有些 "失真", 但其依然具有其值大则分散程度大, 其值小则分散程度小的良好特征. 由于它是偏差平方的均值, 故我们通常将其称为 X 的方差.

定义 9.3 设 X 是一个随即变量, 若 $E(X - E(X))^2$ 存在, 则称其为随机变量的 X 的**方差**, 记为 $D(X)$ 或 $\mathrm{Var}(X)$, 即

$$D(X) = E[(X - E(X))^2] \tag{9.5}$$

而 $\sqrt{D(X)}$ 称为**标准差**, 记为 $\sigma(X)$, 即 $\sigma(X) = \sqrt{D(X)}$.

由定义 9.3 知, 随机变量 X 的方差实际就是 X 的函数 $g(X) = (X - E(X))^2$ 的均值. 因此, 有下面命题成立.

命题 9.1 若离散型随机变量 X 的分布列为 $P(X = x_i) = p_i(i = 1, 2, 3, \cdots)$, 且 $D(X)$ 存在, 则

$$D(X) = \sum_i [x_i - E(X)]^2 p_i$$

命题 9.2 若连续型随机变量 X 的密度函数为 $p(X)$, 且 $D(X)$ 存在, 则

$$D(X) = \int_{-\infty}^{+\infty} [x - E(X)]^2 p(x)\mathrm{d}x$$

命题 9.3 若 $E(X^2) < +\infty$, 则随机变量 X 的方差一定存在, 且有

$$D(X) = E(X^2) - [E(X)]^2 \tag{9.6}$$

证明 $D(X) = E(X - E(X))^2$

$$= E(X^2) - 2(E(X))(E(X)) + (E(X))^2$$

$$= E(X^2) - (E(X))^2 \qquad \square$$

例 9.16 设随机变量 X 服从 0-1 分布

X	0	1
P	q	p

求 X 的方差.

解 $E(X) = p$

$$E(X^2) = 0^2 \times q + 1^2 \times p = p$$

因此，$D(X) = E(X^2) - (EX)^2 = p - p^2 = pq$.

例 9.17　求二项分布 $X \sim B(n,p)$ 的方差.

解　$E(X) = np$

$$E(X^2) = \sum_{k=0}^{n} k^2 C_n^k p^k q^{n-k}$$

$$= \sum_{k=0}^{n} k(k-1) C_n^k p^k q^{n-k} + \sum_{k=0}^{n} k C_n^k p^k q^{n-k}$$

$$= n(n-1)p^2 \sum_{k=2}^{n} \frac{(n-2)!}{(k-2)! \, [(n-2)-(k-2)]!} p^{k-2} q^{n-2-(k-2)} + np$$

$$= n(n-1)p^2 + np.$$

因此，$D(X) = E(X^2) - (E(X))^2 = n(n-1)p^2 + np - (np)^2 = npq$.

例 9.18　求泊松分布 $X \sim P(\lambda)$ 的方差.

解　$E(X) = \lambda$

$$E(X^2) = \sum_{k=0}^{\infty} k^2 \cdot \frac{\lambda^k}{k!} e^{-\lambda} = \sum_{k=2}^{\infty} k(k-1) \cdot \frac{\lambda^k}{k!} e^{-\lambda} + \sum_{k=1}^{\infty} k \cdot \frac{\lambda^k}{k!} e^{-\lambda}$$

$$= \lambda^2 e^{-\lambda} \sum_{k=2}^{\infty} \frac{\lambda^{k-2}}{(k-2)!} + \lambda e^{-\lambda} \sum_{k=1}^{\infty} \frac{\lambda^{k-1}}{(k-1)!}$$

$$= \lambda^2 e^{-\lambda} \sum_{i=0}^{\infty} \frac{\lambda^i}{i!} + \lambda e^{-\lambda} \sum_{j=0}^{\infty} \frac{\lambda^j}{j!}$$

$$= \lambda^2 + \lambda$$

因此，$D(X) = E(X^2) - (E(X))^2 = \lambda^2 + \lambda - \lambda^2 = \lambda$.

例 9.19　求均匀分布 $X \sim U(a,b)$ 的方差.

解　$E(X) = \dfrac{a+b}{2}$

$$E(X^2) = \int_{-\infty}^{+\infty} x^2 p(x) dx = \int_a^b \frac{x^2}{b-a} dx = \frac{a^2 + ab + b^2}{3}$$

$$D(X) = E(X^2) - (E(X))^2 = \frac{a^2+ab+b^2}{3} - \left(\frac{a+b}{2}\right)^2 = \frac{(b-a)^2}{12}$$

例 9.20　求正态分布 $X \sim N(\mu, \sigma^2)$ 的方差.

解　由命题 9.2

$$D(X) = \int_{-\infty}^{+\infty} (x-\mu)^2 \frac{1}{\sqrt{2\pi}\sigma} e^{-\frac{(x-\mu)^2}{2\sigma^2}} dx \left(\diamondsuit t = \frac{x-\mu}{\sigma}\right)$$

$$= \int_{-\infty}^{+\infty} \sigma^2 t^2 \frac{1}{\sqrt{2\pi}} e^{-\frac{t^2}{2}} dt = -\int_{-\infty}^{+\infty} \sigma^2 t \frac{1}{\sqrt{2\pi}} de^{-\frac{t^2}{2}}$$

$$= -\sigma^2 t \frac{1}{\sqrt{2\pi}} e^{-\frac{t^2}{2}} \Big|_{-\infty}^{+\infty} + \int_{-\infty}^{+\infty} \sigma^2 \frac{1}{\sqrt{2\pi}} e^{-\frac{t^2}{2}} dt$$

$$= 0 + \sigma^2 = \sigma^2$$

例 9.21 设 X 的密度为 $p(x) = \begin{cases} ax^2 + bx + c, & 0 < x < 1, \\ 0, & \text{其他}, \end{cases}$ 且 $E(X) = 0.5$,

$D(X) = 0.15$. 求系数 a, b, c.

解 因 $\int_{-\infty}^{+\infty} p(x)dx = 1$ 得 $\int_0^1 (ax^2 + bx + c)dx = 1$, 即

$$\frac{1}{3}a + \frac{1}{2}b + c = 1 \qquad \text{①}$$

由 $E(X) = 0.5$ 得 $\int_0^1 x(ax^2 + bx + c)dx = 0.5$, 即

$$\frac{1}{4}a + \frac{1}{3}b + \frac{1}{2}c = 0.5 \qquad \text{②}$$

由 $D(X) = 0.15$, $E(X) = 0.5$, 得 $E(X^2) = 0.4$, 即 $\int_0^1 x^2(ax^2 + bx + c)dx = 0.4$,

即

$$\frac{1}{5}a + \frac{1}{4}b + \frac{1}{3}c = 0.4 \qquad \text{③}$$

解式①~③所组成的方程组, 得到 $a = 12, b = -12, c = 3$.

例 9.22 求 Gamma 分布 $X \sim \Gamma(\alpha, \lambda)$ 的方差.

解 $E(X) = \dfrac{\alpha}{\lambda}$,

$$E(X^2) = \frac{\lambda^\alpha}{\Gamma(\alpha)} \int_0^{+\infty} x^2 x^{\alpha-1} e^{-\lambda x} dx$$

$$= \frac{\lambda^\alpha}{\Gamma(\alpha)} \frac{\Gamma(\alpha+2)}{\lambda^{\alpha+2}} \frac{\lambda^{\alpha+2}}{\Gamma(\alpha+2)} \int_0^{+\infty} x^{\alpha+2-1} e^{-\lambda x} dx$$

$$= \frac{\lambda^\alpha}{\Gamma(\alpha)} \frac{\Gamma(\alpha+2)}{\lambda^{\alpha+2}} = \frac{(\alpha+1)\alpha}{\lambda^2}$$

$$D(X) = E(X^2) - (E(X))^2 = \frac{(\alpha+1)\alpha}{\lambda^2} - \left(\frac{\alpha}{\lambda}\right)^2 = \frac{\alpha}{\lambda^2}$$

特别地, 若 $X \sim \text{Exp}(\lambda) = \Gamma(1, \lambda)$, 则 $D(X) = \dfrac{1}{\lambda^2}$;

若 $X \sim \chi^2(n) = \Gamma\left(\dfrac{n}{2}, \dfrac{1}{2}\right)$, 则 $D(X) = 2n$.

下面我们把常见的分布及其数字特征列表如下.

常见的分布及其数字特征

分布	参数	分布列或概率密度	数学期望	方差
0-1 分布 $B(1,p)$	$0<p<1$	$P(X=k)=p^k(1-p)^{1-k}$ $(k=0,1)$	p	$p(1-p)$
二项分布 $B(n,p)$	$n\in\mathbf{N}^+$ $0<p<1$	$P(X=k)=C_n^k p^k(1-p)^{n-k}$ $(k=0,1,2,\cdots,n)$	np	$np(1-p)$
几何分布 $G(p)$	$0<p<1$	$P(X=k)=p(1-p)^{k-1}$ $(k=1,2,\cdots)$	$\dfrac{1}{p}$	$\dfrac{1-p}{p^2}$
超几何分布 * $h(n,N,M)$	$n,N,M\in\mathbf{N}^+$ $n\leqslant N, M\ll N$	$P(X=k)=\dfrac{C_M^k C_{N-M}^{n-k}}{C_N^n}$ $(k=0,1,2,\cdots,\min(n,M))$	$n\cdot\dfrac{M}{N}$	$n\cdot\dfrac{M}{N}\cdot\dfrac{N-M}{N}\cdot\dfrac{N-n}{N-1}$
泊松分布 $P(\lambda)$	$\lambda>0$	$P(X=k)=\dfrac{\lambda^k}{k!}\mathrm{e}^{-\lambda}$ $(k=0,1,2,\cdots)$	λ	λ
均匀分布 $U(a,b)$	$a<b$	$p(x)=\begin{cases}\dfrac{1}{b-a}, & a\leqslant x\leqslant b\\0, & \text{其他}\end{cases}$	$\dfrac{a+b}{2}$	$\dfrac{(b-a)^2}{12}$
指数分布 $\mathrm{Exp}(\lambda)$	$\lambda>0$	$p(x)=\begin{cases}\lambda\mathrm{e}^{-\lambda x}, & x>0\\0, & x\leqslant 0\end{cases}$	$\dfrac{1}{\lambda}$	$\dfrac{1}{\lambda^2}$
正态分布 $N(\mu,\sigma^2)$	$\mu,\sigma>0$	$p(x)=\dfrac{1}{\sqrt{2\pi}\,\sigma}\mathrm{e}^{-\frac{(x-\mu)^2}{2\sigma^2}}$ $(-\infty<x<+\infty)$	μ	σ^2
Gamma 分布 $\Gamma(\alpha,\lambda)$	$\lambda,\alpha>0$	$p(x)=\begin{cases}\dfrac{\lambda^\alpha}{\Gamma(\alpha)}x^{\alpha-1}\mathrm{e}^{-\lambda x}, & x>0\\0, & x\leqslant 0\end{cases}$	$\dfrac{\alpha}{\lambda}$	$\dfrac{\alpha}{\lambda^2}$

二、方差的简单性质

性质 9.5 $D(aX) = a^2 D(X)$.

性质 9.6 $D(X + C) = D(X)$.

性质 9.7 $D(aX + C) = a^2 D(X)$.

证明   仅证明性质 9.7, 由数学期望的性质

$$E[(aX + C)^2] = E[a^2 X^2 + 2aCX + C^2] = a^2 E(X^2) + 2aCE(X) + C^2$$

$$E[(aX + C)^2] = [aE(X) + C]^2 = a^2 [E(X)]^2 + 2aCE(X) + C^2$$

利用 $D(X) = E(X^2) - (E(X))^2$ 将上两式相减得

$$D(aX + C) = a^2 D(X)$$

三、其他数字特征

数学期望与方差是随机变量最重要的两个数字特征数, 它们在描述随机变量的平均取值和离散程度方面行之有效, 但是要描述其他方面的特征还需要引进另外的一些特征数, 如原点矩、中心矩、变异系数、偏度、峰度、中位数、分位数、众数等.

下面仅介绍随机变量的原点矩、中心矩及连续型随机变量的分位数.

定义 9.4   设 X 为随机变量, c 为常数, k 为正整数, 则 $E(X - c)^k$(假如它存在) 称为**X 关于 c 的 k 阶矩**.

若 $c=0$, 则 $E(X)^k$ 称为 X 的 **k 阶原点矩**, 记为 μ_k.

若 $c = E(X)$, 则 $E(X - E(X))^k$ 称为 **X 的 k 阶中心矩**, 记为 ν_k, 即

X 的 k 阶原点矩: $\mu_k = E(X)^k$;

X 的 k 阶中心矩: $\nu_k = E(X - E(X))^k$.

显然, 一阶原点矩是期望, 即 $\mu_1 = E(X)$; 二阶中心矩是方差, 即 $\nu_2 = D(X)$.

中心矩与原点矩关系:

$$\nu_k = E(X - E(X))^k = E(X - \mu_1)^k = E\left[\sum_{i=0}^{k} \mathrm{C}_k^i (X)^i (-\mu_1)^{k-i}\right]$$

$$= \sum_{i=0}^{k} \mathrm{C}_k^i E(X)^i (-\mu_1)^{k-i} = \sum_{i=0}^{k} \mathrm{C}_k^i \mu_k (-\mu_1)^{k-i}$$

由此, 得

$$\nu_1 = 0$$

$$\nu_2 = \mu_2 - \mu_1^2$$

$$\nu_3 = \mu_3 - 3\mu_2\mu_1 + 2\mu_1^3$$

$$\nu_4 = \mu_4 - 4\mu_3\mu_1 + 6\mu_2\mu_1^2 - 3\mu_1^4$$

下面定义连续型随机变量的分位数.

定义 9.5　设连续型随机变量 X 的分布函数为 $F(x)$, 密度函数为 $p(x)$, 对任意 $\alpha\,(0 < \alpha < 1)$, 假如 x_α 满足

$$F(x_\alpha) = \int_{-\infty}^{x_\alpha} p(x)\mathrm{d}x = \alpha$$

则 x_α 称为 X 分布的 **α 分位数**, 或称 **α 下侧分位数**(图 9-2).

假若 x_α' 满足条件

$$F(x_\alpha') = \int_{x_\alpha'}^{+\infty} p(x)\mathrm{d}x = \alpha$$

则 x_α' 为 X 分布的 **α 上侧分位数**(图 9-2).

常用分布的分位数可以从分布函数表中查得, 容易知道, $x_\alpha' = x_{1-\alpha}$.

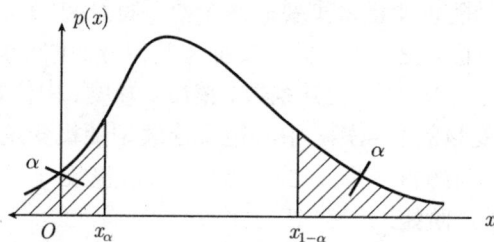

图 9-2

习　题　九

1. 某推销人与工厂约定, 用船把一箱货物按期无损的运到目的地可得佣金 10 元, 若不按期但无损则扣 2 元, 若货物按期有损则扣 5 元, 若既不按期又有损坏不仅得不到佣金还需要赔偿对方 6 元. 推销人按他的经验认为, 一箱货物按期无损的运到目的地有 60% 把握, 不按期但无损到达占 20%, 货物按期有损占 10%, 不按期又有损的占 10%. 问推销人在用船运货物时, 每箱期望得到多少?

2. 某工厂每天用水量保持正常的概率为 5/7, 求 7 天内用水量保持正常的平均天数.

3. 设一机器在一天内发生故障的概率为 0.2, 机器发生故障时全天停止工作, 若一周 5 个工作日里无故障, 可获利润 10 万元, 发生 1 次故障仍可获利润 5 万元, 发生 2 次故障获利 0 万元, 发生 3 次以上故障亏损 2 万元, 求一周 5 个工作日内期望利润.

4. 把四个球随机地放入 4 个盒子中, 设 X 表示空盒子的个数, 求 $E(X)$.

5. 某射手每次击中目标的概率是 p, 现携带 10 发子弹对目标连续射击 (每次一发), 一旦击中或子弹打完立即转移地方, 求他转移前平均射击次数.

6. 某焊接工艺, 每次操作中, 一定长度的焊缝疵点数服从泊松分布, 又知道该一定长度的焊缝平均有两个疵点, 求该一定长度的焊缝没有疵点的概率.

7. 若有 n 把看上去样子相同的钥匙, 其中只有一把能打开门上的锁, 设取到每只钥匙是等可能的, 若每把钥匙试开一次后除去, 求试开次数 X 的期望.

8. 在某地区通过验血对一种疾病情况进行抽样调查. 现在采集了 n 个人的血样, 对 n 个人进行分组, 每 $k(k \geqslant 2)$ 个人为一组; 对于每一组, 化验采用如下方式: 将每个人的血样分为两份, 然后将每一组 k 个人的血样各取一份混合在一起进行一次化验, 若呈阴性, 则认为 k 个人的血都呈阴性; 若呈阳性, 则对每人的另一份血样单独进行化验 (这时共进行 $k+1$ 次化验). 假设该地区人群中血液呈阳性反应的比率为 p. 求:

(1) k 个人的混合血呈阳性反应的概率 α;

(2) 每一组所需化验平均次数;

(3) 当 $p = 0.1$, $n = 1000$, $k = 4$ 时所需化验次数的平均次数.

9. 设 X 的分布函数为 $F(x) = \begin{cases} 0, & x < 0 \\ x^4, & 0 \leqslant x \leqslant 1 \\ 1, & x > 1 \end{cases}$, 求 $E(X)$.

10. 某企业生产的某加工设备由机械系统和电路系统组成, 其机械系统由甲车间组装, 电子系统由乙车间组装, 现该企业生产了 100 台该设备, 分别检查机械系统和电路系统发现有合格、需要调试、不合格三种情况, 统计如下.

	合格台数	需要调试台数	不合格台数
机械系统	90	0	10
电子系统	80	10	10

假设两个车间的生产过程以及各车间组装每台设备是相互独立的. 当两个系统都合格时, 可以直接出厂; 当两个系统至少有一个不合格时, 定为不合格不能出厂; 其他情况可以调试出厂. 直接出厂的设备利润为 2 万元, 调试出厂的设备利润为 1.8 万元, 不能出厂的亏损 0.5 万元. 求:

(1) 生产的每台设备能够出厂的概率;

(2) 每台设备利润 X 的分布列和期望.

11. 某设备在任意长为 t 的时间内发生故障次数 $N(t)$ 服从参数为 $0.01t$ 的泊松分布, 求相继两次故障之间平均时间间隔.

12. 设随机变量 $X \sim P(\lambda)$, 且已知 $E[(X-1)(X-2)] = 1$, 求 λ 的值.

13. 已知球的半径 R 服从 $[a,b]$ 上均匀分布, 求球的体积 V 的期望 $E(V)$. 并说明 $E\left(\frac{4}{3}\pi R^3\right) = \frac{4}{3}\pi(E(R))^3$ 成立否?

14. 设随机变量 $X \sim U(0,\pi)$, 求 $Y = \cos X$ 的期望.

15. 设随机变量 X 服从区间 $[0,1]$ 上的均匀分布, 求随机变量 $Y = X + \mathrm{e}^{-2X}$ 的期望.

16. 已知随机变量 X 的概率密度为

$$p(x) = \begin{cases} a + bx^2, & 0 \leqslant x \leqslant 1 \\ 0, & \text{其他} \end{cases}$$

且 $E(X) = 3/5$, 求未知系数 a 和 b.

17. 假定某种商品每周的需求量 X 服从 $[10, 30]$ 上均匀分布, 而进货数量为 $[10, 30]$ 上某一整数, 商店每销售一单位商品可获利 500 元; 供大于求则销价处理, 每处理一单位亏损 100 元; 若供不应求, 则从外部调剂供应, 此时每一单位仅获利 300 元, 为使商店所获利期望值不少于 9280 元, 试确定应进多少货?

18. 设 X 表示 10 次独立重复射击命中目标的次数, 每次击中目标的概率为 0.4, 求 $D(X)$ 和 $E(X^2)$.

19. 设一次试验成功的概率为 p, 进行 100 次独立重复试验, 当 p 为何值时, 成功次数的标准差的值最大.

20. 求几何分布

$$P(X = k) = (1-p)^{k-1}p = q^{k-1}p, \quad k = 1, 2, \cdots \quad (q = 1 - p, \, 0 < p < 1)$$

的方差.

21. 一台设备由三大部件构成, 在设备运转过程中各部件需要调整的概率相应为 0.1, 0.2, 0.3, 假设各部件的状态相互独立, 以 X 表示同时需要调整的部件数, 求 X 的数学期望 $E(X)$ 和方差 $D(X)$.

22. 设随机变量 X 服从参数为 λ 的指数分布, 求 $P(X > \sqrt{D(X)})$.

23. 设随机变量 X 的密度为 $p(x) = \begin{cases} 1+x, & -1 \leqslant x \leqslant 0, \\ 1-x, & 0 < x \leqslant 1, \\ 0, & \text{其他}, \end{cases}$ 求 X 的方差.

24. 设随机变量 X 服从 $[-1, 2]$ 上均匀分布, 随机变量 $Y = \begin{cases} 1, & X > 0, \\ 0, & X = 0, \\ -1, & X < 0, \end{cases}$ 求 Y 的方差.

第十章 数理统计基本概念和参数估计

前面介绍的是概率论的基本内容, 概率论是通过随机变量的概率分布或数字特征进行演绎推理, 研究随机现象规律性, 但在实际问题中, 随机变量的概率分布或数字特征往往未知, 那怎么研究它的规律性呢? 例如:

(1) 灯泡的使用寿命是一随机变量, 若规定使用寿命低于 1000 小时为次品, 怎样确定灯泡的次品率?

(2) 某区域某年龄组的平均身高和体重是多少?

诸如这些问题, 解决的方法就是从所研究的对象全体中, 随机抽取一小部分进行观察测量, 进而对整体进行科学的推断, 以便指导实践. 这就是数理统计所研究的问题.

未知随机变量分布或数字特征
抽样 ⇓ 推断
研究随机现象的内在规律及相互关系

数理统计内容包括抽样方法和统计推断. 它的应用相当广泛, 已成为各学科从事科学研究及生产、经济等部门进行有效工作的必不可少的数学工具. 我们仅介绍数理统计的基本概念和参数估计.

§10.1 数理统计的基本概念

一、总体与个体

在统计问题中, 研究对象的全体称为**总体**(或**母体**). 组成总体的每个对象称为**个体**.

例如, ① 若要研究一批灯泡的使用寿命, 则该批灯泡中每个灯泡的使用寿命的全体构成一个总体, 每个灯泡的使用寿命就是个体; ② 要研究某市小学生身体素质, 若仅考虑身高和体重, 则该城市每个小学生的身高和体重的全体构成一个总体, 每个小学生的身高和体重就是个体; ③ 要研究某城市每天的用水量, 则这城市每天的用水量的全体构成一个总体, 每天的用水量就是个体.

值得注意的是, 总体中的个体常常不是研究对象的本身, 而是与它有关的某数量指标. 像前面例子中的 "使用寿命" "高度" "重量" 等. 数量指标相同的对象 (个体) 可能有许多, 因此, 总体可看成是一个可重复取数的集合.

例如, 设有 1000 个产品, 现考察它们的等级 (假设分 1, 2, 3 等级), 每个产品的等级的全体构成总体. 如果其中有 600 个 1 等品, 300 个 2 等品, 100 个 3 等品, 那么总体就是由 600 个 1, 300 个 2, 100 个 3 构成.

现从 1000 个产品中抽取一个产品, 其等级 X 是随机变量, 其可能的取值是 1, 2, 3(即总体不同的数值), X 的分布与总体中 1, 2, 3 所占的比率相同.

从数学角度看, 总体是数量指标可能取的各种不同数值的全体, 而每一个数值具有一定的比率. 现从总体中随机抽取一个个体, 其数量指标是一个随机变量 X, 其所有可能取值是总体不同数值的全体, 且 X 分布与总体的比率相同. 正由于此, 总体和个体的数量指标都用 X 表示, 并不加以严格区分.

以后凡提到总体的分布和数字特征均指随机变量 X 的分布和数字特征.

统计问题中, 有时对研究的对象要观察两个或多个数量指标, 需要用二维随机向量 (X, Y) 或多维随机向量 $(X_1, X_2, \cdots, X_p)$ 去描述总体或个体的数量指标.

例如, 要了解居民生活水平就要考虑每户居民的月收入 X_1、月支出 X_2、居住面积 X_3、人数 X_4, 需要用四维随机向量 (X_1, X_2, X_3, X_4) 去描述.

按总体所包含个体的个数分为有限总体和无限总体. 当个体数量较多时, 常作为无限总体看待.

二、简单随机样本

总体作为随机变量, 它的分布一般是未知的, 或者其分布的某些参数是未知的, 要了解总体 X 的分布或总体 X 的分布参数, 就需对总体中的个体进行观察或试验. 由于有些试验是 "破坏性" 的, 采取对总体的全面调查是不可取的. 即便是 "非破坏性" 的试验, 采用全面调查浪费人力、物力及财力, 这也是不现实的.

因此, 要了解总体, 需要从总体中抽取一些个体进行观察或试验, 从中得到研究总体所需要的试验数据, 然后通过对这些数据的统计分析, 对总体的分布作出判断或对未知参数作出估计.

按一定的原则从总体中抽取若干个体, 并进行观察或试验称为**抽样**. 按什么原则、如何抽样属于抽样方法讨论的内容.

在一个总体 X 中抽取的 n 个个体 $X_1, X_2, \cdots, X_n$, 称为总体 X 容量为 n 的**样本**. 样本 $X_1, X_2, \cdots, X_n$ 是 n 个随机变量, 但一次具体的抽取之后它们便是一组数值 $x_1, x_2, \cdots, x_n$, 称为**样本值**.

定义 10.1　设 $X_1, X_2, \cdots, X_n$ 是来自总体 X 容量为 n 的样本, 如果它满足
(1) $X_1, X_2, \cdots, X_n$ 相互独立; (2)$X_i(i = 1, 2, \cdots, n)$ 与总体 X 分布相同, 则称 $X_1, X_2, \cdots, X_n$ 是总体 X 的**简单随机样本**, 简称**样本**.

以后无特殊声明凡提到的样本都是指简单随机样本.

例如, ① 从有限总体中, 采用返回抽样得到的样本就是简单随机样本; ② 在有限总体中, 但当个体个数很多时无返回抽样得到的样本也近似看成简单随机样本.

例 10.1 设 $X_1, X_2, \cdots, X_n$ 是来自正态总体 $X \sim N(\mu, \sigma^2)$ 的样本, 求: (1) X_1 的期望与方差; (2) $U = \dfrac{X_n - \mu}{\sigma}$ 的分布; (3) $X_1 + X_2$ 的分布.

解 (1) 样本即简单随机样本, 由定义 10.1 知: $X_1 \sim N(\mu, \sigma^2)$, 故 $E(X_1) = \mu$, $D(X_1) = \sigma^2$.

(2) 因 $X_n \sim N(\mu, \sigma^2)$, 故 $U = \dfrac{X_n - \mu}{\sigma} \sim N(0, 1)$.

三、样本均值与方差

1. 样本均值

定义 10.2 设 $X_1, X_2, \cdots, X_n$ 是取自总体 X 容量为 n 的样本, 称 $\dfrac{1}{n}\sum\limits_{i=1}^{n} X_i$ 为**样本均值**. 记为 $\overline{X}$, 即

$$\overline{X} = \frac{1}{n}\sum_{i=1}^{n} X_i \tag{10.1}$$

当获得样本观测值 $x_1, x_2, \cdots, x_n$ 后代入式 (10.1), 可得样本均值的观测值, 也称为样本均值.

$$\bar{x} = \frac{1}{n}\sum_{i=1}^{n} x_i$$

可以证明, 只要 n 足够大, 用样本均值 $\overline{X}$ 的观测值估计总体均值 μ 是很好的, 有较大偏差的可能性很小. 后面我们会知道: 用 $\overline{X}$ 估计 $E(X)$ 是非常好的统计量.

2. 样本方差

定义 10.3 设 $X_1, X_2, \cdots, X_n$ 是取自总体 X 容量为 n 的样本, 称

$$\frac{1}{n-1}\sum_{i=1}^{n} (X_i - \overline{X})^2$$

为**样本方差**, 用 S^2 表示, 即

$$S^2 = \frac{1}{n-1}\sum_{i=1}^{n} (X_i - \overline{X})^2 \tag{10.2}$$

而 $S = \sqrt{S^2}$, 称为**样本标准差**.

由于

$$S^2 = \frac{1}{n-1}\sum_{i=1}^{n} (X_i - \overline{X})^2$$

$$= \frac{1}{n-1} \sum_{i=1}^{n} X_i^2 - \frac{2}{n-1} \sum_{i=1}^{n} X_i \overline{X} + \frac{n}{n-1} \overline{X}^2$$

$$= \frac{1}{n-1} \sum_{i=1}^{n} X_i^2 - \frac{n}{n-1} (\overline{X})^2.$$

得到

$$S^2 = \frac{1}{n-1} \sum_{i=1}^{n} X_i^2 - \frac{n}{n-1} (\overline{X})^2 \tag{10.3}$$

通常

$$S_n^2 = \frac{1}{n} \sum_{i=1}^{n} (X_i - \overline{X})^2 \tag{10.4}$$

也称为**样本方差**. 但无特别声明, 以后我们提到的样本方差均指 S^2.

若记 $Q = \sum_{i=1}^{n} (X_i - \overline{X})^2$(称为样本偏差平方和), 则 $S^2 = \dfrac{Q}{n-1}$, $S_n^2 = \dfrac{Q}{n}$.

样本方差 S^2 反映总体 X 取值的分散程度. X 取值越分散, S^2 越大. 以后会知道, 用 S^2 估计 $D(X)$ 是非常好的统计量.

四、样本矩

对照随机变量的 k 阶原点矩、k 阶中心矩概念, 我们可以引进样本 k 阶原点矩、k 阶中心矩的概念.

定义 10.4　设 $X_1, X_2, \cdots, X_n$ 是取自总体 X 容量为 n 的样本, 定义样本 k 阶原点矩为 $A_k = \dfrac{1}{n} \sum_{i=1}^{n} X_i^k$;

样本 k 阶中心矩为 $B_k = \dfrac{1}{n} \sum_{i=1}^{n} (X_i - \overline{X})^k$.

§10.2　常见统计量的分布

一、统计量

定义 10.5　设 $X_1, X_2, \cdots, X_n$ 是取自总体 X 容量为 n 的样本, 若 $T = T(X_1, X_2, \cdots, X_n)$ 是关于样本 $X_1, X_2, \cdots, X_n$ 的函数且不含任何未知参数, 则称 $T = T(X_1, X_2, \cdots, X_n)$ 为统计量.

若 $X_1, X_2, \cdots, X_n$ 的观测值是 $x_1, x_2, \cdots, x_n$, 则统计量 T 的观测值记为 $t = T(x_1, x_2, \cdots, x_n)$.

有时为了简单记: $X = (X_1, X_2, \cdots, X_n)$, $T = T(X)$, X 的观测值记为 $x = (x_1, x_2, \cdots, x_n)$, T 的观测值记为 $t = T(x)$.

例如, 前面提到的样本均值 $\overline{X} = \dfrac{1}{n}\sum\limits_{i=1}^{n} X_i$, 样本偏差平方和 $Q = \sum\limits_{i=1}^{n}(X_i - \overline{X})^2$, 样本方差 $S^2 = \dfrac{Q}{n-1}$、样本标准差 S, 以及各阶原点矩 A_K 和中心矩 B_k 等都是统计量.

例 10.2 设总体 $X \sim N(\mu, \sigma^2)$, 其中参数 μ, σ^2 都未知, $X_1, X_2, \cdots, X_n$ 是来自总体 X 的样本, 分析下列变量哪个是统计量?

(1) $\dfrac{1}{n}\sum\limits_{i=1}^{n}|X_i - \overline{X}|$; (2) $\dfrac{1}{n}\sum\limits_{i=1}^{n}(X_i - \mu)^2$; (3) $\dfrac{S}{\overline{X}}$; (4) $\dfrac{(n-1)S^2}{\sigma^2}$.

解 由于 (1) 和 (3) 是样本 $X_1, X_2, \cdots, X_n$ 的函数且不含任何未知参数, 所以 (1) 和 (3) 是统计量; 而 (2) 和 (4) 虽然是样本 $X_1, X_2, \cdots, X_n$ 的函数, 但含未知参数, 所以 (2) 和 (4) 不是统计量.

二、几个常见统计量的分布

1. U 统计量的分布

设 $X_1, X_2, \cdots, X_n$ 是取自正态总体 $X \sim N(\mu, \sigma^2)$ 容量为 n 的样本, 当 μ, σ^2 已知时, $U = \dfrac{\overline{X} - \mu}{\sigma/\sqrt{n}}$ 构成一个统计量, 关于 U 的分布有以下结论 (证明从略).

定理 10.1 设 $X_1, X_2, \cdots, X_n$ 是取自正态总体 $X \sim N(\mu, \sigma^2)$ 容量为 n 的样本, 则

$$U = \frac{\overline{X} - \mu}{\sigma/\sqrt{n}} \sim N(0,1) \tag{10.5}$$

定理 10.2 设 $X_1, X_2, \cdots, X_n$ 是取自一般总体 X 的样本, 且 $E(X) = \mu$, $D(X) = \sigma^2$, 则当样本容量 n 充分大时, 有

$$\frac{\overline{X} - \mu}{\sigma/\sqrt{n}} \overset{\text{近似}}{\sim} N(0,1) \tag{10.6}$$

即

$$\overline{X} \overset{\text{近似}}{\sim} N\left(\mu, \frac{\sigma^2}{n}\right)$$

例 10.3 设 $X_1, X_2, \cdots, X_n$ 是取自指数分布总体 $X \sim \text{Exp}(\lambda)$, λ 未知. 当样本容量 n 很大时, 求样本均值 $\overline{X}$ 近似分布.

解 由于样本容量 n 很大, 所以样本均值 $\overline{X}$ 近似服从正态分布.

由于 $X \sim \text{Exp}(\lambda)$, 则 $E(X) = \dfrac{1}{\lambda}$, $D(X) = \dfrac{1}{\lambda^2}$.

$\overline{X}$ 的近似分布为: $\overline{X} \overset{\text{近似}}{\sim} N\left(\dfrac{1}{\lambda}, \dfrac{1}{n\lambda^2}\right)$.

2. χ^2 统计量的分布

设 $X_1, X_2, \cdots, X_n$ 是取自正态总体 $X \sim N(\mu, \sigma^2)$ 容量为 n 的样本, 当 σ^2 已知时, $\chi^2 = \dfrac{1}{\sigma^2} \sum\limits_{i=1}^{n} (X_i - \overline{X})^2 = \dfrac{(n-1)S^2}{\sigma^2}$ 构成一个统计量, 关于 χ^2 的分布有以下结论.

定理 10.3　设 $X_1, X_2, \cdots, X_n$ 是取自正态总体 $X \sim N(\mu, \sigma^2)$ 容量为 n 的样本, 则有

(1) $\dfrac{1}{\sigma^2} \sum\limits_{i=1}^{n} (X_i - \overline{X})^2 = \dfrac{(n-1)S^2}{\sigma^2} \sim \chi^2(n-1)$;

(2) $\overline{X}$ 与 $\dfrac{(n-1)S^2}{\sigma^2}$ 相互独立.

3. T 统计量的分布

我们先介绍 t 分布的概念及有关结论.

定义 10.6　设随机变量 $X \sim N(0,1)$, $Y \sim \chi^2(n)$, 且 X 与 Y 独立, 则随机变量

$$T = \frac{X}{\sqrt{Y/n}} \tag{10.7}$$

的分布称为**自由度为 n 的 t 分布**, 记作 $T \sim t(n)$

t 分布有一个参数 n, 习惯称为自由度. 可以利用求随机变量函数分布的方法求出自由度为 n 的 t 分布的密度为

$$p(x) = \frac{\Gamma\left(\dfrac{n+1}{2}\right)}{\sqrt{n\pi}\,\Gamma\left(\dfrac{n}{2}\right)} \left(1 + \frac{x^2}{n}\right)^{-\frac{n+1}{2}}, \quad -\infty < x < +\infty$$

其密度曲线是一条关于纵轴对称、单峰、横轴为水平渐近线的连续曲线, 形状与标准正态分布相似, 但峰比 $N(0,1)$ 的峰低一些, 两侧尾部厚一些 (图 10-1). 随着自由度 n 的增加, 随机变量 X 的分布越来越接近 $N(0,1)$ 分布, 自由度为 10 的

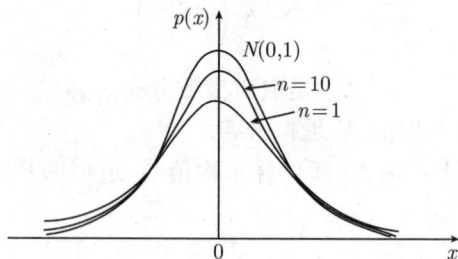

图 10-1　自由度为 n 的 t 分布的密度曲线

就与 $N(0,1)$ 很接近了. 当 $n=1$ 时, 其密度为

$$p(x) = \frac{1}{\pi(1+x^2)}, \quad -\infty < x < +\infty$$

这是柯西分布的密度, 其数学期望方差均不存在.

t 分布是数理统计中常见的分布之一, 设 $X_1, X_2, \cdots, X_n$ 是来自正态总体 $X \sim N(\mu, \sigma^2)$, 当 μ 已知时 $T = \dfrac{\overline{X} - \mu}{\dfrac{S}{\sqrt{n}}}$ 为统计量. 可以证明下面结论.

定理 10.4　设 $X_1, X_2, \cdots, X_n$ 是来自正态总体 $X \sim N(\mu, \sigma^2)$ 的样本, 则有

$$T = \frac{\overline{X} - \mu}{\dfrac{S}{\sqrt{n}}} \sim t(n-1) \tag{10.8}$$

§10.3　由样本认识总体分布

多数情况下, 要了解的总体 X 的分布是未知的. 样本来自总体, 必能反映总体的信息, 怎样由一组较大样本的观测值 $x_1, x_2, \cdots, x_n$ 去认识总体分布或总体数字特征呢?

一、离散型总体

总体 X 一切可能的取值为 $a_1, a_2, \cdots, a_k$, 样本值 $x_1, x_2, \cdots, x_n \in \{a_1, a_2, \cdots, a_k\}$, $x_1, x_2, \cdots, x_n$ 中 a_i 出现的频数记为 n_i, a_i 的频率记为 $f_i = \dfrac{n_i}{n}$.

作出频数、频率分布如表 10-1 所示.

表 10-1　频数、频率分布表

X 可能的取值	频数 n_i	频率 f_i
a_1	n_1	f_1
a_2	n_2	f_2
$\vdots$	$\vdots$	$\vdots$
a_k	n_k	f_k
合计	n	1

例 10.4　某厂生产的瓷砖, 每 10 块装一箱, 为掌握每箱次品数 X 的分布, 现随机抽查 60 箱, 由统计数据得到频数、频率分布如表 10-2.

从表 10-2 可以看出该厂生产的瓷砖每箱都合格的概率约为 50%. 有一块不合格的概率约为 30%, 有两块不合格的概率约为 10%, 超过两块不合格的概率约为 10%.

表 10-2　频数、频率分布表

X 可能的取值	频数 n_i	频率 f_i
0	30	0.500
1	18	0.300
2	6	0.100
3	3	0.050
4	2	0.033
5	1	0.017
6	0	0
7	0	0
8	0	0
9	0	0
10	0	0
合计	60	1

为直观反映总体的分布, 还可以用线条图刻画 (图 10-2).

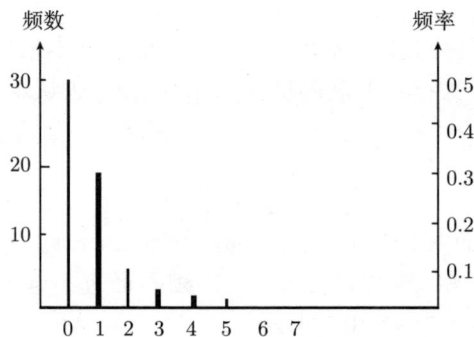

图 10-2

二、连续型总体

对于连续型随机变量 X 当分布未知时, 如何推断 X 的分布?

描述密度的频率直方图

分析　假设连续总体 X 的密度曲线为 $p(x)$ 是连续的 (图 10-3), X 的取值可以充满某个区间 $[L,U]$(L 可以是 $-\infty$, U 可以是 $+\infty$), 用分点 $L = a_0 < a_1 < a_2 < \cdots < a_k = U$ 将区间 $[L,U]$ 等分成 k 个小区间 $[a_{i-1}, a_i]$, $i = 1, 2, \cdots, k$, 每个小区间的长度均为 $d = a_i - a_{i-1}$, 由积分中值定理每个小区间 $[a_{i-1}, a_i]$ 上存在一点 ξ_i, 以小区间 $[a_{i=1}, a_i]$ 为底, 以 $P(\xi_i)$ 为高作小矩形, 使得小矩形的面积正好等于同底的以 $p(x)$ 为曲顶的小曲边梯形的面积 (图 10-4).

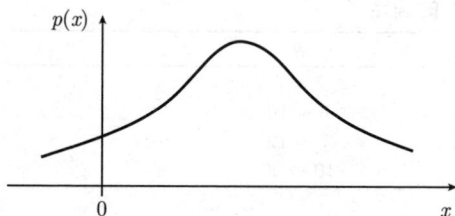

图 10-3

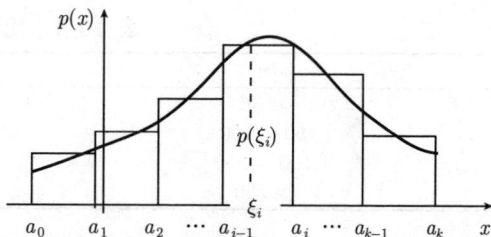

图 10-4

第 i 个小矩形的高 $\phi_i = p(\xi_i) = \dfrac{P(a_{i-1} < X \leqslant a_i)}{d}$.

现在问题是总体 X 的密度曲线未知, 要想近似作出密度曲线, 我们能否先作出这些小矩形呢? 关键是确定每个小矩形的高 ϕ_i, 由上面分析知道

$$\phi_i = \frac{P(a_{i-1} < X \leqslant a_i)}{d}$$

由于 X 的分布未知, 所以 $P(a_{i-1} < X \leqslant a_i)$ 求不出来, 但是我们可以用样本观测值 $x_1, x_2, \cdots, x_n$ 落入 $(a_{i-1}, a_i]$ 的频率 $f_i = \dfrac{n_i}{n}$(n_i 表示样本 $x_1, x_2, \cdots, x_n$ 落入 $(a_{i-1}, a_i]$ 的频数) 去近似替代概率 $P(a_{i-1} < X \leqslant a_i)$, 即有

$$\phi_i \approx h_i = \frac{f_i}{d} = \frac{n_i}{nd}$$

这样我们就可以以小区间 $[a_{i-1}, a_i]$ 为底, 以 h_i 为高作出这些小矩形 (图 10-5), 通常称为**频率直方图**.

作出频率直方图后就可以近似勾画出总体 X 的密度曲线 (图 10-6).

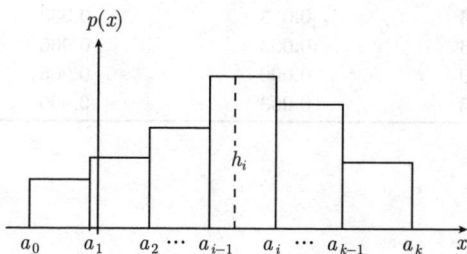

图 10-5

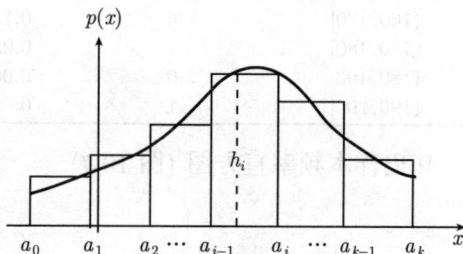

图 10-6

作频率直方图步骤:

(1) 找出 n 个数据的最小值 L、最大值 U;

(2) 确定组数 k 和组距 $h = \dfrac{U^* - L^*}{k}$(L^* 略小于 L, U^* 略大于 U);

确定组数 k 时一般使用公式 $k = 1 + 3.322 \lg n$, 或利用表 10-3 确定.

表 10-3　组数 k 的确定

n	k
< 50	$5 \sim 6$
$50 \sim 100$	$6 \sim 10$
$100 \sim 250$	$7 \sim 12$
> 250	$10 \sim 20$

(3) 将 $(L^*, U^*]$ 分成 k 个小区间 $(x_{i-1}, x_i]$;

(4) 计算组频率 $f_i = \dfrac{n_i}{n}$;

(5) 计算频率直方图各组高 $h_i = \dfrac{f_i}{d}$;

(6) 以 $[a_{i-1}, a_i]$ 为底, 以 h_i 为高作小矩形, 形成频率直方图 (图 10-6).

例 10.5　为了解山上某品种果树的株产量, 随机抽取 30 棵, 其产量 (单位: kg) 如下.

156　134　160　141　159　141　161　157　171　165　149　144　169　138　168
147　153　156　125　156　135　156　151　155　146　155　157　198　161　151

试绘制样本频率直方图.

解　样本容量是 30, 可以近似认为是一个大样本, 对其进行分组划记整理, 根据样本观测值, 从中找出样本最小观测值 125 与样本最大观测值 198. 确定样本区间 $(120, 200]$, 每个组的区间长度为 10, 分为 8 组, 对样本进行划记整理如表 10-4 所示.

表 10-4　果树的株产量频率分布表

区间 $(a_{i-1}, a_i]$	频数 n_i	频率 f_i	频率各组高 h_i	累计频率 F_i
$(120, 130]$	1	0.033	0.003	0.033
$(130, 140]$	3	0.100	0.010	0.133
$(140, 150]$	6	0.200	0.020	0.333
$(150, 160]$	14	0.467	0.047	0.800
$(160, 170]$	4	0.133	0.013	0.933
$(170, 180]$	1	0.033	0.003	0.966
$(180, 190]$	0	0.000	0.000	0.966
$(190, 200]$	1	0.033	0.003	0.999

作出样本频率直方图 (图 10-7).

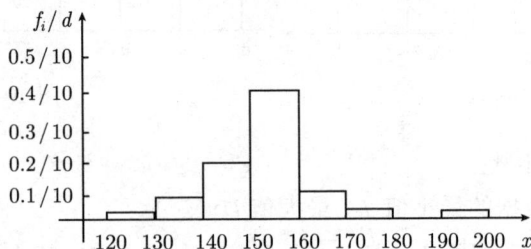

图 10-7

* 三、经验分布函数

定义 10.7 设 $x_1, x_2, \cdots, x_n$ 是取自分布函数为 $F(x)$ 的总体 X 的样本观测值, 将它们由小到大排序后得到

$$x_{(1)} \leqslant x_{(2)} \leqslant \cdots \leqslant x_{(n)}$$

令

$$F_n(x) = \begin{cases} 0, & x < x_{(1)}, \\ \dfrac{k}{n}, & x_{(k)} \leqslant x < x_{(k+1)}, \quad k = 1, 2, \cdots, n-1, \\ 1, & x \geqslant x_{(n)}, \end{cases} \tag{10.9}$$

称 $F_n(x)$ 为该样本的**经验分布函数**.

例 10.6 从机器包装食盐生产流水线上随机抽取 10 袋, 其质量 (单位: 克) 为

498　507　510　475　484　488　524　498　510　498

求样本的经验分布函数.

解 先将容量为 10 的样本观察值, 从小到大排序得

$$475 < 484 < 488 < 498 \leqslant 498 \leqslant 498 < 507 < 510 \leqslant 510 < 524$$

由式 (10.9) 得到该样本的经验分布函数.

$$F_n(x) = \begin{cases} 0, & x < 475 \\ 0.1, & 475 \leqslant x < 484 \\ 0.2, & 484 \leqslant x < 488 \\ 0.3, & 488 \leqslant x < 498 \\ 0.6, & 498 \leqslant x < 507 \\ 0.7, & 507 \leqslant x < 510 \\ 0.9, & 510 \leqslant x < 524 \\ 1.0, & 524 \leqslant x \end{cases}$$

可以证明, 当 n 较大时, 经验分布函数 $F_n(x)$ 能很好地近似分布函数.

§10.4 参数估计的点估计

许多实际问题中总体分布类型已知, 但它依赖的某些参数未知. 例如, 某型号电视机的使用寿命服从指数分布, 但参数 λ 未知; 某城市成年人的身高服从正态分布, 但均值 μ、方差 σ^2 未知. 怎样根据总体 X 的样本 $X_1, X_2, \cdots, X_n$ 观测值 $x_1, x_2, \cdots, x_n$ 估计这些参数呢? 这样的问题称为参数估计问题. 估计参数有两种方法: 点估计与区间估计. 点估计有矩法估计和极大似然估计.

一、参数的矩法估计

点估计的基本思想: 构造一个适当的统计量 $\hat{\theta} = \hat{\theta}(X_1, X_2, \cdots, X_n)$, 然后用其观测值 $\hat{\theta} = \hat{\theta}(x_1, x_2, \cdots, x_n)$ 估计未知参数 θ, 这时统计量 $\hat{\theta} = \hat{\theta}(X_1, X_2, \cdots, X_n)$ 称为参数 θ 的点估计量. 而 $\hat{\theta} = \hat{\theta}(x_1, x_2, \cdots, x_n)$ 称为 θ 的**点估计值**. 在不致混淆的情况下均用 $\hat{\theta}$ 表示. 关键是找适当的统计量 $\hat{\theta}$. 1900 年英国统计学家 Pearson 提出了一个普遍的方法: 用样本矩估计总体矩, 用样本矩的相应函数估计总体矩的函数. 后来人们把这种方法称为**矩法估计**.

矩法估计的思想实际上是基于总体矩 (μ_k 或 ν_k) 和样本矩 (A_k 或 B_k) 的意义得到的, 后面还会说明用样本矩估计总体矩在一定意义下是非常好的.

例 10.7　设总体 $X \sim B(1, p)(p$ 未知$)$, 从中得样本 $X_1, X_2, \cdots, X_n$, 由于 $p = E(X)$, 因此, 按矩法估计的思想就用 $A_1 = \overline{X}$ 估计 p.

得到 p 的估计量 $\hat{p} = \overline{X}$.

例 10.8　设 $X_1, X_2, \cdots, X_n$ 来自均匀分布总体 $U(a, b)$, 求 a, b 的估计量.

解　(1) 因为 $X \sim U(a, b)$, 则 $\mu_1 = E(X) = \dfrac{a+b}{2}$, $\nu_2 = D(X) = \dfrac{(a-b)^2}{12}$.

(2) 解得 $\begin{cases} a = \mu_1 - \sqrt{3\nu_2}, \\ b = \mu_1 + \sqrt{3\nu_2}. \end{cases}$

(3) 用 $A_1 = \overline{X}$ 替换 μ_1, 用 $B_2 = S_n^2$ 替换 ν_2 得 a, b 的矩法估计量为

$$\begin{cases} \hat{a} = \overline{X} - \sqrt{3}S_n, \\ \hat{b} = \overline{X} + \sqrt{3}S_n, \end{cases}$$

一般地, 设总体 X 有 k 个未知参数 $\theta_1, \theta_2, \cdots, \theta_k$, 且分布的前 k 阶矩存在 (但未知), 估计未知参数的矩法估计的步骤如下.

(1) 求出 $E(X^j) = \mu_j$(与未知参数 $\theta_1, \theta_2, \cdots, \theta_k$ 有关), $j = 1, 2, \cdots, k$. 设

$$\mu_j = g_j(\theta_1, \theta_2, \cdots, \theta_k), \quad j = 1, 2, \cdots, k \tag{10.10}$$

(2) 解方程组 (10.10) 得

$$\theta_j = h_j(\mu_1, \mu_2, \cdots, \mu_k), \quad j = 1, 2, \cdots, k \tag{10.11}$$

(3) 在 (10.11) 中, 用 A_j 代替 μ_j 得 θ_j 的点估计量

$$\hat{\theta}_j = h_j(A_1, A_2, \cdots, A_k), \quad j = 1, 2, \cdots, k \tag{10.12}$$

(4) 对于样本值 $x_1, x_2, \cdots, x_n$, 代入式 (10.12) 算得 $\hat{\theta}_j$ 的观测值作为 θ_j 的矩法估计值.

这样得到的 θ_j 的估计量 $\hat{\theta}_j$, 称为 θ_j 的**矩法估计量**.

注 有时为了方便, 可使用中心矩 $E(X-E(X))^j = \nu_j = g_j(\theta_1, \theta_2, \cdots, \theta_k)$, 这时要用 B_j 替换 ν_j.

二、极大似然估计

极大似然估计法最早是由高斯 (C.F.Gauss) 提出的, 后来费希尔 (R.A.Fisher) 在 1912 年的文章中重新提出, 并证明了这个方法的某些性质. 极大似然估计的基本思想: 若总体分布类型已知, 只是某参数未知, 对于给定的一组样本观测值后, 参数的选取应是使这组样本观测值出现的可能性最大.

例 10.9 设有一大批产品其废品率为 p(未知), 现从中随机抽取 100 件, 其中有 10 件废品, 试估计废品率 p.

解 设 X 表示 "从该批产品中任取一件, 其废品数", 则 $X \sim B(1,p)$, 参数 p 未知. 令 X_i 表示第 i 次抽到的废品数, 则出现此样本值 $x_1, x_2, \cdots, x_{100}$ 的概率为

$$P(X_1 = x_1, X_2 = x_2, \cdots, X_{100} = x_{100}) = \prod_{i=1}^{100} P(X_i = x_i) = p^{10} q^{90}$$

按照极大似然估计的思想, 参数 p 的选取应使此概率最大. 为此, 令 $L(p) = p^{10}(1-p)^{90}$, 为求 $L(p)$ 的最大值点, 两边取对数得

$$\ln L(p) = 10 \ln p + 90 \ln(1-p)$$

令 $\dfrac{\mathrm{d}\ln L(p)}{\mathrm{d}p} = \dfrac{10}{p} - \dfrac{90}{1-p} = 0$, 得 $p = 0.1$.

又 $\dfrac{\mathrm{d}^2 \ln L(p)}{\mathrm{d}p^2}\bigg|_{p=0.1} = -\dfrac{8000}{9} < 0$, 故 $p = 0.1$ 时 $\ln L(p)$ 最大, $L(p)$ 也达到最大. 因此, 用 0.1 估计废品率 p, 即 p 的估计值 $\hat{p} = 0.1$.

例 10.10 设总体 X 服从指数分布, 其密度为 $p(x) = \begin{cases} \lambda \mathrm{e}^{-\lambda x}, & x > 0, \\ 0, & x \leqslant 0 \end{cases}$ $(\lambda > 0)$, 现得到一组样本观测值 $x_1, x_2, \cdots, x_n$, 试确定 λ 的估计值.

解 对于连续型总体, 参数 λ 的选取应使 $L = p(x_1)p(x_2)\cdots p(x_n)$ 达到最大. 而

$$L = \prod_{i=1}^{n} \lambda \mathrm{e}^{-\lambda x_i} = \lambda^n \exp\left\{-\lambda \sum_{i=1}^{n} x_i\right\}$$

两边取对数 $\ln L = n \ln \lambda - \lambda \sum_{i=1}^{n} x_i$. 令 $\dfrac{\mathrm{d}\ln L}{\mathrm{d}\lambda} = \dfrac{n}{\lambda} - \sum_{i=1}^{n} x_i = 0$, 得 $\hat{\lambda} = \dfrac{1}{\bar{x}}$.

可见 $\hat{\lambda}$ 的估计值为 $\hat{\lambda} = \dfrac{1}{\bar{x}}$.

一般地, 当总体 X 离散时, $p(x;\theta)$ 为总体 X 取 x 的概率, 当总体 X 连续时, $p(x;\theta)$ 为总体 X 的分布密度, 统称 $p(x;\theta)$ 为概率分布.

设 $x_1, x_2, \cdots, x_n$ 是来自总体 X 的样本观测值. 求未知参数 θ 的极大似然估计步骤.

(1) 构造似然函数

$$L(\theta) = \prod_{i=1}^{n} p(x_i; \theta) \tag{10.13}$$

或对数似然函数

$$\ln L(\theta) = \sum_{i=1}^{n} \ln p(x_i; \theta) \tag{10.14}$$

(2) 求 $L(\theta)$(或 $\ln L(\theta)$) 的最大值点 $\hat{\theta}$, 即 $L(\hat{\theta}) = \max\limits_{\theta \in \Theta} L(\theta)$(或 $\ln L(\hat{\theta}) = \max\limits_{\theta \in \Theta} \ln L(\theta)$). 其中 θ 可以是向量 $(\theta_1, \theta_2, \cdots, \theta_k)$, 此时 $\hat{\theta}$ 也为向量.

用这种方法得到的总体未知参数 θ 的估计值 $\hat{\theta} = \hat{\theta}(x_1, x_2, \cdots, x_n)$ 称为 θ 的极大似然估计值. $\hat{\theta} = \hat{\theta}(X_1, X_2, \cdots, X_n)$ 称为 θ 的极大似然估计量.

三、点估计量的优劣标准

对总体 X 中的未知参数 θ 作点估计时, 人们可以构造多个估计量去估计它. 从而产生了一个问题: 究竟用哪个统计量好呢? 这涉及估计量的好坏标准问题. 下面介绍三个常用准则.

1. 无偏性准则

定义 10.8　设 $\hat{\theta} = \hat{\theta}(X_1, X_2, \cdots, X_n)$ 是参数 θ 的点估计量, 若 $E(\hat{\theta}) = \theta$, 则称 $\hat{\theta}$ 是 θ 的**无偏估计量**. 否则, 称为**有偏估计量**.

说明: 若 $\theta, \hat{\theta}$ 是有 k 个分量的向量, 则要求它们对应的分量 $\theta_j, \hat{\theta}_j$ 都满足 $E\hat{\theta}_j = \theta_j$, $j = 1, 2, \cdots, k$.

例 10.11　设 $X_1, X_2, \cdots, X_n$ 是取自总体 X 容量为 n 的样本, 且 $E(X) = \mu$, $D(X) = \sigma^2$, μ, σ^2 未知, 证明

(1) 样本均值 $\overline{X}$ 是总体 μ 的无偏估计量;

(2) 样本方差 S^2 是总体方差 σ^2 的无偏估计量.

证明　(1) $E(\overline{X}) = E\left(\dfrac{1}{n}\sum\limits_{i=1}^{n} X_i\right) = \dfrac{1}{n}\sum\limits_{i=1}^{n} E(X) = \mu$.

(2)

$$ES^2 = E\left(\frac{1}{n-1}\sum_{i=1}^{n} X_i^2 - \frac{n}{n-1}\overline{X}^2\right)$$

$$= \frac{1}{n-1}\sum_{i=1}^{n} E(X_i^2) - \frac{n}{n-1}E(\overline{X}^2)$$

$$E(X_i^2) = D(X_i) + (E(X_i))^2 = \sigma^2 + \mu^2$$

因 $D(\overline{X}) = D\left(\dfrac{1}{n}\sum\limits_{i=1}^{n} X_i\right) = \dfrac{1}{n^2}\sum\limits_{i=1}^{n} D(X_i) = \dfrac{\sigma^2}{n}$, 故 $E(\overline{X}^2) = D(\overline{X}) + (E(\overline{X}))^2 = \dfrac{\sigma^2}{n} + \mu^2$. 所以

$$E(S^2) = \frac{1}{n-1}\sum_{i=1}^{n}(\sigma^2 + \mu^2) - \frac{n}{n-1}\left(\frac{\sigma^2}{n} + \mu^2\right)$$

$$= \frac{n}{n-1}(\sigma^2 + \mu^2) - \frac{n}{n-1}\left(\frac{\sigma^2}{n} + \mu^2\right) = \sigma^2 \qquad \Box$$

由于 $E(S_n^2) = E\left(\dfrac{n-1}{n}S^2\right) = \dfrac{n-1}{n}\sigma^2$, 所以 S_n^2 是 σ^2 的有偏估计量, 从平均意义上来说总比 σ^2 要小.

可以证明: 样本标准差 S 不是总体 X 的标准差 σ 的无偏估计量 (见参考文献 [2]).

例 10.12 证明样本 k 阶原点矩 $A_k = \dfrac{1}{n}\sum\limits_{i=1}^{n} X_i^k$ 是总体 X 的 k 阶原点矩 $\mu_k = E(X^k)$ 的无偏估计量.

证 因为

$$E(A_k) = E\left(\frac{1}{n}\sum_{i=1}^{n} X_i^k\right) = \frac{1}{n}\sum_{i=1}^{n} E(X_i^k) = \frac{1}{n}nE(X^k) = E(X^k) = \mu_k$$

所以 A_k 是 μ_k 的无偏估计量. 从而得知, 样本均值 $\overline{X}$ 是总体 X 的数学期望 $E(X)$ 的无偏估计量.

2. 有效性准则

定义 10.9 设 $\hat{\theta}_1 = \hat{\theta}_1(X_1, X_2, \cdots, X_n)$ 与 $\hat{\theta}_2 = \hat{\theta}_2(X_1, X_2, \cdots, X_n)$ 都是总体参数 θ 的无偏估计量, 若 $D(\hat{\theta}_1) < D(\hat{\theta}_2)$, 则称 $\hat{\theta}_1$ 是比 $\hat{\theta}_2$ **有效的估计量**.

例如, 设 $X_1, X_2, \cdots, X_n (n > 1)$ 是来自总体 X 的样本, $E(X) = \mu$. 显然 $\overline{X}$, X_1 均是 μ 的无偏估计量, 由于 $D(\overline{X}) = \dfrac{\sigma^2}{n} < D(X_1) = \sigma^2$, 所以, $\overline{X}$ 是比 X_1 有效的估计量.

例 10.13 设 $X_1, X_2, \cdots, X_n$ 是来自总体 X 的样本, 总体 X 均值为 μ(未知), 令

$$\hat{\mu}_1 = \overline{X} = \frac{1}{n}\sum_{i=1}^{n} X_i, \quad \hat{\mu}_2 = \sum_{i=1}^{n} a_i X_i$$

其中 $\sum\limits_{i=1}^{n} a_i = 1$, 且 $a_i, i = 1, 2, \cdots, n$ 不全相等, 证明 $\hat{\mu}_1, \hat{\mu}_2$ 都是总体 X 均值 μ 的无偏估计量, 但 $\hat{\mu}_1$ 比 $\hat{\mu}_2$ 有效.

证明　显然 $E(\hat{\mu}_1) = \mu$. 显然,

$$E(\hat{\mu}_2) = E\left(\sum_{i=1}^n a_i X_i\right) = \sum_{i=1}^n a_i E(X_i) = \sum_{i=1}^n a_i \mu = \mu \sum_{i=1}^n a_i = \mu$$

说明 $\hat{\mu}_1, \hat{\mu}_2$ 都是总体 X 均值 u 的无偏估计量.

$$D(\hat{\mu}_2) = D\left(\sum_{i=1}^n a_i X_i\right) = \sum_{i=1}^n a_i^2 D(X_i) = \sigma^2 \sum_{i=1}^n a_i^2$$

$$D(\hat{\mu}_1) = D(\overline{X}) = \frac{1}{n}\sigma^2$$

因为

$$\left(\sum_{i=1}^n a_i\right)^2 = \sum_{i=1}^n a_i^2 + \sum_{i<j} 2a_i a_j < \sum_{i=1}^n a_i^2 + \sum_{i<j} (a_i^2 + a_j^2) = n\sum_{i=1}^n a_i^2$$

所以, $\displaystyle\sum_{i=1}^n a_i^2 \geqslant \frac{1}{n}$, 从而, $D(\hat{\mu}_2) > D(\hat{\mu}_1)$. 因此, $\hat{\mu}_1$ 比 $\hat{\mu}_2$ 有效.

这也说明了从方差角度看, 在所有加权平均当中算术平均最有效.

3. 一致性准则

定义 10.10　设对每个自然数 n, $\hat{\theta}_n = \hat{\theta}_n(X_1, X_2, \cdots, X_n)$ 均是参数 θ 的估计量, 若对于任意的 $\varepsilon > 0$, 都有

$$\lim_{n \to \infty} P\left(\left|\hat{\theta}_n - \theta\right| \geqslant \varepsilon\right) = 0$$

成立, 则称 $\hat{\theta}_n$ 是参数 θ 的**一致估计量**.

由定义 10.10 知, 随着样本容量 n 的增大, 用估计量 $\hat{\theta}_n$ 的观测值估计总体参数 θ 产生的偏差就会减小, 即有较大偏差的可能性很小.

可以证明: 样本均值 $\overline{X}$、样本方差 S^2、样本 k 阶原点矩 A_k 分别是总体均值 μ、总体方差 σ^2、总体 k 阶原点矩 μ_k 的无偏、一致估计量; 而样本 k 阶中心矩 B_k 是总体 k 阶中心矩 ν_k 的一致估计量, 但不能保证无偏性.

§10.5　参数的区间估计

一、区间估计的概念

前面介绍了总体参数的点估计, 即用一个样本函数 $\hat{\theta}(X_1, X_2, \cdots, X_n)$ 观测值估计 θ, 即使 $\hat{\theta}(X_1, X_2, \cdots, X_n)$ 是 θ 无偏、一致估计量, 用观测值估计 θ 也会有误

差, 误差究竟有多大? 点估计没有提供估计精度的任何信息, 这在实际问题中不能令人满意, 如何解决估计精度问题? 自然想到在一定的可靠条件下, 指出被估计参数所在范围, 这就是参数的区间估计问题.

以连续型总体为例, 具体作法: 对给定的 $\alpha(0 < \alpha < 1)$, 找两个统计量 $\theta_{\mathrm{L}} = \theta_{\mathrm{L}}(X_1, X_2, \cdots, X_n)$ 和 $\theta_{\mathrm{U}} = \theta_{\mathrm{U}}(X_1, X_2, \cdots, X_n)$, 使

$$P(\theta_{\mathrm{L}} < \theta < \theta_{\mathrm{U}}) = 1 - \alpha \qquad (10.15)$$

式 (10.15) 反映了 $[\theta_{\mathrm{L}}, \theta_{\mathrm{U}}]$ 包含未知参数 θ 的概率是 $1 - \alpha$.

区间 $[\theta_{\mathrm{L}}, \theta_{\mathrm{U}}]$ 称为 θ 的**置信区间**; $1 - \alpha$ 称为**置信度**(或**置信水平**、**置信系数**). θ_{L} 称为**置信下限**, θ_{U} 称为**置信上限**.

α 是区间 $(\theta_{\mathrm{L}}, \theta_{\mathrm{U}})$ 不包含 θ 的概率. 通常取 $\alpha = 0.1, 0.05$ 或 0.01.

对置信区间的解释: $(\theta_{\mathrm{L}}, \theta_{\mathrm{U}})$ 是个随机区间, 如果对总体进行了 N 次抽样, 其观测值为 $x_{1k}, x_{2k}, \cdots, x_{nk}(k = 1, 2, \cdots, N)$, 这样就可以得到 N 个区间 $(\theta_{\mathrm{L}k}, \theta_{\mathrm{U}k})(k = 1, 2, \cdots, N)$, 这 N 个区间不一定都包含 θ 的真值, 但包含 θ 的真值频率接近 $1 - \alpha$.

如果进行了一次抽样, 样本观测值为 $x_1, x_2, \cdots, x_n$, 这就得到一个置信区间的观测区间 $(\theta_{\mathrm{L}}, \theta_{\mathrm{U}})$, 可以认为它包含 θ 的概率是 $1 - \alpha$.

如何找 θ 的置信下限 θ_{L} 和置信上限 θ_{U} 呢? 而且要使得置信区间长度尽可能短. 下面我们介绍找 θ 的置信下限 θ_{L} 和置信上限 θ_{U} 的枢轴量法. 仍以连续型随机变量为例, 利用枢轴量法确定置信区间的具体步骤.

(1) 从 θ 点估计量 $\hat{\theta}$ 出发, 构造关于 $\hat{\theta}$ 和 θ 的函数 $G = G(\hat{\theta}, \theta)$, 使得 G 的分布是已知的 (或大样本时, 渐近分布已知), 且其分布与 θ 无关. 构造出的函数 $G(\hat{\theta}, \theta)$ 称为**枢轴量**.

(2) 根据 G 的分布选取两个常数 c, d, 使得 $P(c < G < d) = 1 - \alpha$.

假设 G 的密度函数是单峰的. 当 G 的分布密度对称时 (图 10-8): 选取 d, 使得 $P(-d < G < d) = 1 - \alpha$(图 10-8).[①]

当 G 的分布密度非对称时 (图 10-9): 选取两个常数 c, d, 使得 $P(G < c) = \dfrac{\alpha}{2}$, $P(G > d) = \dfrac{\alpha}{2}$, 这样 $P(c < G < d) = 1 - \alpha$.[②]

这样确定的枢轴量 $G(\hat{\theta}, \theta)$ 的置信区间称为**等尾置信区间**.

(3) 由 $P(c < G < d) = 1 - \alpha$ 转化为 $P(\theta_{\mathrm{L}} < \theta < \theta_{\mathrm{U}}) = 1 - \alpha$;

(4) θ 的置信区间为 $(\theta_{\mathrm{L}}, \theta_{\mathrm{U}})$.

(5) 由样本值 $x_1, x_2, \cdots, x_n$ 求出置信区间 $(\theta_{\mathrm{L}}, \theta_{\mathrm{U}})$ 观测区间.

---

①对于给定的置信度, 这样选取的估计区间的长度最短.
②对于给定的置信度, 这时找最短的估计区间比较困难, 因此通常都这样选取.

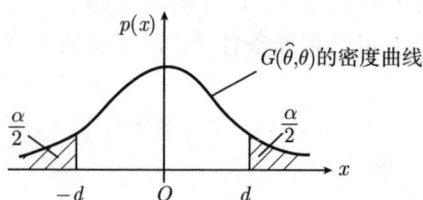

图 10-8　G 的密度曲线单峰对称时

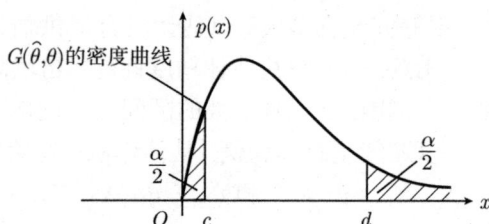

图 10-9　G 的密度曲线单峰不对称时

例 10.14　设一个物体的质量 μ 未知, 为估计其质量 μ, 用天平称量. 由于称量是有误差的, 因而所得称重是一个随机变量, 通常服从正态分布. 当天平称重误差的标准差为 0.1 克, 可认为该物体称重服从正态分布 $N(\mu, 0.1^2)$. 现对该物体称量 5 次, 称重如下 (单位: 克).

5.52　5.48　5.64　5.51　5.45

试对 μ 作置信度为 0.95 的区间估计.

解　设用天平称量的物体质量为 X, 则总体 $X \sim N(\mu, 0.1^2)$. 5 次称量结果是来自总体的 X 容量为 5 的样本值, μ 的矩估计量 $\overline{X} \sim N\left(\mu, \dfrac{0.01}{5}\right)$. 因此

$$U = \frac{\overline{X} - \mu}{0.1/\sqrt{5}} \sim N(0, 1)$$

由于 U 是样本均值 $\overline{X}$ 与未知参数 μ 的函数, 其分布是 $N(0,1)$, 且不含有其他未知参数, 故可以将 U 看成为枢轴量.

又由于枢轴量 U 的分布是 $N(0,1)$, 为连续、单峰、对称的分布, 故可以取 $c = -d, d > 0$, 满足对于给定的置信度 $1 - \alpha$, 使得

$$P(-d < U < d) = P(|U| < d) = 1 - \alpha$$

查正态分布表找到 $d = u_{1-\frac{\alpha}{2}}$(见 §9.2 分位数), 满足

$$P\left(\left|\frac{\overline{X} - \mu}{0.1/\sqrt{5}}\right| < u_{1-\frac{\alpha}{2}}\right) = 1 - \alpha$$

即

$$P\left(\overline{X} - u_{1-\frac{\alpha}{2}}\frac{0.1}{\sqrt{5}} < \mu < \overline{X} + u_{1-\frac{\alpha}{2}}\frac{0.1}{\sqrt{5}}\right) = 1 - \alpha$$

因此, μ 的置信度为 $1 - \alpha$ 的置信区间是

$$\left(\overline{X} - u_{1-\frac{\alpha}{2}}\frac{0.1}{\sqrt{5}}, \overline{X} + u_{1-\frac{\alpha}{2}}\frac{0.1}{\sqrt{5}}\right)$$

由样本观测值计算得 $\bar{x} = 5.52$. 若取 $\alpha = 0.05$, 查正态分布表得 $u_{0.975} = 1.96$, 代入上述置信区间得到 μ 的置信度为 0.95 的一个具体的置信区间为 $(5.432, 5.608)$.

二、正态总体参数的区间估计

正态分布是最常见的分布, 在上面的基础上本节讨论正态总体参数的区间估计.

1. 总体方差 $\sigma^2 = \sigma_0^2$ 已知时, 总体均值 μ 的置信区间

设总体 $X \sim N(\mu, \sigma_0^2)(\sigma_0^2$ 已知, 但 μ 未知$)$, $X_1, X_2, \cdots, X_n$ 是来自总体 X 的样本. 由定理 10.1 知道

$$U = \frac{\overline{X} - \mu}{\sigma_0/\sqrt{n}} \sim N(0, 1) \tag{10.16}$$

将 U 作为枢轴量. 对于给定的置信度为 $1 - \alpha$, 可以确定 $1 - \dfrac{\alpha}{2}$ 的分位数 $u_{1-\frac{\alpha}{2}}$, 使得

$$P\left(\overline{X} - u_{1-\frac{\alpha}{2}}\frac{\sigma_0}{\sqrt{n}} < \mu < \overline{X} + u_{1-\frac{\alpha}{2}}\frac{\sigma_0}{\sqrt{n}}\right) = 1 - \alpha$$

因此, 参数 μ 的置信度为 $1 - \alpha$ 的置信区间为

$$\left(\overline{X} - u_{1-\frac{\alpha}{2}}\frac{\sigma_0}{\sqrt{n}}, \overline{X} + u_{1-\frac{\alpha}{2}}\frac{\sigma_0}{\sqrt{n}}\right) \tag{10.17}$$

例 10.15 已知某炼铁厂每炉铁水的含碳量正常情况下服从正态分布, 其方差 $\sigma^2 = 0.108^2$, 现测定了 9 炉铁水, 其平均含碳量为 4.484, 据此资料求出铁水平均含碳量的置信区间, 并要求有 95% 的可靠性.

解 设每炉铁水的含碳量为 X, 由已知 $X \sim N(\mu, 1.08^2)$, 应选择 $U = \dfrac{\overline{X} - \mu}{\sigma_0/\sqrt{n}}$ 作为枢轴量. 又由于 $\bar{x} = 4.4484$, $n = 9$. 根据题意要求置信度 $1 - \alpha = 0.95$, 即 $\alpha = 0.05$. 查正态分布表得 $u_{1-\frac{\alpha}{2}} = 1.96$

代入式 (10.17) 得铁水平均含碳量的置信度为 0.95 的置信区间为

$$(4.413, 4.555)$$

2. 总体方差 σ^2 未知时, 总体均值 μ 的置信区间

设总体 $X \sim N(\mu, \sigma^2)(\mu, \sigma^2$ 均未知$)$, $X_1, X_2, \cdots, X_n$ 是来自总体 X 的样本. 由定理 10.4 知

$$T = \frac{\overline{X} - \mu}{S/\sqrt{n}} \sim t(n-1)$$

将 T 作为枢轴量. 对于给定的置信度 $1 - \alpha$, 查 t 分布表确定 $1 - \dfrac{\alpha}{2}$ 的分位数 $t_{1-\frac{\alpha}{2}}$, 使得

$$P\left(|T| < t_{1-\frac{\alpha}{2}}\right) = 1 - \alpha$$

即 $P\left(\overline{X} - t_{1-\frac{\alpha}{2}}\dfrac{S}{\sqrt{n}} < \mu < \overline{X} + t_{1-\frac{\alpha}{2}}\dfrac{S}{\sqrt{n}}\right) = 1 - \alpha$

因此, 参数 μ 的置信度 $1 - \alpha$ 的置信区间为

$$\left(\overline{X} - t_{1-\frac{\alpha}{2}}\frac{S}{\sqrt{n}}, \overline{X} + t_{1-\frac{\alpha}{2}}\frac{S}{\sqrt{n}}\right) \tag{10.18}$$

当样本容量 n 较大时, 譬如在 $n > 30$ 时, t 分布可以用标准正态分布 $N(0,1)$ 代替, t 分布的分位数可以用标准正态分布 $N(0,1)$ 的分位数代替, 此时参数 μ 的置信度为 $1 - \alpha$ 的近似置信区间为

$$\left(\overline{X} - u_{1-\frac{\alpha}{2}}\frac{S}{\sqrt{n}}, \overline{X} + u_{1-\frac{\alpha}{2}}\frac{S}{\sqrt{n}}\right)$$

例 10.16   假定某商场某种商品的月销售量服从正态分布 $N(\mu, \sigma^2)$, μ, σ 未知. 为了决定商店对该商品的进货量, 需对 μ 作估计, 为此, 随机抽取若干月, 其销售量分别为: 64, 57, 49, 81, 76, 70, 59, 求 μ 的置信度为 0.95 的置信区间.

解   设商店中该种商品的月销售量为 X, 则总体 $X \sim N(\mu, \sigma^2)$. 由于样本容量为 $n = 7$ 是小样本, 而总体标准差 σ 未知, 故应选取枢轴量

$$T = \frac{\overline{X} - \mu}{S/\sqrt{n}} \sim t(n-1)$$

由给出的数据算得 $\bar{x} = 65.1429$, $S = 11.2462$. 对于给定的置信度 $1 - \alpha = 0.95$, 查 t 分布表得 $t_{0.975}(6) = 2.4469$. 代入式 (10.18) 得 μ 的置信度为 0.95 的置信区间为 (54.7419, 75.5438).

3. 总体均值 μ 已知时, 总体方差 σ^2 的置信区间

设总体 $X \sim N(\mu_0, \sigma^2)$, $X_1, X_2, \cdots, X_n$ 为取自 X 的样本. 由于

$$\chi^2 = \frac{\displaystyle\sum_{i=1}^{n}(X_i - \mu_0)^2}{\sigma^2} \sim \chi^2(n) \tag{10.19}$$

由于它不含有其他未知参数, 故选它作为枢轴量. 在给定置信度 $1 - \alpha$ 的条件下, 查自由度为 n 的 χ^2 分布表, 可以确定出 $\dfrac{\alpha}{2}$ 的分位数 $\chi^2_{\frac{\alpha}{2}}(n)$ 与 $1 - \dfrac{\alpha}{2}$ 的分位数 $\chi^2_{1-\frac{\alpha}{2}}(n)$, 满足

$$P\left(\chi^2_{\frac{\alpha}{2}}(n) < \frac{\displaystyle\sum_{i=1}^{n}(X_i - \mu_0)^2}{\sigma^2} < \chi^2_{1-\frac{\alpha}{2}}(n)\right) = 1 - \alpha$$

即

$$P\left(\frac{\displaystyle\sum_{i=1}^{n}(X_i-\mu_0)^2}{\chi^2_{1-\frac{\alpha}{2}}(n)}<\sigma^2<\frac{\displaystyle\sum_{i=1}^{n}(X_i-\mu_0)^2}{\chi^2_{\frac{\alpha}{2}}(n)}\right)=1-\alpha$$

于是, 总体方差 σ^2 的置信度 $1-\alpha$ 的置信区间是

$$\left(\frac{\displaystyle\sum_{i=1}^{n}(X_i-\mu_0)^2}{\chi^2_{1-\frac{\alpha}{2}}(n)},\frac{\displaystyle\sum_{i=1}^{n}(X_i-\mu_0)^2}{\chi^2_{\frac{\alpha}{2}}(n)}\right)$$

4. 总体均值 μ 未知时, 总体方差 σ^2 的置信区间

设总体 $X\sim N(\mu,\sigma^2)$, $X_1,X_2,\cdots,X_n$ 为取自 X 的样本. 选择

$$\chi^2=\frac{(n-1)S^2}{\sigma^2}\sim\chi^2(n-1) \tag{10.20}$$

作为枢轴量. 在给定置信度 $1-\alpha$ 的条件下, 查自由度为 $n-1$ 的 χ^2 分布, 确定出 $\frac{\alpha}{2}$ 的分位数 $\chi^2_{\frac{\alpha}{2}}(n-1)$ 与 $1-\frac{\alpha}{2}$ 的分位数 $\chi^2_{1-\frac{\alpha}{2}}(n-1)$, 满足

$$P\left(\chi^2_{\frac{\alpha}{2}}(n-1)<\frac{(n-1)S^2}{\sigma^2}<\chi^2_{1-\frac{\alpha}{2}}(n-1)\right)=1-\alpha$$

即

$$P\left(\frac{(n-1)S^2}{\chi^2_{1-\frac{\alpha}{2}}(n-1)}<\sigma^2<\frac{(n-1)S^2}{\chi^2_{\frac{\alpha}{2}}(n-1)}\right)=1-\alpha$$

于是, 总体方差 σ^2 的置信度为 $1-\alpha$ 的置信区间是

$$\left(\frac{(n-1)S^2}{\chi^2_{1-\frac{\alpha}{2}}(n-1)},\frac{(n-1)S^2}{\chi^2_{\frac{\alpha}{2}}(n-1)}\right) \tag{10.21}$$

总体标准差 σ 的置信度为 $1-\alpha$ 的置信区间是

$$\left(\frac{\sqrt{n-1}S}{\sqrt{\chi^2_{1-\frac{\alpha}{2}}(n-1)}},\frac{\sqrt{n-1}S}{\sqrt{\chi^2_{\frac{\alpha}{2}}(n-1)}}\right) \tag{10.22}$$

例 10.17 在例 10.16 中, 求参数 σ 的置信度为 0.90 的置信区间.

解 由样本值算出标准差 $S=11.2462$, $n=7$, 查 χ^2 分布表得 $\chi^2_{0.05}(6)=1.635$, $\chi^2_{0.95}(6)=12.592$. 代入式 (10.22) 得参数 σ 的置信度为 0.90 的置信区间:

$$\left(\frac{\sqrt{6}\times11.2462}{\sqrt{12.592}},\frac{\sqrt{6}\times11.2462}{\sqrt{1.635}}\right)=(7.7631,21.5438)$$

━━━

📚 习　题　十

1. 设 X_1, X_2, X_3 是取自总体 $X \sim N(\mu, \sigma^2)$ 的样本, 其中 μ, σ 为参数, 求: (1) 样本 X_1, X_2, X_3 的联合分布密度; (2) 样本均值的期望、方差与标准差.

2. 设某地两个调查员, 分别在该地东部与西部调查职工的月收入. 调查员甲在东部随机调查了 200 位职工, 得样本均值为 800 元, 样本标准差为 200 元; 调查员乙在西部随机调查了 180 位职工, 得样本均值为 620 元, 样本标准差为 150 元. 现将这两个样本看成一个容量为 380 的样本, 求样本均值与样本标准差.

3. 从总体 $X \sim N(52, 6.3^2)$ 中随机抽取了一个容量为 36 的样本, 求样本均值 $\overline{X}$ 落在区间 $[50.8, 53.8]$ 内的概率.

4. 设总体 $X \sim N(\mu, 0.5^2)$, 样本 $X_1, X_2, \cdots, X_n$ 取自总体 X. 如果要以 95.4% 的概率保证 $|\overline{X} - \mu| < 0.1$ 成立, 那么样本容量 n 应取多大?

5. 设有一枚均匀的硬币, 以 X 表示 "抛一次硬币正面朝上的次数", 问要抛多少次才能使样本均值 $\overline{X}$ 落在区间 $[0.4, 0.6]$ 内的概率不少于 0.9?

6. 在所调查的 100 户城市家庭中, 拥有的电脑数的分布为

电脑数	0	1	2	3	合计
家庭数	10	60	25	5	100

绘出家庭中拥有电脑频率的线条图.

7. 一组工人完成某一装配工序所需的时间 (分) 分别如下:

$$35 \ 38 \ 44 \ 33 \ 44 \ 43 \ 48 \ 40 \ 45 \ 30 \ 45 \ 32 \ 42 \ 39 \ 49 \ 37 \ 45 \ 37$$

$$36 \ 42 \ 35 \ 41 \ 45 \ 46 \ 34 \ 30 \ 43 \ 37 \ 44 \ 49 \ 36 \ 46 \ 32 \ 36 \ 37 \ 37$$

$$45 \ 36 \ 46 \ 42 \ 38 \ 43 \ 34 \ 38 \ 47 \ 35 \ 29 \ 41 \ 40 \ 41$$

求: (1) 样本均值、样本方差与标准差; (2) 作出样本频率直方图及其累积频率直方图.

8. 某商店 100 天电冰箱的日销售情况有如下统计数据

日销售台数 X	2	3	4	5	6	合计
天数	20	30	10	25	15	100

求经验分布函数 $F_n(x)$, 样本均值 $\overline{X}$, 样本方差 S^2.

9. 某电子元件寿命 X 服从参数为 $\lambda = 0.0015$ 的指数分布, 其分布函数为

$$F(x) = 1 - \mathrm{e}^{-\lambda x}, \quad x > 0$$

如今从中抽取 6 个电子元件测其寿命, 获得容量为 6 的样本 $X_1, X_2, \cdots, X_6$, 求下列事件的概率: (1) 到 800 小时没有一个元件失效; (2) 到 3000 小时所有元件都失效.

10. 设样本 $X_1, X_2, \cdots, X_n$ 取自服从几何分布的总体 X, 其分布列为

$$P(X = k) = p(1-p)^{k-1}, \quad k = 1, 2, \cdots$$

其中 p 未知, $0 < p < 1$, 求 p 的矩法估计量.

11. 设总体 $X \sim B(n, p)(n, p$ 未知), 从总体 X 中获取样本 $X_1, X_2, \cdots, X_n$, 求出参数 n, p 的矩法估计量.

12. 设总体 X 的密度函数为

$$p(x; a) = \begin{cases} \dfrac{2}{a^2}(a-x), & 0 < x < a \\ 0, & \text{其他} \end{cases}$$

其中 a 未知, 从中获得样本 $X_1, X_2, \cdots, X_n$, 求 a 的矩法估计量.

13、设 $X_1, X_2, \cdots, X_n$ 是取自下列指数分布的一个样本.

$$p(x; \theta) = \begin{cases} \dfrac{1}{\theta} \mathrm{e}^{-x/\theta}, & x \geqslant 0 \\ 0, & x < 0 \end{cases}$$

其中 θ 未知, 证明 $\overline{X}$ 是 θ 的无偏、一致估计, 并求出 $\overline{X}$ 的方差.

14. 设总体 $X \sim P(\lambda)(\lambda$ 未知), 从中抽取样本 $X_1, X_2, \cdots, X_n$, 求 λ 的极大似然估计量.

15. 某商场每天每百元投资的利润率服从正态分布, 均值为 μ, 方差为 σ^2, 长期以来 σ^2 稳定于 0.4, 现随机抽取的五天的利润率为

$$-0.2, \quad 0.1, \quad 0.8, \quad -0.6, \quad 0.9$$

求 μ 的置信水平为 0.95 的置信区间.

16. 某化纤强力长期以来标准差稳定在 $\sigma = 1.19$, 现抽取了一个容量 $n = 100$ 的样本, 求得样本均值 $\bar{x} = 6.35$, 求该化纤强力均值 μ 的置信水平为 0.95 的置信区间.

17. 某行业职工的月收入服从 $N(\mu, \sigma^2)$, 现随机抽取 30 名职工进行调查, 求得他们的月收入的平均值 $\bar{x} = 696.20$ 元, 标准差 $S = 136.10$ 元, 求 μ 的置信水平为 0.95 的置信区间.

18. 某单位职工每天的医疗费服从 $N(\mu, \sigma^2)$ 现抽查了 25 天, 得 $\bar{x} = 170$, $S = 30$ 元, 求职工每天医疗费均值 μ 的置信水平为 0.95 的置信区间.

19. 已知某种木材的横纹抗压力服从 $N(\mu, \sigma^2)$(单位: $\mathrm{kg/cm^2}$), 现对十个试件作横纹抗压力实验, 得数据如下: $482, 493, 457, 471, 510, 446, 435, 418, 394, 469$.

(1) 求 μ 的置信水平为 0.95 的置信区间; (2) 求 σ 的置信水平为 0.90 的置信区间.

习题参考答案

习 题 一

1. (1) $-3 < x < 3$; (2) $-3 < x < 11$; (3) $0 < x < 4$ 且 $x \neq 2$; (4) $\dfrac{x_0 - \delta}{a} < x < \dfrac{x_0 + \delta}{a}$.

2. (1) $[-3, 3]$; (2) $[1, 3]$; (3) $(a - \varepsilon, a + \varepsilon)$; (4) $(-\infty, 5) \cup (5, +\infty)$; (5) $(-\infty, -4) \cup (2, +\infty)$.

3. 略.

4. (1) 不是; (2) 不是; (3) 是; (4) 不是.

5. (1) $(-1, 1]$; (2) $(1, 2]$; (3) $[-1, 2]$; (4) $(0, 1) \cup (1, 4]$.

6. $f(1-x) = \dfrac{1-x}{x}$, $f[f(x)] = \dfrac{x}{1-2x}$, $f\left(\dfrac{f(x)}{f(x)+1}\right) = \dfrac{x}{1-x}$.

7. $f(-1) = 0$; $f(0) = 1$; $f(1) = 2$; $f(-a) = \begin{cases} 1-a, & a \geqslant 0, \\ 2^{-a}, & a < 0; \end{cases}$ $f(x-1) = \begin{cases} x, & x \leqslant 1, \\ 2^{x-1}, & x > 1. \end{cases}$

8. $f(x) + f(-x) = \begin{cases} 0, & x \neq 0, \\ -2, & x = 0; \end{cases}$ $f(x) + f(x-1) = \begin{cases} 1 + 2x - 2x^2, & x \leqslant 0, \\ 2x - 1, & 0 < x < 1, \\ 2x^2 - 2x - 1, & x \geqslant 1. \end{cases}$

9. (1) $(-\infty, +\infty)$; (2) $(-\infty, 0) \cup (0, +\infty)$; (3) $(-\infty, 1) \cup (1, 2]$; (4) $(-2, 2)$ (函数图形略).

10. (1) $y = \mathrm{e}^{1+x^2}$, 定义域为 $(-\infty, +\infty)$; (2) $y = \arctan\sqrt{1-x^2}$, 定义域为 $[-1, 1]$.

11. (1) $y = \dfrac{1}{3}u^3$, $u = \ln v$, $v = (x^2 - 1)$; (2) $y = \arcsin u$, $u = \dfrac{1}{\sqrt{v}}$, $v = x^2 + 1$;

 (3) $y = \sqrt{u}$, $y = \dfrac{1}{2}\ln x$; (4) $y = \mathrm{e}^u$, $u = x\ln x$.

12. $g(x) = \sqrt{\ln(1-x)}$, $D_g = (-\infty, 0]$.

13. (1) $f(x) = x - x^2$; (2) $f(x) = x^2 - 2$.

14. (1) $y = \dfrac{1}{2}\left(1 - 10^x\right)$, $D = (-\infty, +\infty)$; (2) $y = \log_2 \dfrac{x}{1-x}$ $(0 < x < 1)$;

 (3) $y = \begin{cases} x + 1, & x \leqslant -1, \\ \sqrt{x}, & x > 0 \end{cases}$, $D = (-\infty, -1] \cup (0, +\infty)$.

15. (1) 非奇非偶; (2) 偶; (3) 奇; (4) 奇; (5) 偶; (6) 奇.

16. $f(1) = 0$.

17. (1) 当 $a > 0$ 时, 函数在 $(-\infty, +\infty)$ 单调递增; 当 $a < 0$ 时, 函数在 $(-\infty, +\infty)$ 单调递减.

(2) $f(x)$ 在 $(0, +\infty)$ 上单调递增.

18. (1) 是, π; (2) 不是.

19. $S = 2\pi r^2 + \dfrac{2V}{r}$, $0 < r < +\infty$.

20. (1) $P(Q) = \begin{cases} 90, & Q \leqslant 100, \\ 90 - (Q - 100) \times 0.01, & 100 < Q \leqslant 1600, \\ 75, & Q > 1600; \end{cases}$

(2) $L(Q) = \begin{cases} 30Q, & Q \leqslant 100, \\ 30Q - (Q - 100) \cdot 0.01Q, & 100 < Q \leqslant 1600, \\ 15Q, & Q > 1600. \end{cases}$

21. $R = 12P - \dfrac{1}{2}P^2$.

22. $P_0 = \dfrac{130}{17}$.

习 题 二

1. (1) 收敛. 极限值为 1; (2) 收敛. 极限值为 0; (3) 收敛. 极限值为 0; (4) 不收敛;
   (5) 不收敛.

2. 略.

3. (1) $\dfrac{5}{2}$; (2) $\dfrac{1}{3}$; (3) 0; (4) $\dfrac{\sqrt{2}}{2}$.

4. (1) 1; (2) 3.

5. (1) 0; (2) 0; (3) 0; (4) 1; (5) 不存在.

6. $\sqrt{3}$.

7. 1; 1; 0.

8. (1) 2; (2) -2; (3) $\dfrac{2\sqrt{2}}{3}$; (4) $\dfrac{1}{2}$; (5) 0; (6) 3; (7) $\dfrac{2^{20}}{3^{30}}$; (8) 1; (9) -1; (10) $\dfrac{a-b}{2}$.

9. -10.

10. $a = 0, b = 2$.

11. (1) $\dfrac{5}{3}$; (2) 2; (3) 1; (4) $\dfrac{1}{2}$; (5) 0; (6) $\dfrac{a}{b}$; (7) $\dfrac{1}{e^6}$; (8) $\dfrac{1}{e}$; (9) 1; (10) e^2;
    (11) $e^{-\frac{1}{2}}$; (12) e^3.

12. 无穷小量的有: (1), (4), (7), (8); 无穷大量的有: (2), (3); 既不是无穷小量, 又不是无穷大量的有: (5), (6).

13. 无界, 不收敛, 不是无穷大量.

14. $\dfrac{1}{2}$.

15. $a = 0, b = 1, c$ 任意.

16. (1) 等价;   (2) 低阶;   (3) 等价;   (4) 同阶.

17. 略.

18. (1) 不一定, 如 $f(x) = \dfrac{1}{x-a}, g(x) = 1 - \dfrac{1}{x-a}$;   (2) 不一定. 如同前例;

   (3) 不一定. 如同前例;   (4) 必成立. 因为 $\displaystyle\lim_{x \to a} \dfrac{1}{kf(x)} = 0$.

19. (1) 1;   (2) 0;   (3) 0;   (4) 2;   (5) -2;   (6) ∞.

20. (1) 连续;   (2) 连续;   (3) 不连续;   (4) 连续.

21. (1) $x = -1$;   (2) $x = 1, 2$;   (3) $x = k\pi, k = \pm 1, \pm 2, \cdots$;   (4) $x = 0$;   (5) $x = 1$.

22. $k = 6$.

23. $a = 0, 1$.

24. $a = b = \dfrac{1}{\mathrm{e}}$.

25. (1) 补充 $f(0) = 1$;   (2) 补充 $f(0) = 0$.

26. (1) 1;   (2) $\dfrac{\pi}{3}$;   (3) 2;   (4) $\dfrac{2}{3}$.

27. 提示: 利用介值定理证明.

28. 提示: 令 $f(x) = x^5 - 3x - 1$, 利用介值定理推论零点定理.

习 题 三

1. (1) $5 - g - \dfrac{1}{2} g \Delta t$;   (2) $5 - g$;   (3) $t = \dfrac{5}{g}$.

2. (1) $2\pi r$;   (2) $\dfrac{1}{\sqrt{\pi}}$.

3. (1) $4x$;   (2) $-2, -\dfrac{2}{27}$;   (3) $\dfrac{1}{x}$.

4. (1) $-f'(x_0)$;   (2) $2f'(x_0)$;   (3) $2f'(x_0)$.

5. (1) $f'(0)$;   (2) $tf'(0)$;   (3) 0;   (4) $2tf'(0)$.

6. 切线方程为 $\dfrac{\sqrt{3}}{2}x + y - \dfrac{1}{2}\left(1 + \dfrac{\sqrt{3}}{3}\pi\right) = 0$; 法线方程为 $\dfrac{2\sqrt{3}}{3}x - y + \dfrac{1}{2} - \dfrac{2\sqrt{3}}{9}\pi = 0$.

7. $0, \dfrac{2}{3}$.

8. (1) 在 $x=0$ 处连续, 不可导;   (2) 在 $x=0$ 处连续且可导.

9. $a=2, b=-1$.

10. (1) $f(0)=1$;   (2) 可导, $f'(0)=-1$.

11. (1) $15x^2+2^x\ln 2-3\mathrm{e}^x$;   (2) $\sec x(2\sec x+\tan x)$;   (3) $\cos 2x$;   (4) $\dfrac{1-\ln x}{x^2}$;

     (5) $x(2\ln x\cos x+\cos x-x\ln x\sin x)$;   (6) $\dfrac{1+\cos x+\sin x}{(1+\cos x)^2}$;

     (7) $\sec x(1+x\tan x+\sec x)$; (8) $\operatorname{arc\,cot} x-\dfrac{x}{1+x^2}$;   (9) $-\dfrac{6}{\sqrt{\pi}}x^2$;

     (10) $\dfrac{1}{(1+x^2)(arc\,cot\,x)^2}$;   (11) 0;   (12) $3^x \operatorname{arc\,cot} x\ln 3-\dfrac{3^x}{1+x^2}-\dfrac{2}{\sqrt[3]{x}}$.

12. (1) $\dfrac{1+\sqrt{3}}{2}$;   (2) $\dfrac{\sqrt{2}}{4}\left(1+\dfrac{\pi}{2}\right)$.

13. (1) $4(x-2\sqrt{x})^3\left(1-\dfrac{1}{\sqrt{x}}\right)$;   (2) $\mathrm{e}^{-2x}(1-2x)$;   (3) $-\dfrac{1}{1+x^2}$;

     (4) $-\dfrac{2^{-x}\ln 2+3^{-x}\ln 3+4^{-x}\ln 4}{2^{-x}+3^{-x}+4^{-x}}$;   (5) $-\dfrac{1}{\sqrt{1-2x}}\sin(2\sqrt{1-2x})$;   (6) $\dfrac{1}{\sqrt{x^2+a^2}}$;

     (7) $\dfrac{1}{x\cdot\ln x\cdot\ln\ln x}$;   (8) $\dfrac{2}{1-x^2}$;   (9) $4x\mathrm{e}^{1+x^2}\sec^2(\mathrm{e}^{1+x^2})\tan(\mathrm{e}^{1+x^2})$;

     (10) $\dfrac{1}{(2+2x+x^2)\operatorname{arc\,cot}\dfrac{1}{1+x}}$;   (11) $\left(1-\dfrac{1}{2x}\right)^x\left[\ln\left(1-\dfrac{1}{2x}\right)+\dfrac{1}{2x-1}\right]$;

     (12) $\dfrac{1}{2\sqrt{x+1}}2^{\sqrt{x+1}}\ln 2-\cot x$.

14. 提示: 均利用复合函数的求导法则.

15. (1) $\dfrac{1}{2}\left(\dfrac{1}{x-1}-\dfrac{1}{x}-\dfrac{1}{x+3}\right)\sqrt{\dfrac{x-1}{x(x+3)}}$;   (2) $\dfrac{(50x^2-207x-243)(2x+3)^3}{6\sqrt{x-6}\sqrt[3]{(x+1)^4}}$;

     (3) $(\cos x\cot x-\sin x\ln\sin x)(\sin x)^{\cos x}$;   (4) $\left(1+\dfrac{1}{2}\ln x\right)x^{\sqrt{x}-\frac{1}{2}}$.

16. (1) $\dfrac{ay-x^2}{y^2-ax}$;   (2) $\dfrac{\mathrm{e}^{x+y}-y}{x-\mathrm{e}^{x+y}}$;   (3) $-\dfrac{\mathrm{e}^y}{1+x\mathrm{e}^y}$.

17. $x+2y-3=0$.

18. (1) $-\dfrac{2(x^2+1)}{(x^2-1)^2}$;   (2) $2x(3+2x^2)\mathrm{e}^{x^2}$;   (3) $2\arctan x+\dfrac{2x}{1+x^2}$;   (4) $\dfrac{\mathrm{e}^x(x^2-2x+2)}{x^3}$.

19. $-\dfrac{1}{2\pi}, -\dfrac{1}{4\pi^2}$.

20. (1) $\dfrac{\sin(x+y)}{[\cos(x+y)-1]^3}$;   (2) $\dfrac{2y\mathrm{e}^y+2xy-y^2\mathrm{e}^y}{(\mathrm{e}^y+x)^3}$.

21. (1) $(-1)^n\dfrac{(n-2)!}{x^{n-1}}\ (n\geqslant 2)$;   (2) $\mathrm{e}^x(x+n)$;   (3) $2^{n-1}\sin\left[2x+(n-1)\dfrac{\pi}{2}\right]$.

22. 当 $\Delta x = 1$ 时, $\Delta y = 18$, $\mathrm{d}y = 11$; 当 $\Delta x = 0.1$ 时, $\Delta y = 1.161$, $\mathrm{d}y = 1.1$; 当 $\Delta x = 0.01$ 时, $\Delta y = 0.110601$, $\mathrm{d}y = 0.11$.

23. (1) $\left(-\dfrac{1}{x^2} + \dfrac{\sqrt{x}}{x} \right) \mathrm{d}x$;　(2) $\dfrac{2\ln(1-x)}{x-1}\mathrm{d}x$;　(3) $2x(1+x)\mathrm{e}^{2x}\mathrm{d}x$;　(4) $-\dfrac{2x}{1+x^4}\mathrm{d}x$.

24. (1) $\dfrac{\mathrm{e}^y}{1-x\mathrm{e}^y}\mathrm{d}x$;　(2) $-\dfrac{b^2 x}{a^2 y}\mathrm{d}x$;　(3) $\dfrac{\sqrt{1-y^2}}{1+2y\sqrt{1-y^2}}\mathrm{d}x$.

25. (1) $\dfrac{\mathrm{d}y}{\mathrm{d}x} = -\tan\theta$, $\dfrac{\mathrm{d}^2 y}{\mathrm{d}x^2} = \dfrac{1}{3a}\sec^4\theta\csc\theta$;　(2) $\dfrac{\mathrm{d}y}{\mathrm{d}x} = \dfrac{1}{t}$, $\dfrac{\mathrm{d}^2 y}{\mathrm{d}x^2} = -\dfrac{1+t^2}{t^3}$.

26. (1) 0.87476;　(2) -0.002;　(3) $30°47''$.

27. $30.301\mathrm{m}^3$, $30\mathrm{m}^3$.

28. $\dfrac{1}{\sqrt{x}}$, $\dfrac{5}{(x+1)^2}$, $\dfrac{5}{(x+1)^2} - \dfrac{1}{\sqrt{x}}$.

29. $60 - 0.2x$, 30, -20.

30. (1) $0 < p < \dfrac{16}{9}$ 时缺乏弹性, $\dfrac{16}{9} < p < 4$ 时有弹性;

　　(2) $0 < p < \sqrt{\dfrac{a}{3}}$ 时缺乏弹性, $\sqrt{\dfrac{a}{3}} < p < \sqrt{a}$ 时有弹性.

31. (1) α;　(2) kx;　(3) $\dfrac{x}{2(x-9)}$.

习　题　四

1. (1) 满足, $\xi = \dfrac{1}{4}$;　(2) 满足, $\xi = 0$.

2. (1) 满足, $\xi = \dfrac{1}{\ln 2}$;　(2) 满足, $\xi = \dfrac{5-\sqrt{43}}{3}$.

3. 满足, $\xi = \dfrac{14}{9}$.

4. 提示: 先用零点定理, 再用罗尔定理.

5~7. 略.

8. 提示: 构造辅助函数 $F(x) = f(x)\mathrm{e}^{-x}$.

9. 略.

10. 提示: 令 $F(x) = f(x)\mathrm{e}^{-x}$.

11. (1) 1;　(2) 2;　(3) $\cos\alpha$;　(4) $-\dfrac{3}{5}$;　(5) $-\dfrac{1}{8}$;　(6) $\dfrac{m}{n}a^{m-n}$;　(7) 3;　(8) 1;　(9) 1;

　　(10) 1;　(11) $\dfrac{1}{2}$;　(12) ∞;　(13) $-\dfrac{1}{2}$;　(14) e^a;　(15) 1;　(16) 1.

12. 略.

13. (1) $x \in (-\infty, -1) \cup (0, 1)$, y 单调减少; $x \in (-1, 0) \cup (1, +\infty)$, y 单调增加.

(2) $x \in (0, 2)$, y 单调增加; $x \in (-\infty, 0) \cup (2, +\infty)$, y 单调减少.

(3) $x \in \left(0, \dfrac{1}{2}\right)$, y 单调减少; $x \in \left(\dfrac{1}{2}, +\infty\right)$, y 单调增加.

14. 略.

15. (1) 极大值 $y|_{x=0} = 7$, 极小值 $y|_{x=2} = 3$;　(2) 极小值 $y|_{x=0} = 0$, 极大值 $y|_{x=2} = 4e^{-2}$;

(3) 极大值 $y|_{x=0} = 0$, 极小值 $y|_{x=\frac{2}{5}} = -\dfrac{3}{5}\sqrt[3]{\dfrac{4}{25}}$.

16. (1) 极大值 $y|_{x=-1} = 0$, 极小值 $y|_{x=3} = -32$;　(2) 极小值 $y|_{x=-\frac{1}{2}\ln 2} = 2\sqrt{2}$.

17. (1) 最小值 $y|_{x=0} = 0$, 最大值 $y|_{x=2} = \ln 5$;

(2) 最小值 $y|_{x=0} = 0$, 最大值 $y|_{x=-\frac{1}{2}} = y|_{x=1} = \dfrac{1}{2}$.

18. 底边长 6 米, 高 3 米.

19. 底半径 $\sqrt[3]{\dfrac{150}{\pi}}$ 米, 高为底半径的 2 倍.

20. 10 个单位.

21. 140 个单位.

22. 15 元.

23. 2.08 个单位.

24. $a > 0$ 时, 为极大值点; $a < 0$ 时, 为极小值点.

25. (1) 函数在 $\left(-\infty, \dfrac{1}{3}\right)$ 上为下凸, 在 $\left(\dfrac{1}{3}, +\infty\right)$ 上为上凸, 拐点为 $\left(\dfrac{1}{3}, \dfrac{2}{27}\right)$;

(2) 函数在 $(-\infty, -1), (1, +\infty)$ 上为上凸, 在 $(-1, 1)$ 上为下凸, 拐点为 $(-1, \ln 2), (1, \ln 2)$;

(3) 函数在 $(-\infty, -\sqrt{3}), (0, \sqrt{3})$ 上为上凸, 在 $(-\sqrt{3}, 0), (\sqrt{3}, +\infty)$ 上为下凸, 拐点为 $\left(-\sqrt{3}, -\dfrac{\sqrt{3}}{2}\right), (0, 0), \left(\sqrt{3}, \dfrac{\sqrt{3}}{2}\right)$;

(4) 函数在 $(-\infty, -2)$ 上为上凸, 在 $(-2, +\infty)$ 上为下凸, 拐点为 $(-2, -2e^{-2})$.

26. $a = -\dfrac{3}{2}, b = \dfrac{9}{2}$.

27. (1) 水平渐近线 $y = 0$;　(2) 垂直渐近线 $x = -1$, 水平渐近线 $y = 0$;

(3) 斜渐近线 $y = x$;　(4) 垂直渐近线 $x = 1$, 斜渐近线 $y = x + 2$.

28. 略.

习 题 五

1. (1) $\dfrac{2}{7}x^{\frac{7}{2}} - \dfrac{4}{3}x^{\frac{3}{2}} + C$;　(2) $\dfrac{4}{11}x^{\frac{11}{4}} + \dfrac{4}{3}x^{\frac{3}{4}} + C$;　(3) $\dfrac{(2e)^x}{\ln(2e)} + \dfrac{4}{\ln 2}2^x + C$;

(4) $e^x - \cos x - 3x + C$;　(5) $\ln|x| + \arcsin x + C$;　(6) $8\sqrt{x} + \dfrac{8}{3}x^{\frac{3}{2}} + \dfrac{2}{5}x^{\frac{5}{2}} + C$;

(7) $\dfrac{x^3}{3} - x + \arctan x + C$;　(8) $\dfrac{1}{2}(x - \sin x) + C$;　(9) $-4\cot x + C$;

(10) $\sin x - \cos x + C$;　(11) $x - \cos x + C$;　(12) $e^x + \ln|x| + C$.

2. (1) $\dfrac{1}{3}e^{3x} + C$;　(2) $-\dfrac{1}{5}\cos(5x + 4) + C$;　(3) $-\dfrac{1}{3}\ln|1 - 3x| + C$;　(4) $\sqrt{2x} + C$;

(5) $-\dfrac{1}{2}(2 - 3x)^{\frac{2}{3}} + C$;　(6) $\dfrac{1}{2}e^{x^2} + C$;　(7) $2e^{\sqrt{x}} + C$;　(8) $-2\cos\sqrt{t} + C$;

(9) $\dfrac{1}{3}(1 - x^2)^{\frac{3}{2}} + C$;　(10) $\dfrac{1}{2}\sqrt{(2x^2 + 1)} + C$;　(11) $\dfrac{1}{2\cos^2 x} + C$;

(12) $\dfrac{x^2}{2} - \dfrac{1}{2}\ln(1 + x^2) + C$;　(13) $\dfrac{1}{2}\arctan\dfrac{x + 1}{2} + C$;　(14) $\dfrac{1}{3}\tan^3 x + C$;

(15) $e^{\arcsin x} + C$;　(16) $\dfrac{1}{4}(\arctan x)^4 + C$;　(17) $(\arctan\sqrt{x})^2 + C$;　(18) $\arctan(e^x) + C$;

(19) $\arcsin(\ln x) + C$;　(20) $-\dfrac{1}{x\ln x} + C$;　(21) $-\dfrac{1}{10}\cos 5x + \dfrac{1}{2}\cos x + C$;

(22) $\dfrac{1}{3}\sin\dfrac{3x}{2} + \sin\dfrac{x}{2} + C$;　(23) $\ln|\tan x| + C$;　(24) $\dfrac{1}{2}(\ln\tan x)^2 + C$;

(25) $-\dfrac{2}{3}(1 - x)^{\frac{3}{2}} + \dfrac{2}{5}(1 - x)^{\frac{5}{2}} + C$;　(26) $2\sqrt{x} + 3\sqrt[3]{x} + 6\sqrt[6]{x} + 6\ln|\sqrt[6]{x} - 1| + C$;

(27) $\ln\dfrac{\sqrt{1 + e^x} - 1}{\sqrt{1 + e^x} + 1} + C$;　(28) $\arcsin x - \dfrac{1 - \sqrt{1 - x^2}}{x} + C$;　(29) $-\dfrac{\sqrt{1 + x^2}}{x} + C$;

(30) $\sqrt{x^2 - 4} - 2\arccos\dfrac{2}{x} + C$.

3. (1) $-x\cos x + \sin x + C$;　(2) $-e^{-x}(x + 1) + C$;　(3) $\dfrac{1}{4}(2x^2 - 1)\sin 2x + \dfrac{x}{2}\cos 2x + C$;

(4) $-\dfrac{e^{-2x}}{2}\left(x + \dfrac{1}{2}\right) + C$;　(5) $x\arctan x - \dfrac{1}{2}\ln(1 + x^2) - \dfrac{1}{2}(\arctan x)^2 + C$;

(6) $\dfrac{2}{3}x^{\frac{3}{2}}\left(\ln x - \dfrac{2}{3}\right) + C$;　(7) $-\dfrac{1}{2x^2}\left(\ln x + \dfrac{1}{2}\right) + C$;　(8) $x\arcsin x + \sqrt{1 - x^2} + C$;

(9) $\dfrac{x}{2}[\cos(\ln x) + \sin(\ln x)] + C$;　(10) $\dfrac{e^{-x}}{2}(\sin x - \cos x) + C$.

习　题　六

1. (1) $\dfrac{1}{2}$;　(2) $\dfrac{1}{4}\pi a^2$.

2. (1) $3 \leqslant \displaystyle\int_1^2 (x^2 + 2)\mathrm{d}x \leqslant 6$;　(2) $\dfrac{\pi}{9} \leqslant \displaystyle\int_{\frac{1}{\sqrt{3}}}^{\sqrt{3}} x\arctan x\,\mathrm{d}x \leqslant \dfrac{2\pi}{3}$;

(3) $\dfrac{3\pi}{2} \leqslant \displaystyle\int_{\frac{\pi}{4}}^{\frac{5\pi}{4}} (1 + \sin^2 x)\mathrm{d}x \leqslant 2\pi$;　(4) $2e^{-\frac{1}{4}} \leqslant \displaystyle\int_0^2 e^{x^2 - x}\mathrm{d}x \leqslant 2e^2$.

3. (1) $\displaystyle\int_0^1 x^2\,\mathrm{d}x$ 较大; (2) $\displaystyle\int_2^3 x^3\,\mathrm{d}x$ 较大;

(3) $\displaystyle\int_1^2 \ln x\,\mathrm{d}x$ 较大; (4) $\displaystyle\int_0^1 \mathrm{e}^x\,\mathrm{d}x$ 较大.

4. (1) $\sin x^2$; (2) $x(\cos x)^2$; (3) $2x\sqrt{1+x^4}$; (4) $\dfrac{3x^2}{\sqrt{1+x^{12}}}-\dfrac{2x}{\sqrt{1+x^8}}$.

5. (1) $\dfrac{1}{2}$; (2) $\dfrac{1}{3}$; (3) $\dfrac{1}{2\mathrm{e}}$.

6. $\cot t$.

7. $a^2 f(a)$. 提示: 利用变上限积分求导及洛必达法则.

8. 提示: (1) 利用变上限积分求导; (2) 利用零点定理.

9. 提示: 两边求定积分.

10. (1) $\dfrac{2}{3}(8-3\sqrt{3})$; (2) $\dfrac{11}{6}$; (3) $\dfrac{2}{\ln 3}$; (4) $1-\dfrac{\pi}{4}$.

11. (1) $\dfrac{63}{12}$; (2) $\dfrac{1}{2}$; (3) $\dfrac{1}{6}$; (4) $\dfrac{1}{2}\ln 3$; (5) $\dfrac{\pi}{12}$; (6) $\dfrac{\pi}{6}$; (7) $2(\sqrt{3}-1)$;

(8) $2+2\ln\dfrac{2}{3}$; (9) $\dfrac{22}{3}$; (10) $\dfrac{\pi}{2}$; (11) $\ln\dfrac{1+\sqrt{2}}{\sqrt{3}}$; (12) $2\sqrt{2}-2$.

12. (1) $\dfrac{1}{2}(1-\ln 2)$; (2) $\dfrac{\pi}{12}+\dfrac{\sqrt{3}}{2}-1$; (3) 1; (4) $\ln 2-\dfrac{1}{2}$; (5) $\dfrac{1}{5}(\mathrm{e}^\pi-2)$;

(6) $4(2\ln 2-1)$; (7) $\dfrac{1}{2}(\mathrm{e}\sin 1-\mathrm{e}\cos 1+1)$; (8) $2\left(1-\dfrac{1}{\mathrm{e}}\right)$.

13. $\tan\dfrac{1}{2}-\dfrac{1}{2}\mathrm{e}^{-4}+\dfrac{1}{2}$.

14. 提示: 作变量代换 $x=\pi-t$, $\dfrac{\pi^2}{4}$.

15. 提示: 作变量代换 $x=a+b-t$.

16. (1) 提示: 依据奇函数定义并作变量代换 $x=-t$;

(2) 提示: 依据偶函数定义并作变量代换 $x=-t$.

17. 提示: $\displaystyle\int_a^{a+l} f(t)\mathrm{d}t=\int_a^0 f(x)\mathrm{d}x+\int_0^l f(x)\mathrm{d}x+\int_l^{a+l} f(x)\mathrm{d}x$, 然后再证 $\displaystyle\int_l^{a+l} f(x)\mathrm{d}x=-\int_a^0 f(x)\mathrm{d}x$.

18. (1) 0; (2) 0; (3) $\dfrac{3}{2}\pi$; (4) 0.

19. 2.

20. (1) $\dfrac{1}{6}$; (2) $\dfrac{3}{2}-\ln 2$; (3) 18; (4) $\mathrm{e}+\dfrac{1}{\mathrm{e}}-2$; (5) $\dfrac{9}{8}$; (6) 2.

21. (1) $\dfrac{128\pi}{7}$, $\dfrac{64\pi}{5}$; (2) $\dfrac{3}{10}\pi$; (3) $\dfrac{8}{3}\pi$; (4) $4\pi^2$.

22. 50, 100.

23. (1) 2.5(百台), 6.25(万元);   (2) 0.25(万元).

24. (1) 收敛, 其值为 $\frac{1}{2}$;   (2) 收敛, 其值为 π;   (3) 发散;   (4) 发散;   (5) 收敛, 其值为 2;

   (6) 收敛, 其值为 $\frac{\pi}{2}$;   (7) 发散;   (8) 收敛, 其值为 -1.

25. $c = \frac{5}{2}$.

习 题 七

1. (1)$\Omega = \{\omega_i \mid \omega_i = $ 出现 i 枚正面, $i = 0, 1, 2\}$;   (2) $\Omega = \{(x, y) \mid x, y = 1, 2, \cdots, 6\}$;

   (3)$\Omega = \{\omega_i \mid i \in \mathbf{N}^+, \ \mathbf{N}^+ $为自然数集$\}$.

2. $A \cup B = \{0, 1, 2, 3, 4, 6, 8\}$, $AB = \{0, 2\}$, $\overline{B} = C = \{1, 3, 5, 7, 9\}$, $A - B = \{1, 3\}$, $B - A = \{4, 6, 8\}$, $BC = \varnothing$, $\overline{B \cup C} = \varnothing$, $(A \cup B) \cap C = \{1, 3\}$.

3. (1) $\overline{ABC}$;   (2) $\overline{AB} + \overline{AC} + \overline{BC}$.

4. (1)$\sqrt{}$;   (2) $\times$;   (3) $\times$;   (4) $\sqrt{}$.

5. (1) $(A + B)(B + C) = B + AC$(证明略);   (2) $(A + B)(A + \overline{B}) = A$(证明略);

   (3) $(A + B)(A + \overline{B})(\overline{A} + B) = AB$(证明略).

6. $\frac{3}{4}$.

7. $\dfrac{C_a^n C_b^m}{C_{a+b}^{n+m}}$.

8. $\dfrac{a}{a + b}$.

9. (1) $\dfrac{C_r^k k!(n - k)^{r-k}}{n^r}$;   (2) $\dfrac{C_n^r r!}{n^r}$;   (3) $\dfrac{C_r^k (n - 1)^{r-k}}{n^r}$.

10. $\frac{2}{5}$.

11. $P(AB) = 0$, $P(A + B) = p + q$, $P(A\overline{B}) = p$, $P(\overline{A}\,\overline{B}) = 1 - p - q$.

12. $\frac{29}{30}$.

13. $\frac{3}{4}$.

14. 证明略.

15. 0.0048.

16. (1) 0.1;   (2) $\frac{3}{7}$;   (3) 0.04;   (4) 0.27;   (5) 0.66.

17. $\dfrac{4}{15}$.

18. 0.2.

19. (1) 0.4; (2) $\dfrac{2}{15}$; (3) $\dfrac{4}{15}$; (4) $\dfrac{1}{30}$.

20. $\dfrac{1}{n(n+1)}$.

21. (1) 独立; (2) 不独立; (3) 独立; (4) 独立.

22. (1) $\dfrac{3}{22}$; (2) $\dfrac{5}{11}$; (3) $\dfrac{7}{22}$; (4)1.

23. (1) 0.388; (2) 0.059.

24. 10.

25. (1)0.599; (2)0.953.

26. (1) $\dfrac{5}{12}$; (2) 白球可能性大.

27. (1)0.94; (2)0.85.

28. 0.027.

29. 0.744

习 题 八

1. (1) 3, 4, 5, 6, 7; (2) $-3, -2, -1, 1, 2, 3$; (3) 0, 1, 2; (4) 0, 1.

2. $P(X=i) = \begin{cases} (i-1)/36, & i=2,3,\cdots,7, \\ (13-i)/36, & i=8,9,\cdots,13, \end{cases}$ 5/18.

3. 16/15.

4. 0.9972.

5. 17.

6. 0.0023.

7. 15.

8. 当 $x \geqslant a$ 时, $F(x) = 1$, 当 $x < a$ 时, $F(x) = 0$.

9. 当 $x < 0$ 时, $F(x) = 0$, 当 $0 \leqslant x < 1$ 时, $F(x) = 0.8$, 当 $1 \leqslant x < 2$ 时, $F(x) = 44/45$, 当 $x \geqslant 2$ 时, $F(x) = 1$.

10. $P(X=0) = 0.25$, $P(X=2) = 0.5$, $P(X=5) = 0.25$.

11. (1) $A = 1$; (2) 0.4; (3) 当 $0 \leqslant x < 1$ 时, $p(x) = 2x$.

12. (1) $A = 0.5$, $B = \dfrac{1}{\pi}$; (2) 1/2; (3) $p(x) = \dfrac{1}{\pi(1+x^2)}$.

13. (1) 1/2; (2) 0.75;
    (3) 当 $x < 0$ 时, $F(x) = 0$, 当 $0 \leqslant x < 2$ 时, $F(x) = 0.25x^2$, 当 $x \geqslant 2$ 时, $F(x) = 1$.

14. $P(v_n = k) = \mathrm{C}_n^k p^k q^{n-k}$, $p = 0.01, q = 0.99, k = 0, 1, \cdots, n$.

15. 8/27.

16. (1) $e^{-\frac{3}{2}}$;　(2) $e^{-\frac{3}{2}}$.

17. (1) 0.4821;　(2)0.0228;　(3)0.0026.

18. (1) 0.0013;　(2) 0.0228;　(3) 62.8.

19. (1) 0.064;　(2) 0.009.

20. (1) 0.99;　(2) 0.97.

习　题　九

1. 7.5.

2. 5.

3. 5.756.

4. 81/64.

5. $[1-(1-p)^{10}]/p$.

6. e^{-2}.

7. $(n+1)/2$.

8. (1) $\alpha=1-q^k$;　(2) $k+1-kq^k$;　(3)594.

9. 0.8.

10. (1)0.81;　(2)1.507.

11. 100.

12. 1.

13. $\frac{\pi}{3}(a+b)(a^2+b^2)$, 不成立.

14. 0.

15. $1-\dfrac{1}{2e}$.

16. $a=\dfrac{3}{5}, b=\dfrac{6}{5}$.

17. $20\dfrac{2}{3}$ 与 26 之间.

18. 2.4, 18.4.

19. $p=0.5, \sqrt{DX}=5$.

20. $\dfrac{1-p}{p^2}$.

21. 0.6, 0.46.

22. 1/e.

23. 1/6.

24. 8/9.

习 题 十

1. (1) $p(x,y,z) = \dfrac{1}{(\sqrt{2\pi}\sigma)^3}\exp\left\{-\dfrac{1}{2\sigma^2}[(x-\mu)^2+(y-\mu)^2+(z-\mu)^2]\right\}$;

   (2) $E(\overline{X}) = \mu$, $D(\overline{X}) = \dfrac{\sigma^2}{3}$, $\sigma(\overline{X}) = \dfrac{\sigma}{\sqrt{3}}$.

2. 714.74, 199.32.

3. 0.8293.

4. 200.

5. 68.

6. 略.

7. (1) $\bar{x} = 9.74$, $S^2 = 27.78816$, $S = 5.27145$;   (2) (略).

8. $F_n(x) = \begin{cases} 0, & x < 2, \\ 0.20, & 2 \leqslant x < 3, \\ 0.50, & 3 \leqslant x < 4, \\ 0.60, & 4 \leqslant x < 5, \\ 0.85, & 5 \leqslant x < 6, \\ 1, & x \geqslant 6, \end{cases}$ $\overline{X} = 3.85$, $S^2 \approx 1.9470$.

9. 0.0007466, 0.93517.

10. $\hat{p} = \dfrac{1}{\overline{X}}$.

11. $\hat{n} = \dfrac{\overline{X}^2}{\overline{X}-S_n^2}$, $\hat{p} = \dfrac{\overline{X}-S_n^2}{\overline{X}}$.

12. $\hat{a} = 3\overline{X}$.

13. 证明 $\overline{X}$ 是 θ 的无偏、一致估计略, $\dfrac{1}{n}\theta^2$.

14. $\hat{\lambda} = \bar{x}$.

15. $[-0.354, 0.754]$.

16. $[6.117, 6.583]$.

17. $[645.38, 747.02]$.

18. $[157.6166, 182.3834]$.

19. (1) $[432.3047, 482.6953]$;   (2) $[25.69, 57.94]$.

参 考 文 献

龚德恩, 范培华. 2012. 微积分. 北京: 高等教育出版社.

黄先开, 曹显兵. 2009. 微积分过关与提高. 北京: 原子能出版社.

茆诗松, 周纪芗. 2000. 概率论与数理统计. 2 版. 北京: 中国统计出版社.

王梓坤. 1979. 概率论基础及其应用. 北京: 科学出版社.

吴穿生, 陈盛双. 2007. 经济数学 —— 微积分学习辅导与习题选解. 北京: 高等教育出版社.

杨桂华, 梁建英. 2008. 微积分. 北京: 高等教育出版社.

姚孟臣. 2006. 概率论与数理统计学习指导. 北京: 中国人民大学出版社.

赵树嫄. 1988. 微积分. 北京: 中国人民大学出版社.

赵秀恒, 米立民. 2008. 概率论与数理统计. 北京: 高等教育出版社.

附录　重要分布表

附表 1　正态分布表

$$\Phi(u) = \frac{1}{\sqrt{2\pi}} \int_{-\infty}^{u} e^{-t^2/2} dt$$

u	0.00	0.01	0.02	0.03	0.04	0.05	0.06	0.07	0.08	0.09
0.0	0.5000	0.5040	0.5080	0.5120	0.5160	0.5199	0.5239	0.5279	0.5319	0.5359
0.1	0.5398	0.5438	0.5478	0.5517	0.5557	0.5596	0.5636	0.5675	0.5714	0.5753
0.2	0.5793	0.5832	0.5871	0.5910	0.5948	0.5987	0.6026	0.6064	0.6103	0.6141
0.3	0.6179	0.6217	0.6255	0.6293	0.6331	0.6368	0.6406	0.6443	0.6480	0.6517
0.4	0.6554	0.6591	0.6628	0.6664	0.6700	0.6736	0.6772	0.6808	0.6844	0.6879
0.5	0.6915	0.6950	0.6985	0.7019	0.7054	0.7088	0.7123	0.7157	0.7190	0.7224
0.6	0.7257	0.7291	0.7324	0.7357	0.7389	0.7422	0.7454	0.7486	0.7517	0.7549
0.7	0.7580	0.7611	0.7642	0.7673	0.7703	0.7734	0.7764	0.7794	0.7823	0.7852
0.8	0.7881	0.7910	0.7939	0.7967	0.7995	0.8023	0.8051	0.8078	0.8106	0.8133
0.9	0.8159	0.8186	0.8212	0.8238	0.8264	0.8289	0.8315	0.8340	0.8365	0.8389
1.0	0.8413	0.8438	0.8461	0.8485	0.8508	0.8531	0.8554	0.8577	0.8599	0.8621
1.1	0.8643	0.8665	0.8686	0.8708	0.8729	0.8749	0.8770	0.8790	0.8810	0.8830
1.2	0.8849	0.8869	0.8888	0.8907	0.8925	0.8944	0.8962	0.8980	0.8997	0.9015
1.3	0.9032	0.9049	0.9066	0.9082	0.9099	0.9115	0.9131	0.9147	0.9162	0.9177
1.4	0.9192	0.9207	0.9222	0.9236	0.9251	0.9265	0.9279	0.9292	0.9306	0.9319
1.5	0.9332	0.9345	0.9357	0.9370	0.9382	0.9394	0.9406	0.9418	0.9429	0.9441
1.6	0.9452	0.9463	0.9474	0.9484	0.9495	0.9505	0.9515	0.9525	0.9535	0.9545
1.7	0.9554	0.9564	0.9573	0.9582	0.9591	0.9599	0.9608	0.9616	0.9625	0.9633
1.8	0.9641	0.9649	0.9656	0.9664	0.9671	0.9678	0.9686	0.9693	0.9699	0.9706
1.9	0.9713	0.9719	0.9726	0.9732	0.9738	0.9744	0.9750	0.9756	0.9761	0.9767
2.0	0.9772	0.9778	0.9783	0.9788	0.9793	0.9798	0.9803	0.9808	0.9812	0.9817
2.1	0.9821	0.9826	0.9830	0.9834	0.9838	0.9842	0.9846	0.9850	0.9854	0.9857
2.2	0.9861	0.9864	0.9868	0.9871	0.9875	0.9878	0.9881	0.9884	0.9887	0.9890
2.3	0.9893	0.9896	0.9898	0.9901	0.9904	0.9906	0.9909	0.9911	0.9913	0.9916
2.4	0.9918	0.9920	0.9922	0.9925	0.9927	0.9929	0.9931	0.9932	0.9934	0.9936
2.5	0.9938	0.9940	0.9941	0.9943	0.9945	0.9946	0.9948	0.9949	0.9951	0.9952
2.6	0.9953	0.9955	0.9956	0.9957	0.9959	0.9960	0.9961	0.9962	0.9963	0.9964
2.7	0.9965	0.9966	0.9967	0.9968	0.9969	0.9970	0.9971	0.9972	0.9973	0.9974
2.8	0.9974	0.9975	0.9976	0.9977	0.9977	0.9978	0.9979	0.9979	0.9980	0.9981
2.9	0.9981	0.9982	0.9982	0.9983	0.9984	0.9984	0.9985	0.9985	0.9986	0.9986
3.0	0.9987	0.9987	0.9987	0.9988	0.9988	0.9989	0.9989	0.9989	0.9990	0.9990
3.1	0.9990	0.9991	0.9991	0.9991	0.9992	0.9992	0.9992	0.9992	0.9993	0.9993
3.2	0.9993	0.9993	0.9994	0.9994	0.9994	0.9994	0.9994	0.9995	0.9995	0.9995
3.3	0.9995	0.9995	0.9995	0.9996	0.9996	0.9996	0.9996	0.9996	0.9997	0.9997
3.4	0.9997	0.9997	0.9997	0.9997	0.9997	0.9997	0.9997	0.9997	0.9999	0.9998
3.5	0.9998									
4.0	0.99997									
5.0	0.9999997									
6.0	0.999999999									

附表 2　　t 分布分位数 $t_{1-\alpha}(n)$ 表

$$P\{t(n) > t_{1-\alpha}(n)\} = \alpha$$

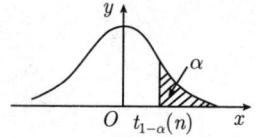

| n | α | | | | | |
	0.25	0.10	0.05	0.025	0.01	0.005
1	1.0000	3.0777	6.3138	12.7062	31.8207	63.6574
2	0.8165	1.8866	2.9200	4.3027	6.9646	9.9248
3	0.7649	1.6377	2.3534	3.1824	4.5407	5.8409
4	0.7407	1.5332	2.1318	2.7764	3.7469	4.6041
5	0.7267	1.4759	2.0150	2.5706	3.3649	4.0322
6	0.7176	1.4398	1.9432	2.4469	3.1427	3.7074
7	0.7111	1.4149	1.8946	2.3646	2.9980	3.4995
8	0.7064	1.3968	1.8595	2.3060	2.8965	3.3554
9	0.7027	1.3830	1.8331	2.2622	2.8214	3.2498
10	0.6998	1.3722	1.8125	2.2281	2.7638	3.1698
11	0.6974	1.3634	1.7959	2.2010	2.7181	3.1058
12	0.6955	1.3562	1.7823	2.1788	2.6810	3.0545
13	0.6938	1.3502	1.7709	2.1604	2.6503	3.0123
14	0.6924	1.3450	1.7613	2.1448	2.6245	2.9768
15	0.6912	1.3406	1.7531	2.1315	2.6025	2.9467
16	0.6901	1.3368	1.7459	2.1199	2.5835	2.9208
17	0.6892	1.3334	1.7396	2.1098	2.5669	2.8982
18	0.6884	1.3304	1.7341	2.1009	2.5524	2.8784
19	0.6876	1.3277	1.7291	2.0930	2.5395	2.8609
20	0.6870	1.3253	1.7247	2.0860	2.5280	2.8453
21	0.6864	1.3232	1.7207	2.0796	2.5177	2.8314
22	0.6858	1.3212	1.7171	2.0739	2.5083	2.8188
23	0.6853	1.3195	1.7139	2.0687	2.4999	2.8073
24	0.6848	1.3178	1.7109	2.0639	2.4922	2.7969
25	0.6844	1.3163	1.7081	2.0595	2.4851	2.7874
26	0.6840	1.3150	1.7056	2.0555	2.4786	2.7787
27	0.6837	1.3137	1.7033	2.0518	2.4727	2.7707
28	0.6834	1.3125	1.7011	2.0484	2.4671	2.7633
29	0.6830	1.3114	1.6991	2.0452	2.4620	2.7564
30	0.6828	1.3104	1.6973	2.0423	2.4573	2.7500
31	0.6825	1.3095	1.6955	2.0395	2.4528	2.7440
32	0.6822	1.3086	1.6939	2.0369	2.4487	2.7385
33	0.6820	1.3077	1.6924	2.0345	2.4448	2.7333
34	0.6818	1.3070	1.6909	2.0322	2.4411	2.7284
35	0.6818	1.3062	1.6896	2.0301	2.4377	2.7238
36	0.6814	1.3055	1.6883	2.0281	2.4345	2.7195
37	0.6812	1.3049	1.6871	2.0262	2.4314	2.7154
38	0.6810	1.3042	1.6860	2.0244	2.4286	2.7116
39	0.6808	1.3036	1.6849	2.0227	2.4258	2.7079
40	0.6807	1.3031	1.6839	2.0211	2.4233	2.7045
41	0.6805	1.3025	1.6829	2.0195	2.4208	2.7012
42	0.6804	1.3020	1.6820	2.0181	2.4185	2.6981
43	0.6802	1.3016	1.6811	2.0167	2.4163	2.6951
44	0.6801	1.3011	1.6802	2.0154	2.4141	2.6923
45	0.6800	1.3006	1.6794	2.0141	2.4121	2.6896

附表 3　χ² 分布分位数 χ²₁₋α(n) 表

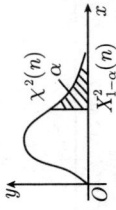

$$P\{\chi^2 \geqslant \chi^2_{1-\alpha}(n)\} = \alpha$$

n	α												
	0.99	0.98	0.95	0.90	0.80	0.70	0.50	0.30	0.20	0.10	0.05	0.02	0.01
1	0.000157	0.000628	0.00393	0.0158	0.0642	0.148	0.455	1.074	1.642	2.706	3.841	5.412	6.635
2	0.0201	0.0404	0.103	0.211	0.446	0.713	1.286	2.408	3.219	4.605	5.991	7.824	9.210
3	0.115	0.185	0.352	0.584	1.005	1.424	2.366	3.665	4.642	6.251	7.815	9.837	11.345
4	0.297	0.492	0.711	1.064	1.649	2.195	3.357	4.878	5.989	7.779	9.488	11.668	13.277
5	0.554	0.752	1.145	1.610	2.343	3.000	4.351	6.064	7.289	9.236	11.070	13.388	15.068
6	0.872	1.134	1.635	2.204	3.070	3.828	5.348	7.231	8.558	10.645	12.592	15.033	16.812
7	1.239	1.564	2.167	2.833	3.822	4.671	6.346	8.383	9.803	12.017	14.067	16.622	18.475
8	1.646	2.032	2.733	3.490	4.594	5.527	7.344	9.524	11.030	13.362	15.507	18.168	20.090
9	2.088	2.532	3.325	4.168	5.380	6.393	8.343	10.656	12.242	14.684	16.919	19.679	21.666
10	2.558	3.059	3.940	4.865	6.179	7.267	9.342	11.781	13.442	15.987	18.307	21.161	23.209
11	3.053	3.609	4.575	5.578	6.989	8.148	10.341	12.899	14.631	17.275	19.675	22.618	24.725
12	3.571	4.178	5.226	6.304	7.807	9.034	11.340	14.011	15.812	18.549	21.026	24.054	26.217
13	4.107	4.765	5.892	7.042	8.634	9.926	12.340	15.119	16.958	19.812	22.362	25.472	27.688
14	4.660	5.368	6.571	7.790	9.467	10.821	13.339	16.222	18.151	21.064	23.685	26.873	29.141
15	5.229	5.985	7.261	8.547	10.307	11.721	14.339	17.322	19.311	22.307	24.996	28.259	30.578

续表

n	α												
	0.99	0.98	0.95	0.90	0.80	0.70	0.50	0.30	0.20	0.10	0.05	0.02	0.01
16	5.812	6.614	7.962	9.312	11.152	12.624	15.338	18.418	20.465	23.542	26.296	29.633	32.000
17	6.408	7.255	8.627	10.085	12.002	13.531	16.338	19.511	21.615	24.669	27.587	30.995	33.409
18	7.015	7.906	9.390	10.865	12.857	14.440	17.338	20.601	22.760	25.989	28.869	32.346	34.805
19	7.633	8.567	10.117	11.651	13.716	15.352	18.338	21.689	23.900	27.204	30.144	33.687	36.191
20	8.260	9.237	10.851	12.443	14.578	16.266	19.337	22.775	25.038	28.412	31.410	35.020	37.566
21	8.897	9.915	11.591	13.240	15.445	17.182	20.337	23.858	26.171	29.615	32.671	36.343	38.932
22	9.542	10.600	12.338	14.041	16.314	18.101	21.337	24.939	27.301	30.813	33.924	37.659	40.289
23	10.196	11.293	13.091	14.848	17.187	19.021	22.337	26.018	28.429	32.007	35.172	38.968	41.638
24	10.856	11.992	13.848	15.659	18.062	19.943	23.337	27.096	29.553	33.196	36.415	40.270	42.980
25	11.524	12.697	14.611	16.473	18.940	20.867	24.337	28.172	30.675	34.382	37.652	41.566	44.341
26	12.198	13.409	15.379	17.292	19.820	21.792	25.336	29.246	31.795	35.563	38.885	42.856	45.642
27	12.879	14.125	16.151	18.114	20.703	22.719	26.336	30.319	32.912	36.741	40.113	44.140	46.963
28	13.565	14.847	16.928	18.939	21.588	23.647	27.336	31.391	34.027	37.916	41.337	45.419	48.278
29	14.256	15.574	17.708	19.768	22.475	24.577	28.336	32.461	35.139	39.087	42.557	46.693	49.588
30	14.953	16.306	18.493	20.599	23.364	25.508	29.336	33.530	36.250	40.256	43.773	47.962	50.892